日本型開発協力とソーシャルイノベーション

知識創造が世界を変える

野中郁次郎〔編著〕

千倉書房

SOCIAL INNOVATION

▼はじめに

二〇〇四年に、独立行政法人国際協力機構（以下、ＪＩＣＡ）では、「知識創造理論」を柱とした「知識社会創造セミナー」が開講しました。このセミナーは、アジア各国の行政機関の上級管理職や民間セクターの代表など、選ばれし各国のリーダーたちを東京に集めて、グローバルリーダー育成のための人材開発を実践的に行うプログラムでした。私（野中）は、この一連のセミナーの統括を務めたことが契機となり、ＪＩＣＡのさまざまな関係者と知り合い、世界におけるＪＩＣＡの幅広い取り組みを深く知ることとなりました。

ＪＩＣＡにおいて成功したプロジェクトの数々は、我々が知識創造理論で提唱してきたダイナミックな価値創造プロセス、社会変革プロセスそのものであることに驚きました。海外の開発途上国向けに行う開発援助、国際協力のプロジェクトは、日本から遠く離れた場所で実施されるものであり、読者のみなさんには馴染みがないかもしれません。しかし、これらのプロジェクトを進めるにあたっては、単に日本の技術や知恵を移転するのではなく、その地域の文脈や状況を踏まえ、国や文化の違いを超えて、現地の多様な関係者と協働しなければ、一過性の取り組みに終わり、定着しません。

これは、ビジネスにせよ、地域における活動であるにせよ、あらゆるプロジェクトに普遍的に言えることです。ですから、究極的に難度が高いとも言えるＪＩＣＡの開発援助、国際協力のプロジェクトを知ることで、複雑で変化に富んだ状況下で行う、さまざまなプロジェクト成功のための示唆が多く得られるはずだと考えるようになりました。持続的な成果を得るために試行錯誤しながら行ってきた国際協力のありようは、欧米のそれとは異なる「日本型」と言えるものであり、その本質を普遍化することには大きな意味があります。

本書で扱った開発援助、国際協力のプロジェクトは、そのプロジェクトが終わった後を見据えた持続的な社会変革プロセスを生成しました。その国の地域、社会に新たな価値を創出する「ソーシャルイノベーション」をもたらしたプロジェクトです。ＳＤＧｓの話をするまでもなく、企業は社会的存在としての価値の追求を避けてビジネスを継続することはできません。ですから、本書で扱うプロジェクトの数々からは、企業にとっても、ソーシャルイノベーションという観点から大きなヒントがもたらされるはずです。

繰り返しになりますが、ＪＩＣＡの取り組みを、いわゆる開発援助、国際協力という遠い世界の話として傍観者的に知ってもらうのではなく、読者に自分ごととしてとらえてもらうために、そのプロセスを物語りで追体験してもらい、物語りから普遍化した本質を共有する、それが本書執筆の大きな目的です。

ですから、本書では、ＪＩＣＡが中心になって行った開発援助、国際協力プロジェクトの七つの事例を生き生きとした「物語り」でたどり、物語りで描いたプロジェクトの本質を知識創造理論の観点から洞察することに挑戦しました。なお、後で詳述しますが、本書では「物語」ではなく、「物語り」と表記します。

各章の執筆体制は下記のとおりです。序章と終章（総説）は私、野中が担当し、七つの事例を扱った第一章から第七章の「物語り編」は執筆チームメンバーが、各章の「解説編」はＪＩＣＡと執筆チームメンバーが担当しました。

本書の元になった研究プロジェクトはコロナ禍に始動しました。コロナ禍においても、国境を越えて直接相手国に出向き開発協力事業を行うＪＩＣＡの取り組みは、止まることなく継続されました。その間、困難な時期であったにもかかわらず、多くのＪＩＣＡ職員、そして専門家をはじめとした組織外の関係者などがオンラインあるいは対面で取材に応じてくれました。インタビューした関係者は、一つの事例につき五〜一〇名となりましたので、のべ七〇人近い方たちが協力してくれました。彼ら、彼女らの協力なしに、本書は完成しませんでした。心から感謝したいと思います。

野中郁次郎

二〇二四年一月

日本型開発協力とソーシャルイノベーション——知識創造が世界を変える　目次

【解説編】

第2章

奇跡を導いたリーダーシップを支えた戦略的取り組み
——カンボジア・プノンペン水道事業

第3章 日本のソフトパワーとしての共感と信頼の関係
——ミンダナオ平和構築

【物語り編】

第4章　日本の経験と現地の現実のすり合わせ
――ネパール震災復興事業

【解説編】

第6章 アフリカの学校を変えたコンセプト
――セネガル「みんなの学校」プロジェクト

【物語り編】

【解説編】

序　章

「日本型開発協力」に向かって

1 JICA（独立行政法人国際協力機構）の使命

読者の皆さんにとっては、「JICAといえば海外協力隊」というイメージが強いかもしれません。

JICAは、日本の政府開発援助（ODA）の実施を担う独立行政法人で、前身組織の設立は一九五四年にさかのぼります。[1] これまで七〇年近くにわたり開発途上国の発展と国際社会の平和と安定に貢献してきました。JICAは開発途上国が直面する多様な課題の解決に、日本の経験や技術を活用しながら、国際社会と連携して取り組んでいます。JICAは、開発途上諸国の社会経済発展に寄与することを目的とするさまざまな事業を実施しています（図表序－1）。

日本はこれまで「開発協力大綱」に基づき、「開発途上国の自助努力を支援する」ということを基本方針の一つとして、相手国の事情や希望などに合った形で援助を行ってきました。

高度経済成長を遂げた日本は、世界の開発援助において主要な地位を占めるに至り、一九九二年には初めてODA（政府開発援助）大綱を策定しました。ODA大綱はその後、二〇一五年に名称変更されて開発協力大綱となり、日本の開発協力の基本方針を示してきました。二〇二三年にはその後の大きな情勢変化を踏まえ、開発協力大綱を改定し、開発協力のあり方をアップデートしています。

相手国の自助努力を支援するのは、日本自身も、諸外国の支援を受けながら、自助努力によって成長を遂げてきたからです。開発途上国が継続的な経済成長を続けていくためには、その国で生きる人々自らが経済成長を切り拓いていく力を持つことが重要です。そのため、日本のODAでは、単に資金や物

図表序-1 ► JICAの事業概要

技術協力	政策策定、制度改革、技術開発、人財育成など、知識や技術に関する協力。常時700件前後のプロジェクトを実施するほか、年間約１万人の行政官等の研修を日本で行っている。
有償資金協力	鉄道、港湾、発電所などの多額の資金を必要とする公共事業や政府の施策に、緩やかな融資条件で資金を供与する協力。民間の事業も対象とされる。
無償資金協力	所得水準が低い国に対して、返済を必要としない資金を供与する協力。主に病院、学校、村落の生活インフラなどが対象とされる。
市民参加協力	非営利団体、自治体、大学や一般の市民が発意して主体的に取り組む協力活動を支援するもの。ボランティアを派遣する海外協力隊は、広く知られている。
その他	国際緊急援助隊の派遣、中小企業等の海外展開を支援する民間連携事業、調査研究など。

出所：JICAホームページより編著者（野中）作成

を提供するのではなく、専門家を現地に派遣して、知見や技術を開発途上国の人に伝えたり、開発途上国の人を日本に招いて研修を行ったりするなど、人づくりにも力を入れてきた歴史があります。

技術協力、有償資金協力、無償資金協力という三つの援助手法を一体的に運用し、途上国の政策・制度の改善、人材育成と能力開発、インフラ整備を支援し、これまでに日本がＯＤＡを通じて援助した国や地域は一九〇に上っています。

事業を実施するために、九六カ所の海外拠点と一五カ所の国内拠点が置かれ、約二〇〇〇人の常勤職員が働いています（二〇二二年度時点）。他方、現場における具体的な活動は、多くの場合、外部の組織や個人が担っています。技術協力については、各専門分野の国家公務員や地方公務員がＪＩＣＡから委嘱を受けて、また、コンサルタント企業や公益法人等がＪＩＣＡから業務を受託して、開発途上国の現場で活動を行っています。同じように、日本国内で行われる研修についても、多くが公益法人や大学等により実施されています。なお、ＪＩＣＡの技術協力は、日本の経験を活かすことを前提としているため、大部分が、日本人もしくは日本の組織により実施されています。

また、資金協力については、設計、調達、施工、施工監理などの業務について、ＪＩＣＡから供与された資金により、開発途上国政府が実施者を競争的方法により選び、実施を委託しています。技術協力と同様に、無償資金協力と一部の有償資金協力は、日本の組織による業務の実施を条件としています。

ＪＩＣＡの開発協力の本質は、新興国や開発途上国における社会的変革（ソーシャルイノベーション）を支援することにあります。当事国の国内や当事者だけでは進みにくい変革を起こし、さらにそのプロセスをダイナミックに促進するためには、プロジェクトを推進するマネジメント能力の質が問われます。資金の投入規模や活動計画が同じでも、どのような目的やビジョンのもと、誰がどのように参画し、関係者をいかに動かして何を為すかというマネジメントのあり方如何で、結果は大きく異なってきます。

しかも、内外環境のマクロレベル、現場の文脈というミクロレベルでも、状況は絶えず変化しており、今回のコロナ禍のように想定外の危機や困難に直面することも多くなりました。ＶＵＣＡ（Volatility：変動性、Uncertainty：不確実性、Complexity：複雑性、Ambiguity：曖昧性という予測困難な時代特性をいう）と呼ばれる時代においては、その変化はより速く複雑になっていきます。

開発協力のプロジェクトを展開するにあたっては、国際情勢だけでなく、人口動態や政治や経済情勢などの構造変化の影響は必至です。もちろん、現場でも時間の流れとともに予想外の変化は起こりえます。開発協力のプロジェクトでは、そのような環境変化に応じて、「人の営み」であり「生き物」である事業をマネジメントし、価値を創出し、持続的な成果を出していかねばならないでしょう。

2 本書の目的

開発途上国は世界の国々の七割を占め、世界人口の八三％を占める六六億の人々が暮らしています。[2]日本のように長い歴史を持つ国は少なく、多くが第二次世界大戦後に新たに生まれ、国づくりを進めてきました。そうした経緯から、政治的に安定せず混迷している国はまだまだ多くあります。一方、大半の国々で社会と経済の発展が着実に進みつつあり、先進諸国において経済成長の勢いが弱まる中で、世界における成長のエンジンとしての役割を期待されています。

我々日本人は、開発途上国の社会的課題の解決に必要なイノベーションの創発に、大きな役割を果たすことができます。それは日本が、それほど遠くない過去において、同じようなことを経験してきたからです。換言すれば、開発途上国は、欧米諸国で長い時間をかけて緩やかに進んだ社会的な変化を、短期間に実現しようとしているのです。

ただし、「圧縮された急速な変化」は、さまざまな問題も生み出します。たとえば、急速な人口増大や経済成長は、経済的格差の拡大、無秩序な都市化、環境破壊などの社会的歪みを生み出します。日本は、そうしたことを一足先に高度成長期に経験してきました。現在日本が直面している少子高齢化の問題も、近い将来に東南アジアの国々が直面することになります。日本が「課題先進国」と評される所以《ゆえん》です。

社会的課題の解決には、その課題を抜本的に克服するため、対処療法ではなく、社会を変革する新しい価値創造、つまりイノベーションが必要です。本書ではそれを「ソーシャルイノベーション」と呼んでいます。

経済学者ヨーゼフ・シュンペーターは、イノベーションとは知と知を「新結合」することである、と言いました。イノベーションとは、時代や文脈に合わせた新たな意味や価値を創出するために、異質な知を組み合わせ、新たな知を生み出すことなのです。ソーシャルイノベーションとは社会的な知識創造プロセスなのです。

日本では、和魂洋才など、自国の知と外国の知を結びつけて新たな知を創造するということが歴史的に活発に行われてきました。一九九〇年代以降の経済と社会の低迷は、そうした知的活力が弱まったことによる結果とも考えられますが、我々日本人が培ってきたイノベーションの作法は、今なお、開発途上国の社会的課題の解決に必要とされているのです。

開発途上国の社会的課題については、日本政府や非営利団体により「開発援助」と総称されるさまざま取り組みが行われています。本書は、そうした事業に取り組む人々だけでなく、さまざまな立場で開発途上国の社会的課題に関係する人々に参考にしてもらうことを企図しています。

また、営利を目的としている日本企業の活動や、研究や教育を目的としている大学や教育機関の活動も、開発途上国の社会的課題の解決やその国における新たな価値の創造に寄与しています。特に、日本企業の活動が、開発途上国の貧困や環境・衛生問題などの社会的課題の解決を導くイノベーションの原動力になることは、我々はもっと認識すべきでしょう。安全で栄養価の高い食品の流通や、現地の実情に即した衛生面の日用品の開発など、企業活動を通じて、社会的課題の解決に直結することが少なくありません。事業収益を上げながら、そうした社会的課題に企業が取り組むことは、新たなビジネスモデルが生まれる契機になります。

社会的価値と経済的価値が相反する、と捉える向きがあるかもしれませんが、覚悟を持って両方を追求している企業もあります。たとえば、「患者様と生活者の皆様の喜怒哀楽を考え、そのベネフィット向上に貢献する」ことを企業理念に掲げる製薬会社のエーザイでは、〝当社の使命は患者様と生活者の皆様の満足の増大であり、他産業との連携によるｈｈｃエコシステムを通じて、日常と医療の領域で生活する人々の「生ききるを支える」ことである。その結果として売上、利益がもたらされ、この使命と結果の順序を重要と考える〟と定款に記載しています。[3]

患者様や生活者の満足という社会的価値の追求を使命とし、その結果、売上、利益という経済的価値がもたらされると、この使命と結果の順序を明示しています。「何のためにエーザイは存在しているのか」、「何のためにエーザイで働いているのか」を示すことで、株主とその思いを共有し、社員やそのほかのステークホルダーを動機づけ、関係を結びつけています。エーザイの例が示すように、社会的課題解決を標榜するＳＤＧｓの活動推進も単にバッチを身につけたらいいわけではないことは明らかです。

本書が、民間、非民間にかかわらず、ソーシャルイノベーションやソーシャルビジネスの取り組みに関心のある人、あるいはその渦中にいる人たちにとっても役立つことを願っています。

3 本書の構成と方法論

本書では、以上のような課題認識と仮説に基づいて、開発途上国のソーシャルイノベーションに日本人が大きな役割を果たした七つの事業を事例として取り上げました。七つの事業を物語った各章は、「物語り」編と「解説」編で構成されています。まずは「物語り編」で、ＪＩＣＡが取り組んだソーシャルイノベーションのプロセスを数々のエピソードで振り返り、読者のみなさんに追体験してもらいます。「解説編」では、開発途上国の社会的課題に取り組むうえで本質的に重要なことを洞察しました。本書の最終章は、我々の知識創造理論の観点から、その七つの物語りから得られる示唆を普遍化し、総説としてまとめました。

ここまで何度か「物語り」という馴染みの薄い言葉が何度か出てきました。この「物語り」とは何か、物語りというアプローチをなぜ採用したか説明していきたいと思います。

「物語り」とは、英語で言えば「story（ストーリー）」ではなく、「Narrative（ナラティブ）」です。ナラティブは以下のように定義できます。ストーリー（物語）は、複数の出来事を時系列に記述しますが、一方、ナラティブ（物語り）はプロット（筋書き）に従って、出来事と理由・因果を説明します。有名な例で言えば「王様が死に、それから王妃が死んだ」というのは単に事実を時系列に羅列したストーリーであり、「王様が死に、そして悲しみのあまり王妃が死んだ」という「悲しみのあまり」という理由（ｗｈｙ）を語るのがナラティブとしての物語りです。

ナラティブは、登場人物の主観的感情、感覚などを豊かに表現し、個人や集団の経験や思い、場の状況などを、わかりやすく語る知識の表現行為であり、自然科学にはない叙述形式です。物語る行為は、「なぜ（why）」を明らかにし、意味を共創します。

心理学者 やまだようこによると、物語りとは、経験を組織化し、編集し、意味づける作業であり、「語る」という行為も含んでいます。ナラティブは、普遍的な正しい事実や理論があるのではなく、相互作用や変化のプロセスが重要であり、文脈によって複数の現実が構成されうることを前提にしています。比較文学者ピーター・ブルックスも、うまく構造化されたナラティブは、意味形成プロセスを活性化して、意味への情熱を満たすといいます。

ナラティブは、直線的に進んで、自己完結するストーリーとは異なり、他者や状況と相互作用しながら、文脈に応じて展開していくオープンエンドのダイナミックプロセスだと言えます。ナラティブは語り手だけでなく読み手や聴き手の参画と相互作用、そして文脈における経験の意味づけを前提にするからです。新たなナラティブは、相互作用によって新たな意味をともにつくる未来創造の方法論なのです。

ナラティブは、筋書きとしてのプロットだけでなく、行動規範としてのスクリプトや価値観を示すため、将来のビジョン実現に向けて、読み手が対峙する具体的な文脈や状況においてどのように行動すべきかを示唆します。人々がナラティブにコミットすれば、自発的に行動規範に合うような実践をするようになるのです。つまり、内発的に動機づけることができます。

物語論研究者であるディヴィッド・カーによると、ナラティブの中の「過去・現在・未来」という構造は、本来、人間が主観的に事物を経験したり、何かの行為に至る主観的プロセスに酷似しています。

論理的・科学的説明だけでは、人は理解しても行動に移すことはないでしょう。人々の感性や暗黙的な身体知に訴えるため、行動を促すナラティブは「頭で理解する」のではなく、「心と身体で理解する」ものなのです。

　ナラティブは、今、非常に注目されている方法論ですが、もともとは、歴史学、哲学、心理学、言語学や社会学などで扱われてきました。たとえば、臨床心理学においては、セラピストがクライアントとの会話を繰り返す心理療法を通じて、クライアントの自己物語とは異なる物語を見出させ、解決を図ろうとします。

　ここ数年は、政治や経済、外交や安全保障等の分野においても関心が高まっています。国際政治学者ローレンス・フリードマンは、「戦略」とは言わば「ソープオペラ（昼の時間帯のメロドラマ）」のようなオープンエンドの物語りだと主張します。すでに決まっている普遍的な結末など決してない不確実性、不安定性が前提となる戦争において、戦略には突然で予想できない変化を許容する自由度が欠かせないことを示しています。

　また、ノーベル経済学賞の米イエール大学のロバート・シラー教授も、『ナラティブ・エコノミクス（邦題：ナラティブ経済学）』を出版し、ナラティブの感染は経済を大きく動かすパワーを持っており、世界恐慌やビットコインバブルなどもバイラルなナラティブの流行によるものだと述べます。

　ナラティブは、先述したように大きな筋書き（プロット）とそのプロットを実現するための行動規範（スクリプト）で語られます。プロットは、複数の出来事を結びつけ、一貫した意味を与えますが、いかに読み手の共感を呼ぶかが問題となります。スクリプトは、大きな筋書きを実行するために、どのように行動すべきか、どのように判断すべきかという典型的な規範を示してくれるのです。ある特定の文脈において、その都度、「こういう場合はこうする」という判断基準となる暗黙知だと言えます。

先述のフリードマンも、演劇を例にとってプロットを行動に自然に結びつける心理的スクリプトが戦略では重要であり、蓄積した経験やパターン認識に基づいて無意識のうちに頭と身体に刷り込まれた行動や思考にまつわるルールが重要だとしています。

本書の最終章、総説では七つの物語りから見えてきた普遍的なスクリプトも明示します。

4 本書が描く七つの事業概要

本書は、図表序－2に示す七つの国を舞台としたＪＩＣＡの事業を「物語り」として取り上げました。植民地化されることなく王制を維持していたネパール以外は、第二次世界大戦後に新たに独立した国々です。単純に比較することはできませんが、平均寿命に着目すれば、各国の状況は一九六四年当時の日本に近いと言えます。前回の東京オリンピックが開催されたその年に日本の平均寿命は七〇歳を超えました。各国の状況を理解する一つの手立てになるでしょう。

ただし、いずれの国も、日本が高度経済成長時に恵まれたような追い風を受けてはいません。国内の政治が安定しない中で、気候変動の影響が疑われる災害の増大や国際経済環境の変化への対応に追われ、社会経済発展を加速できない状況にあります。

図表序-2 ▶ 本書で取り上げる国々の基本情報

	国名	人口（千人）	国土（千平km）	一人当たり国内総生産（千米ドル）	平均寿命	地域
―	日本	125,124	364	33,815	84	東アジア
第1章	バングラデシュ	171,186	130	2,688	72	南アジア
第2章	カンボジア	16,767	176	1,786	70	東南アジア
第3章	フィリピン	115,559	298	3,498	69	東南アジア
第4章	ネパール	30,547	143	1,336	68	南アジア
第5章	ケニア	54,027	569	2,099	61	東アフリカ
第6章	セネガル	17,616	192	1,598	67	西アフリカ
第7章	グアテマラ	17,357	107	5,473	69	中米
	ホンジュラス	10,432	111	3,040	70	中米

注）人口と一人当たりの国内総生産は2022年、平均寿命は2021年の世銀推計

七つの事業は、いずれもＪＩＣＡが中心になって推進されました（図表序－3）。ＪＩＣＡは、先述したように日本政府の開発援助（ＯＤＡ）を一元的に実施する組織ですが、経済改革に関する助言、交通インフラの整備、大学の設立など、さまざまな協力事業を行っています。そうした事業の中から、「開発援助」とは無縁の一般企業や大学などの関係者にとっても有用な示唆を見出すことができる事業を選びました。

七つの事業の物語りは、日本側の関係者が試行錯誤しながらも現地の潜在能力を引き出し、共創することで大きな社会的変化が実現したプロセスを描いています。

第一章と第二章は大都市の公共サービスの劇的な変化が、組織変革や優れたリーダーシップにより進んだプロセスを物語りました。開発途上国では自治体が住民に基本的な公共サービスを提供するという当たり前のことがなされていないことが少なくありません。その要因は主に組織マネジメントにあり、組織内の仕事のプロセスのイノベーションが必要とされていることにあります。

図表序-3 ▶ 本書で物語られた7つの事業の概要

本書の各章の表題と描かれている事業	物語りの焦点
第1章　メガシティのごみ問題の解決を導いた日本の経験 ＊バングラデシュ・ダッカ市廃棄物管理事業	組織変革の促進 日本の経験の応用
第2章　奇跡を導いたリーダーシップを支えた戦略的取り組み ＊カンボジア・プノンペン市上水道事業	リーダーシップの促進 長期戦略的な関与
第3章　日本のソフトパワーとしての共感と信頼の関係 ＊フィリピン・ミンダナオ平和構築支援事業	信頼関係の構築 地元の知の活用
第4章　日本の経験と現地の現実のすり合わせ ＊ネパール震災復興支援事業	日本の価値の共有 コンセプトの現地化
第5章　アフリカの農家を変えた「売れるものを作る」農業 ＊ケニア小規模園芸農家支援事業	常識の転換 コンセプトの可視化
第6章　アフリカの学校を変えたコンセプト ＊セネガルみんなの学校事業	本質的課題の見極め コンセプトの横展開
第7章　顧みられない熱帯病の克服 ＊中米シャーガス病対策	成果の可視化 内発性の促進

出所：JICA資料より編著者（野中）作成

これら二つの事業は、それが実現した経緯を語っています。人口が一千万人を超える大都市のごみ問題の解決が、日本型マネジメントを応用することにより大きく進みました。また、内戦により荒廃した首都の水道サービスについて、一〇年足らずで「奇跡」として国際的に賞賛されるほどの劇的な変化が実現しました。ともに、日本の自治体関係者が転機を生み出した物語りです。

第三章と第四章は紛争と自然災害という物理的な危機を乗り越えた事業のプロセスを物語りました。東日本大震災の経験から生み出された日本発のコンセプトが、ネパールの震災復興事業において、日本とはかけ離れた現地の実態に即する形で具体化しました。また、宗教対立を主因とする内戦が長期に及んだミンダナオで和平が実現し、紛争当事者が恩讐を越えて協力し合うようになりました。ともに、人間の安全についての認識が変わり、立場の違いを越えてビジョンの共有が深まることにより実現しました。

第五章と第六章は、社会を変える仕組みがアフリカ地域に広く普及したプロセスを物語りました。一つの成功例を他の地域や国に横展開することだけでも難しいものですが、それまでの常識を覆す変化が実現した事業です。

行政が教え諭す対象と見なされてきた人々が、イノベーションの主役と意味づけられることで、潜在能力を発揮し、社会的変化が生まれたのです。そうした常識の転換は、日本側関係者が触発しました。一方で、その前段階では、日本側関係者の間でも常識が変わりにくかった実態も描きました。

第七章は、中米四カ国の風土病対策に大きな成果をあげた事業を物語りました。その焦点は、ファシリテーターとしての役割に徹して、開発途上国側の自律性を引き出した日本側関係者のアプローチにあります。開発途上国側ができないことをしてあげたり、教えたりするという従来の常識を越えたものです。

以上の七つは、大きな成果を生み出した事業ではありますが、いずれも計画どおりに順調に進んだわけではありません。途中でいつ頓挫してもおかしくない危機的な状況が、開発途上国側と日本側の関係者の間で、また、日本側の関係者の間で生じました。そうした危機に臨んで日本側の関係者がとった行動が、その後の展開をよい方向に導くきっかけになりました。関係者の間で立場と認識の違いを越えて、共感と信頼の関係が深まり、共創が進み、結果的に大きな社会的変化が実現したのです。

開発途上国においては、一般的にさまざまな要因が複雑に絡み合い、組織内や社会の変化が進みにくい実態があります。そうした変化を触発し促進するうえで、我々日本人が蓄積してきたイノベーションの作法が有効であることは、すでに述べたとおりです。ただし、開発途上国の人々との仕事の仕方を誤れば、たちまち信頼関係は損なわれ、回復が難しい状況に陥ってしまいます。

開発途上国のソーシャルイノベーションにかかわる仕事は確かに容易ではありません。しかし、ただ利益や成果を出すということにとどまらず、その国の人々とウイン・ウインの協力関係を築きながら一緒に汗を流し、そうした結果を共に達成するということは大変やりがいのあることでもあります。

5 日本型開発協力に向かって

ＪＩＣＡと同じような目的の組織は、どの先進国にもあり、また、世界銀行や国連児童基金（ＵＮＩＣＥＦ）などの国際機関も数多くあります。それらは「開発協力機関」と総称され、一定の範囲で共通のルールを共有しています。たとえば、融資の条件、事業評価の方法、統計基準などです。他方、協力のあり方については違いがあり、欧米の開発協力機関と国際機関と較べると、「日本型開発協力」と言えるような特徴をＪＩＣＡのアプローチに見出すことができます。たとえば、日本の経験の応用を重視し、日本人を協力の担い手とすること、開発途上国側との共感と信頼の関係を重視することなどが挙げられます。

そうした違いは、企業経営における「日本型経営」と同じように、日本の歴史的経緯や社会の構造的な要因などに根差していると考えられます。欧米の「国際標準」との違いが、十分に理解されずに批判されがちな点も同様です。ただ、「日本型経営」に普遍性を備えた要素が少なくないように、「日本型開発協力」のアプローチにも、開発途上国の社会的変化を効果的に促進する方法として理にかなったことを数多く見出すことができます。七つの物語りは、そうした「日本型開発協力」の効果を発揮したプロセスを描いたものです。

以降の各章で示す日本型開発協力の実践の物語りは、すでに述べたように、ＪＩＣＡ事業などの「援助」だけでなく、企業のビジネスや大学の研究においても有用な知見を提供するものです。「日本型経営」に「日本型開発協力」の知見を組み合わせることが、開発途上国におけるソーシャルイノベーションに寄与するビジネスや研究などの成功の鍵を見出すことができるのではないかと考えています。

註

(1) 東南アジア諸国との経済技術協力を推進する目的で、一九五四年に政府の閣議決定によりアジア協会が設立された。

(2) 国連に加盟する一九三カ国(二〇二三年三月)のうち一四〇カ国を、経済協力開発機構(ＯＥＣＤ)が国連の決議と、一人当たりの国民総所得に基づいて開発途上国と指定している(二〇二〇年)。

(3) 出所：エーザイ株式会社ホームページ(https://www.eisai.co.jp/hhc/index.html#anc-01)。

第 1 章

メガシティのごみ問題の解決を導いた日本の経験

―― クリーンダッカ・プロジェクト

地図 ► バングラデシュ

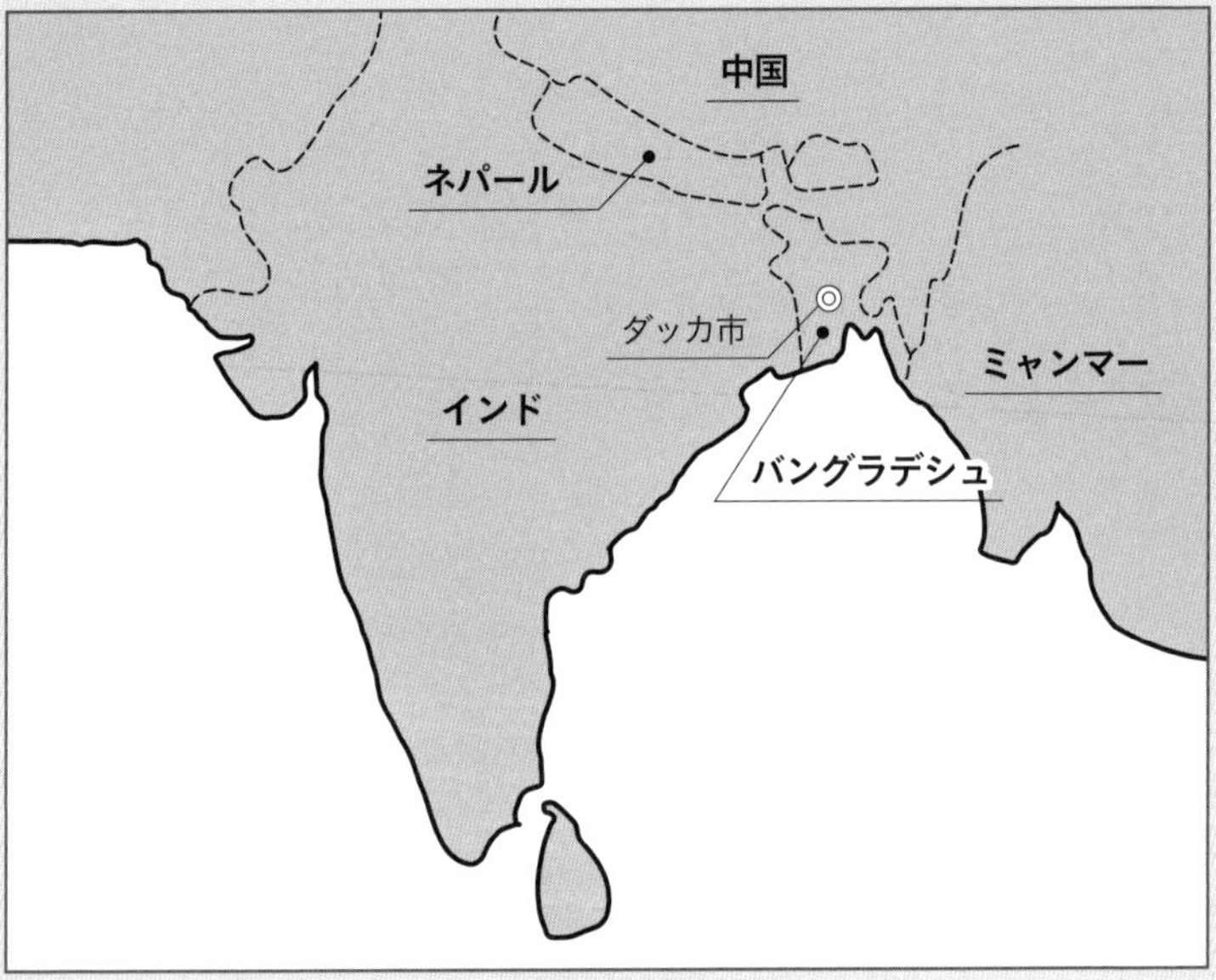

年表

2000年	事業形成を目的とする短期アドバイザーの派遣(3月)。
2003年	「ダッカ市廃棄物管理計画調査」(マスタープラン調査)の開始(11月:~2006年3月)。
2005年	マトワイル処分場改修事業開始(10月:~2007年9月)。
2006年	青年海外協力隊員(環境教育)2名の派遣(6月:以後継続的に派遣)。
2007年	「ダッカ市廃棄物管理能力強化プロジェクト」(クリーンダッカ・プロジェクト)の開始(2月)。ワード・ベースド・アプローチ(WBA)の議論開始(6月)。
2008年	WBAの試行を2地区で開始(1月)。清掃員向け第一回ワークショップ(6月)。ダッカ市廃棄物管理局発足(8月)。定時定点収集方式の開始(10月)。
2009年	100台のごみ収集車の無償供与に関する両国政府の合意(2月)。 「ダッカ市清掃事業指針」策定(7月)。
2010年	WBAの市の条例化(3月)。無償資金協力供与車両の到着(7月)。
2011年	クリーンダッカ・プロジェクトの延長期間開始(8月)。
2013年	クリーンダッカ・プロジェクト終了(2月)。 ダッカ市90地区中15地区がWBAを導入。
2022年	ダッカ市93地区中76地区がWBAを導入。

略語表

WBA	ワード・ベースド・アプローチ

【物語り編】

プロローグ　アジアに残された最大の懸念

開発途上国の大都市の路地裏を歩けば、誰もがごみ問題の解決が一筋縄ではいかないことを実感する。ごみがいたるところに散乱し、収集所にうず高く積み上げられたごみが回収されることのないまま、悪臭を放っている。ごみ問題は、ごみの収集車の数や、最終処分場の容量を増やせば解決できるものではない。さまざまな立場の人々がさまざまな種類のごみを日々生み出す。それらを回収して、処理するプロセスにもさまざまな立場の人々が関係している。そうした人々の行動が変わらなければ、問題の解決は進まない。電気や道路のように施設を建設して維持管理を適切に行うことにより、人々のニーズを充足することができる場合と較べて、問題を解決する方策は格段に複雑になる。大都市のごみ問題は、開発途上国の問題の中で最も解決が難しい部類に入るだろう。

バングラデシュの首都であるダッカ市の状況は、開発途上国のごみ問題に取り組む関係者の間で「アジアに残された最大の懸念」と評されるほど深刻だった。ダッカ市の人口は、二〇一一年の時点では約八九〇万人で、毎年三％の勢いで増大していると推計されていた[1]。急増する人口もさることながら、人口密度は一平方キロメートルあたり六万人（二〇一一年）と、東京二三区の四倍[2]に達する。過密状態から排出されるごみの量に、行政が対応できない状況にあった。

そうした状況が一変したとは言い切れないものの、悪循環の状態からは脱し、「きれいな街ダッカ」が夢物語ではなくなりつつある。データを見れば、二〇〇五年には四四％にとどまっていた廃棄物の収集率は二〇二〇年時点で八二％にまで高まった。ごみが溢れる光景が街の中から消え、強烈な悪臭が漂っていた処分場のごみ山も、覆土と植栽が進み、緑の木々に覆われた公園に変わりつつある。そうした変化は、さまざまな立場でごみ問題にかかわるダッカ市の人々の努力の賜物だ。そのうえで、日本の協力が大きな役割を果たした。

日本の協力は、二〇〇三年に本格化し、以来継続的に行われている。人口が一千万人を超え、なおも増え続けるメガシティのごみ対策、つまり廃棄物の管理には息の長い協力が必要とされる。そうした日本の協力の中で、二〇〇三年から二〇一三年までの間に起こった出来事を振り返りたい。この間、ダッカ市のごみ問題の悪循環が好循環に切り替わった。それは、順調に進んだわけではなく、文字どおり山あり谷ありの連続だったが、開発途上国において社会がどのように変わり、そこに外国人がどのような役割を果たし得るのかを、明瞭に示している。

エピソード1　メガシティのごみ問題に包括的に取り組む

◆公式の仕組みと実態の乖離

ＪＩＣＡが協力を開始した二〇〇三年当時、ダッカ市のごみ問題は人口の急増とともに深刻化が進んでいた。ダッカ市が無策であったということではない。一九八三年に条例を制定し、市内各所

写真1-1 ▸ ダッカ市内のごみ収集場所と最終処分場の様子

出所：八千代エンジニヤリング株式会社

に設置したごみ箱から回収したごみを最終処分場に運ぶ仕組みはできていた。住民が所定の収集場所までごみを運ぶ「一次収集」と、市がそれをごみ収集車に積み替えて最終処分場に運ぶ「二次収集」のルールができあがっていた。また、ごみの積み替え作業や道路・側溝の清掃のために、市は約七千人の清掃員を雇用していた。しかし、そうした仕組みとその運用実態の間には大きな乖離があった。それぞれの当事者が定められたルールのとおりに行動していなかったためだ。

ダッカ市の仕組みの問題の一つは収集場所の数が限られていることだ。近所に収集場所があることが一般的な日本とは異なり、大多数の住民は自宅から遠く離れた場所まで運ばなくてはならない。そのため、街路、排水溝、空き地、沼地、河川などいたるところにごみが捨てられていた。一方、広い区域からごみが持ち込まれる収集場所では、ごみ箱からごみが溢れ出て不衛生な状態が極まっていた(写真1－1)。

約三五〇台のごみ収集車の運転手の行動にも問題があった。市中の収集場所から運び出されたごみの約半分が郊外の最終処分場に届いておらず、途中で捨てられていた。収集車の大半は走行距離を示す計器が作動しておらず、運転手がきちんとごみを最終処分場に届けているか確認しようがなかった。運転手の組合の力が強く、そうした状態を

図表1-1 ▶2003年当時のダッカ市の廃棄物管理体制

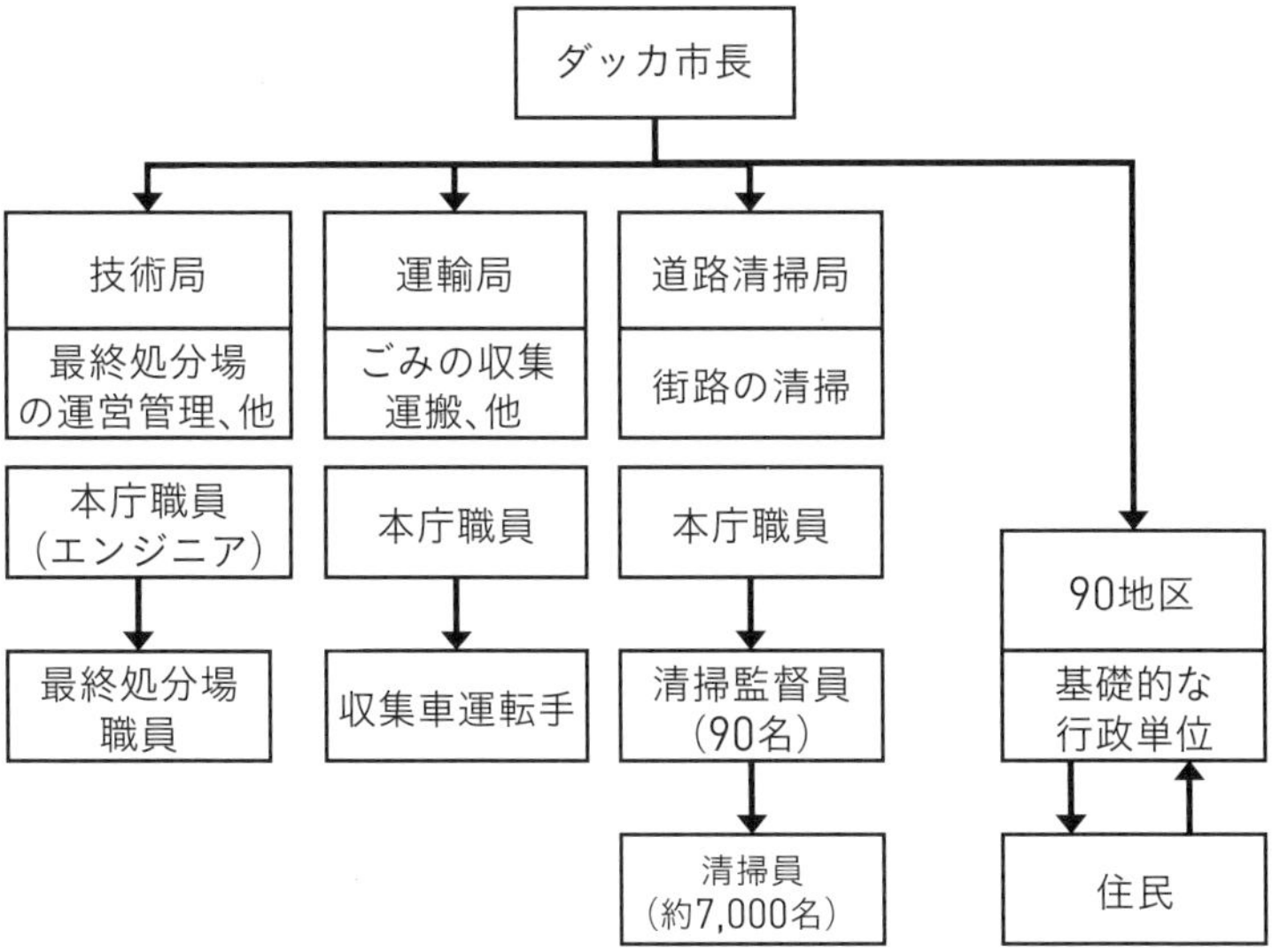

出所：JICA

市は変えることができなかった。

　また、廃棄物管理に適した組織がなかった。市の業務は、街路の清掃とごみの収集は清掃局、ごみの運搬は運輸局、最終処分場の管理は技術局と、縦割りで行われていた。部門間の連携は薄弱で、それぞれが「部分最適」を追求し、全体像を把握して行政を統括している部署がなかった（図表1－1参照）。

　以上のような状態は、全体として事態の深刻化を招いていたが、それぞれの当事者にとっては合理的なものだった。さまざまな立場の人々の行動とその結果としての状態が、複雑に絡み合って、全体として一つの「社会システム」としてできあがっていた。ダッカ市のごみ問題の難しさは、いくつかの状態を改善すれば良いということではなく、そうしたシステム全体の転換が必要とされていることにあった。

◆マスタープランの策定（二〇〇三年〜二〇〇六年）

　バングラデシュ政府を通じたダッカ市の日本に対する協力要請はそうした中で行われた。ただ、市の幹部はダッカ市の廃棄物行政が行き詰まっていることを認識していたものの、問題の本質が社会システムにあるという認識は深まっていないようだった。「必要なのは今集められていないごみを集めるための収集車だ。収集車さえあればダッカのごみ問題は解決できる。収集車を調達するための資金援助をお願いしたい」。市側が強く求めた協力は、廃棄物収集車と最終処分場というハード面の資金協力だった。

　急速な人口の伸びに既存の施設と機材が対応し得ないことは明らかだった。しかし、ごみ収集車の供与が問題の根本的な解決につながらないことも明らかだった。ハード面の協力の前に市の廃棄物管理の全体像を明確化することが不可欠と考えたＪＩＣＡは、中長期の基本計画、つまり、マスタープランの策定から協力を始めることを提案し、市側の了解を得た。

　協力は二〇〇三年一一月から二〇〇六年三月まで行われ、二〇一五年を目標年次とするマスタープランが策定された。①住民参加の促進（一次収集の改善）、②行政による二次収集・運搬の改善、③最終処分場改善、④行政組織・財務の改革の四点を優先課題とし、包括的な計画がまとめられた。

　マスタープランは、ごみ問題の解決にはハード面だけでなく、廃棄物管理に関する社会システムが全体として変わることが必要であることを明確に示すものだった。そうした包括的な計画の遂行には、日本からの協力が引き続き必要として、ダッカ市から要請がなされ、二〇〇七年二月、「ダッカ市廃棄物管理能力強化プロジェクト」、通称「クリーンダッカ・プロジェクト」が始動した。プロジェクトは、ダッカ市の取り組みを、ＪＩＣＡのアドバイザーチームが支援する形で行われる。マスタープランに関する協力にも従事した八千代エンジニヤリング株式会社がアドバイザー業務の実施をＪＩＣＡから受託した。

◆同床異夢：プロジェクトの開始とともに表面化した危機

クリーンダッカ・プロジェクトは、マスタープランに基づいて、まず、各家庭や事業者から出るごみを的確に収集し、運搬し、地域の衛生環境を改善することに焦点を置いていた。そのために、定められた収集場所にごみを出すという基本的なことを住民に徹底してもらうための活動が予定されていた。しかし、プロジェクトの開始から程なくして、市の担当者たちから、「そんなことはできない」、「日本人はダッカのことをまるでわかっていない」という反発の声が相次いだ。

アドバイザーチームは当惑した。プロジェクトはマスタープランを前提としていたからだ。その具体化について協力を要請した以上、市側はマスタープランの具体化を進める覚悟を固めているという前提で、準備を進めてきた。しかし、具体的な活動を行う段階になって、双方が同床異夢の状態にあることが明らかになったのだった。

問題は住民参加により進める活動の体制だった。ダッカ市では、街路を清掃する清掃員の労務管理を行うために、市の基礎的な行政単位である九〇の地区（ワード）ごとに一人の清掃監督員を配置していた。清掃員を除けば住民に最も近い立場の市の職員であり、住民参加の推進役としてマスタープランにおいて位置付けられていた。しかし、活動の具体化が進む中で、清掃監督員を管理する立場の市本庁の職員たちは、「清掃監督員のような学歴も技術もない連中に、そんなことはできない」と、活動の実施を拒む姿勢を露にしていった。アドバイザーチームには、本庁職員たちが清掃監督員を同僚として捉えておらず、まったく相手にしていないように思われた。

エピソード2　プロジェクトの危機：日本の経験を活かして社会的変化を導く

◆日本の経験から着想された打開策

プロジェクトは開始早々に中心となる活動の実施が暗礁に乗り上げた。その打開策を模索する中で、アドバイザーチームは一つのコンセプトにたどり着いた。各地区に清掃事務所を新たに設置し、清掃監督員をその責任者とし、清掃局本庁の権限をできるだけ委ねるというものだ。市役所本庁職員が清掃監督員を使って住民参加活動を行うのではなく、清掃監督員が自律的にそれを行うというアプローチだ。

当時、ダッカ市の廃棄物管理は他の多くの開発途上国と同様に、典型的な上意下達の体制で行われていた。すべての計画や判断は市役所本庁で行われ、清掃監督員は本庁の指示に基づき、貸与されたオートバイで担当地区を走り回りながら清掃員の労務管理を行っていた。「ごみが集められていない！」という住民の苦情が地区長を通じて清掃局長に報告され、それが、清掃監督員に対する叱責と指示として下されていた。住民参加活動をどのように行うかというようなことは、本庁の職員が考えて一元的に決め、各現場に指示することだった。

アドバイザーチームのコンセプトは、そうしたダッカ市に根付いていた中央集権的なシステムの転換をもたらすものだった。現場に物理的な拠点をつくり、権限を委ねることで、清掃監督員が行政と住民の結節点となり、両者の協働が深まる。それまでとはまったく異なる濃密な実践経験を積み重ねる中で、清掃監督員が課題解決力を高めていき、それが、住民の行動の変化をも導く。また、市役所本庁の縦割りの体制の影響で進んでいなかったごみの収集業務と運搬業務の連携についても、地区清掃事務所において緊密化すると考えた。そして、地区清掃事務所の現場でそうした結果が出ることで、市役所本庁職員も認識を変え、現場の清掃監督員との協働が進むと考えた。

そうしたアドバイザーチームのコンセプトは、東京都の経験に基づくものだった。かつて、東京都のごみの多くは江東区の夢の島に運ばれていた。しかし、高度成長期の一九六〇年代から七〇年代にかけて、経済成長に伴うごみの増加を受けて、江東区が受け入れを停止し、「東京ごみ戦争」と呼ばれる大きな混乱が生じた。その結果、東京都は一元的な管理方式から、各区が発生したごみを自ら処理する「自区内処理」方式に転換し、住民が自らの責任でごみ処理に取り組むことが当たり前になっていった。当時の東京都とダッカ市の状況は異なるが、地区単位で自律的に管理を行う方式は、現状の打開策になり得ると、アドバイザーチームは考えた。

◆ワード・ベースド・アプローチ（ＷＢＡ）の試行開始（二〇〇八年）

アドバイザーチームは、新たなコンセプトを実証するために試行的に行うパイロット事業のデザインを進めた。パイロット事業の成否は、損得勘定抜きに自分事として行動してくれる清掃監督員の存在にかかっていた。清掃事務所長としての新たな仕事がどんなに大変かがはっきりしないうえ、給与が増えるわけでもない。うまくいかない場合には責任を問われるおそれもある。清掃監督員の立場からすれば割に合わない挑戦だ。しかし、アドバイザーチームの一員である石井明男（以下、石井）には心当たりがあった。マスタープランの策定にも参加した石井は、現場主義を徹底して多くの清掃監督員と長時間にわたり行動を共にした。その中で、石井の励ましの言葉に涙を流すほど真摯な姿勢で取り組んでいた二人の清掃監督員と特に共感を深めていた。彼らなら立派にやってくれるという確信が石井にはあった。二人は期待どおりにアドバイザーチームからの呼び掛けに対して手をあげてくれた。

他方、東京都での経験を知る術のない市役所本庁の職員たちにとり、アドバイザーチームのコンセプトは理解を超えるものだった。そもそも清掃監督員に地区清掃事務所長のような役割が担えるわけはないと考えていた。しかし、アドバイザーチームと手をあげた清掃監督員の熱心な姿勢を目の当たりにして、新たな取り組みの試行を行うことにはあえて反対しなかった。お手並み拝見という姿勢だった。市役所本庁の職員としても、プロジェクトが始まって一年が経とうとしている中で、このままプロジェクトを停滞させておくわけにはいかないという思いがあった。

二人の清掃監督員が担当する地区をモデルとして、試行事業が二〇〇八年一月に開始された。試行するコンセプトは、地区（ワード）を中心に廃棄物管理を行うという意味で、「ワード・ベースド・アプローチ（ＷＢＡ）」と名付けられた[3]。

◆ブレイクスルー：期待を上回る成果

ＷＢＡは、市役所本庁から地区清掃事務所にできるだけ広範囲の権限を移し、事務所長の職責を担う清掃監督員に自律的に動いてもらうことを基本としていた。安全と衛生に関するワークショップの開催などの清掃員の労務管理、地区内のごみ捨てのルールの決定と住民の組織化、ごみ収集地点の設定など、多くのことを自ら考えて、実行することが事務所長の役割とされていた。

清掃事務所の施設は市役所が所有する既存の建物を利用し、看板をかけ、外壁のペンキを塗り替えた簡素なものだった。机、いす、ホワイトボード、救急箱などの最低限の備品をＪＩＣＡが支援した。それまではそうした拠点がなく、一日中、オートバイで走り回っていた清掃監督員にとっては劇的な変化だった。いわゆる「一国一城の主」としての自負心を大きく高めた。

アドバイザーチームの期待に応え、二人の「事務所長」は期待以上の結果を出した[4]。事務所長としての自覚を徐々に深め、清掃事務所を拠点に清掃員、住民、非正規の収集事業者と関係をつくり、さまざまな課題に自律的に取り組んでいった。清掃員の労務管理や住民との協働活動のような「本業」にとどまらず、ごみ収集車を管理する市役所運輸局との調整のように、市役所本庁職員が担っていたことも行うまでになった。地区清掃事務所を預かる立場になれば、必ず力を発揮するだろうと予想していたアドバイザーチームも驚くほどであった（写真1－2）。

写真1-2 ▸ 地区清掃事務所(写真左)、事務所長(写真右中央)と石井(写真右右端)

出所：八千代エンジニヤリング株式会社

市役所本庁職員も徐々に認識を変えていった。自分で考えて行動するというようなことはできないと見下してきた清掃監督員が、行政サービスの現場と市役所本庁をつなぐ役割を得て潜在能力を発揮し、次々と結果を出していくことを目の当たりにして、清掃監督員を対等な立場の同僚と見なすようになっていった。それに伴い、ダッカ市職員とアドバイザーチームの間でも同床異夢の状態は解消され、信頼関係が深まっていった。試行の成功を受けて、ダッカ市はWBAを公式化し、市全域への導入の道が開かれた。

エピソード3 最前線の人々の心に直接語りかける

WBAの導入で清掃監督員が意欲を高め、行動を変えたとしても、現場の当事者のマインドセットと行動が変わらなければ、社会的な変化は実現しない。つまり、問題の本丸は、行政サービスの最前線を担う清掃員と、ごみを出す住民たちの行動変容にあった。清掃員は市役所から雇用されているものの、一般的に、行政の第一線を担っているという自覚は弱く、意欲も低かった。清掃員の行動変容は、清掃監督員の個人の力だけでは難しいと考えられた。そこで、アドバイザーチームは「部外者」でなければできない介入を仕掛けた。

開発途上国の大都市における清掃作業は常に危険と隣り合わせの仕事だ。交通量が激しい路上で、ガラス片など危険なものを手で集めている清掃員の間では事故が絶えず、排気ガスによる疾病のリスクも高い。しかし、そうした状況にもかかわらず、ダッカ市は対策を講じていなかった。アドバイザーチームは、まず、そうした状況を改めることが、清掃員たちに、自分たちの仕事に誇りをもって取り組んでもらうために必要と考えた。そして、清掃員向けの安全作業マニュアルを作成し、清掃員を対象に研修を行うことを清掃局側に働きかけた。

そこまでは普通のことだが、アドバイザーチームの仕掛けは、研修を市庁舎内の講堂で行うことだった。焦点は清掃員と市役所本庁職員のマインドセットだった。両者の間には共感と信頼の関係が存在していなかった。そうした状態では、清掃監督員が中間管理職として奮闘しても、「笛吹けど踊らず」で、第一線の清掃員の行動はあまり変わらず、住民と市役所の協働は深まらないと考えた。象徴的に市庁舎内で研修を行うことで、清掃員に市職員の一員であるという自覚と誇りを持ってもらうとともに、市役所本庁職員にも清掃員に対する認識を改めてもらうことを狙った。

しかし、市側は市庁舎内の講堂の利用を許可しなかった。認識が切り替わっていない段階では仕方がないことだ。アドバイザーチームは次善の策として、市庁舎の目の前の公園で、清掃局主催で研修を行うことにした。毎回三百人ほどの清掃員が集まり、蛍光ベストなどの安全具を受け取り、

写真1-3 ▶ 清掃員を対象に市役所前で行われた研修の風景

出所：八千代エンジニヤリング株式会社

マニュアルの説明を受けるとともに、清掃局長の講話に耳を傾けた。清掃員の安全や健康について市が行動することや、清掃局のトップが清掃員と対話するということは、それまでにないことだった（写真1―3）。

プロジェクト期間を通じて四六回のワークショップが開催され、清掃員のマインドが変わっていった。それまでは、清掃員の仕事をしていることを近所に悟られないように、お揃いのユニフォームを着用することを拒むほどだったが、重要な役割を担っているという自覚が広がっていった。それに伴い、WBAのもとでの住民と清掃員の協働活動もより実効的なものになっていった。また、市役所本庁職員たちも認識を変えていった。清掃員は市役所の一般の職員と同じように、毎年公費で健康診断と予防接種を受けることができるようになった。

エピソード4　定時定点収集方式の導入とゴミ収集車の供与：変革を加速する

◆進み始めた住民の行動変容

都市の廃棄物管理の難関は、住民の認識と行動の変化だ。人々の行動の変化というものは、施設の建設などの物理的な変化と異なり、計画的に実現し得るものではない。それは、指揮命令系統がある組織の中でも進みにくいが、そうした仕組みがない社会においては特に難しい。法令を制定しても、人々がそのとおりに行動しないということが多い。

そうした変わりにくい人々の認識と行動に働きかけるために、プロジェクトでは、さまざまな啓発活動に取り組んだ。テレビとラジオでキャンペーンを行うとともに、「クリーン・ダッカ・ウィーク」という全市的なイベントを年に一度開催した。そうした中で、特にWBAが導入された地区では、住民の認識と行動の変化が進んだ。清掃監督員と清掃員が誇りを持って日々の業務に取り組む姿勢に接することで、清掃関係の仕事を蔑むのではなく、自分たちの住環境を良くする大切な仕事とする意識が広がっていった。

また、急膨張する大都市では希薄化しがちなコミュニティの連帯感が、WBAの活動を通じて住民の間で高まっていった。住環境についての責任感が芽生え、それぞれのコミュニティで、住民たちが自らごみ収集のルールを決め、互いに順守するよう声をかけあうようになっていった。それが住環境の目に見える改善につながることで、さらに住民が自分事として主体性を高め、WBAの活動が軌道に乗って行った。

　住民の行動の変化は、日本側チームが予想していなかった面でも進んだ。地区清掃事務所が、廃棄物管理という本来の業務の枠を超えて住民に最も身近な行政の窓口として、存在感を高めていった。事務所には、街路の電球が切れているといった清掃サービス以外のさまざまな相談事が持ち込まれた。清掃監督員はそうしたことを担当外の仕事として門前払いにするのではなく、できるだけ対応し、住民の信頼を得ていった。ＷＢＡのもとで本格化した住民と市の協働は、廃棄物管理の枠を超えて両者の距離を縮め、地方自治の精神を涵養する「場」としての様相をまとうまでになっていった。

◆定時定点収集方式の導入

　ＷＢＡの試行により住民の認識と行動の変化が進み始めた二〇〇八年一〇月、試行は次の段階に入った。ごみを決められた場所に、決められた時間に出してもらう「定時定点収集方式」の試行だ。ダッカ市のごみ問題の主因の一つは、収集地点が限られていたことにあった。住民はいつでもごみを出すことができたが、多くの家庭が遠くの収集所まで運ばなくてはならず、それが、路上や河川への投棄を招いていた。また、一カ所の収集所に大量のごみが集中し、景観や衛生上の問題が生じていた。そこで、収集地点を増やす代わりに定時にごみを出してもらうことを試みた。

　日本では当たり前のように行われていることだが、ダッカ市でそれを定着させることは困難と考えられていた。それは、定時定点収集方式が、住民や住民の代わりにごみを出す代行業者、清掃員、ごみ収集車の運転手などのさまざまな立場の当事者が、足並みを揃えてルールに則り行動することを必要とするからだ。そうした協働の慣行を新たに生み出すことは、日本においても簡単なことではない。しかし、アドバイザーチームは、ＷＢＡにより意欲と自律性を高めた清掃監督員が中心となることによりできると考えた。

はたして試行結果は期待を上回るものだった。清掃監督員が、住民や代行業者への説明会や、住民参加活動のファシリテーションに大車輪の活躍を見せた。住民たちの間でも、自発的に、ごみ出しをポリバケツで行うようになるなど、試行内容が「進化」していった。その結果、それまでは一カ所の収集場所のごみを収集車に積み替えるのに九〇分ほどかかっていた時間を一〇分ほどに短縮でき、収集地点を増やしても収集車が業務時間内に回れることがわかった。

◆ごみ収集車の無償供与（二〇〇九年〜二〇一〇年）

定時定点収集方式の試行と並行して、ＪＩＣＡは、その本格導入を後押しするために、ごみ収集車の無償供与の検討も進めた。限られた区域で行う社会実験は、成果が社会システムとして根付くまでに至らないことが少なくない。特に、東京二三区に匹敵する人口規模のダッカ市で成果を全域に広げるには、大きな予算を必要とし、また、大規模に人財を育てることが必要とされた。新たなことが進みにくいダッカ市役所の状況を踏まえれば、試行で終わってしまうおそれは小さくなかった。そうした状況において、ダッカ市が当初から熱望していたごみ収集車の無償供与が実現すれば新方式の本格導入に向け弾みがつくことになる。

写真1-4 ▸ 従来のごみ収集車と日本政府の無償資金協力で供与されたコンパクター

出所：八千代エンジニヤリング株式会社

ごみ収集車の供与は、異例のスピードでＪＩＣＡと外務省において検討が進められ、定時定点収集方式の試行の開始から四カ月後の二〇〇九年二月には百台の収集車の供与が両国間で合意された。そのうち三五台は日本でも使われている「コンパクター」と呼ばれるごみ圧縮装置を備えた収集車で、バングラデシュに初めて導入されることになった。二〇一〇年七月に現地に到着したごみ収集車は、バングラデシュの国花である蓮の色であるピンク色と黄緑色に統一されていた。ダッカ市民に新収集方式の開始を広く周知するうえで、絶大な効果を発揮した（写真１－４）。

ＪＩＣＡが期待したとおり、百台のごみ収集車は、クリーンダッカ・プロジェクトの象徴となった。定着が図られていたＷＢＡの活動がさらに活気づき、コンパクターによる収集に適した収集方法が、分権化された仕組みのもとで、各地区で自律的に試みられた。そうした実践経験が積み重ねられる中で、住民、収集代行業者、清掃員の協働が地区清掃事務所長のもとで深まった。ＷＢＡの実効性について懐疑的だったダッカ市役所の幹部たちも確信を深めていった。収集されたごみが運び込まれる最終処分場についても、二四時間体制でごみの搬入ができるようになった。百台のごみ収集車の無償供与は、巨大都市の社会システムの変化を実効的に促進することとなった。

◆ごみ収集車運転手たちの抵抗

ただ、ごみ収集車の無償供与は全員に歓迎されたわけではなかった。供与された車両の運用を一部の運転手たちが妨害した。問題はお金だった。それまで、ダッカ市役所では、ごみ収集車の運転手に対してガソリンの代金を現金で支給していた。それに対して、日本が無償供与した新型車両は、ガソリンではなく圧縮天然ガス(CNG)を燃料としていて、運転手が現金を手にする機会はなかった。ガソリン代金をうかせるためにごみを最終処分場へ向かう途中で投棄するようなことを防ぐためでもあった。運転手の組合は、それを「既得権」を奪うものと捉えた。最終処分場の入口にバリケードをつくるなどして、新型車両の導入に抵抗した。

しかし、予想外に早く問題が解決した。供与された新型車両が十分に稼働していない状況を批判する市民の声が新聞に掲載されたことで、風向きが変わったのだった。組合の決定に反して、有志の運転手が三々五々、新型車両の運転を申し出た。洗車を自費で行う運転手が現れるなど、新型車両を運転することに誇りを感じているようだった。最終的には組織的な抵抗は雲散霧消し、新型車両は運転手たちに受け入れられた。クリーンダッカ・プロジェクトの活動を通じて意識を変えつつあった市民が声をあげることにより、運転手たちも損得勘定を超えて、心を動かされていった。

エピソード5 先例の無いダッカ市の組織改革：変革を仕上げる

◆縦割り行政の改革

ダッカ市が急増する廃棄物を適正に管理するためには、指示命令系統を統一し、全体像を把握できる体制を確立することが不可欠だった。ごみ収集と街路の清掃を所管する清掃局、収集したごみを運ぶ運輸局、最終処分場を運営する技術局などに分かれた縦割り行政では、市全体のごみの発生量や処分量などの基本的情報すら正確には把握できていなかった。そのため、二〇〇六年にまとめられたマスタープランには、一元的管理体制として廃棄物管理局を創設することが盛り込まれ、市長にあたる首席行政官もそれを承認していた。

マスタープランを受けて二〇〇七年に開始されたクリーンダッカ・プロジェクトは、廃棄物管理局の創設を前提としてデザインされていた。創設が遅れれば、プロジェクトのさまざまな活動に支障が生じかねなかった。そのため、組織改革の速やかな実現に向け、ＪＩＣＡはダッカ市側の背中を押した。ダッカ市側では技術局が複数の部局にまたがる調整を担った。技術局は最終処分場の管理を含むダッカ市の技術面全般を統括するエリート集団である。英国で廃棄物管理の博士号を取得して帰国したばかりの技術部長は、改革に強い意欲を示していた。

しかし、市役所内部の調整が始まると、マスタープランの策定段階では表面化しなかった反対の声があがった。既存の業務、権限、予算や人員が切り取られることが明瞭になったからだ。技術局による内部調整をサポートしたＪＩＣＡバングラデシュ事務所の眞田明子（以下、眞田）は語る。

「組織はこうあるべきと紙に書くのは簡単ですが、実際にそれを実現することは多くの痛みと困難を伴います。外の人間にとり正論であっても、脈々と続いてきた社会や組織の仕組みは、それなりの理由があって続いているもの。ただ、ダッカ市が社会的にも経済的にも大きく変化する中、行政や社会も変わるべき時期にあったことは間違いないと思います。」

◆画期的な組織改革の実現

組織改革が難航した背景には、ダッカ市が生まれて三〇年以上、一度もそうしたことを経験していなかったため、手順が確立していなかったという事情もあった。眞田は週に何度も市役所に出かけ、苦闘する技術局の職員に寄り添い、打開策を一緒に練った。そうした努力の結果、ＷＢＡの試行が開始されたのと同じ二〇〇八年一月に、廃棄物管理局の創設がダッカ市役所内で決定された。

ダッカ市役所の組織改革は、バングラデシュでは大きな行政改革であったことから、地方行政を所管する地方自治省、人事院、財務省など、中央政府の承認が必要だった。トップダウンの組織文化が徹底しているバングラデシュでは、下位の組織から上位の組織にあげる話は進みにくい。そこで、眞田はＪＩＣＡの担当者という自らの立場をうまく使って、関係省庁に働きかける「場」をつくった。ＪＩＣＡとして面談を申し入れ、そこに同席してもらうという形をとり、ダッカ市担当者による関係省庁との協議をサポートした。ＪＩＣＡと日本大使館が一体となって働きかけを続けたこともあり、二〇〇八年八月に国の承認が下り、ダッカ市廃棄物管理局が正式に発足した。

組織改革が実現することにより、もう一つの鍵である公的ルールの整備も軌道に乗った。廃棄物管理事業指針や清掃事業実施細則の策定、予算編成の仕組みの整備が、アドバイザーチームの支援を得て廃棄物管理局職員の手で進められていった。公的ルールと組織という両輪が揃うことで、クリーンダッカ・プロジェクトのもとで生み出された変化が、自律的に展開していく見込みが高まった。

無論、組織というものは正式に決定がなされれば動き出すというものではない。特に、既存の組織を統合してでき上がった廃棄物管理局については、想定されていた機能を果たし得るようになるまで多年の歳月を要することになった。たとえば、組織定員の充足が遅れている。本来、統合されたはずの旧部局のポストが、さまざまな理由から実質的に移されていないためである。

他方で、直ちに効果が表れた面もある。廃棄物管理局の設立を機に清掃監督員の給与体系が見直され、昇給が実現した。また、二〇一三年の組織改革で地区清掃事務所を統括する役職が市役所本庁に設けられ、清掃監督員がその役職に昇格する道が開かれた。つまり、清掃事務所長として頑張れば、市役所本庁で清掃事業を管理する業務を任されるようになった。それを受けて、清掃監督員の中には、廃棄物管理の重要性に目覚め、専門性を高めようと大学に通う者も増えてきた。廃棄物管理事業の要となるミドルマネジメントが機能する「場」を、組織改革が生み出していった。

エピローグ 「クリーン・ダッカ」の持続的な進展

ダッカ市の廃棄物管理行政の基盤はこうして整い、二〇一三年にクリーンダッカ・プロジェクトは六年間の協力を終了した。ただ、バングラデシュの順調な経済成長を背景に、ダッカ市の人口は急増を続け、ダッカ市は常に対応に迫られ続けている。そのために第二期のプロジェクトが、バングラデシュ第二の都市チョットグラム[5]を加えて、二〇一七年から二〇二一年まで実施された。また、それに先立つ二〇一五年には、一五〇台のごみ収集車が無償供与された。そうした中で、クリーンダッカ・プロジェクトを通じて構築された行政と住民の共創の仕組みが、「ソフト面のインフラ」として着実に定着しつつある。ＷＢＡを導入した地区はプロジェクトが終了した二〇一三年の一五地区から、二〇二二年には、ダッカ市全域九三地区の八割を超える七六地区に達した。

【解説編】

1 現状を関係性で捉えて連鎖的変化を誘発する焦点を見出す

◆社会的な関係性の観点

この「物語り」は、廃棄物管理という問題の解決の仕方に限らず、一般的な社会の変化の本質にかかわる二つのことを浮き彫りにしています。第一が、社会という複雑な関係性の変化が、どのように起こり、進むかということであり、第二に、そうした変化をどのように触発し得るのかです。

ごみ問題は、最も解決が難しい社会的な問題の一つです。それは、ごみ問題が社会的に相互作用する関係性の変化を必要とするからです。社会において相互に関係しあう状態は、何か一つか二つの課題を解決すれば、期待するように全体が良い方向に変わるということは、まずありません。予想外の方向に変化して、かえって状態が悪化することもあります。

一千万人以上の人々が生活するダッカ市のごみ問題は、その状態が極まっていました。ごみ収集車や最終処分場の整備などのハード面の課題を解決するだけでなく、ごみを出す住民、街路を清掃する清掃員、ごみを運ぶ収集車の運転手、市役所の行政官など、さまざまな立場でごみ問題に関係する当事者の人々の行動変容が必要とされていました。しかし、人々の認識や行動は、歴史、文化、経済などさまざまな面の経緯に基づいて形づくられていて、そもそも変わりにくいことに加え、ごみ問題については、各当事者の問題意識は概して希薄で、立場により利害が異なる人々が一致して行動を変えるということは至難でした。

◆レバレッジポイント

社会的に相互作用する関係性はさまざまな立場の当事者の行動が絡み合った状態です。立場が異なる人々が一斉に認識と行動を変えることは、歴史的なイベントや非常事態を別にすれば滅多に起こるものではありません。そこに社会的問題の難しさがあります。しかし、ある立場の人々の認識と行動が変わることにより、全体の変化が玉突き状に進むということがあります。そうした変化の起点を、小さな力で大きなことを動かす梃の力点になぞらえて「レバレッジポイント」と呼びます。

地区清掃事務所の設置は、ダッカ市の廃棄物管理の社会的システムの変化をもたらす「レバレッジポイント」となりました。そうしたポイントを見出して、新たな場を創るということは、システムの中の当事者だけでは難しいものです。長年の慣行や価値観、また、組織の「空気」から脱却することは容易ではありません。アドバイザーチームは、ダッカ市役所の人々にとっては、「よそ者」であり、問題の当事者の常識から逸脱した異質な知を有する者としての役割を果たすことで、社会的なイノベーションを導いたのでした。

ただ、地区清掃事務所の設置を中心とするワード・ベースド・アプローチ（ＷＢＡ）は、ＪＩＣＡやアドバイザーチームが当初から考えていたことではありません。プロジェクトの行き詰まりが明確になるなかで、打開策として急遽構想されたことです。社会的変化のプロセスは、高度に複雑であり、そもそもマスタープランとして事前に計画し切れることではありません。全体像を俯瞰する計画により、相手側の行動を導くことができる場合もありますが、あくまで暫定的な計画として、現場の現実に即して臨機応変に軌道修正することも必要です。

- 行動変容を必要とするソフト面の課題は、外部者が主導して解決し得るものではない。当事者が自ら真の課題を見出すことにより、その解決が進む。
- 問題を関係性で捉えて、レバレッジポイントを見出す。
- システムの変化を、高度の不確実性を前提に、弾力的に促進する。
- 相手側の主体性を促進しながら計画をつくる。
- 不確実性が高いことは計画に時間をかけない。

2 さまざまな立場の当事者の協働を促進する

◆協働を阻む社会構造

そうした社会的関係性の焦点は、共創の関係にあります。関係性の変化は、新たな知識が盛んに共創されることにより進みます。問題解決につながる真の課題を見出すこと、その解決策を創ること、解決策を現場の実状に即して実践することなどは、すべて、知識の創造に関することです。他方、知識は個人が単独で生み出すものではなく、人々が共創するものです。さまざまな立場の人々の間で、立場の違いや認識の違いを越えて、新たな知が盛んに共創されることにより、課題の解決が進みます。開発途上国の問題の本質は、多くの場合、そうした共創を阻害する社会的な構造にあると思われます。

ダッカ市のごみ問題についても共創を阻む構造が錯綜していました。まず、問題解決の中核を担う市役所において、市役所本庁職員と現場職員の間に、深い心理的な溝がありました。市役所本庁職員はエリート意識が強く、現場の清掃監督員や清掃員を同僚と見なさず、現場の思いに共感することもありませんでした。清掃員と清掃監督員は、担当区域の清掃が行き届いていないことについて、住民からの苦情と市役所本庁からの指示や叱責に日々さらされ、その場その場で対応するだけという姿勢でした。そうしたマスタープランで描いた共創の関係とは程遠い状況が、具体的な活動の実施の段階で露になりました。

それは、社会的関係性の変化に必要とされる当事者間の新たな共創関係が、容易には起こり得ないことを物語っています。開発途上国に限らず、人々は自らのコンテクスト（固有の条件）のもとで行ってきたことを、正当化する傾向があります。現在の共創関係が変わり得るものであることを、アイデアだけでなく、事実として示すことが必要です。

その方法として、社会実験を行い、客観的なデータとして示すことが、欧米各国や開発途上国において、広く行われるようになりつつあります。他方で、当事者が新たな共創関係を実際に経験する場を創り、そこで「事実」を認識し、行動を変えて行くことを促す方法もあります。ＷＢＡの試行は、そうした後者の場となり、そこから共創関係の連鎖が生まれました。清掃監督員と住民の間で共創関係が深まり、それが、市役所本庁職員と清掃監督員の共創関係にも展開して行きました。

衛生的な住環境というものは住民の誰もがそこから便益を受ける「公共財」ですが、その創出のために必要な規則に則った行動という費用を負担しない「フリーライダー」が増えやすい構造にあります。しかし、市民のフリーライダーが多数を占めている状態を変えるには強力な強制力が必要となります。そこで、キャンペーン活動行動を監視する体制があるような場合を除き、実現は容易ではありません。そこで、キャンペーン活動などの住民の啓発活動が重視されることになりますが、そうしたことだけで住民の認識が変わり、行動が変わるということは多くはありません。そうした状況において、ＷＢＡのもとで、ごみ収集の単位が小さくなることで、住民の自分事の意識が高まりました。清掃監督員の働きかけもありましたが、隣人が互いに見守り合うという同調性の効果もあったと思われます。

- さまざまな立場で問題に関係する当事者は、実践経験を通じて、ビジョン、優先課題、具体策についての認識の共有を深める（会合では深まらない）。
- 外部者がハード面の表面的な課題を解決してあげることが、当事者の行動面の本質的な課題の解決を遅らせる場合がある（「喉元を過ぎれば熱さを忘れる」）。
- さまざまな立場でシステムに関係する当事者の認識と行動の変化を、場を創り漸進的に促す。
- 物的な協力は早すぎることなく、遅すぎることのない、最適なタイミングで行う。
- 組織的課題に取り組むミドルのイニシアティブを寄り添い後押しする。

3 ミドルの潜在能力を引き出す自律分散型の組織を創る

プロジェクトの危機に臨んでアドバイザーチームが考案したワード・ベースド・アプローチ（WBA）のポイントは、市役所と住民をつなぐ「ミドルマネジメント」の役割に焦点を定めたことです。ダッカ市の廃棄物行政では、清掃監督員が潜在的にミドルマネジメントの立場にありましが、そうした機能を果たしていませんでした。清掃監督員は、ポストが固定されていて、大学を卒業していても、より責任の大きなポストへの昇進や本部勤務の道は閉ざされていました。市役所本庁から一方的に指示を受けるだけで、仕事へのモチベーションは高くはありませんでした。

組織というものは大なり小なり上意下達の傾向がありますが、開発途上国の組織はそれがより徹底される傾向にあります。清掃監督員のようなミドルマネジメントの立場にある者は、「上」が決めたことを「下」がそのとおりに実施することを管理する役割以上のことを期待されないことが一般的です。現場の現実を「上」に伝えたり、独自の判断で創意工夫したりすることは必ずしも歓迎されません。そうした自律的に行い得ない仕事に、人々は意欲を高めることはないものです。上意下達で行われる仕事から人々が得る喜びや充実感は限られ、能力の向上も滞ります。

開発途上国に対する援助では、ミドル層を対象とする研修や留学などの「人材育成」策が重視されてきましたが、その背景には、「トップは優秀だが、ミドルが育っていない」など、開発途上国の問題を、ミドルの能力不足のせいにする見方はあるように思われます。しかし、本質的問題はミドルの成長を阻む組織マネジメントの構造にあると言えます。清掃監督員を現場と市役所をつなぐ要として位置付け、自律的に行動し得るスペースを生み出すことを狙ったＷＢＡは、そうした組織マネジメントの構造に切り込むものでした。

◆一国一城の主

ＷＢＡが成功した要因は、それが、ミドルマネジメントの潜在能力に働きかけたことにありますが、地区清掃事務所という物理的な協働の「場」を創出したことも見逃せません。事務所は、既存の市の施設を改修した簡素なものでしたが、行政サービスの拠点が物理的に存在することで、住民は苦情や相談を直接持ち込むことができるようになりました。清掃監督員は住民に頼られることをいとわず、むしろ誇りと思い、積極的に対応しました。

　そうした新たな環境において、地区清掃事務所を任されて「一国一城の主」として意欲を高めた清掃監督員が、自律的に創意工夫しながら、ごみの定時定点収集や、衛生環境の改善の面で地域住民に対して働きかけを行いました。それが住環境の改善として具体的に表れることにより、住民と地区清掃事務所の間で信頼関係が深まり、共創関係の活性化につながっていきました。市役所本庁の職員たちは、清掃監督員がそうした役割を担い得るとは考えていませんでしたが、現場の変化を目の当たりにして驚き、認識を改めたのでした。清掃監督員に対する認識を変え、上意下達の関係ではなく、共感し合い、アイデアを語り合う共創の関係に変わり、心理的な断絶が埋められていったのでした。

- 組織のトップと現場を結ぶミドルが潜在能力を発揮し、育つ場を創る。
- 変革を先導し得るミドルを見出す。

4 新しく意味づけしマインドセットの転換を促す

◆人に言えない恥ずかしい仕事

ＪＩＣＡのアドバイザーチームは、ミドルとしての清掃監督員だけでなく、現場の清掃員のマインドセットにも働きかけを行いました。約七千人の清掃員が市から雇用されていましたが、行政サービスの最前線を担うという意識が希薄で、自らの仕事を人には言えない恥ずかしいことと認識していました。市役所本庁の職員やサービスを受ける立場の市民も、清掃員の仕事を蔑んでいて、清掃員と協働するというようなことは論外という状況にありました。そうした中で、アドバイザーチームは、行政と市民の協働には、清掃員自身と周囲の認識が変わることが不可欠と考え、市庁舎内の講堂で清掃員のためのワークショップを開催するという現地の常識では考えられないことを企画したのでした。結局、市側からは許可はおりませんでしたが、市庁舎前の公園で、市の幹部の参加を得て開催する形に漕ぎつけたワークショップは、アドバイザーチームの狙いどおりに、清掃員の意欲を触発する非日常の「場」となりました。地区清掃事務所の設置により意欲を高めた清掃監督員とともに、清掃員が意欲を高めることにより、行政と市民の協働によるごみ問題の解決が具体的に動き出したのでした。

◆内発的動機を触発する新しい意味づけ

多くの場合、社会の状態は慣習や文化に根付いていて、変わるには長い歳月を必要とします。しかし、その社会の外部から的確に関与し、効果的な「非日常の場」で新しい価値を生成することにより、変化が起動し、加速することがあります。この物語りで特筆すべきことは、そうした場で彼らの仕事に新しい意味が付与され、社会的に不遇な立場に置かれた人々が「内発的動機」を高めたということです。人々の行動の原動力となる動機には、「飴と鞭」と言われるように、金銭的欲求や処罰に対する恐れなどの「外発的動機」と、自身の存在意義についての思いや成長したいという欲求などの「内発的動機」があります。開発途上国では、後者についての取り組みは必ずしも一般的ではないようです。

　行政サービスは、清掃員に限らず、農業技術普及員、小学校教員、看護師、など最前線の従事者の認識と行動に多くを依っています。開発途上国では、そうした人々が、黙々と真面目に責務を果たしているものの、相応しい扱いを受けていないことが少なくありません。中でもダッカ市の清掃監督員や清掃員が置かれていた状況は辛いものでした。雇用者である市役所本庁職員からも、サービスを受ける住民からも尊敬されない存在でした。そうした状況にある人々を外発的動機のみで動かすことは、現実的ではありません。多くの開発途上国は、報酬を手厚くするための予算も、管理統制を強化するための組織力も十分ではないからです。

　アドバイザーチームは、現地の常識に捉われずに、そうした状況の変化を導いたわけですが、やり方を間違えれば反発と混乱を招きかねず、リスクを伴うことでした。それにもかかわらず、あえてチャレンジしたことは、現場の思いと自律性の価値を尊んでいたからであり、また、現場の清掃監督員や清掃員の思いに共感を深めていて、彼ら、彼女らの潜在能力を確信していたからでしょう。

- 現地の「常識」に捉われない部外者の立場は、的確に働きかけることにより、「常識」の変化を促進し得る。
- 現場の人々の境遇に共感し、非日常の場をつくり、新しく意味づけして思いや意欲を触発する。

5 さまざまな知を結び付けてイノベーションを起こす

この物語りが伝えていることは、社会的なプロセスのイノベーションに他なりません。「イノベーション」は、本来、科学技術に関することだけでなく、人々の行動に関することでもあります。製造工程や問題解決の方法などの日常的な仕事の仕方、つまり、「ルーティン」についての「プロセスのイノベーション」です。イノベーションは、製品や製造工程についても難しいことですが、社会的なプロセスのイノベーションは、多数の立場の異なる当事者の行動変容を必要とするため、特に難しいことです。この物語りではそれをどのように導いたのでしょうか。

あらゆるイノベーションの鉄則は、小さく始め、機敏に進めることです。小さくとも結果を素早く出し、賛同者を増やし、新たな知を取り込み、試行錯誤を重ねるということが成功の秘訣です。そもそも、創造的な取り組みは、最初から多数の当事者を巻き込むことも、入念な計画を創ることも難しいものです。大多数の腑に落ちることではなく、先も読めないからです。特に、開発途上国の社会的な変化についてのイノベーションは、不確実性が高いものです。ＪＩＣＡとアドバイザーチームの行動は、そうしたイノベーションの「作法」に則るものだったと言えますが、想定どおりに行くかどうかについて確証が持てないことに取り組むことを許容する環境があったからこそ、挑戦できたのでしょう。

◆イノベーションの担い手の暗黙知の重要性

開発途上国におけるプロセスのイノベーションの鍵は、誰が取り組むかにあります。新たな施工技術の創発や品種の改良といった技術的なイノベーションは、外国人がリードすることもできます。しかし、人々の行動に関するプロセスのイノベーションは、プロセスの当事者自身が取り組まなければ定着しません。ＷＢＡを着想したのはアドバイザーチームでしたが、それを実践し、新たなプロセスとして「ルーティン化」（日常化）したのは、試行を担った二人の清掃監督員でした。彼らの主体的な取り組みなくしてプロセス・イノベーションとして実現することはありませんでした。

それは、二人が代表する清掃監督員たちが心に秘めている暗黙知が、石井たちの構想に結び付くという、イノベーションの重要なステップでした。試行を通じて、思い、願い、気づきといった二人の暗黙知からさまざまな活動が生まれ、ＷＢＡが絵空事ではなく、具体化して行きました。逆に言えば、そうした豊かな暗黙知を有していない者が、試行の担い手に選ばれていたら、ＷＢＡは試行で終わっていたかもしれません。つまり、人選が決定的に重要でした。

◆イノベーションの担い手を見出す目利きの力

地区清掃事務所のコンセプトの試行の成否は、試験的に設置されるパイロット事務所を誰に委ねるかにありました。多数の清掃監督員の中から、イノベーションの担い手としての意欲と能力を備えた二人を見出したアドバイザーチームの「目利きの力」が決定的な意味を持ちました。

アドバイザーチームは、現場主義を徹底し、現場に入り込むことにより、現場清掃員を束ねる清掃監督員の中に、二人の有望な人財を見出し、共感を深めていました。そこで彼らを事務所長に推薦し、清掃監督員を見下し、マネジメントを担うことは無理と反対する市の幹部を説得しました。抜擢された二人は、安普請《やすぶしん》の簡素な事務所を自らの「城」として、行動力と創造力を発揮し、短期間に地域住民の信頼を勝ち得、担当地区の状況が変わっていきました。それを目の当たりにした市の幹部も清掃監督員の潜在能力を認識していきました。清掃監督員が責任を持つ地区清掃事務所のイノベーションは、試行に二人が選ばれていなかったら日常化することはなかったかもしれません。

◆日本の経験の応用

プロセスのイノベーションのもう一つのポイントは、外部の知識の応用の仕方です。地区清掃事務所のアイデアは、東京都の経験を応用したものでした。日本では、「和魂漢才」や「和魂洋才」と呼ばれたように、中国や欧米諸国など、その時代の「先進国」の知を自国の状況に即して応用した共創が、特に活発に行われてきました。他方、開発途上国においては、そうした状況は必ずしも一般的ではありません。外国の技術や制度を、ほぼそのまま取り入れるか、逆に、条件が異なることを理由に、取り入れないかのall or nothingにとどまる傾向が見られます。課題の解決に有効な新たな知識は、異なる知識を綜合することから生み出されるものです。表面的には異なるように見える物事の間に、つながりを直観し、組み合わせてみるという試みが必要とされます。

アドバイザーチームは、ダッカ市の現場に入り込み、現実の本質を見極めることに努めました。そうした中で、表面的には大きく懸隔する現在のダッカ市の状況とかつての東京都の状況の間にあるつながりを直観的に見出しました。ＷＢＡというコンセプトは、それらを綜合して新たに着想されたものでした。そうした着想は、アドバイザーチームではなく、ダッカ市側の誰かが閃いたかもしれません。ただ、システムの中にとっぷりと浸かっている当事者が、気づきを得て、行動することは、容易なことではありません。開発途上国における変化を促進するために一つの重要な点は、そうした開発途上国側の当事者が、日本の経験の応用可能性に気づくことを促すことにあります。

- 行動変容を必要とするソフト面の課題は、不確実性が高く、計画的に解決し得るものではない。そのため、小さな試行錯誤を俊敏に重ねながら、解決策に近づくことが合理的。
- アジャイル（機動的）に試行錯誤し、目に見える小さな成果を早期に実現する。
- イノベーションの担い手として豊かな暗黙知を有する者を見出して、場をつくる。
- 日本と開発途上国の懸隔した状況の中に結び付け得る知を見出す。

註

（1）UN, World Urbanization Prospects: The 2011 Revisionによる。

（2）東京二三区の人口密度は、二〇二二年の東京都の統計によると、約一万五千人。

（3）ＷＢＡの試行に先立ち、市役所本部から現場への分権という考え方には敏感に反応し、強く反対した。そのため、形式として、そうしたニュアンスが出ないように、「フィールド・レベル・マネジメント」という用語を用いることで了解を得た。

（4）廃品回収を生業とする人々に加え、住民に頼まれて住宅から離れた収集場所にごみを運ぶことを仕事にする人々など、さまざまな人々が関係していた。

（5）二〇一八年に政府により、それまでの「チッタゴン」から名称が変更された。

参考文献・資料

● 石井明男・眞田明子（二〇一七）『クリーンダッカ・プロジェクト　ゴミ問題への取り組みがもたらした社会変容の記録』佐伯コミュニケーションズ。

第 2 章

奇跡を導いた
リーダーシップを支えた
戦略的取り組み

―― カンボジア・プノンペン水道事業

地図 ▸ カンボジア

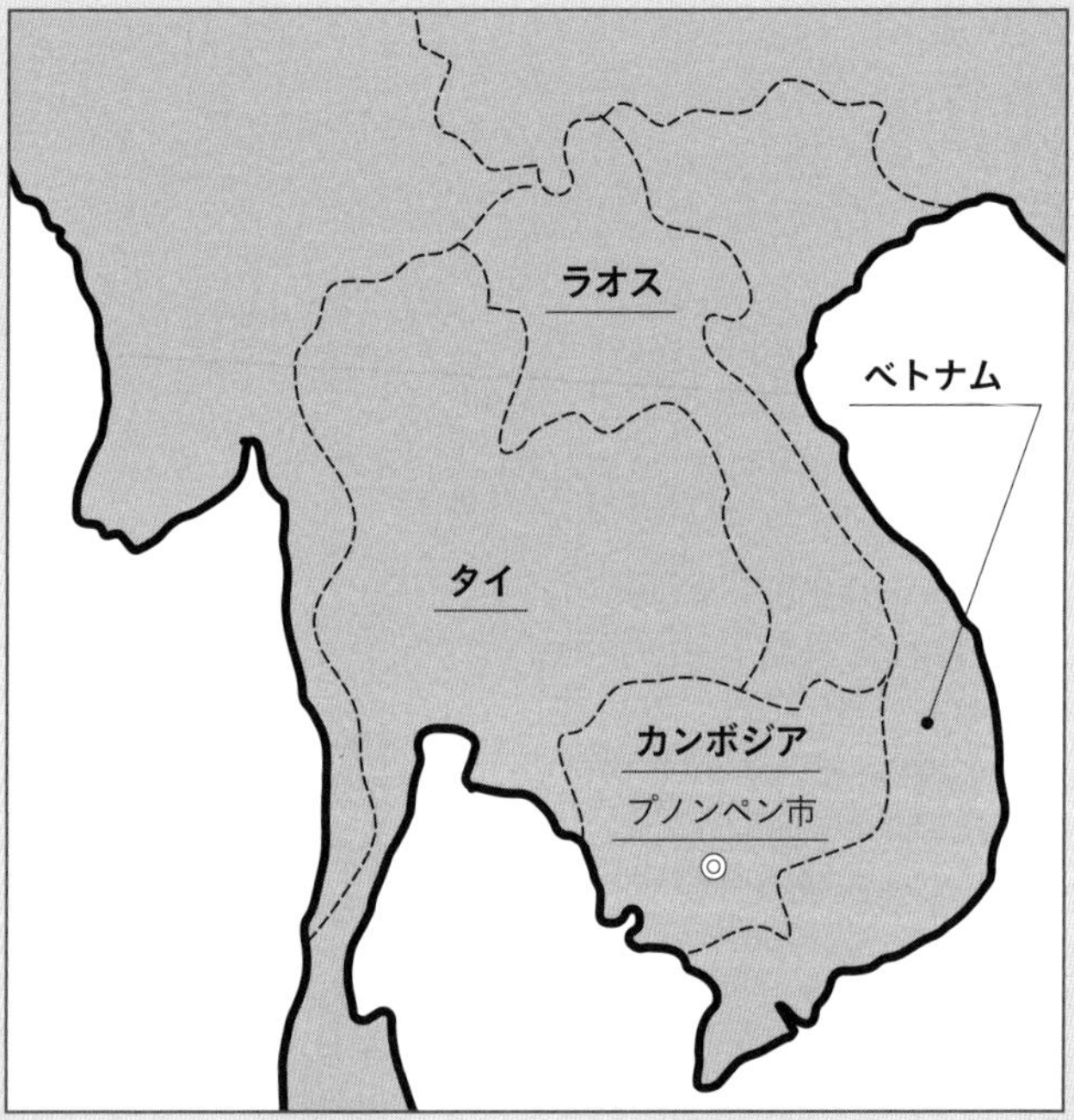

年表

1992年	停戦が合意され、国連カンボジア暫定統治機構（UNTAC）が発足（3月）。
1993年	復興マスタープランを策定（2月〜11月）。 エク・ソンチャン水道局長の就任（9月）。
1994年	浄水場の復旧事業の実施（日本政府の無償資金協力：〜1996年）。
1997年	プノンペン水道公社（PPWSA）の発足（市水道局の独立採算化）。 配水管網整備事業の実施（日本政府の無償資金協力：〜1999年）。
1999年	北九州市職員をJICAアドバイザーとしてPPWSAに派遣（4〜10月）。
2000年	エク・ソンチャンPPWSA総裁の北九州市訪問。 北九州市がテレメーター（配水集中監視システム）の供与を決定。
2001年	北九州市によるテレメーターの導入に関する協力が開始（〜2002年）。
2003年	カンボジア水道事業人材育成プロジェクトが開始（〜2006年）。以降、後継事業が三次にわたり継続。
2004年	世界保健機関（WHO）の水質ガイドラインを満たす水道水の供給を達成。 第二次マスタープランを策定（12月〜2006年2月）。 PPWSAがプノンペン市の組織から国の直轄組織へ昇格。
2006年	エク・ソンチャン総裁が、アジアのノーベル賞と称される「ラモン・マグサイサイ賞」を受賞。
2010年	第1回アジア地域上水道事業幹部フォーラムの開催（1月）。
2012年	PPWSAがカンボジア証券取引所に第一号として上場。 エク・ソンチャン総裁の離任。

略語表

PPWSA	プノンペン水道公社
MIME	鉱工業エネルギー省

プロローグ　人々の命を守る安全な水

安全な水は、人間の生存にとり最も基本的な条件の一つだ。水道の蛇口からきれいな水を飲むことができる私たちは恵まれている。安全な水を利用できない世界の人々は、二〇二〇年の国連の調査では二〇億人にのぼると推計されている。

カンボジアの首都プノンペンに暮らす人々も、かつてはそうした状況に置かれていた。水道水を利用できる住民は二割程度にとどまり、その水質は市内を流れるメコン川の水質よりも悪いほどだった。そうした状況が一〇年で劇的に変わった。二〇〇三年には、住民の八割が水道水を利用できるようになり、その水質も国際基準を達成した。プノンペンは、安全な水を水道の蛇口から飲むことができる、開発途上国では稀な都市になった。それは「プノンペンの奇跡」として国際的に賞賛された。

そうした劇的な変化は、浄水施設と配水管の復旧や拡張を、国際社会が協調して支援したことによりもたらされた。日本政府、フランス政府、世界銀行、アジア開発銀行などが、返済を必要としない資金の供与や低利の融資を行った。しかし、施設が整っても、それを的確に運用できなければ結果はでない。「奇跡」の本質は、水道サービスを事業として運営する組織が劇的に変わったこと

図表2-1 ▶ プノンペン市水道事業の改善推移

指標	1993年	1999年	2003年	2009年
水供給能力	65,000m^3/日	120,000m^3/日	235,000m^3/日	300,000m^3/日
配水管網延長	288km	455km	921km	1,500 km
水質基準	なし	なし	WHOガイドライン	WHOガイドライン
給水普及率	25%	62%	82%	90%
無収水率	72%	48.5%	17.1%	5.9%
水道料金徴収率	48%	98.9%	99.8%	99.9%

出所：JICA

にあった。

　水道サービスは、ほとんどの場合、電気や通信などと同じように、利用者から料金を徴収する「事業」として運営されている。そうした事業としての経営状態を示す重要な指標に「無収水率」というものがある。浄水場から送り出したものの配水管からの漏水や盗水、料金徴収システムの不備により料金請求ができない水道水の割合である。その低下が経営状態の改善を示す。プノンペンの無収水率は、一九九三年の時点で七割を超えていた。配水管の老朽化によるものもあったが、顧客台帳の不備や不正に水道水を引き込む盗水行為も横行していた。この無収水率を下げることは、カンボジアの状況においては、容易なことではないと思われたが、二〇〇三年には二割を切り、二〇〇九年には、先進各国と同程度の水準を実現した。そうした優れた経営状態から、カンボジアで二〇一二年には新たに開設された証券取引所に、プノンペン水道公社は第一号として上場を果たすまでになった。その目覚ましい業績は図表2－1に示すデータが雄弁に物語っている。

　そうした組織的な変革は、エク・ソンチャンという一人の傑出したリーダーのもとで進んだ。どのような組織においても変革は進みにくいが、変革を阻む壁を突破するたぐい稀なリーダーとしての力を彼は備えていた。そして、それは日本や他の援助機関との協力の場で磨かれ続けられた。

日本は一九九三年以来プノンペンの水道事業に協力を続けてきた。多くの日本側関係者がさまざまな立場で、エク・ソンチャンだけでなく、現場の職員たちとも共感し合い、信頼関係を深め、寄り添いながら後押ししてきた。プノンペン水道公社が国際レベルに組織力を高めた背景には、そうした無数のエピソードの積み重ねがある。また、そうした、日本とカンボジアの協力は、日本側においても変化を生み出している。プノンペン水道公社との協力を推進してきた北九州市は、海外を舞台とする「水ビジネス」に乗り出すまでになっている。日本が、プノンペンの水道の劇的な変化にどのような役割を果たしたのか、また、プノンペンとカンボジアの水道を、なぜ、長期にわたり一貫して支援してきたのかということを中心に、この「奇跡」を振り返りたい。

エピソード1　内戦からの復興を牽引したリーダーシップ

一九六〇年代のプノンペンは、「東洋のパリ」と呼ばれる美しい街並みが続き、平和で活気に溢れていた。しかし、隣国ベトナムの内戦のあおりで一九七〇年にクーデターが起き、その後の内戦の結果、一九七六年にポル・ポトが率いるクメール・ルージュが政権を奪取した。その苛烈な支配のもとで、史上稀な大量虐殺が行われた。クメール・ルージュの悪夢は、一九七九年にベトナムの支援を受けた勢力がプノンペンを制圧することで終止符を打たれたが、その後も内戦は続き、泥沼化した。ようやく一九九一年のパリ和平協定により停戦が実現したが、国土は荒れ果てていた。そ

写真2-1 ▶ 水道未整備地区での水売りと井戸から水を運ぶ子ども

出所：JICA（写真左）、北九州市（写真右）

の復興と民主的政府の樹立に向け、国連は一九九二年三月に国連カンボジア暫定統治機構（UNTAC）を設立し、総選挙の準備と平和維持活動（PKO）を開始した。

日本は、同年六月のカンボジア復興閣僚会議の議長を務めるなど、復興支援の中核を担った。具体的には、まず、治安が比較的安定していた首都プノンペンを対象に、人々の暮らしと経済活動に直結する、橋梁や電力などのインフラの復旧に取り組んだ。特に、水道については、人々の命にかかわる最も基本的なニーズとして、支援の具体化を急いだ。当時は七〇万人の住民の二割だけが水道水の供給を受けている状態だった（写真2－1）。その水質も赤茶色に濁り、市内を流れるメコン川の水よりも大腸菌を多く含む劣悪な状態だった。市内の三つの浄水場の稼働率は四割程度にとどまっていた。加えて、浄水場から送り出される水道水の七割が途中で消えていた。配水管の老朽化による漏水と、不正な配管接続による盗水によるものだった。プノンペン市水道局（以下、水道局）は事業体として、まったく機能しておらず、そうした状態を放置していた。

◆マスタープランの策定

プノンペン市の水道の惨憺たる状況に、いくつかの援助機関が部分的な緊急支援に着手していた。そうした中で、ＪＩＣＡはまず、中長期の基本計画（マスタープラン）の策定について協力を行うことにした。復興閣僚会議の二カ月後の一九九二年八月には、カンボジア政府と事前の協議を行い、翌一九九三年二月に協力を開始した。施設の復旧を急ぐカンボジア政府は、計画策定を年内に完了することを求めた。計画に必要な基本データがほぼ何もないという状況に加え、いまだ治安が十分に確保されていなかった。そうした困難な仕事を、国内外の水道関係のコンサルティング業務に豊富な実績を有する東京設計事務所と日水コンの合同チームがＪＩＣＡから受託し、成し遂げた。一一月にカンボジア政府に提出された計画案は、二〇一〇年までに水道局が取り組むこととして、浄水・配水施設の整備、漏水の削減、人財育成、公社の独立採算制への移行などを、包括的に網羅したものだった。

◆エク・ソンチャン水道局長の改革

マスタープランの策定が進んでいた最中の一九九三年九月、水道局長が交替した。水道局の状況に危機感を深めたプノンペン市の副市長が、改革者としての手腕を高く評価していた商務局長のエク・ソンチャンを任命した。改革意欲に燃えていたものの水道事業については、まったくの素人だったエク・ソンチャンにとり、マスタープラン策定の場は、水道事業のイロハを経験豊富な日本チームの技術者たちから直接学ぶ絶好の機会になった。策定を日本側に任せて、でき上がった計画の説明を受けるという姿勢ではなく、策定のプロセスに自ら加わった。何をどのように、どの順序で行えば良いかなどについて、日本の技術者たちに質問を何度も繰り返した。それを通じて、実現を目指すビジョンとそのシナリオについて理解を深めるだけでなく、日本側チームとの信頼関係を深めていった。

そうしてでき上がったマスタープランは、エク・ソンチャンにとり借り物ではない自らのものになった。水道事業の復旧には、日本の他、フランス、世界銀行、アジア開発銀行などが支援を進めており、交通整理が必要とされていた。エク・ソンチャンは、マスタープランを「改革の道しるべ」として用いることにより、各機関との協力を受け身ではなく主体的にリードすることができた。

他方、マスタープランは、水道局の組織的課題を白日に晒すものでもあった。当時の水道局は、料金収入に基づく事業体としての体をなしていない状態だった。利用料金を回収している水道水の割合は、浄水場から供給される水道水の三割にとどまることが、明らかになった。つまり、調査が行われた一九九三年の時点の無収水率は七二％に達すると推定された。それでは、公営事業として成り立たず、浄水場の改修により給水量を増やしても、経営は行き詰まる。マスタープランに基づき無収水率を下げることが、エク・ソンチャンの経営目標になった。

エク・ソンチャンは、まず料金徴収の徹底に取り組んだ。当時は、水道メーターを設置せず、定額で使用料金を支払うことも可能だった。それにより、無駄に水道水が使用されるだけでなく、自宅に引き込んだ水道水を他者に不正に転売する盗水行為を行う者が少なくなかった。そのため、水道メーターの設置を推進することにした。しかし、身内の水道局職員から反対の声があがった。事もあろうに前任の水道局長を筆頭に多くの水道局職員が不正に手を染めている状況だった。市職員としての給与が十分ではないこともあり、不正行為は既得権として組織的に常態化していた。組織内に蔓延していた不正の根絶は、水道事業に初めて携わる「よそ者」のエク・ソンチャンでなければ、メスを入れることはできなかった。

水道局内で孤立した立場に置かれても、また、改革に反対する人々の意を受けて行われた地元メディアの批判に晒されても、エク・ソンチャンは屈することなく、水道メーターの設置を推進した。副市長の深い信頼と日本側関係者の激励が支えとなった。マスタープランの策定に協力した東京設計事務所と日水コン関係者は、引き続いて実施された浄水場の緊急改修事業に従事しながら、マスタープランの具体化についても「参謀」として助言を行っていた。その結果、無収水率は一九九三年の七割から一九九九年には約五割と着実に低下して行き、利用料金もほぼ一〇〇%徴収されるまでになった。

◆OJT方式による人財育成

水道事業の素人だったエク・ソンチャンが、改革を牽引するリーダーとしての力を急速に高めていく中で、現場の技術者たちも、日本の協力で自信と意欲を深めていった。一九九四年から二年間行われた浄水場の復旧工事は、施設を整備する場である以上に、カンボジアの水道事業の中核を担う人々を育てる場になった。

工事の監理者として現場に常駐した東京設計事務所の丹下孝行は、水道局職員に対する技術指導に力を入れた。若手のエンジニアたちは、水道分野の基礎知識を熱心に教えてくれる丹下を師匠のように慕っていた。丹下が用いた育て方は、いわゆる日本流のＯＪＴ（On the Job Training）方式だった。大学を出たと言っても実践的な水道技術はほとんど身に付けていなかった水道局のエンジニアたちにとって、日本企業の工事現場で見るもの触れるものすべてが生きた教材になった。また、技術面だけでなく、日本人の仕事の仕方から多くのことに気づく機会となった。特に、エンジニアが現場の作業員に分け隔てなく接し、一緒になって働く様子は、強い印象を与えた。他の開発途上国と同じように、カンボジアでも、エンジニアと作業員の間には大きな隔たりがあり、それが、工事の質や効率に悪い影響を与えていた。

実は、丹下たちが請け負っていた仕事は、浄水施設の復旧工事であって、水道局の職員たちに水道技術の基礎を教えることは契約外のことだった。しかし、そうだからと言って素っ気なく対応するのではなく、丹下から学びたいという水道局職員たちの思いに熱心に応えたのだった。浄水場の復旧に次いで一九九七年から約二年間行われた配水管網の工事においてもＯＪＴは同じように行われ、自主運営体制を確立した水道公社の人財育成に大きく貢献した。

◆自主運営の実現

マスタープランを道しるべとしてエク・ソンチャンが次々と打ち出す改革策により、プノンペン市水道局は事業体としての機能を徐々に高めていった。次の大きな目標が、水道局をプノンペン市から独立した公社に改組することだった。それにより、人事や財務の面で自主運営が可能になり、懸案となっていた職員の処遇についても思い切った手を打てる。何をするにも市の許可が必要な手かせ足かせ状態では、改革をさらに進めることは難しいとエク・ソンチャンは考えていた。

しかし、水道局の公社化はプノンペン市の権限を削ぐことを意味する。エク・ソンチャンが市の水道局を意のままにすることを快く思わない者も少なくなく、公社化の実現は容易ではないように思われた。そうした中で、世界銀行とアジア開発銀行が、水道事業に対する新規の融資の条件として、水道局の公社化をカンボジア政府に対して求めた。融資をする側は、貸付金の回収のために融資先の経営状態を重視する。エク・ソンチャンが優れた経営手腕を発揮してきたことを両組織は評価し、更なる改善が見込まれる公社化を求めたのだった。エク・ソンチャンは、そうした「外圧」を梃子に関係する閣僚に巧みに働きかけた。そうした努力の結果として、カンボジア政府は水道局の公社化を一九九六年一二月に決定し、プノンペン水道公社（以下、水道公社）が翌一九九七年七月に発足した。初代総裁に就任し、人事権を自由にふるえるようになったエク・ソンチャンは、丹下たちが育てた若手職員の管理職への抜擢を積極的に進め、組織文化の変革を進めていった。

エピソード2 組織を変えたイノベーション

マスタープランの策定と浄水場の復旧についての協力を終え、配水管網の整備についての協力が進む中、JICAカンボジア事務所で水道分野の協力を担当していた益田信一は、次の一手を考えた。エク・ソンチャンは、新たに発足した水道公社の体制強化の必要性を認識していた。そこで、益田は、日本の水道事業の経験者をアドバイザーとして派遣することを提案した。当然、エク・ソンチャンは喜んだ。

カンボジア政府から日本政府に対する派遣要請を受けて、ＪＩＣＡは上水道を所管する厚生省（現 厚生労働省）に適任者の人選を依頼した。水道行政のノウハウは地方自治体が有している。厚生省は、多くの自治体の中から北九州市を選び、職員の派遣を打診した。それを受けた給水部長の森一政（以下、森）は悩んだ。カンボジアの政情が不安定なことが度々報道されていたためだった。しかし、水源開発や水道施設整備で恩義のある厚生省からの依頼を無下にすることはできないと考えた。そこで、職員の久保田和也（以下、久保田）を自分の部屋に呼び、意を決したように、のっけから話を切り出した。「お願いだ。来年四月から半年間、カンボジアへ水道施設の維持管理の技術を教えに行ってくれ」。森の予期せぬ発言に面食らった久保田は、「一晩考えさせてほしい」と言い返すのが精一杯だったが、たたみかけて「即答してくれ」と言い張る森の迫力に押されて、断りきれずに「行きます」と承諾した。森は、以前、久保田をインドネシアに三カ月間派遣したことがあり、その時の仕事ぶりを見て、久保田であれば期待に応えてくれると直感したのだった。

久保田は唐突な命令に不満があったものの、自分にしかできない仕事と思いながら、一九九九年四月にプノンペンの地を踏んだ。その時の印象を、「市の中心部に立ち並ぶビルはすべて外装が剥げ落ちて薄汚く、何となく薄気味悪かった。アジアの最果てに来たという思いで暗然となった」と振り返る。到着翌日、エク・ソンチャンに温かく迎えられ、個室を与えられた。しかし、それから当分の間、助言を求めて部屋に訪れる職員はいなかった。「何のために、こんなところに呼ばれたんだ」と、一人で悶々とする日々が続いた。半年間と任期が限られていたこともあり、仕事が進まないことに焦りが募った。

一カ月ほど経って、ようやく技術部長のロン・ナローが部屋を訪れた。彼は、久保田が指導を行うとされていた相手であった。それまで久保田のところに顔を出さなかったのは、多忙を極めていたこともあったが、技術的なことは自分でできるというプライドもあったからだ。ロン・ナローは、久保田の腕試しを行うかのように、超音波流量計という機器の使用方法を彼の部下に指導するよう依頼した。久保田がそれを軽々とこなすことを見て、ロン・ナローの久保田を見る目が変わった。その後、彼の部下が、頻繁に久保田の部屋に相談に来るようになった。

また、それから少し経った頃、今度は、エク・ソンチャンが部屋に訪ねてきて、ゴルフを教えてほしいと頼んだ。仕事の依頼ではなかったが、折角の頼まれごとなのでと、連日のように終業後に二人でゴルフの練習所に通った。汗をかいた後に食事をして酒を酌み交わし、何でも話せる間柄になった。久保田とエク・ソンチャンの親密な関係を見て、さらに多くの職員が、久保田の部屋を訪れて、アドバイスを求めるようになった。そうして、久保田の指導が軌道に乗っていった。

◆経営健全化は漏水対策から

職員との交流を深め、現地の実状がわかってくるにつれて、久保田の「仕事の虫」に火がついた。久保田の最大の関心事は、無収水対策だった。無収水率はマスタープラン時の七割から五割に改善していたが、依然として高い水準にあった。

無収水率を下げるには、その原因である漏水と盗水がどこで起きているかを的確に捉えることが必要だ。しかし、総延長が五百キロメートル近い配水管網の状況を監視することは容易ではない。そのため、配水区域を地区（ブロック）単位に分けて、それぞれの水道水の流量を測定する。それにより、どのブロックで漏水や盗水が生じているかが明らかになり、発生源を具体的に特定することが容易になる。久保田は、水道公社の経営健全化のためには、そうしたブロック単位の監視体制の確立が必要と考えた。しかし、半年間の任期中に結果を出すことは難しかった。このまま帰任して良いのかと悩むほど、久保田はカンボジアにのめり込んでいた。

丁度その頃、アジア開発銀行が融資を行った事業で、主配水管の施工が進んでいた。それに併せて、主配水管から枝分れする部分に流量計を設置すれば、ブロック単位で漏水と盗水を把握することが可能となる。久保田はこの機を逃すべきではないとエク・ソンチャンに進言した。すでに施工が進んでいた段階だったが、エク・ソンチャンは直ちに同行側と掛け合い、久保田のアイデアを実現させた。

自身の提案が速やかに具体化されたことに意を強くした久保田は、任期終了間際だったが、新たに設置された流量計をリアルタイムで集中監視するシステムの導入をエク・ソンチャンとＪＩＣＡに提案した。流量計に「テレメーター」と呼ばれる通信機器を設置して、各ブロックの流量や水圧についての情報を電話回線で自動的に集約し、記録するシステムだ。それにより、各ブロックを巡回してデータを確認する手間が省けるとともに、漏水や盗水の発生を即時に把握することが可能になる。日本の自治体で広く採用されている優れたシステムだが、カンボジア水道公社には時期尚早と判断されやすかった。はたして、ＪＩＣＡは停電が頻発するカンボジアではハイテク製品は使えないと、応じてくれなかった。

しかし、久保田を信頼していたエク・ソンチャンは諦めなかった。離任が迫ったある日、真剣な顔つきで久保田に言った。「滞在を延長してくれないか。ＪＩＣＡには私からお願いするので」。両国政府間の合意で決められていた久保田の任期は直ぐには変更はできない。一九九九年一〇月に予定どおり、久保田は半年の任期を終えて帰国の途についた。しぶしぶ赴任した半年前とは大きく異なる心境でプノンペンを後にしたのだった。

◆エク・ソンチャンの北九州市訪問

帰国した久保田も諦めなかった。北九州市が設備更新のため取り外した中古のテレメーターが廃棄されずに保管されていることに目をつけた。自分を派遣した森に対して、「北九州市が手を差し伸べないと元の木阿弥になる」と、テレメーターについての協力を迫った。森は、厚生省に頼まれて久保田を派遣したまでであり、北九州市として独自に支援に取り組むことには慎重にならざるを得なかった。

そんな折、久保田の帰国から三カ月後の二〇〇〇年一月にエク・ソンチャンが突然、北九州市にやって来た。森や久保田にとって予想外のことだった。エク・ソンチャンは、日本政府の無償資金協力事業に関する入札に立ち合うために来日したのだが、久保田が提案したテレメーターを諦めきれず、自らの意志で足を延ばしたのだった。

エク・ソンチャンは、北九州市の水道事業の現場を見て回り、自らが目指す水道事業体のビジョンを新たにした。そして森に対して、それにはテレメーターが欠かせないと訴え、協力を求めた。エク・ソンチャンの水道事業にかける熱意と使命感に共感した森は、四一台のテレメーターの無償譲渡を決断した。それは、厚生省からの要請を受けて受動的に対応してきた国際協力が、北九州市が本腰を入れて主体的に取り組むことに変わった転換点になった。

　テレメーターのカンボジアへの輸送と設置には少なくない費用がかかった。北九州市が自ら負担することはできず、ＪＩＣＡが一部を負担したが、プノンペン水道公社も一千五百万円程度を負担する必要があった。水道公社にとっては小さな金額ではなかった。支出の是非を決定する水道公社の理事会は紛糾した。ＪＩＣＡが当初に示した懸念と同様に、時期尚早ではないかという反対意見が出て、激しい議論の応酬となった。最後は、エク・ソンチャンが「失敗したら自分が責任をとる」と表明し了承を取り付けた。エク・ソンチャンは、北九州市の現場でテレメーターの運用状況をその目で確かめ、それが水道公社の未来に不可欠であることを確信し、不退転の覚悟を示したのだった。

◆試験設置されたテレメーター

　テレメーターについて協力するにあたり、北九州市が使っていた機器が、カンボジアの通信環境や設置環境に適合できるかなどを事前に調査しておく必要があった。そこで久保田に次いで北九州市水道局からＪＩＣＡのアドバイザーとして派遣された上田哲也が、本来行うことになっていた水道の維持管理に関する指導に加え、二台のテレメーターを携行して現地試験を行い、良好な性能を発揮することを確認した。その報告を受けて、北九州市水道局はテレメーターを用いた配水監視システムの構築に取り組むことを決断し、ＪＩＣＡに事業を提案した。[1] ＪＩＣＡからの依頼ではなく、北九州市水道局が主体的に取り組む事業として、ＪＩＣＡは機材の輸送や職員の現地での活動などにかかる費用を負担することを決めた。

二〇〇二年、テレメーター設置のために、久保田が再びカンボジアの地を踏んだ。水道局の同僚の木山聡（以下、木山）が同行した。カンボジアの電力と電気通信の条件は、日本とは大きく異なる。テレメーターが上手く作動して中央監視センターにデータが転送されてくるか、誰もが不安に思った。通信回線が無事につながり、パソコン画面に送信されてきた流量データが表示されたことを見て、水道公社の職員は、「すごい！」という歓喜の声を上げ、躍り上がった。久保田と木山は胸を撫で下ろした。

試験的に設置されたテレメーターは早くも威力を発揮した。大掛かりな盗水現場を見つけたのだった。ある夜更けに、ある地区のテレメーターのデータが、流量の大きな上下を示していた。各家庭が寝静まった深夜に、水道の流量が激しく変化することは正常ではない。変動している水量は、計算すると口径六〇〜七〇ミリの蛇口から出ている水量に相当し、一〇ミリの家庭の蛇口から出る水量よりも格段に大きかった。久保田は消火栓から盗水が行われていると睨み、そのテレメーターが設置されているブロック内の消火栓の監視を提案した。久保田の推理は的中し、窃盗団が大型タンクローリーを使って、白昼堂々と消火栓から盗水している現場を押さえることができた（写真2−

写真2-2 ▸ 摘発されたタンクローリーを使った消火栓からの盗水の現場

出所：北九州市

2）。テレメーターの威力を実感したエク・ソンチャンは、このシステムをフル活用することにより、職員のモチベーションを高め、漏水と盗水を抑えることができると自信を深めた。

テレメーターによる集中監視システムの導入は、プノンペン市水道事業の大きな転機となった。人口の急増に対応して浄水場の給水能力を高めても、漏水と盗水の状況が変わらなければその効果は損なわれる。老朽化した配水管の更新と各戸の水道メーターの設置で、無収水率は徐々に低下しつつあったが、それを大きく下げるためには、第一線の職員と利用者の行動変容が必要とされていた。しかし、それは、浄水施設や配水管などのモノを整備するようには実現し得ることではなかった。

そうした状況において、集中監視システムの導入は、配水管網の管理や料金徴収を担う第一線の職員の行動変容を効果的に促す結果となった。つまり、組織的問題を解決するイノベーションであった。まず、五百キロメートル近い配水管の状態を地道に診断するという、重要ではあるが骨

写真2-3 ▶ 配水管布設や漏水調査について技術指導を行う北九州市のアドバイザー

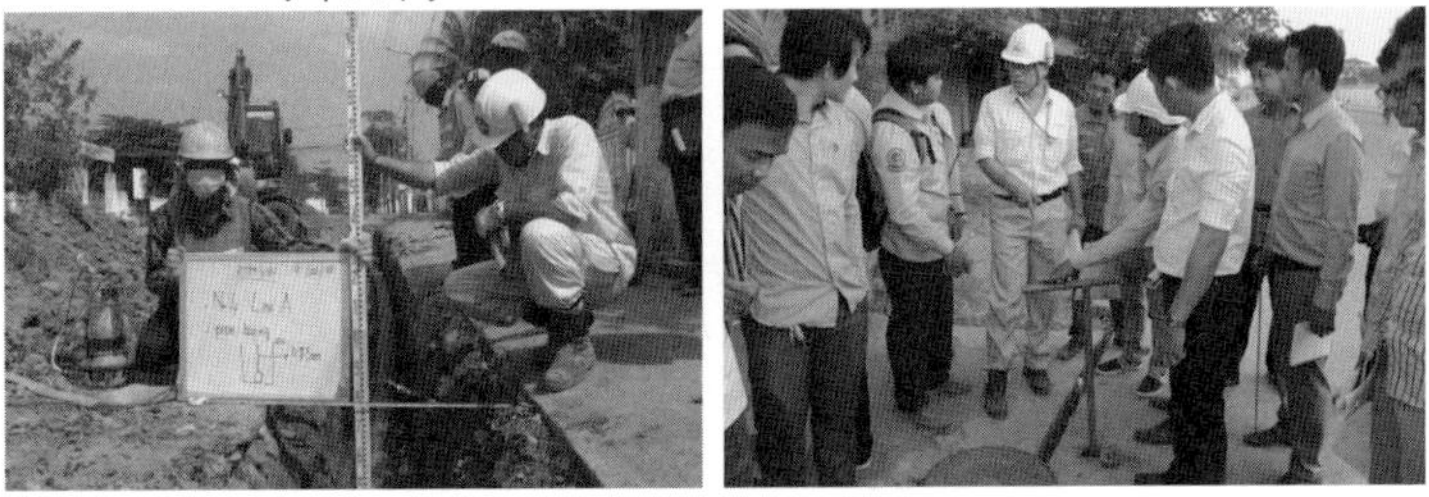

出所：北九州市

が折れる割りには手応えを感じにくい仕事が変わった。データの異常を見つけ、自ら判断して行動し、結果を出すという、やり甲斐をより感じやすい仕事になった。また、各ブロック単位で漏水や盗水の流量が即時に記録されることにより、利用者に実際に届いている水量が明確になり、それにより、料金徴収に不備がある場合にはそれが明らかとなった。そのため、利用者と癒着したり、手を抜いたりするということが抑制されるようになった。集中監視システムの導入により、信賞必罰を徹底し、成果に対して公平に報いるエク・ソンチャンのリーダーシップが効果を発揮するようになり、職員のパフォーマンスが高まる好循環が生まれた。

◆北九州市のコミットメント

久保田の派遣からスタートした北九州市とカンボジアの協力は、長年にわたり続くことになり、多くの職員が現地で汗を流した（写真2－3）。ＪＩＣＡが立ち上げた人材育成プロジェクト（後述）のチーム・リーダーとして、木山が派遣され、さらに、石井秀雄、川嵜孝之、廣渡博が歴代のリーダーとして協力の舵取りを担った。そうした協力に先鞭をつけた森には、「事業をしない組織は衰退する」という自身の足元に対する危機感があった。これから先、新しくダムや浄水場をつくることがないとしても、浄水場を建て替える時期は必ずやってくる。それに備えて技術を継承していかなかったら、大変なことになると考えた。つまり、カンボジアの現場での指導は、指導する側が技術を磨く機会でもあると考え、水道局の将来を担う職員の派遣を続けたのだった。森は語る。

「カンボジアへの派遣は、間違いなく職員のモチベーションにつながっています。日本の職場では専門外のことを勉強する機会は限られます。カンボジアに行くことで、水道事業体職員として幅広い知識を修得することができるのです。」

森の戦略は着実に実を結びつつある。

エピソード3　プノンペンの成果の全国展開

北九州市の協力でテレメーターの設置が進められていた二〇〇二年、エク・ソンチャンは、日本の水道局のノウハウを本格的に取り入れて水道公社の体制を強化したいと考え、ＪＩＣＡに対して新たな協力を打診した。他方、ちょうど同じタイミングで、競合する内容の協力要請が、水道事業を管轄する鉱工業エネルギー省（ＭＩＭＥ）から日本政府に対してなされた。全国の地方水道局の人財育成を目的とした「水道技術訓練センター」の設立についての要請だった。

プノンペン市を含む全国の都市水道事業はＭＩＭＥが管轄していた。エク・ソンチャンのリーダーシップのもとで、プノンペン水道公社は順調に発展しつつあったが、他の地方都市水道局は立ち遅れたままだった。そのため、アジア開発銀行と世界銀行は、七つの主要地方都市の水道事業に融資することを決めていた。日本政府も、アンコールワットを抱え、観光客の急増が見込まれるシェムリアップ市の水道事業について協力を進めていた。ＭＩＭＥの要請はそうした地方都市のニーズを踏まえたもので、大きな意義を持つことは明白だった。しかし、同じような内容のプロジェクトを同時に行うことは、予算に限りがある中で難しい。先行する首都の地方都市のいずれの協力要請に応えるべきか、ＪＩＣＡは対応に苦慮した。

◆「トップランナー・キャッチアップ方式」を考案

競合する内容の二つのプロジェクトを調整するために、ＪＩＣＡは二〇〇三年四月にカンボジアに調査団を派遣した。ＪＩＣＡの山本敬子（以下、山本）が率いた。山本は日本と開発途上国の双方の水道事業の実態に精通した数少ないエキスパートだった。

予想されたとおり、カンボジア側との協議は難航した。ＭＩＭＥの水道部長は同省の要請を優先することを強く求めた。プノンペン水道公社は首都とはいえ地方政府の公社であり、国全体の水道事業の政策に責任を負うＭＩＭＥとは次元が異なる。協力相手国側の主体性を尊重するＪＩＣＡの基本方針に基づけば、ＭＩＭＥの要請を優先することが筋とも言えた。

しかし、山本は多くの国で同じような訓練センターについて協力してきた経験から、その難しさを痛感していた。そして、カンボジアの実態を見て、ＭＩＭＥのプロジェクトの成功の見込みは小さいと判断した。地方都市で水道事業の改善が思うように進んでいない根本的要因は、水道事業を管轄するＭＩＭＥの組織的な脆弱さにあると見抜いていた。そうしたＭＩＭＥの下に新たな訓練センターを設立しても機能せず、ＪＩＣＡの協力は徒労に終わると考えた。

他方、ＪＩＣＡのカンボジア事務所で水道分野を担当していた小泉幸弘（以下、小泉）もＭＩＭＥの求めに応じることは難しいと考えていた。小泉は語る。

「地方水道の実状は相当にひどく、かなりの投入規模と長い協力期間が必要となると見込まれました。それを行うのであれば、これまでの協力を通じて得られた成果、つまり、プノンペン水道公社の人財と組織力を活用することが不可欠と判断しました。」

認識を共有した山本と小泉は、プノンペン水道公社のニーズに応えつつ、ＭＩＭＥの面子も保つ方策を練った。そして考案したのが、「トップランナー・キャッチアップ方式」だった。まず、優れたリーダーのもとで組織的に人財が育ちつつあったプノンペン水道公社をトップランナーとし協力を集中し、その力を借りて、セカンドランナーと位置付ける地方都市水道局に協力を行うというものだった。

図表2-2 ▶トップランナー・キャッチアップ方式の図式

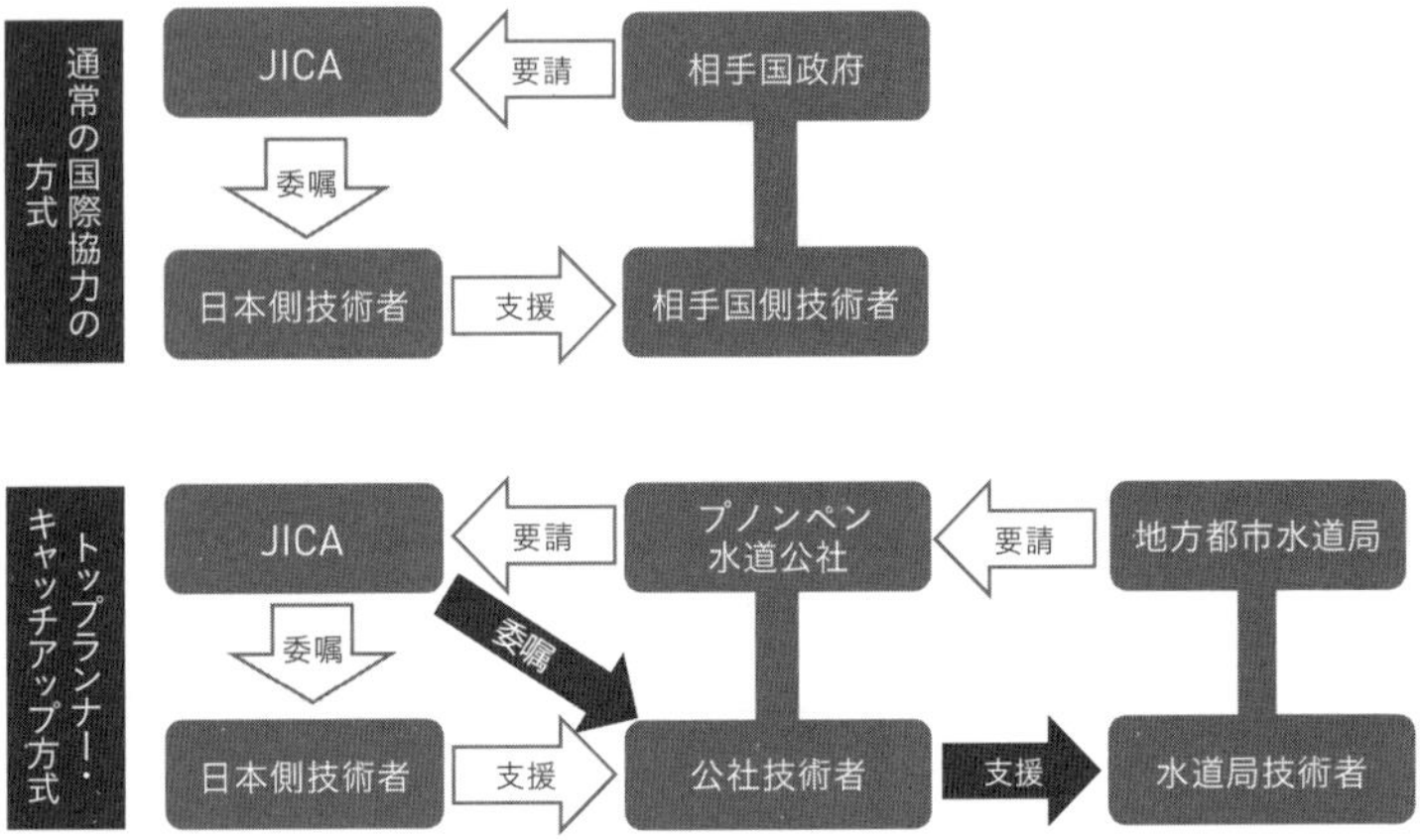

出所：本書執筆陣にて作成

◆常識外のアイデア

二人のアイデアは、実は、当時の「常識」を超えたものだった。日本政府の技術協力は、相手国には無い技術や知識を日本人が伝えることと、相手側の人件費は負担しないことを基本とする。問題解決のために必要であれば相手側の人件費を負担することをためらわない欧米諸国や国際機関とは異なる。問題の当事者の自助努力を重視してきた日本自身の経験に基づくもので、日本の国際協力の特徴を成している。それに対して、二人のアイデアは、日本人技術者が担ってきた役割を全部ではないとしても、プノンペン水道公社の職員が担うものであり、その人件費をＪＩＣＡが負担するものだった。

二人は、プノンペン水道公社の技術者が地方水道局に対して行う技術指導は、プノンペン水道公社の本来業務ではなく、ＪＩＣＡからの委嘱に基づいて行うことであり、日本から派遣する技術者の場合と同様に、ＪＩＣＡが人件費を負担することは、自助努力支援の原則から逸脱しないと判断した(図表2－2参照)。何が本来業務で、何がＪＩＣＡから依頼されて行う業務かは、必ずしも明確に線を引くことができない場合もある。二人はためらうことなく、「常識」を踏み越えた。

しかし、ＭＩＭＥの水道局長は、そうした二人の提案を直ちには受け入れなかった。あくまで、ＭＩＭＥ独自のプロジェクトにこだわった。それに対して二人は、ＭＩＭＥが自前の訓練センターを運営することは難しく、提案した方式のもとで実績を少しずつ積み上げることが、ＭＩＭＥとの将来の協力につながることを粘り強く説いた。多くの国々との協力の経験に裏打ちされ、カンボジアの状況を深く理解した提案であることが、真摯に説明を重ねる二人の姿勢から伝わり、局長も最後には納得してくれた。こうして、調査団派遣から半年後の二〇〇三年一〇月に、「カンボジア水道事業人材育成プロジェクト」が三年の協力期間でスタートした。

「トップランナー・キャッチアップ方式」は、二人が構想したとおりに具体化し、プノンペン水道公社職員が講師になって、地方水道局の職員を対象とする研修が進められた(図表2－3参照)。そうした機会は、結果として、プノンペン水道公社の組織力の強化にも大きく寄与した。新たに得た知識や技術を他者に教えることは容易なことではない。講師の役割を任された職員は慢心することなく、自発的に研鑽に努め、力量を高めていった。

◆安全な水が飲めるように

二〇〇三年に始まった技術協力プロジェクトは、立ち上げに尽力した山本が自らプロジェクト

図表2-3 ▶プノンペン水道公社が支援を行った地方州

出所：JICA

チームを率いた。北九州市や横浜市などから技術者が派遣され、日本の自治体のノウハウをプノンペン水道公社に伝授した。北九州市からは、久保田とともにテレメーターの設置に奮闘した木山が長期派遣された。復旧されたとはいえ旧式の浄水場では故障が絶えず、修理の指導に追われた。「やってみせ、やらせてみせて、ほめる」というＯＪＴ方式を実践し、水道公社の現場職員と信頼関係を深めていった。そうした中で、組織内の情報共有の仕方や作業時の服装や履物のような職場規律など、技術面以外のことも伝えていった。

新たなプロジェクトを始めるにあたり、日本側は、水質に関する協力を強めたいと考えていた。それまで、エク・ソンチャンは給水量を増やすことを最優先としていた。カンボジア全体の復興が進む中で、プノンペン市の人口が急増していたからだ。しかし、水質の重要性を口で説いて説得することは難しい。そこで、キーパーソンに水質の重要性を自ら気づいてもらうことにした。プロジェクトが始まって間もない二〇〇四

写真2-4 ▶ 日本の協力で整備された浄水場と「安全な水」と子どもたち

出所：今村健志朗／JICA

年三月に、水道公社副総裁に昇任していたロン・ナローを日本に招いて、横浜市水道局の水処理や水質管理の具体的プロセスを体験してもらった。また、カンボジアから持参したサンプルの水質分析を行い、日本の水質との違いを実感してもらった。日本側の期待どおり、ロン・ナローは水質に対する認識を変え、帰国後直ちにエク・ソンチャンに報告すると、急ピッチで改善策を具体化していった。アドバイザー・チームは、浄水場の施設を的確に操作すれば日本と同等の水質を実現し得ると、現場職員のやる気を鼓舞し、指導を行った。その結果、早くも二〇〇四年末には世界保健機関（ＷＨＯ）の水質ガイドラインをクリアする安全な水が飲めるようになった（写真2－4）。

◆大胆な提案

プノンペン水道公社とＪＩＣＡの技術協力プロジェクトが軌道に乗り始めた二〇〇四年七月、プノンペン市とカンボジア全国の水道事業の将来を左右する決定がなされた。それは、プノンペン市水道事業の第二次マスタープランについて協議するために、ＪＩＣＡが調査団を派遣した時だった。一九九三年に策定されたマスタープランは、二〇一〇年を目標年次としていた。次の中長期の基本計画を策定するタイミングだった。

調査団はＪＩＣＡ本部で水分野の協力を総括する安達一（以下、安達）が率いた。安達は、二〇〇一年から二年間、開発政策全般のアドバイザーとしてカンボジア政府に派遣された経験があり、政府内に豊富な人脈を有していて、エク・ソンチャンとも気心の知れた間柄だった。安達とエク・ソンチャンは、次期マスタープランの焦点が水道施設の投資計画だけではなく、水道公社の権限にあることについて考えが一致していた。エク・ソンチャンの優れたリーダーシップのもとで経営状態が大きく改善し、職員が育ちつつあった水道公社は、プノンペン市傘下の組織という枠を越えてより大きな役割を果たし得ると二人は考えた。そのためには、組織の制度上の位置付けを変えることが必要だった。

その具体策として、安達とエク・ソンチャンは、水道公社を鉱工業エネルギー省（ＭＩＭＥ）の直轄組織に格上げし、各地方都市の水道局をその支所にするという大胆な構想を練り上げた。安達は、それを、ＭＩＭＥの事務レベルとは事前に調整せず、大臣との面談の機会に直接進言した。それが、カンボジア全国の水道事業のビジョンを実現するための近道であることを訴えた。安達とエク・ソンチャンの提案は、地方政府の権限に切り込む大胆なものであった。さまざまな組織の思惑と政治的利害が錯綜する複雑な問題にかかわることであり、安達は大臣への直言が大きな混乱を招きかねないというリスクを認識していた。しかし、カンボジアの水道事業の将来を新たに切りひらく機会を逸してはならないと、思い切った行動に出たのだった。

結局、ＭＩＭＥは全国の地方水道局を新たな水道公社の傘下とすることには同意しなかった。世界銀行が地方分権化の流れに逆行するとして反対していることを理由とした。しかし、水道公社をプノンペン市傘下の組織からＭＩＭＥの直轄組織に変え、業務範囲を拡大することには同意し、政令が制定された。

プノンペン市水道公社が、国の公社に改組されることにより、エク・ソンチャンが手腕を発揮する機会が広がった。それに職員が応えて業績が増大し、さらに改革が進むという好循環が生まれた。エク・ソンチャンは、その功績を讃えられ、二〇〇六年に、アジアのノーベル賞と言われる「ラモン・マグサイサイ賞」を受賞した。また、二〇一〇年には、国際的に最も目覚ましい業績を生み出した水道事業体を顕彰する「ストックホルム産業水大賞」が、水道公社に与えられた。そして、一九九三年当時、不正行為が蔓延し、事業体の体をなしていなかった組織が二〇一二年に開設されたカンボジア証券取引所の上場第一号になるまでに成長したのだった。

エピソード４　カンボジアの成果の国際展開

プノンペン水道公社が実現した劇的な変化は、カンボジア国内に限らず世界中の国々の水道事業者に刺激を与え得るものだった。ＪＩＣＡ本部のアドバイザーとして、各国との水道分野の協力に携わっていた山本は、プノンペン水道公社の経験を共有する場を創ることにより、各国の事業体の経営改善の取り組みを促進できるのではないかと考えた。ＪＩＣＡは、カンボジア以外の多くの国で都市水道事業について協力を行っていたが、事業体の経営改善が思うように進まないことが少なくなかった。

そのアイデアは、二〇一〇年一月に、「アジア地域上水道事業幹部フォーラム」として実現した。ホストを引き受けてくれた横浜市に、カンボジアの他、インド、インドネシア、スリランカ、タイ、パキスタン、バングラデシュ、フィリピン、ベトナムの九カ国の主要水道事業体のリーダーが集まった。北九州市をはじめとする日本の自治体関係者も参加し、水道事業体の経営問題について語りあった。目玉は、エク・ソンチャンの語る自らの物語りだった。

三日間の対話のまとめとして、職員の動機付け、人財開発、無収水対策、水質管理などの重要性を確認した「横浜フォーラム宣言」が参加者の総意として発表され、対話を継続することが合意された。アジアの水道事業体の経営幹部が一堂に会して、健全な水道事業のあり方や、改革に向けたリーダーシップのあり方について議論する、先例のないフォーラムが立ち上がった。その後も回を重ねて開催されたフォーラムは、さまざまな国の水道事業体が集まり、互いの経験を共有し、触発され、改革に向けて意識を新たにする場になっていった。

また、JICAはアジア各国の水道事業体の職員の研修を、プノンペン水道公社に依頼した。「トップランナー・キャッチアップ方式」の国際版である。日本の自治体の水道局での研修に加えて、プノンペン水道公社の現場で研修を受けることで、各国のこれからを担う中堅幹部の間に、自分たちにもできるという意欲が広がっていった。

開発協力は、それぞれの国のニーズに基づいて計画するため、日本政府と各国政府との間のプロジェクトとして個々に計画され、実施されてきた。そうした中で、水道分野では、プノンペン水道公社との協力が核になることで、各国のプロジェクトがつながり、協力し合うという新たな開発協力の姿が生まれていった。ＪＩＣＡは、プノンペン水道公社との長きにわたる協力のアセットを、そうしたグローバルな展開に活かしたのだった。

エピローグ　北九州市とエク・ソンチャンのその後

二〇二二年三月、北九州市の外郭団体「株式会社北九州ウォーターサービス（以下、ＫＷＳ）」が他の日本企業とともに、プノンペン水道公社から前例のない事業を受注した。プノンペン近郊の都市の浄水施設を建設し、一〇年間にわたりその施設を運営するという契約だ。日本の自治体が出資する団体が、海外の水道事業に参画する日本で最初の事例だ。技術力に秀でた日本の自治体がノウハウを生かして海外のビジネスに参入することには、以前から期待が高まっていた。しかし、さまざまな壁があり、実現が進んでいなかった。そうした中での第一号となった。浄水場の建設費用は日本政府が支援し、供給する水は水道公社が買い取る。とは言え、ＫＷＳを含む日本の企業連合は、自らの責任で一〇年間浄水場を運営し、利益を出さなければならず、相応のリスクを負うことになる。北九州市と水道公社の長年の信頼関係があって実現したことだった。一九九三年に内戦の火種がくすぶるカンボジアで慌ただしく始まった「安全な水」をめぐる協力は、さまざまな形で引き継がれ、大きな社会的変化を生み出していった。そこから、日本にとってもまったく新たな国際協力の形が生まれたのだった。

北九州市は、ベトナムでも、独自に開発したろ過技術の普及に取り組み成果をあげている。プノンペン水道公社との協力は、北九州市の国際協力人財が育つ場になり、それが今、実を結びつつある。海外での水道事業は、日本の自治体にとり技術を維持する場となる。人口減少が進む日本では、新たに施設を建設する機会は限られるからだ。プノンペン水道公社と北九州市の協力の経験が、日本の水道事業の国際展開の道を拓くことが期待される。

二〇一二年、エク・ソンチャンは、二〇年間にわたり率いた水道公社を離れ、公社を監督する立場の鉱工業エネルギー省の次官に就任した。そして、ＪＩＣＡとともに進めた地方水道の改革の陣頭に立つことになった。また、「フォーラム」の場などで、自らの経験を語り続け、世界中の水道事業関係者を鼓舞してきた。二〇一八年一二月にプノンペンで開催された水道セミナーでは次のように、日本との協力を振り返った。

> 「長期にわたる日本の協力で、浄水場をはじめとする現場で働く数百人ものカンボジア人が、ＯＪＴ方式により育ち、実務能力を高めました。多くの日本人専門家には、家族の元を離れて、深夜まで献身的に働いてもらいました。『プノンペンの奇跡』は簡単に起こり得たものではなく、両国関係者の死力を尽くした奮闘努力の賜物です。」

安全な水についてプノンペンで起こった「奇跡」は、偶然の出来事ではなく、カンボジアと日本の関係者が、長きわたり、共感し合い、協働してきた結果であった。それは、過去の出来事ではなく、今も進化を続けている。

【解説編】

1 共創を通じてリーダーとの信頼関係を深める

◆ビジョンとシナリオ

この物語りは、エク・ソンチャンという一人の傑出したリーダーのもとで、プノンペン市の水道事業が短期間のうちに絶望的な状態から国際的に高く評価されるまでに変貌したことを描いています。リーダーシップは、天性の要素によるものでもありますが、多くは環境が育みます。エク・ソンチャンは、プノンペン市の水道局の改革を託されたということをもって、すでに、優れたリーダーとしてプノンペン市で評価されていました。ただ、日本側との一連の協力が、リーダーとしての実践力を大きく高める場となったことを、過小評価する必要はないと思います。どこにおいても同じですが、「出る杭」は打たれます。日本との協力という「非日常の場」があり、日本側の関係者が一貫して彼に寄り添うことで、改革に反対する人々から潰されることなく、さまざまなことを実践し、そこから多くのことを学び、リーダーとしての力を高めて行きました。

そのうえで、大きな意味を持ったことが、中長期の基本計画、つまりマスタープランに関する協力でした。変革のリーダーに欠かせない「ビジョン」とその実現の「シナリオ」を明確化することができたからです。

開発途上国のリーダーの多くは、政府や企業の違いにかかわらず、中長期的な計画に時間をかけるよりも、具体的な事業の早期実施を望みます。確かに、計画を立てることよりも、まず実践しながら、軌道修正していくことの方が良い場合もあります。しかし、目指す状態（ビジョン）と、現実とのギャップを埋める戦略（シナリオ）を明確にしておくことが必要な場合もあります。立場を異にする多数の当事者の協働を必要とする場合は後者であり、エク・ソンチャンが解決を託されたことはそうした問題でした。

ＪＩＣＡ関係者の間には、カンボジアの復興に協力するにあたり、目先のことだけでなく、将来のことについて関係者が認識を共有することが必要という「急がば回れ」の考えがありました。そこで、水道施設の復旧をカンボジア側が優先する中で、あえてマスタープランから協力を始めたわけです。

ただ、エク・ソンチャンが、自分事として深く関与しなければ、マスタープランが活かされずに絵空事になってしまうおそれがありました。その点で特筆されることは、日本側関係者の姿勢です。エク・ソンチャンから「先生」と慕われるような信頼関係を築いていたことが示すように、彼らは、ビジネスライクに計画案をまとめるということではなく、共感を深めながら、共創するという姿勢を徹底しました。その結果、マスタープランは、エク・ソンチャンにとり真の道しるべになったのでした。

開発途上国側に、大きな構想や戦略を提案するうえで、データ分析や選択肢の検討などの面で確かな技術力を発揮し、見栄えするプレゼンテーションスライドを作成することが求められがちです。しかし、そうしたことも重要ですが、構想や戦略を練り上げるプロセスにおいて、共創を通じて経営層との信頼関係を深めることが重要です。

- 基本計画を策定する機会は、相手側トップとビジョンと認識を深く共有するプロセスになり得る。
- 上意下達の組織では、トップとの信頼関係が特に重要。組織トップと良好な関係をつくることにより、本来の仕事の相手との協働も円滑化する。
- 相手側との信頼関係は、仕事以外の場で深まりやすい。
- 基本計画を策定するプロセスで、相手側経営層とビジョンと戦略（シナリオ）についての認識を共有し、共創を通じて経営層との信頼関係を深める。
- リーダーの経営手腕を見極め、能力を発揮し得る非日常の場を創る。
- 相手の身になって状況を認識し、信頼関係を性急につくろうとせず、仕事で結果を出すことにより信頼を得る。
- 仕事を離れて共感と信頼の関係を深める。

2 戦略を進化させながら長期的に関与する

マスタープランについて、もう一つの重要なことが、ＪＩＣＡもそれを道しるべとして、エク・ソンチャンのリーダーシップを一貫して支えたことです。つまり、マスタープランの策定に、ＪＩＣＡは「傍観者」として協力したのではなく、自分事として取り組んだのでした。カンボジア側だけでなく日本側においても、多様な立場の当事者が認識を共有する基盤になりました。エク・ソンチャンが一九九三年から二〇一二年までの長期にわたり水道事業の改革に携わる中、ＪＩＣＡの担当者や協力する自治体の関係者は交代していきましたが、基本的な協力の方針は一貫して引き継がれ、その中で、エク・ソンチャンをはじめとするカンボジア側関係者との信頼関係が深まって行きました。

カンボジアの水道についての日本の協力は、一九九三年以来三〇年間にわたり続けられ、その間、日本側の大局的な方針は一貫してぶれることはありませんでしたが、協力の姿は大きく「進化」し続けました。その焦点は、プノンペン市との協力の成果を、全国に広げるというものでした。ＪＩＣＡにとり、プノンペン市との協力の成功をもって、カンボジアとの水道分野の協力を終えるという選択肢もあったと思われます。しかし、ＪＩＣＡはプノンペン水道公社を拠点として、それとの協力をさらに深め、そこから周辺に展開することを選びました。そうした判断は、開発途上国の社会変革が容易に実現し得るものではないことを踏まえた、戦略的な判断であったと考えます。

社会の変化には、携帯電話やインターネットの普及のように短期間に劇的に進むことと、漸進的にしか進まないことがあります。水道を含む行政サービスの多くは後者に該当します。特に、開発途上国においては、変化を阻む社会的、経済的、文化的な要因が数多くあります。それゆえ、短期的、部分的に変化を生み出せても、それが持続せず、元に戻ってしまうことが少なくありません。

プノンペン市の水道事情は、「奇跡」と称されるほどに短期間に大きく改善しましたが、地方の状況は劣悪なままでした。そのため、エク・ソンチャンが退任すれば、プノンペン水道公社も勢いを失い、その他大勢の状況に戻るおそれは決して小さくありませんでした。そうしたことを避けるためには、プノンペンの成果を「制度」として社会に根付かせることが必要でした。また、組織力が脆弱な多数の地方水道局に対して、日本が直接的に支援を行うことは際限が無いことでした。そうした状況を展望し、国の制度として、プノンペン市の成果を梃子に地方都市の改善に進めるという新たな構想が浮上しました。そうした「戦略の進化」を牽引し、具体化したのが、ＪＩＣＡの山本と小泉、そして、安達であったわけですが、ＪＩＣＡの組織的な常識を越えたことをあえて行っています。つまり、ただ単に協力を継続したということではありませんでした。

まず、山本と小泉は、「技術協力とはその国の人ができないことを日本人が行うこと」という前提に捉われず、水道公社の職員が担い手となり、その人件費をＪＩＣＡが負担する「トップランナー・キャッチアップ方式」をカンボジア側に提案しました。それは、結果として、地方水道局だけでなく、水道公社の組織力の強化にも寄与するという一石二鳥の大きな効果を発揮しましたが、ルール違反と指弾され得ることでもありました。

また、安達は水道公社の権限に関することを、担当大臣に対し、事務方と事前に調整せずに「直訴」しました。それは、カンボジア政府が政治的に判断する国の制度に関することで、本来は日本として口を出すことを控えることでした。それゆえ、カンボジア政府とＪＩＣＡの信頼関係が損なわれ、また、エク・ソンチャンの「入れ知恵」としてカンボジア政府内で彼に対する反発が強まるリスクがありました。しかし、エク・ソンチャンと安達は、リスク覚悟で思い切った行動をとりました。カンボジアの水道事業の未来について長期的なビジョンを深く共有していたからです。

なお、そうしたリスクをとれたのは、安達がカンボジア政府の要人との間で信頼関係を深めていたからでもあります。また、カンボジアで暮らしたことがある安達には、時と場と相手により、何がどこまで許容されるのかについての暗黙知がありました。それは、マニュアル化できるようなものではなく、その場、その時の空気を読む、高度の「即興」の力を必要とするものです。そうした「アセット」がなければ、リスクを負えず、杓子定規な固い判断を行わざるを得ません。安達でなければできないことであったでしょう。

戦略の進化に、大きな役割を果たした三人以外にも、日本側では、ＪＩＣＡ、自治体、コンサルタント企業など、さまざまな立場で多くの人々が関係し、重要な役割を果たしました。そのうえで注目すべきことは、それだけ多くの関係者の間で、長期にわたり軸のぶれない考え方が継承されてきたことです。担当者の交代に伴い事業の方針が変わることは、多くの組織において散見されることです。この事業においては、大局的に構想し、戦略的に働きかけるというアプローチが、それぞれの組織の歴代の関係者により脈々と受け継がれ、節目において新たなコンセプトが創発され、具体化されていきました。それが、事業の絶え間ない戦略の進化を導き、大きなインパクトを生み出すに至ったと考えます。

- ビジョンと戦略の策定に協力する場合には、その実現に長期的にコミットする覚悟が必要。
- 傑出したリーダーが経営手腕を発揮し得る環境を整えることにより、組織的変化が進む。事業の内容や規模は、リーダーの能力を見極めたうえで判断することが必要。
- すでに力を高めている組織をパートナーとして、他の組織との協力を行うことが実効的であり、効率的。

● 相手と共有したビジョンに、ぶれることなく長期的にコミットする。
● 大局的に構想し、常識に捉われずに戦略を進化させる。
● 拠点を長期的に育て、拠点を活かしてネットワークを構築し、広域的に展開する。

3 実践の場を通じて行動変容を促す

プノンペン水道事業の劇的な変化は、プノンペン市水道局・水道公社が事業体として急速に組織力を高めた結果です。それは、職員の行動変容が全組織的に進んだ結果でした。そうした組織的な変化は、エク・ソンチャンの類まれなリーダーシップの賜物でした。現場の現実を重視し、現場の自律的な取り組みを奨励したこと、業績に公平に報いたことが特筆されます。ただ、エク・ソンチャンのそうしたリーダーシップが有効に機能し、職員が認識と行動を変えていくうえで、日本側の“Learning by Doing（実践学習）”を重視する協力の行い方が大きな意味を持ったと考えます。

社会において慣習や文化がなかなか変わらないように、組織においても、人々の認識や行動は容易に変わるものではありません。高い志を持った優れたリーダーが、組織の変革を試みて挫折することは少なくありません。特に、民間企業のように厳しい競争に晒されることがない公的機関では、変革は進みにくいものです。業績が短期的に数字で表れにくく、インセンティブの仕組みが働きにくいためです。

そのために、施設の改善や人財の育成を行っても、組織が変わらないために、期待したような結果が出ないことが少なくありません。
そうした状況において、日本側関係者は、水道局・水道公社の職員たちが、実践経験を通じて認識を変え、行動を変えていくような場を創り続けました。最初のケースが、浄水場の復旧工事の現場でした。日本側の工事関係者は、水道局の職員が水道技術のイロハを実践学習する場として活かしました。工事関係者にとっては、契約外のサービスですが、手間を厭うことなく熱心に指導しました。その場から、ロン・ナローをはじめとする技術部門を担う人財が育ちました。彼らは、単に技術を学ぶだけでなく、日本人技術者の仕事に対する姿勢を学び、「師匠」と呼ぶなど信頼を深めました。日本人技術者による施工の現場は極めて実践的な学習の場となりました。

また、二〇〇三年に始まった技術協力プロジェクトは、日本の自治体のノウハウを包括的に伝授する場となりましたが、ここでも、山本をはじめとする日本の技術者たちは、日本側でやってあげるのではなく、カンボジア側が自らやってみることにこだわりました。例えば、施設の維持管理に必要な技術を実践学習（ＯＪＴ）方式で一通り伝授したうえで、その内容をマニュアルに書き下ろすことは、水道公社の職員に行わせました。さらに、地方水道局の職員に対する研修の講義を彼らに任せました。他者に教えるという機会は、自発的に能力を高め、また、新たな課題に気づくことにつながります。そうしたことを通じて、水道公社の職員は、技術の内容に加え、自ら課題を見出し、解決策を考えて、実行するという自律的な姿勢を徐々に強めていきました。

開発途上国の組織では、一般的に、上意下達が徹底していて、中間管理層や現場層が自律的に考えて、行動するということはあまり見られません。そうした状況で、変革を志すリーダーが笛を吹いても、スタッフがそれに応える力を備えておらず、双方がフラストレーションを高める結果になることが少なくありません。水道公社では、日本側関係者が、施設の建設と維持管理や、漏水の管理などの実戦の場で実践的な協力を徹底することにより、職員たちが自律的に行動する力を高めて行きました。それがエク・ソンチャンのリーダーシップと相まって、「打てば響く」という状態が生まれました。職員が結果を出し、それに同が報いるという好循環が回ることで、組織文化が徐々に変わり、事業体としての組織力が高まって行き、二〇一二年には同国の株式市場上場第一号になるまでに組織が変貌したのでした。

- 日本企業が技術力を発揮する施工の現場は、最良のＯＪＴの場となり得る。
- 実践学習の場で行動変容を促す。
- 日本企業が技術力を発揮する施工の現場を、発注者側の技術者の学習の場とする。

4 現場の潜在能力を引き出す自律分散型の組織を育む仕組みを創る

組織的な変化は、基本的には、メンバーが実践経験を積み重ねる中で気づきを得て行動を変えることにより、徐々に進むものですが、仕事の仕組みが変わることで、大きく進む場合があります。プノンペン水道公社においても日本の協力により、そうした「ブレイクスルー」が起こりました。テレメーターという機器を用いて漏水と盗水を集中監視するシステムの導入でした。

水道公社にとり、浄水場や配水管の整備に劣らない重要な課題が漏水と盗水の管理でした。いくら水を流しても、それが収益につながらないのであれば、事業として成り立ちません。しかし、五百キロメートル近い配水管を監視することは容易ではなく、取り組みが遅れていました。そうした状況において、集中監視システムの導入により、地区（ブロック）ごとに配水の状況が可視化され、どこで漏水や盗水が発生しているのかを、把握することが格段に容易になりました。また、そうした可視化により、各地区の担当者のパフォーマンスが明瞭になりました。各地区の担当者の間で競争意識を持たせたり、歩合制の導入によってインセンティブを付与したりしたことで、担当者の認識と行動の変化が進みました。

- 問題の所在や現場のパフォーマンスを可視化する技術や仕組みは、上意下達の組織文化が強い開発途上国の組織において、現場の自律的に判断と行動を促すうえで重要。
- 上意下達の組織文化が強い開発途上国の組織において、現場の自律性を高めるために、問題の所在や現場のパフォーマンスを可視化する技術や仕組みを用いる。

5 機動的にイノベーションを起こす

テレメーターによる集中監視システムは、日本の自治体で使用されていたものです。しかし、それを導入して、水道公社の配水管理の現場の仕事の仕方を大きく変えるということは、イノベーションそのものでした。イノベーションは、現場での直観からすでに存在するモノ、サービス、仕事の仕方などを想像力も駆使して自在に組み合わせて新たなことを創発することです。水道公社の宿痾《しゅくあ》とも言うべき無収水問題の解決に向けて突破口を拓いたという点で、画期的なイノベーションでした。

開発途上国での仕事には、そうしたイノベーションの機会が無数にあります。「課題先進国」と呼ばれる日本の私たちは、開発途上国の人々が直面しつつある課題を一足先に経験しているため、そうした機会を見出しやすい立場にあります。問題は、そうして見出した機会を具体化する行動にあります。イノベーションは、多くの場合、事前に計画し得るものではありません。社会情勢や組織内の人間関係など、私たちにとり見通せない不確実なことが多い開発途上国の事業はいわば「生き物」です。「セレンディピティ」とも呼ばれる偶然に見出された機会を、逸することなく活かすことが必要とされます。

そうした機会に遭遇するのは、事業現場に身を置く人々です。計画と現実の違いに直面し、知恵を絞り奮闘する中で、現場の現実から、イノベーションの着想を得ることがあります。テレメーターの可能性を直観したのも、現場で奮闘していた久保田でした。ＪＩＣＡの現地事務所から否定された時、任期終了間際に気づいたことだからとして久保田がこだわらずに諦めていたら、水道公社のその後の展開は大きく変わっていたかもしれません。

しかし、久保田は諦めず、上司の森に食い下がりました。エク・ソンチャンも、久保田を信頼し、陳情のために北九州市に乗り込みました。それを受け、森は厚生省とＪＩＣＡから頼まれたから協力するという受け身の姿勢から踏み出して、北九州市独自の取り組み実施することを決断しました。事前の技術的調査を独自に行い、稼働するまでしっかりとフォローしました。テレメーターを用いたイノベーションは、久保田、エク・ソンチャン、森が共感を深めていたことにより、実現したと言えます。

- 想定外の機会や着想を機動的に活かすこと（セレンディピティ）が、イノベーションには重要。
- 想定外の機会や着想を機動的（アジャイル）に活かす。

6 ウィン・ウィンの協力の場を創る

日本の開発協力は、「情けは人のためならず」という利他精神を特徴とします。開発途上国に協力することが、巡り巡って、自分たちのためにもなるという考え方です。つまり、日本が開発途上国を一方的に助ける「援助」というよりは、双方が利益を得る「ウィン・ウィンの協力」の関係を重視するものです。

北九州市とプノンペン水道公社の協力関係は、まさに、そうしたものでした。森は、カンボジアとの協力が、同市の人財が育つ場になることを見抜き、それが同市の水道サービスの向上に寄与すると判断したのでした。開発途上国の困難な状況において課題を解決し、目標を実現するには、数多くの「修羅場」を踏まなくてはなりません。そうした経験を経た者は、日本や他の先進国の職場の同僚以上に、総合的なマネジメント力を高めることができます。立場を異にする人々と共感し合い、信頼関係を深め、協働するために必要な力が、より強く問われるからです。森がカンボジアに送り出した職員たちは、森の期待どおり、カンボジアでの経験を活かして、同市の水道事業を牽引したのでした。

ウィン・ウィンの協力関係は、開発途上国の社会的な変化に欠かせないことです。社会的な変化は、さまざまな立場で問題に関係する当事者の人々が、問題があることに気づき、解決に向けて自律的に取り組むことにより進みます。そうした当事者の内発的な気づきは、他者に教え諭されるよりも、双方向の対等な協力関係において触発されやすいからです。開発途上国が直面しつつある課題をすでに経験してきた「課題先進国」としての日本と、開発途上国の間では、そうした双方向の協力関係を生み出し得る潜在的な機会が少なくないと思われます。

他方、そうした双方向の協力関係は、開発途上国の間においても成り立ちます。ＪＩＣＡはその点に着目し、アジア各国の水道事業体が互いに協力し合う場を創りました。ＪＩＣＡのアプローチは、日本の経験を咀嚼して応用することにより成功したプノンペン水道公社が、その経験をアジア各国の水道事業体と共有することを促進するものでした。北九州市の森と同様の立場におかれたエク・ソンチャンは、それが公社の人財育成に寄与すると判断して積極的に応じ、水道公社は、各国から依頼を受け、研修を企画し、実施していきました。外国の水道事業体の研修は、自国の地方水道局を対象とした研修よりも格段にチャレンジングです。水道公社の職員にとっても、自らの能力を練磨する実践的な機会になりました。

日本の自治体の経験に加え、プノンペン水道公社が日本の経験を活かした経験を共有することにより、アジア各国の関係者の気づきをより効果的に触発できます。カンボジアの情況は「同じ」と認識されやすく、水道公社の物語りは共感を呼びやすいからです。経験を伝えられる側は、自国と日本の経験を較べるだけでなく、日本の経験を応用したカンボジアの経験も較べることで、自国の状況を客観的に認識し、課題を見出すことができるのです。顕著な成果を生み出したプノンペン水道公社との協力は、日本が開発途上各国との協力を進めていくうえで非常に有用なアセットとなりました。

- 一カ国での成功事例を他国にもナレッジとして共有すること、そのために単なるドキュメントの共有だけでなく、現場を訪問しての研修や、幹部同士の濃密な討論の場（フォーラム）を設けることにより、他国の幹部の意識改革に有効に活用することが可能。
- 一カ国での経験を他の国にも積極的に共有して学び合う場をつくることが、開発インパクトの増大につながる。
- 双方が利益を得るウィン・ウィンの協力関係を構築する。
- 成功した協力の相手が、他者に協力することを支援する。
- 日本の経験を他国に伝える場合、すでにそれを応用した国の経験を併せて伝える。

註

（1）ＪＩＣＡの開発協力事業の大半は、開発途上国政府の要請に基づいて実施されるが、一部の事業は、日本の自治対、大学、企業、非営利団体等の提案に基づいて実施される。

参考文献・資料

- 赤木純子（二〇二〇）『北九州における水ビジネス海外展開の歴史と発展』北九州産業技術保存継承センター。
- 鈴木康次郎・桑島京子（二〇一五）『プノンペンの奇跡：世界を驚かせたカンボジアの水道改革』佐伯コミュニケーションズ。

第 3 章

日本のソフトパワーとしての共感と信頼の関係

―― ミンダナオ平和構築

地図 ▸ ミンダナオ

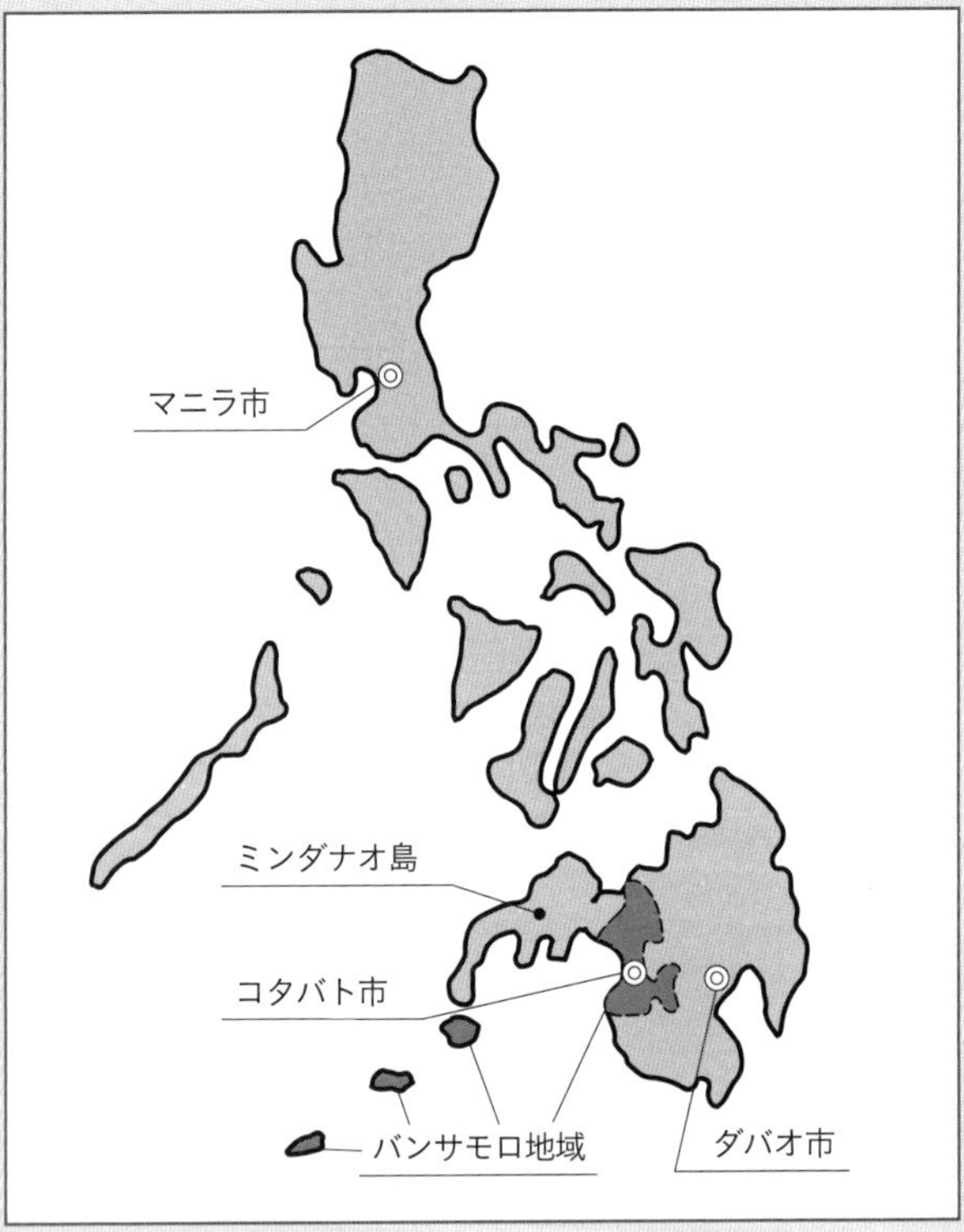

年表

2004年	フィリピン政府とモロ・イスラム解放戦線（MILF）の停戦合意を受け、国際監視団（IMT）が発足。
2006年	アロヨ大統領との会談で麻生外務大臣がミンダナオ和平に対する支援を表明（7月）。緒方JICA理事長がアロヨ大統領とムラドMILF議長と会談（9月）。JICA職員をIMTに派遣。和平交渉の促進を目的とするミンダナ平和構築セミナー（COP）のマレーシアでの開催。安倍首相が「日本―バンサモロ復興と開発イニシアティブ」（J-BIRD）を表明（12月）。
2008年	戦闘再開によりIMTが事実上解散状態になる中、JICAがIMT要員を増員。／公式には途絶えた和平対話を継続するために第3回COPを開催。
2012年	バンサモロ自治地域の創設に関する枠組の合意が成立（10月）。／バンサモロ移行委員会（BTC）が発足。
2013年	BTCを対象とする「バンサモロ包括的能力向上プロジェクト」（CCDP）が開始（7月）。
2014年	包括的和平合意が成立（3月）。第6回COPの広島での開催（3月）。アキノ大統領とムラド議長他100名が参加し、「バンサモロ自治政府樹立に向けての広島宣言」を採択。JICAによるクイック・インパクト・プロジェクト（QIP）の実施（～2015年）。
2015年	ママサパノ事件（1月）が勃発。議会でのバンサモロ基本法の審議が停止するも、政府とMILFの自治政府の創設に関する協議は継続。
2017年	バンサモロ経済開発視察団の広島訪問（8月）。CCDPの経済開発活動が本格化。
2018年	バンサモロ基本法の制定。
2019年	バンサモロ自治地域の創設が住民投票で決定し、暫定自治政府が発足（2月）。

略語表

ARMM	ムスリム・ミンダナオ自治地域
BTC	バンサモロ移行委員会
CCDP	バンサモロ包括的能力向上プロジェクト
COP	ミンダナオ平和構築セミナー
IMT	国際監視団
J-BIRD	日本-バンサモロ復興と開発イニシアティブ
MILF	モロ・イスラム解放戦線
MNLF	モロ民族解放戦線
QIP	クイック・インパクト・プロジェクト

#【物語り編】

プロローグ　ミンダナオの紛争と和平の経緯

　半世紀にわたった武力紛争が平和裏に解決された例は歴史的に稀だ。そうしたことがフィリピンで実現しつつある。一五万人を超える人々の命を奪った同国南部のミンダナオの紛争が終結し、二〇一九年二月、高度な自治権を有するバンサモロ自治地域が創設され、ムラド議長を首相とする暫定自治政府が発足したのだ。ミンダナオの紛争はイスラム教徒（以下、ムスリム）とキリスト教徒の対立にムスリム内の対立が絡んだ複雑なものだった。[1] その解決に、実は日本が大きく貢献してきた。軍事以外の貢献はマスメディアに注目されにくい。しかし、長年にわたる地道な貢献が大きな変化に結実することがある。ミンダナオの和平の背景には、そうした日本の多くの関係者による活動の積み重ねがあった。日本は世界各地で平和の実現に取り組んできた。その中でもミンダナオの和平は、軍事以外の面で日本が大きな役割を果たし得ることを示す実例となった。

◆ミンダナオの紛争の構図

　ミンダナオの紛争の経緯を振り返ってみたい。その根本は、ムスリムとキリスト教徒の対立にあった。フィリピンの国土の三分の一を占めるミンダナオは、歴史的にムスリムの地だった。一五

図表3-1 ▶ミンダナオ島の略史

	ミンダナオ島	フィリピン全体
14世紀	●ミンダナオ島にイスラム教が伝わる	
15世紀	●スールー王国成立	
16世紀		●スペイン艦隊（マゼラン）のフィリピン寄港とマクタン島の戦い ●スペインのセブ・マニラ征服
19世紀	●スペインによる一部征服	●民族運動と独立運動の展開 ●米西戦争とスペインからの独立 ●米比戦争と再植民地化
20世紀	●米国の主権がスールー王国に及び同王国が滅亡 ●マギンダナオ王国衰退 ●ルソン島からの移民・入植	●第二次世界大戦 ●米国からの独立

出所：JICA

世紀にムスリムによる王国の統治が始まって以来、スペインの度重なる侵略にも屈せず、イスラム教信仰を守ってきた[2]。一九〇〇年代初頭までおよそ人口の九〇%がムスリムだった。しかし、一九一二年に米国統治下で始まった「移住政策」により、キリスト教徒の住民が徐々に増え、一九四六年に独立を果たしたフィリピン政府のもとで、それが加速した。政府が移住者に土地を無償で与える政策を強行したこともあり[3]、ミンダナオの人口と土地所有の約八割はキリスト教徒が占めるまでになった（図表3−1参照）。

そうした政府の移住政策は、先住者であるムスリムにとっては侵略行為でしかなかった。先祖から代々受け継がれてきた土地や自決権を奪うものとして、自らの文化や宗教の存続の危機と捉えた。フィリピンからの独立を求め、一九六九年にモロ民族解放戦線（Moro National Liberation Front：以下、MNLF）が結成され、武力闘争を開始した。「モロ」とはミンダナオに居住するムスリムを意味する。ＭＮＬＦとフィリピン国軍との戦闘は激化の一途をたどり、一九八〇年には死者は五万人以上に達し、国内避難民は百万人近くにのぼった。

一方で、ＭＮＬＦは一枚岩ではなかった。より強硬な路線を主張する勢力が離脱し、一九八四年にモロ・イスラム解放戦線（Moro Islamic Liberation Front：以下、ＭＩＬＦ）を結成した。ＭＩＬＦはムスリムの伝統と尊厳を守り、先祖伝来の土地を奪還し、絶対的な自決権を獲得するために、ジハード（聖戦）を通じてシャリア（イスラム法）に基づく高度な自治権を有する自治政府の設立を目指した。分裂したＭＮＬＦとＭＩＬＦはそれぞれの主義・主張に基づき闘い続けた。また、ミンダナオ東部地域では、共産党系武装組織である新人民軍（New People's Army）による武力闘争も激化し、ミンダナオの武力紛争は凄惨さを増して行った。

混迷した状況は一九八六年に転機を迎える。ムスリムに対して強硬路線をとってきたマルコス政権がエドゥサ革命で倒れ、新たに誕生したアキノ政権により、一九九〇年に一定程度の自治権を持ったムスリム・ミンダナオ自治地域（Autonomous Region in Muslim Mindanao：以下、ＡＲＭＭ）が創設された[4]。しかし、ＭＮＬＦは自治地域の領域と自治権の内容に大いに不満を抱き、ＡＲＭＭ自治政府の知事および議員選挙をボイコットした。紛争の当事者を欠いたままの自治地域の創設は、ミンダナオに火種を残したままであった。その後一九九二年に発足したラモス政権のもとで政府とＭＮＬＦとの和平交渉が進み、インドネシア政府の仲介努力もあり、一九九六年に最終和平合意が実現した。

◆日本政府のイニシアティブ

最終和平合意を受けてＭＮＬＦは自治政府の選挙に参加し、ＭＮＬＦ議長のミスアリが自治政府の知事に選出された。しかし、もう一方のＭＩＬＦはＡＲＭＭ自治政府の領域や不十分な自治権を認めず、高度な自治権を有する自治政府を希求した。そのため、ラモス政権の後を受けたエストラーダ政権との間で二〇〇〇年に武力衝突が拡大した。しかし、エストラーダ政権は翌二〇〇一年に議会の弾劾により倒れ、新たに発足したアロヨ政権はマレーシアとリビアの仲介でＭＩＬＦと和平交渉の再開に合意した。

そうした和平の機運を受け、二〇〇二年一二月、小泉純一郎首相は「ミンダナオ支援パッケージ」を表明した。東南アジア地域の平和に日本として積極的に貢献しようという踏み込んだものだった。弱体だった自治政府の体制整備、開発計画の策定、農業振興など、課題は山積していた。二〇〇三年にフィリピン政府とＭＩＬＦの停戦が実現したのを機にＡＲＭＭ自治政府に対する日本の支援が始まった。しかし、散発的に武力衝突が発生していたため、支援の実施を担うＪＩＣＡ関係者が活動できる範囲は都市部に限定されていた。停戦合意にとどまらず、フィリピン政府とＭＩＬＦの和平合意が実現しない限り、本格的な支援は難しい状況だった。

和平交渉が一進一退する中、膠着した状況の打開に日本政府は積極的に動いた。二〇〇六年一二月に安倍晋三首相は、「日本－バンサモロ復興と開発イニシアティブ」（以下、Ｊ－ＢＩＲＤ）の実施を表明した。「バンサモロ」とはムスリムの人々と国を意味する。フィリピン政府とＭＩＬＦの間の和平プロセスを後押しするために、日本政府として紛争地域の復興と開発にコミットするものだった。日本政府は、現地の復興と開発の面だけでなく、双方の信頼醸成の面でも和平の実現を後押しした。二〇一一年八月には、日本政府の働きかけでアキノ大統領とＭＩＬＦのトップであるムラド議長の歴史的な会談が成田空港近くのホテルで実現した。二〇一四年三月に包括和平合意が実現した背景には、そうした日本側の努力の積み重ねがあった。

ミンダナオの和平は現在進行形のプロセスであり、問題は山積している。しかし、良い方向に向かって状況は着実に変化しており、日本政府とＪＩＣＡをはじめとする多くの日本側関係者が、バンサモロとフィリピン政府の人々と日々努力を重ねている。そうした地道な努力を、転機となった二〇〇六年に遡って振り返ってみたい（図表３－２）。

エピソード１　ミンダナオ和平へのコミットメント：トップのリーダーシップ

◆路を切りひらいたトップ会談（二〇〇六年）

日本フィリピン国交正常化五〇周年を迎えた二〇〇六年の七月、麻生外務大臣はフィリピンを訪問し、アロヨ大統領との会談の席で、ミンダナオ和平のために支援を行うことを表明した。その直後の二〇〇六年九月に、ＪＩＣＡ理事長の緒方貞子（以下、緒方）がフィリピンに飛び、アロヨ大統領に会うとともに、ＭＩＬＦの軍事拠点でトップのムラド議長と会談し、ＪＩＣＡとＭＩＬＦとの協力について筋道をつけた（写真３－１）。緒方は、国連難民高等弁務官の職を辞した後、二〇〇三年にＪＩＣＡの理事長に就任し、「人間の安全保障」という考え方の具現化を進めていた。それは、

図表3-2 ▶ ミンダナオ和平のプロセス

年	モロ民族解放戦線（MNLF）和平プロセス	モロ・イスラム解放戦線（MILF）和平プロセス
1969	MNLF設立	
1976	トリポリ協定：自治の基本合意	
1984		MILFがMNLFより分派
1990	ムスリム・ミンダナオ自治地域（ARMM）設立	
1996	最終和平合意締結：MNLFのARMM政府への参加	
1997		和平交渉の開始
2000		フィリピン国軍との全面戦争
2001		トリポリ協定：停戦合意
2004		国際監視団（IMT）設立
2011		アキノ大統領とムラド議長の会談
2014		バンサモロ包括和平合意締結
2018		バンサモロ基本法制定
2019	ARMMの解散※	バンサモロ暫定自治政府（BTA）発足
2025		バンサモロ自治政府議会選挙（予定）

出所：JICA
注（※）：ARMMの解散後、BTA議会にはフィリピン政府の指名枠でMNLF出身者が議員として参加している。

国家の安全保障に対して、人間一人ひとりの生存、生活、尊厳を脅威から守るという考え方であり、まさにミンダナオの紛争地で実践すべきことだった。

緒方がアロヨ大統領とムラド議長に会った時点では、両者の会談はまだ実現していなかった。和平交渉が開始されていたとはいえ、フィリピン政府とＭＩＬＦの間には大きな溝があり、信頼関係はまだ深まっていなかった。そうした状況で、反政府組織のＭＩＬＦの本拠で、そのトップに会うということは異例なことだった。ＪＩＣＡ本部でフィリピンとの協力を担当し、緒方に同行した佐々木隆宏

写真3-1 ▶ ムラドMILF議長と緒方JICA理事長の会談（2006年9月）

出所：JICA

（以下、佐々木）は語る。

「ムラド議長との会談は、ＭＩＬＦの武装兵士がズラッと並んでいる軍事キャンプで行われたのですが、緒方理事長は平然としていました。そこで、アロヨ大統領に伝えたこととまったく同じことをムラド議長に話しました。政治的に考慮してトーンを変えるようなことはせず、『あなたたちが和平を合意する前に、まず、社会経済開発についてのプロジェクトが必要じゃないかしら』と。」

相手国政府を対象とする日本政府の開発協力の常識では、和平合意が実現する前に、反政府側を相手に社会経済開発プロジェクトを実施することは考えられない。それでも緒方は行わないかと両者に持ちかけたのだ。

「緒方理事長のストレートな問いかけに、アロヨ大統領もムラド議長も『そのとおりだ。ＪＩＣＡの協力はありがたい。』と応じました。そこで、アフリカで大きな成果をあげている理数科教育プロジェクトが、実はフィリピンの成功モデルに基づいていることを紹介して、『そういうことが役に立つのよ』って語りかけました。そうしたら、二人とも『ぜひやらせてほしい。お願いします。』ということになったんです。」

二つの会談は、国連難民高等弁務官を務めるなど平和に深い思いを抱いてきた緒方の強い意志により実現した。また、報道陣の同席についてフィリピン政府とＭＩＬＦから許可を得ることで、会談の内容が報道され、公になった。フィリピン政府とＭＩＬＦの双方を相手に、和平合意の前の段階で、ＪＩＣＡが協力を開始する路がひらかれたのだった。それは、三カ月後の一二月に安倍首相が「日本－バンサモロ復興と開発イニシアティブ」を表明することで、日本政府の具体的な政策となった。

◆他の国が撤退している時に逆張りの増員（二〇〇八年）

ＪＩＣＡは、緒方が現地に入った一カ月後の二〇〇六年一〇月に、国際監視団（International Monitoring Team：以下、ＩＭＴ）に一名の職員を派遣した。ＩＭＴは、二〇〇三年にフィリピン政府とＭＩＬＦが停戦に合意したことを受け、合意を仲介したマレーシアやリビアなどにより二〇〇四年に結成されていた。停戦の監視だけでなく、紛争により影響を受けている地域の復興にも取り組んでいた。紛争地域を対象に支援を行うには、ＩＭＴの中で行うしか他に方法はなかった。

しかし、二〇〇八年にＩＭＴが解散状態に陥った。フィリピン政府とＭＩＬＦの合意について、議会や国民に対して秘密裏に行われたことを最高裁判所が違憲として、政府に対して差し止めを命じたことが契機となり、同年一〇月にＭＩＬＦの一部の部隊がフィリピン国軍駐屯地を襲撃した。戦闘が日増しに激しくなる中、ＡＲＭＭ自治政府とＩＭＴが拠点とするコタバト市には戦闘は及んでいなかったが、停戦が破られたことを理由に、各国の駐留部隊は本国に引き上げた。

そうした状況において、緒方はＩＭＴに派遣していた一名のＪＩＣＡ職員を引き揚げるのではなく、むしろ二名に増員することを決めた。そして、人事担当者に対して、現場経験を得る貴重な機会として若手職員の派遣を提案した。佐々木は振り返る。

「緒方理事長は、和平交渉の過程で事件が起こることは当然であり、山あり谷ありの中で、自分たちがどれだけぶれないでいるかが大切であり、まわりが引いている時こそ前に出ることが必要と判断したのだと思います。」

周囲が驚いた緒方の判断は、和平合意の実現を待って協力を行うのではなく、和平合意のプロセスの中で協力を進めるという、ＪＩＣＡの新たな方針に基づく一貫したものだった。ＪＩＣＡ本部で平和構築のアドバイザーを務めていた土肥優子は語る。

「緒方理事長の“stay engaged”の判断が、ＭＩＬＦの人々の“hearts and minds”を勝ち取ったというか、信頼関係の礎になったと思います。ＭＩＬＦ側和平交渉団のイクバル団長やＭＩＬＦ副議長の故ジャファーをはじめとするＭＩＬＦの幹部は、二〇〇八年に戦闘が再発した際にＩＭＴの駐留部隊や欧米の援助機関は撤退したが、ＪＩＣＡは完全撤退しなかったと、口を揃えて評価していました。それが決定打となり、日本とＪＩＣＡは何があろうと信頼できる国、パートナーであると認識されるようになったと思います。」

エピソード2　反政府側を含めた幅広い当事者との信頼関係の構築

一触即発の危険がある紛争地域において、ＪＩＣＡは武器を持たない「中立」の和平支援組織としての立場にあった。そのためには、ＭＩＬＦの人々との信頼関係を強固に築くことが不可欠だった。そこで大きな役割を果たしたのが落合直之（以下、落合）だった。落合は、一九九四年以来、ＪＩＣＡのフィリピン事務所員やＪＩＣＡ本部のフィリピン担当課長としてミンダナオ支援にかかわってきた。そして、二〇一〇年一二月に、ＩＭＴの要員として現地に入ることになった（写真3－2）。落合は、日本政府の要員という肩書ではなく、肩書抜きで、一人の人間として信頼してもらえるように努めた。信頼関係を構築するために、話をよく聞くことと、話をより深く理解するために「なぜ」を繰り返し問いつづけることを心がけたという。

「相手の背景や立場を理解するためには、資料や文献を読み込むことも必要ですが、相手に会っ

写真3-2 ▶IMTに派遣された落合（中央）とMILF兵士（左）、国軍兵士（右）

出所：JICA

て話を直接聞いて、わからないことには率直に『なぜ』を繰り返すことが大切だと思います。『日本人なのでよくわからないので教えてください。あなたの事をよく知りたいので』と。向こうもそう言われると色々と話してくれる。そのうちに『お前はどう思う』と意見を聞いてくる。賢さを示そうとするのではなく、『わからないことはわからない』と自分をさらけ出す。関係を長く続けるためには、正直さ、誠実さが重要と思いました。」

相手により良い質問をするためには、相手の国や地域の歴史の勉強が役に立つ。

「例えば、この人はなんでこんなことを言うんだろうとか、それはなぜだろうと思うと、その人が背負っているものが何か、その人の歴史、立場、そういったことをひっくるめてすべてを理解しようと努めました。彼らがそういう状況に置かれている背景には長い歴史があるわけです。一三、一四世紀にアラブから来た商人がイスラム教を広めて、その後マゼランが来て、スペインがフィリピンを植民地にして、フィリピンが独立戦争を起こしてという歴史の中で、彼らのご先祖様たちがどういうことを経験してきたのか。というのも、ムスリムの人々が闘っている一つの大きな目的は先祖代々の土地を守るんだということだからです。彼らの先祖というのは一体どんな人だったのかなということを聞いたりすると彼らは喜んで教えてくれますので。そういうことの積み重ねが大切だったと思います。」

また、バンサモロには封建社会のような身分制度が根強く残っており、「クラン」と呼ばれる有力氏族を頂点として、その下に江戸時代の士農工商のような階層が存在する。クラン同士は政略結婚を繰り返すことで血縁関係を強め、既得権益を保持しつづけようとしていた。そうした社会構造を理解するうえで、日本の歴史が非常に参考になったと落合は振り返る。

「ＭＩＬＦの人々は、封建制のような社会の状態を変えたいと考えていました。フィリピン政府からの自治だけでなく、自由民主的な社会に変えたいと。しかし、クランを味方にしないとフィリピン政府には勝てないので、まずはフィリピン政府に勝つためにクランと協力する。その次に四民平等な社会を目指す。ＭＩＬＦの幹部の多くはクランに属していないんですよ。江戸時代の侍の身分で言えば、殿様や上級士族ではなく下級士族なんです。明治維新を推進したのは西郷隆盛もそうですけど下級士族です。ＭＩＬＦの幹部たちも同じような境遇で、クランの繁栄よりも社会変革を目指しているんです。だから、ゲリラ戦で命を落とすかもしれない組織で何十年もやっているんです。」

そうした日本の歴史に、ＭＩＬＦの幹部たちも強い関心を示した。開発や発展について語り合うよりも、双方の歴史や伝統について語り合うことの方が、彼らとの信頼関係を深めやすかったと落合は振り返る。

◆どんな時でもどんな場所でも頼まれたら必ず出向く

落合は、ＭＩＬＦ側との信頼関係を深めるためには、頼まれたことは自分ができることである限り何でも応えるように努めた。その一つがＭＩＬＦの対外調整部門のトップからポロニウム[5]の鑑定を頼まれたことだった。聞けば、ある司令官が山中でポロニウムと思われる金属を見つけたという。放射性物質のポロニウムがミンダナオの山中で見つかるわけはない。しかし、その幹部は本物の可能性があると半ば信じている様子で、ＭＩＬＦにとり大きな財源になると期待しているようだった。

落合は、あり得ないと直感したが、『落合なら協力してくれるだろう』という信頼に応えなくてはならないと考え、無駄足覚悟で片道四時間をかけて現場に出向いた。目にしたものはシリアルナンバーが入った金属の塊で、素人目にもポロニウムとは思われなかった。司令官には、持ち帰ることはできないことを断ったうえで、マニラの然るべき検査機関に持ち込むのであれば手助けすることを伝えて、その場を後にした。結局、それ以来その話が出ることはなかった。しかし、何でも相談されれば直ちに現場に出向き、相手に敬意を示すことを心がけることで、ＭＩＬＦ側の落合への信頼は深まって行った。

二〇一一年にミンダナオに大きな台風が上陸し、イリガンという北部の中心都市で約千人が命を落とすという大災害が発生した。多数の国際援助組織とともに被災者の支援を開始したＪＩＣＡに対して、山間部で大きな被害が発生して孤立しているムスリムの村々があるという情報が、ＭＩＬＦ関係の組織から寄せられた。山深い村々へのアクセスは困難を極め、援助組織は入っていない状況だった。当時フィリピン事務所長だった佐々木は振り返る。

「ムスリムの村で、フィリピン政府のオペレーションとしては優先度が低いところだったので、是非何かしたいと考えました。アクセスも悪く、国際監視団（ＩＭＴ）しか入れないと判断したので、落合に『行けるか』と打診してみたら『行ける』と快く引き受けてくれました。被害報告をまとめてもらい、ＪＩＣＡが行えない食糧援助を実施できる国際連合世界食糧計画（ＷＦＰ）に一緒に支援しないかと持ちかけました。」

落合の報告に基づいてＷＦＰも緊急支援を決定し、ＪＩＣＡが生活必需品を、ＷＦＰが米を中心とする食料をそれぞれ担当する共同支援が実現した。そうしたバンサモロの人々のためになることを厭わない姿勢や、バンサモロの人々の思いに共感する落合の姿勢を、ＭＩＬＦの人々も本物と認め、信頼を深めて行った。

エピソード3　広島宣言：裃《かみしも》を脱ぐ場をつくる

二〇〇六年にＪＩＣＡはＩＭＴに職員を派遣するだけでなく、もう一つの新たな取り組みを開始した。フィリピン政府とＭＩＬＦの公式な和平交渉の場とは別に、双方の関係者が個人の立場で意見を交わす場を立ち上げたのだ。ミンダナオ平和構築セミナー（Consolidation of Peace Seminar：以下、ＣＯＰ）と名付けられたセミナーは、ほぼ年一回のペースで開催された。毎回五〇名を超える参加者がマレーシアのペナンのホテルに集まり、四日間の缶詰状態で平和、安全保障、ガバナンス、正義、開発などさまざまな切り口から東南アジア地域の紛争問題について議論した。何かを決める場ではなく、裃を脱いで、それぞれ公式の立場を離れて、互いに思うことを率直に語り合った。

ＣＯＰの立役者は、平和構築を専門とするＪＩＣＡ本部アドバイザーの石川幸子（以下、石川）と、マレーシア科学大学のカマルザマン・アスカンダール教授（以下、ザム）だった。ザムは、東南アジア地域の紛争問題研究の第一人者であり、ミンダナオに加え、インドネシアのアチェ、タイ南部のムスリム地域の紛争などの調停活動にも携わってきた。旧知の間柄の二人が着想したＣＯＰは、ＪＩＣＡとマレーシア科学大学の協働の取り組みとして実現した。

ＣＯＰの真価が明確になったのは、二〇〇八年の第三回セミナーだった。最高裁判所の違憲判決により、フィリピン政府とＭＩＬＦの正式な和平交渉が途絶えた直後に開催され、両者の間で実質的に交渉が続けられる場となった。議論が権限や正義の問題に及んだ際には、フィリピン政府側とＭＩＬＦ側の出席者との間の対立が激化し、険悪な雰囲気が漂ったこともあった。そうした際には、

写真3-3 ▶アキノ大統領とムラド議長が参加して広島で開催された第6回COP

出所：JICA

それまで黙って聞いていた石川がここぞとばかりに満面の笑みを浮かべながら、双方をなだめて、議論を建設的な方向に誘導した。また、セミナーの合間の休憩時間に、ザムがさりげなくＭＩＬＦ側参加者の輪に入り、時ににこやかに、時に眉間にシワを寄せつつ、彼らの思いに共感していることを示した。

◆集大成となった広島セミナー

二〇一四年三月に包括和平合意が実現したことにより、ＣＯＰは役割を終え、六月に最終会合を開催することになった。その場所は例年のペナンではなく広島だった。フィリピン政府側からはアキノ大統領、デル・ロザリオ外務大臣が、ＭＩＬＦ側からはムラド議長が、ＪＩＣＡ理事長の田中明彦（以下、田中理事長）とともに参加した。バンサモロ和平プロセスに携わってきた百名以上の関係者が一堂に集い、バンサモロ自治政府発足に向けて議論を行った（写真3－3）。三日間のセミナーの締めくくりとして、「バンサモロ自治政府樹立に向けての広島宣言」（広島宣言）が出席者の総意として採択された。それには、バンサモロ自治政府の発足までの道程（ロードマップ）と、そのうえでの課題が明確に示され、フィリピン政府とＭＩＬＦの双方が、これから行うことについて共通認識を深めることになった。

そうした大きな成果を生み出したセミナーは、実は、和平合意が三月に実現したことを受け、急遽準備を開始し、組織をあげて取り組み、三カ月間で実現したものだった。その調整は、ＩＭＴから戻ってＪＩＣＡ本部でミンダナオ支援にあたっていた落合が担った。

「それまで敵対していた人々が、どういう新たな社会を一緒につくりあげるかが問われていました。ＭＩＬＦとバンサモロの人々が、平和の象徴である広島での開催を望んでいました。紛争当事者の双方の首脳を含む百名以上が参加する会議ですから、セキュリティ面を始めとして準備が大変でした。包括和平合意の署名式典に参加した田中理事長のイニシアティブのもと、さまざまな困難がありましたが、やり遂げることができました。」

そうした最終セミナーの成果が、その半年後に試されることになった。二〇一五年一月に勃発したママパサノ事件[6]だ。偶発的な交戦で、フィリピン政府側に四四名、ＭＩＬＦ側に一八名という多数の死者が出た。その危機を双方が乗り越えるうえで、セミナーも少なからず貢献していたのではないかと落合は語る。

「和平合意を受けて、バンサモロ自治地域の創設に関する基本法が国会で審議されていたのですが、ゲリラの連中を相手にすべきではないと、審議が止まってしまいました。しかし、フィリピン政府とMILFの間で行われていた自治政府の創設について具体的な交渉は中断されませんでした。あれだけ多数の死者が出た大事件ですので、それまでであれば、交渉が停止され、軍事衝突が拡大してもおかしくはありませんでした。そうならなかったのは、MILF側と政府側の間で信頼関係が深まっていたからだと思います。そうした当事者間の関係をつくるうえで、JICAはお手伝いができたのかなと思います。」

エピソード4　一つ屋根の下の二つの家

◆バンサモロ包括的能力向上プロジェクトの開始（二〇一三年）

話は和平合意の二年前に遡る。二〇一二年一〇月、フィリピン政府とMILFの間で、バンサモロ自治地域の創設について基本的な枠組が合意され、創設の準備を担う組織としてバンサモロ移行委員会（以下、BTC）が設置された。それを受け、JICAはそれまでの限定的な協力を本格化することを決め、二〇一三年七月にBTCを協力相手とする「バンサモロ包括的能力向上プロジェクト」（以下、CCDP）の実施をフィリピン政府と合意した。そして、二〇一四年三月の包括和平合意を機に、協力を本格化した。

JICAのプロジェクトは、開発途上国政府の要請に基づいて、日本政府との国際約束に基づいて実施される。したがって、ＣＣＤＰもあくまでもフィリピン政府を対象とするという建付けだった。和平の枠組が合意されたとはいえ、以前は反政府組織であり、何らの公認団体ではないＭＩＬＦに直接的に支援を行うことはできなかった。そこで、ＢＴＣを協力の対象とした。ＢＴＣは、和平合意後にバンサモロ自治政府の創設に向けての法案の策定や、さまざまな実務的な課題を調整するために設置された、フィリピン政府とＭＩＬＦの合同委員会であり、ＢＴＣを通じてＭＩＬＦを含めバンサモロ全体のニーズを把握することができた。

包括和平合意により、二〇一六年までにＡＲＭＭに代わる新たなバンサモロ自治地域が創設され、高度な自治権を有するバンサモロ自治政府が発足することが決まった。ＣＣＤＰは新自治政府の創設に向けて、第一に行政組織の強化、第二に公共サービスと地域コミュニティの開発、第三に経済開発の促進の三つを柱とした。

新自治政府の主体は、ＭＩＬＦが担うと想定された。ＭＮＬＦの結成に遡れば半世紀近くにわたり武力闘争を続けてきたＭＩＬＦの幹部には行政経験がない。ＣＣＤＰはそれを見越して、新自治政府が円滑に立ち上がるよう、地ならしをするものだった。特に、ＭＩＬＦのリーダーたちは日本と同じ議院内閣制を導入する方針だった。大統領制に基づくフィリピン政府のノウハウに頼ることはできず、日本として支援することが求められた。新制度の構築に向けて、行政府と立法府について経験のないＭＩＬＦを助けるという難題は、政策研究大学院大学の横道清孝と高田寛文が引き受けた。なお、ＭＩＬＦが議院内閣制を望んだ理由は、バンサモロ地域が宗教や文化、言語が異なる多数の民族から構成される複雑な状況であるため、その社会の変革を目指すには、一人の指導者の強力なリーダーシップよりも、それら民族の代表からなる議会において、多数を占める政党による舵取りが必要という考えがあった。そして、フィリピン政府とは異なる国づくりの道を歩みたいという決意があった。

ＣＣＤＰは、将来的には自治政府を担うことが想定されているとはいえ、和平合意以前は反政府武装勢力と位置付けられるＭＩＬＦを主体とするＢＴＣを協力の対象とする点で、異例のプロジェクトだった。それに加え、二つの互いに反目し合う組織に対して同時に支援を行う点においても異例だった。新自治政府の発足までは、フィリピン政府の正統な自治行政組織としてＡＲＭＭ自治政府が存続し、行政運営を行っている。そのため、ＢＴＣを通じてＭＩＬＦ側と協力するだけでなく、ＡＲＭＭ自治政府とも協力することが必要とされた。それには細心の注意を払うことが求められた。

包括和平合意を受けて、それまで反目してきたＡＲＭＭ自治政府とＭＩＬＦが、直ちに和解し合うということにはならなかった。ＡＲＭＭ自治政府とＭＩＬＦの間には埋めがたい深い溝があった。ＡＲＭＭ自治政府側は、自らが唯一の自治政府であると主張し、ＭＩＬＦ側はミンダナオの自治に「失敗」したＡＲＭＭ自治政府との連携を拒否した。同じムスリムの組織であったが、互いに相手を否定することにより組織のアイデンティティーを固めてきた経緯があった。長い対立の歴史に基づく両者の確執が、両者の協働を阻む障壁となっていた。そうした状況から、ＣＣＤＰでは、ＡＲＭＭ自治政府を支援する「ＣＣＤＰ－Ａ」と、ＢＴＣを支援する「ＣＣＤＰ－Ｂ」の二つに分けて実施される形になった。「一つの屋根の下に二つの家が存在する」プロジェクトだった（図表3－3参照）。

図表3-3 ▶ バンサモロ包括的能力向上プロジェクトの構造

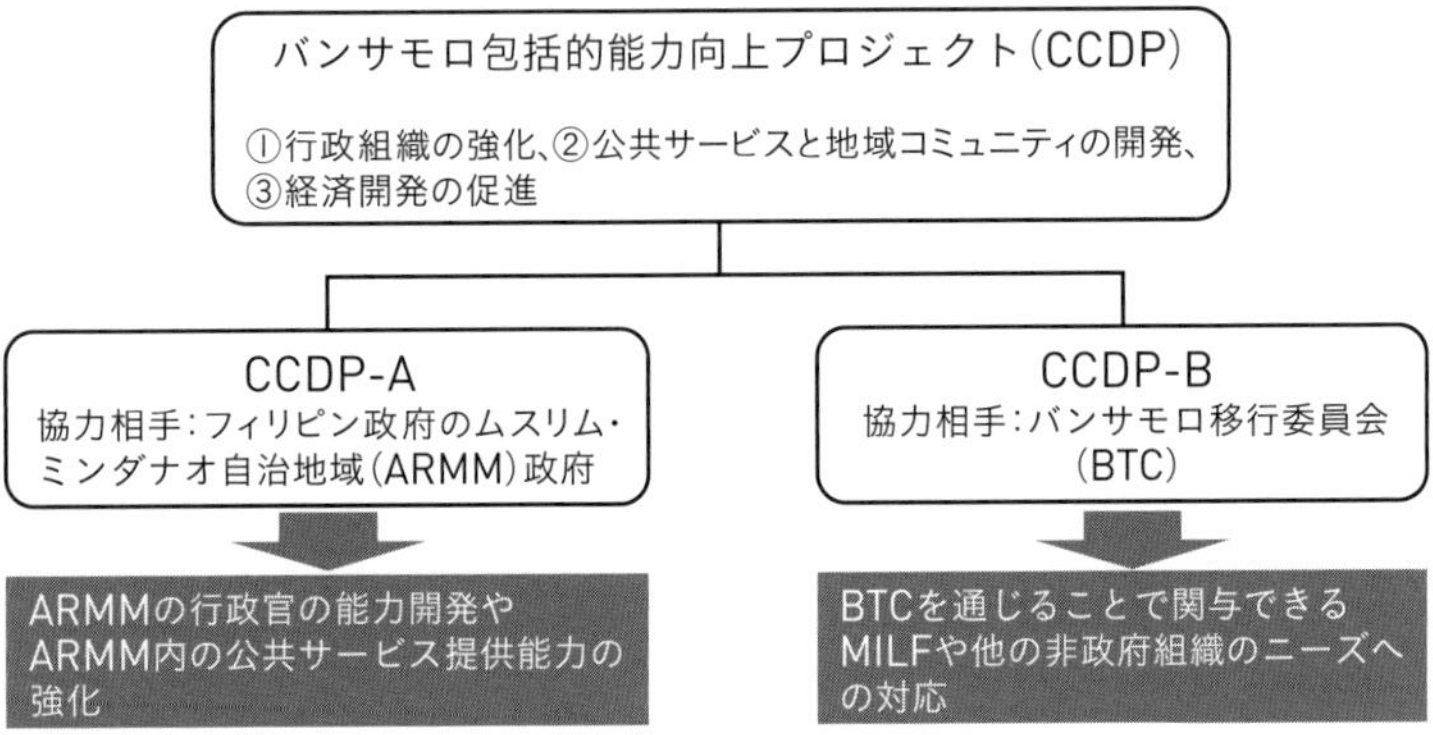

出所:本書執筆陣にて作成

◆双方から信頼されつつバランスをとる

そうしたデリケートな難しい舵取りが求められるCCDPのリーダーとして、落合が二〇一五年七月に再び現場に戻った。落合は本部でCCDPの立ち上げに携わっていたので何をどうすべきかを熟知していた。また、MILFとARMM自治政府のバランスをとるうえで不可欠な両者の幹部との信頼関係を、IMTのメンバーという立場で深めていた。つまり、CCDPのリーダーとして最適任者だった。

落合は、MILFとARMM自治政府の組織構造を理解したうえで、幹部との信頼関係が鍵であると認識していた。MILFは武装組織として徹底した上意下達のシステムで動いていた。また、ARMM自治政府はフィリピン政府の官僚組織であり、同様に上意下達で動いていた。司令官や閣僚とうまくコミュニケーションをとれば、トップダウンで末端まで指示が行きわたる。そのうえで落合が気をつけたことは、MILF側とARMM自治政府側の双方に対して、自分の立ち位置を明瞭にすることだった。疑念を抱かれないようにＪＩＣＡの方針や自分の行動を包み隠さずに伝えることを徹底した。落合は語る。

「みんなに『私は八方美人ですから誰にでも会いますよ』と言っていました。フィリピン政府の誰それに会ったということをＭＩＬＦ側に伝え、逆にＭＩＬＦの誰それにあったということをＡＲＭＭ自治政府側に伝えるなど、行動をオープンにすることを心がけました。」

また、国際監視団の際と同じように相手の懐に飛び込むという姿勢で臨んだ。支援や援助を行う側は、「ＪＩＣＡとしては」や「日本では」というように、無意識のうちに上から目線になりがちだ。落合は「私たちにできることは何でしょうか」と教えを乞うた。ＪＩＣＡフィリピン事務所長として現場を支えた佐々木は、それは落合ならではの姿勢だったと評価する。

「田中理事長が二〇一四年三月に包括和平合意の式典に参加した時、落合はＪＩＣＡの職員なのにＭＩＬＦ側に座るんですよ。普通だったら日本側に座るべきです。平然と『俺はムスリム側ですから』と。本質的なことにこだわるところが彼らしいと思いました。ある種不器用なのかもしれないけど、誠実に信頼関係を築くうえで大切なことでした。」

落合は双方の懐に入って、『相手が落合なら話す』という信頼関係を、どちらかに肩入れしている印象を与えないように注意しながら築いていた。しかし、そうした相手の懐に飛び込む姿勢が、ＪＩＣＡ本部側からはバランスを欠いていると受け止められることもあり、留意するよう助言がなされることもあった。落合は語る。

「本部の担当部署からは、ＭＩＬＦの要求を鵜呑みにして、十分に精査せずにつないでいるのではないかと言われることがありました。それに対して、現場でしっかりと選別したうえで、要望されたことの二割程度に絞ってつないでいるので、それは実現してほしいと説明するのですが、理解してもらうのに時間がかかりました。自分としてはＭＩＬＦに肩入れしすぎているという自覚はまったくなかったのですが、本部側にはバランスを欠いていると見えて、心配されていたように思います。」

そこで、落合は本部の担当者に、現場にいると知らず知らずのうちＭＩＬＦ側に寄ってしまうかもしれないので、行き過ぎた言動に気づいたら遠慮なくブレーキを踏んでほしいと求めた。当時、マニラの事務所の次長として現場を監理し、東京とつなぐ役割を果たした田中優子は振り返る。

「現場の拠点として、コタバト市にプロジェクト事務所を構えていたのですが、もともと商業施設にあった事務所をＭＩＬＦの人々とＡＲＭＭの職員も人目を気にせずに来訪して何かとＪＩＣＡに相談してもらいやすい場所に移転しました。事務所内にはＢＴＣから雇い入れた関係者のデスクもあり、仕事を行ってもらっていました。ミンダナオの中にはＭＩＬＦのみならずＭＮＬＦや他の派閥もおり、ＭＩＬＦに肩入れしすぎず内輪受けにならないよう、いろいろ工夫をしながらバランスをとってやっていたのですが、そうした現場の苦労を東京の本部に伝えるには工夫が必要でした。コタバトの事務所と東京の本部の間のギャップを埋めるために、マニラの事務所でワンクッション置いて、東京の本部に伝わりやすいナラティブに翻訳するということを心がけました。」

また、田中優子は、ＪＩＣＡ本部だけでなく、ＡＲＭＭ関係者やマニラの和平プロセス担当大統領顧問室（ＯＰＡＰＰ）をはじめとするフィリピン政府関係者、世界銀行をはじめとする援助機関関係者に対しても、プロジェクトの進捗状況を逐次報告した。落合たちの活動は、現場から離れたマニラの関係者にも、ＭＩＬＦ側に肩入れしているように映っていたように感じられたからだ。フィリピン政府関係者から、「ＪＩＣＡはＭＩＬＦが大好きなんでしょう」と揶揄されたり、ＡＲＭＭ関係者から「まだ生きているのに墓に入れられているようなものだ」と批判されることもあった。フィリピン政府も他の援助機関もＭＩＬＦの内部には入り込めていなかった。ＪＩＣＡには、フィリピン政府の各機関との三〇年あまりにわたる協力で培ってきた太いパイプがあった。それをＣＣＤＰにおいて十分に活かし、ＭＩＬＦとだけで勝手にやっているというように思われないよう、特に神経を使った。

◆ＭＩＬＦ関係者の雇用

現場の落合たちと東京のＪＩＣＡ本部の間で意見が割れがちだったことが、ＭＩＬＦとの協力関係だった。上述のとおり、ＭＩＬＦとの協力はＢＴＣを通じる形で行われた。そこで問題になったことが、ＭＩＬＦが実効支配する地域で、どうやって事業を実施するかということだった。そこで活動するには、ＭＩＬＦ側の司令官との調整が必須となる。しかし、ＪＩＣＡ関係者がそうしたことを直接的に行うことは避けることが賢明だった。また、そもそも、活動対象地域の多くが、ＪＩＣＡの安全対策の基準では、日本人の立ち入りが禁じられていた。そのため、落合はＭＩＬＦ側との調整役をプロジェクトで新たに雇用することにした。そうした役割はＭＩＬＦが信頼する者でなければ果たせない。したがって、ＭＩＬＦ側の関係者を雇用せざるを得ない。しかし、東京のＪＩＣＡ本部は、もともとは反政府側の関係者をＪＩＣＡが雇用することに慎重だった。落合は語る。

「『ＪＩＣＡが反政府組織を支援することになるではないのか、反政府側の人間を雇ってまで無理にやることはない』と反対されました。一般的には、協力相手側の人件費は相手側が負担することがＪＩＣＡのルールでした。それに加えて、今は違っていても、もともとは反政府側の人間を雇うということは前例がないということでした。しかし、紛争から平和を構築するプロジェクトで、そんなことを言っていたら、何も動かなくなります。なぜ、私たちはここにいるのか、緒方理事長は『ＭＩＬＦを支援することがミンダナオの平和構築になる』という考えで始めたはずではなかったかと、根源的なことを議論しました。」

バンサモロの現場と東京の間の議論の末、ＪＩＣＡ本部も落合の提案を限定的に行うことに同意した。実際に、ＭＩＬＦ関係者を雇用してみると、ＭＩＬＦ支配地域における活動は円滑に進み、目に見える成果を生み出した。そうした結果をＪＩＣＡ本部側も評価し、それ以後、ＭＩＬＦ関係者の雇用をプロジェクト現場の判断で行えるようになった。

◆平和の果実を届けるクイック・インパクト・プロジェクト

ＭＩＬＦを含む多様なアクターとの協力として大きな成果をあげたのが、「クイック・インパクト・プロジェクト」（以下、ＱＩＰ）だった。二〇一四年三月にマニラで行われた包括和平合意の署名式典の際に行われた会談で、ＭＩＬＦのムラド議長から要請された田中理事長が実施を即決した。田中理事長は和平合意が達成されたが、いまだに不安定な時期だからこそ人々が希求する未来を先取りした和平の配当（Advanced Peace Dividend）を、イスラム教徒のみならずキリスト教徒や少数民族を含む和平を望む、すべての住民に迅速に実感してもらうことが大事だと考えた。

短期間で建設し得る小規模な公共施設を対象とすることとし、どこに何をつくるかは、ＢＴＣがＭＩＬＦの復興開発組織であるバンサモロ開発庁（ＢＤＡ）と相談してリストアップした。イスラム教徒だけでなくキリスト教徒や少数民族の集落も対象として、公民館、学校、農業施設など二〇の施設が選定され、大半が二〇一五年中に完成した。その間、地域住民との調整はＭＩＬＦ側が担い、

写真3-4 ▶ 青空学級の様子（左）とQIPで建てられた小学校の前の子どもたちと田中理事長

出所：JICA

ＭＩＬＦとして平和の果実を迅速に人々に届けるという象徴的な事業になった。二〇一五年八月、田中理事長はコタバトを訪れ、ＱＩＰの現場の一つである小学校を訪問した。自らも教育者である田中理事長は、建設された教室の黒板に“Student, study hard!”と大きく記し、生徒たちへの激励の言葉を残した。マニラのＪＩＣＡ事務所でＱＩＰの実現に奔走した田中優子は、全体の事業規模は一億円で各サブプロジェクトの規模も数百万円と限られていたものの、ＭＩＬＦ内部の「影の政治システム」にとり政治的に重要な事業だったと感じている（写真３―４）。

「ＭＩＬＦ側は、ミンダナオ中のコミュニティを満遍なく選んでリストアップしてきました。候補の中には、バンサモロ自治地域と目される範囲から離れた東部ミンダナオのコミュニティが沢山含まれていました。西へ西へとマージナライズされた（追いやられた）歴史だけでなく、東の山奥や海沿いの村へと追いやられた歴史があったのでしょう。そうしたコミュニティの人々に、『私たちは忘れられていない、私たちもバンサモロだ！』というメッセージを平和の「配当」として届けようとしたのではないかと思います。」

◆政府側とＭＩＬＦ側の協働の場を創る

ＪＩＣＡは、ＭＩＬＦが政府側の組織と協働する場も積極的に創っていった。その成功例の一つが、ＭＩＬＦ兵士の帰農を促進する事業だった。ＭＩＬＦの兵士は基本的には農民で、軍事活動の際には戦闘服を身にまとい、突撃銃を抱えて戦場に赴いた。いわゆる半農半兵の軍隊であった。「自己自立」を掲げるＭＩＬＦは給料を支払わず、兵士たちは経済的に厳しい生活を強いられていた。落合たちは、そうした実態を現場で肌で感じ、農業技術の面での協力で大きな変化を導くことができると判断した。そして、兵士たちが山間地の軍事拠点の周辺で暮らしていることから、高地米（陸稲）の栽培技術を普及することを計画した。高地米は全国的に需要が大きく、高値で安定的に売買されていたので生計の向上に貢献し得ると考えた。

その技術指導を、落合たちはフィリピン政府の組織に頼むことにした。フィリピン政府には立派な稲作研究所があり、ＪＩＣＡは一九九〇年代から協力を行っていて、太いパイプがあった。幸い、研究所はバンサモロ地域に支所を持っていた。落合が支所長のサイリラ・アブダッラーに相談すると、ＪＩＣＡが一緒に行動し、安全が保障されるのであればと、技術指導を承諾してくれた。それを受けて、落合はＭＩＬＦ側に対して研究所の技術指導を受けるよう促した。和平合意が実現してはいたが、ＭＩＬＦ側にはフィリピン政府の組織から直接的に支援を受けることには先例がなく、ためらいがあった。特に、軍事部門の関係者の間ではそうだった。落合は面識があった軍事部門のトップである参謀総長のアル・マンソールに直談判した。「俺を信用するならサイリラも信用して欲しい」という落合のストレートな言葉が、信義を重んじるマンソールの心に響いたようで、実施が決まった。

ＭＩＬＦの兵士たちは山から下りて、支所の試験場で研修を受けた。履修者は二年間で約五百名に達した。伝統的な一毛作の農法しか知らなかった兵士たちは、講義と展示圃場での実習で、米の二毛作、さらには三毛作の技術を実地に学んだ。山に帰った兵士たちは、早速新たな技術を実践し、その成果として生計の向上を実感した。夫婦間の関係まで良くなったというようなことを落合たちが耳にするほど、成果は迅速に表れた。そうしたことを通じて、ＭＩＬＦの中で最も強硬派の軍事部門の間でも、フィリピン政府側に対する認識が変わっていった。

ＪＩＣＡは、フィリピン政府とＭＩＬＦの間に入って、普通であれば結びつかない両者の間を取り持った。その結果として生まれた協働関係の積み重ねから、両者の信頼関係が徐々に深まって行った。そうした仲介の役割を果たし得たのは、ＪＩＣＡが双方において信頼というアセットを長年かけて蓄積してきたからだった。

エピソード5　地元の知を活かした地場産業の振興

バンサモロの平和には経済発展が不可欠だ。ＡＲＭＭの貧困率は約五〇％とフィリピン全国平均の約二〇％を大きく上回っていた。和平が実現した後もそうした状況が解消されなければ、住民の間で失望が広がり、地域が再び不安定化することが懸念された。そのため、経済開発がＣＣＤＰの第三の柱に位置付けられ、地場産業の振興に焦点が置かれた。地域の特産品の付加価値を高めることにより、住民の生計向上と雇用の創出を目指した。振興対象の特産品として、ココナッツ、コーヒー、パーム油、ゴム、アバカ[7]、海藻の六つの農水産物が選ばれた。

具体的な活動は、二〇一七年八月の広島での視察から本格的に動き出した。一次産業としての農林漁業、二次産業としての加工業、三次産業としての流通業を一体として推進する「六次産業化」が日本では盛んに試みられている。ＡＲＭＭ自治政府、企業、大学、ＭＩＬＦの関係者の一行一七名は、二週間かけてその実態を見聞し、バンサモロでの実践について着想を得た。視察団はＡＲＭＭ自治政府貿易産業省のトップであるアンワール・マラン長官が自ら率いた。マラン長官は、その後のプロジェクトの実施を部下任せにせず、自ら陣頭に立ってプロジェクトを牽引した。ＪＩＣＡの本部でプロジェクトを担当した小森剛（以下、小森）は語る。

「ものすごいやり手でした。政府の動かし方をよくわかっていて、加えてレストランを経営していたりしていて、ビジネスの事もよくわかっていました。事業者たちが何に苦労するか熟知していたので、ＪＩＣＡがやるべきことはここだとはっきりさせてくれました。」

開発途上国に対する援助では、開発途上国側が援助側の資金に頼って、自らの努力が十分でないことがある。そうした場合、援助側の資金で進められた活動が、援助の終了とともに雲散霧消してしまうことになりやすい。バンサモロの地場産業の振興にあたり、小森は、そうした事態を避けるために、ＪＩＣＡの予算は非常に限られ、旅費やセミナーの会場費などの少額の経費を負担することに限られると伝えた。ＪＩＣＡの予算に頼らずに、知恵を出して、プロジェクトが終わっても自分たちで続けていけるような活動を考えてほしいというメッセージだった。マラン長官は、自分たちでできることと、ＪＩＣＡでなければできないことを整理し、ＪＩＣＡの予算を効率的に活用した。また、担当スタッフのパフォーマンスを見極め、必要な入れ替えをすばやく行い、プロジェクトの終了後もバンサモロ側で地場産業の振興を続ける体制を整えた。小森はマラン長官に自立してやっていくという強い意識があったと振り返る。

「彼らにやる気がないと無理です。押しつけでは絶対に上手く行きません。彼らがやりたいと思っていることや問題意識を持っていることがあって、初めて私たちが彼らの中に入っていけるということを、改めて認識しました。」

一方、ＪＩＣＡでなければできないこととして、現地の日本人商工会議所をはじめとする、いろいろなステークホルダーと生産者を結ぶことに取り組んだ。落合は語る。

「地場産業の振興に必要な資金は、誰かに出してもらわないといけないということで、日本の民間企業が多数進出しているダバオに出かけて行って、『今すぐ利益は出ないけど、近い将来、あるいは長い目で見たら、あなたの商売に絶対いいことありますよ』と、働きかけました。ＪＩＣＡの予算には限度があったので、お金をかけずに何ができるかを現場として知恵を絞りました。」

また、小森も、本部の立場で、バンサモロの人々のやる気を促すことに努めた。例えば、六つの特産品のうちコーヒーの問題は、消費者が求める品質と生産物の品質の間に大きな差があることを生産者が認識していないことにあった。「自分たちのコーヒーの品質に問題はなく、自分たちがムスリムだからキリスト教徒が買ってくれない」と信じていたと、小森は語る。そうした際には、問題意識を触発することが日本側の役割になる。そこで、小森は、世界中のコーヒーの産地を飛び回っている日本屈指のコーヒーの専門家の力を借りた。

「ミンダナオのコーヒーをお願いして飲んでもらったんです。コーヒーの味がわかる人に『まずい』と言ってもらうことが重要だったんです。そしていただいたコメントを、コーヒーの権威のお言葉として、そのまま彼らにフィードバックしました。加えて、プロジェクトでは、目隠しして色んなコーヒーを飲み比べてもらったんです。そうしたら、自分たちのコーヒーが一番不味いということに彼らも納得しました。それを契機に、生産者はコーヒーの品質向上に真剣に取り組むようになりました。」

地場産業の振興にマラン長官や落合とともに現地でアドバイザーとして取り組んだのが山岸真希（以下、山岸）だった。山岸は、一般的な振興方法ではダメだと直観していた。それまで、地場産業振興に一般的に用いられていたアプローチは、まず政府の農業普及組織の体制強化を行い、次いで、そうした組織が農協のような形に農家を組織化し、講習会などで農家の意識改革を図るというものだった。しかし、山岸は、そうした正攻法のアプローチは、バンサモロの現状に合わないと考えた。平和の果実を人々が実感できるような状態を生み出さなければならない中で、政府の普及員を育てて、普及員が農家を育てるというような悠長な方法をとる余裕はない。そもそも、政府側には農業普及を担う人も予算も不足している。そこで、山岸は、農産物の仲買人に地場産業振興の役割を担ってもらうことを着想した。

「もともとある仕組みを利用して、変化を起こそうと考えました。仲買人は自分の収入に直結するので真剣に取り組むわけです。まずは、彼らを、彼らの売り先である加工施設に連れて行きました。そこで、品質と価格の関係を明確に理解してもらいました。それをきっかけに、農家からの買取価格を品質に応じて決められるようになり、価格設定を通じて農家を指導できるようになりました。政府の普及員のごとく、仲買人が農家に知識や情報を伝えられるようになったのです。」

仲買人は中間マージンを取る存在として見られがちだが、農家が作るものが良くなることで利益を得るのは、政府の農業普及員よりも仲買人である。山岸は、官民の区分に捉われることなく柔軟に現状を捉えた。そして、仲買人の役割に最も大きな変化を導き得る部分を見出したのだった。

「仲買人には、いわゆる「ヤクザ」のようなタイプと、自分のコミュニティを大切にするタイプがいます。後者のタイプの仲買人を見出して関係をつくろうと思ったのですが、現地政府の関係者や農家の皆さんの方から「この人と一緒にやりたい」と自然に名前が挙がりました。仲買人の役割は、自分も農家でありながら他よりもビジネスセンスが勝っていることが多く、コミュニティのリーダーとしてリスペクトされている場合が少なくないんです。そうしたモラルや資質を備えた仲買人を見出して、働きかけました。プロジェクトでのコミュニティへの貢献が評価され、住民から押されて市議会議員になった仲買人もいました。貧困層を代弁できる市議会議員の輩出につながったことは、期待をはるかに超えた出来事でした。」

お金をかけない地盤産業の振興は、ＪＩＣＡが去った後も持続する協働関係の基盤を着実に整えて行った。

エピローグ　バンサモロ自治地域の誕生

二〇一六年六月に就任したロドリゴ・ドゥテルテ大統領は、フィリピンの連邦制国家への移行を掲げ、バンサモロの問題解決にも積極的に取り組んだ。二〇一七年七月にはバンサモロ基本法改定案が議会に提出され、二〇一八年七月に可決された。それを受けて、二〇一九年一月から二月にかけて、ARMMの住民に対して基本法の成立を問う住民投票が、また、ARMMに隣接する地域の住民に対して、新自治地域への編入の可否を問う住民投票がそれぞれ行われ、バンサモロ自治地域の創設が決まった。そして、二月二二日に暫定自治政府が発足し、MILFのムラド議長が暫定自治政府の首相に就任した。全八〇名のバンサモロ議会議員は、MILFが四一名を推薦し、フィリピン政府が三九名を推薦した。包括和平合意の際の予定より三年遅れたが、ついに「一つ」になったバンサモロ政府が始動したのだ。

通算二〇年以上にわたり、バンサモロの平和に尽くしてきた落合は、二〇二一年四月に三度目のバンサモロの現場に身を置くことになった。CCDPというプロジェクトの仕事を終えて日本に帰国していたが、新たに発足した暫定自治政府から日本政府に対して、ムラド首相のアドバイザーとして派遣が求められたからだった。落合は気負わずに淡々と語る。

「これからJICAらしい活動ができると思います。二〇二五年には選挙が行われ、暫定ではない自治政府が発足します。JICAは政府を相手に協力を行う組織なので、本領を発揮できると思います。これまでは先例のないことばかりに、どこまでやって良いか、何を応用できるか悩みながら、支持ばかりでなく批判も受けながらやってきましたので。」

ミンダナオの和平をめぐるＪＩＣＡの取り組みは、歴史的な大局観、現場における共感と信頼の関係、先例のないことに取り組む勇気など、多くの重要なことを物語っている。

【解説編】

1 賢慮のリーダーシップで未来を拓く

ミンダナオの和平は、イスラム教徒とキリスト教徒の長期にわたる紛争の終結に、軍事的な手段を用いない日本が大きな役割を果たしたという点で稀有なケースです。それは、日本政府の大きな政策のもとで進められたことですが、政策の実施を担い、リスクを負うＪＩＣＡも、その立場で戦略的に行動しました。ＪＩＣＡがそのように行動し得たのは、緒方理事長のリーダーシップに負うところが大きかったと考えます。

緒方理事長は、まだ和平合意の先行きが不透明な段階で、ＭＩＬＦという反政府組織の軍事キャンプに自ら赴き、そのトップのムラド議長と対話し、ＪＩＣＡの協力活動の筋道をつけました。政府軍との間で凄惨な戦闘を繰り広げてきたＭＩＬＦは、リビアやアル・カイーダとの関係など、まだ実態がよく分からない状況でした。もともとは、国際監視団の状況を視察するだけだったようですが、その場で緒方理事長がムラド議長との対話を求めて、急遽実現したということです。その時の関係者の混乱が目に浮かぶようですが、ここで会っておかなければならないと直観したのであろうと推測します。おそらく、事前に予定に入れようとしていたら、各方面からさまざまな意見が出され、調整しきれなかったでしょう。その時に緒方理事長がムラド議長と対話していなければ、その後の展開は異なっていたのではないでしょうか。

緒方理事長が示したことは知識創造論が提唱する「賢慮のリーダーシップ」に他なりません。それは、①未来を拓く善い目的を創る、②現実を直観する、③タイムリーに場を創る、④本質を物語る、⑤本質を政治力を駆使して実現する、⑥実践知を組織化するという能力から構成されます。傑出したリーダーが備えている資質です。緒方理事長は、人間の安全保障という善い目的の国際社会への浸透に尽力していました（①）。そして、ムラド議長との会談の場をタイムリーに創り（②）、バンサモロの現実を直観し（③）、同議長とアロヨ大統領とバンサモロの復興の本質を語り合い（④）、JICAの具体的な事業として実現しました（⑤）。そうした緒方理事長の賢慮のリーダーシップは、国際政治学者として培った大局観によるとともに、国連難民高等弁務官としての経験から得た「実践知」に基づくものと考えます。

賢慮のリーダーシップの六番目の能力は、自らの実践知を組織化する能力です。つまり、「緒方イズム」をJICAという組織に浸透させることです。それを物語るエピソードが、二〇〇八年に武力紛争が再発し、停戦監視団が事実上解散した時でした。普通であれば、派遣していた職員を引き揚げるところを、緒方理事長は、逆に増員するという判断を行いました。そうした判断を示すことで、紛争地に対する協力についての自らの考え方や覚悟を、組織的に浸透させようとしたのではないかと考えます。

「緒方イズム」が組織的に根付いたことを示す一つが、二〇〇六年から六回を重ねたミンダナオ平和構築セミナーでした。フィリピン政府とMILFの公式の和平交渉を補完する裃《かみしも》を脱いだ非公式な対話の場です。社会経済面で開発協力を行ってきたJICAが、そうした政治に近い領域に取り組むことは異例のことでしたが、双方の信頼関係の構築に大きく貢献しました。

特に、二〇一四年の和平合意の直後に、ＭＩＬＦ側が希望する広島で最終会合を開催したことは、大きな意味を持ちました。その半年後に偶発的な発生した大規模な軍事衝突がそれ以上拡大せず、自治政府の創設に向けた交渉も中断しなかった背景には、広島で深められた両者の信頼関係があったのであろうと考えます。

マレーシアで行われていたそれまでのセミナーとは別次元の政治的な意味合いの濃い会合になりました。アキノ大統領とムラド議長という双方のトップが参加したことが、それを物語っていますその開催には、緒方理事長は関与していませんが、後を継いだ田中理事長のリーダーシップで実現しました。加えて大きな流れを読んで、ここぞという機会を機動的に捉えて打って出るという賢慮のリーダーシップが組織化されていたからこそ、そうした重要な会合が実現し得たと考えます。

- 日本の開発協力は、開発途上国の平和構築の有効な手段となり得る。
- 信頼関係が構築されておらず、利害が対立する当事者の間に入って事業を行う場合には、両者との関係のバランスに細心の注意を払うとともに、事業を通じて両者の信頼関係が深まるよう常に留意することが必要。
- 不確実な情勢下の先例がないことに、トップが大局観に基づいて率先して踏み出し、また、危機に際してぶれない姿勢を明確に示す。
- 大きな流れを的確に読んで、好機が訪れるまでじっくり信頼関係を築く。機が熟したら、大胆にタイミングを逃さずに、先行投資してきたことを活かす。

2 懐に入り共感と信頼の関係をつくる

この物語りは、共感と信頼の関係がどのように深まるかということも明瞭に示しています。緒方理事長のリーダーシップで、バンサモロで事業を展開することになったＪＩＣＡにとって大きな問題が、紛争の火種が残る地で、安全性を十分に確保することにありました。公平性の観点から、政府が実効支配している地域だけでなく、反政府武装勢力であるＭＩＬＦの支配地域においても活動することが求められていました。そのためには、ＭＩＬＦの人々と信頼関係をしっかりと築くことが必要でした。

フィリピン政府との停戦がリビアの仲介で実現したことが示すように、ＭＩＬＦはイスラム過激派組織と見られていました。他方、半世紀にわたり武力闘争を続けてきたＭＩＬＦの人々は、フィリピン政府だけでなく、一部の西側の国々をも敵視していました。そうした状況において、ＪＩＣＡがＭＩＬＦと信頼関係を構築することは、たとえ緒方理事長とムラド議長の両トップが合意したからといって、容易なことではありませんでした。そうした状況を落合が切り拓きました。

落合は、国際監視団のメンバーとして、また、ＪＩＣＡのプロジェクトのリーダーとして、バンサモロの地に身を置き、ＭＩＬＦに限らず、さまざまな立場のバンサモロの人々と信頼関係を深めました。その深さは、二〇一九年に発足した暫定自治政府からアドバイザーへの就任を乞われたことが示しています。なぜ、落合がそれほどに深い関係をＭＩＬＦの人々との間で築くことができたのでしょうか。それは、ＭＩＬＦの人々にとり、落合が傍観者ではなく、真に共感し合える存在だったからだと考えます。

落合は、肩書や立場を離れて相手の懐に入り、現状や問題とすることについて、「なぜ」を繰り返し問い続けて、相手が背負っていることを理解することに努めたと言います。そのうえで、ＪＩＣＡの仕事の対象である開発課題よりも、先に、歴史や伝統について話し、バンサモロと日本の歴史を比較し合いました。特に、混迷したバンサモロの現状を、幕末維新の状況に重ね合わせるというようなことが、むしろＭＩＬＦの人々の共感を喚起したようです。歴史に基づき将来を描く歴史的構想力の重要性を物語ります。

問題の解決に向けて他者と共創するには、まず、その前提としての思いを共有し、共感し合うことが必要です。相手を客観的に分析する傍観者の姿勢では、共創は起こりません。落合は、歴史的背景を踏まえて、正義や先祖伝来の土地についてのＭＩＬＦの人々の思いを深く理解していたからこそ、信頼を得て、さまざまな問題の解決に向けて共創を進めることができたのであろうと考えます。

そうした自らの姿勢を、落合は、現場の地べたを這いずり回る「地べた派」と称します。それは、上司の佐々木が「不器用」と評したように、一見するとスマートではなく、泥臭く見えてしまうものです。しかし、佐々木をはじめとするＪＩＣＡの幹部は、その価値を正しく評価し、落合は、一貫して、バンサモロの人々との協力に携わることになりました。その結果、落合個人が築いたＭＩＬＦ側との信頼関係は、組織知になったのです。

- 信頼関係は属人的に深まる。
- 事業を始める前に共感と信頼の関係を深める。

● 歴史的な経緯について相手から学び、共感を深める。
● 属人的に深まる信頼関係を組織知として活かすために、人事を戦略的かつ弾力的に行う。

3 ミドル・アップ・ダウンでバランスをとる

バンサモロとの協力の難しさは、ＭＩＬＦとフィリピン政府の間でバランスをとることにありました。二〇一四年の和平合意から二〇一九年の暫定自治政府発足までの間は、フィリピン政府側の自治政府とＭＩＬＦの両者と、バランス良く協力することが前提であったからです。ＭＩＬＦ側に寄っているとフィリピン政府側から見られることは避ける必要がありました。また、国際的に注目されていたバンサモロでは、世界銀行をはじめとする多数の援助機関が支援を展開していましたが、いずれもフィリピン政府の意向に配慮して、ＭＩＬＦ側に肩入れし過ぎないように気を配っていました。そのため、ＭＩＬＦ側との協力については、フィリピン政府や各援助機関に対して、理解を得られるように進めていくことが必要でした。ＪＩＣＡのフィリピン事務所と本部の歴代の担当者は、ＭＩＬＦとの協力にあたり、その点に非常に神経を使っていました。

そうした中で、落合がＭＩＬＦの人々との信頼関係を稀なほど深めて事業を具体化していったことは、ＭＩＬＦに肩入れし過ぎていると見られがちでした。ＭＩＬＦ側の懐に入り、信頼を得て事業を実施するというようなことは、ほとんど誰もできていなかったため、誤解されやすい状況でした。

それにもかかわらず、現場で落合たちが思うように動き回れたのは、ＪＩＣＡのフィリピン事務所の田中が調整役として手腕を発揮したからです。バンサモロ関係以外にも多数の重要な事業を担当していた田中は、フィリピン中央政府の要人や各援助機関との信頼関係を培っていました。それを活かしてコミュニケーションを徹底することにより、ＪＩＣＡとＭＩＬＦの協力について誤解が一人歩きすることを封じました。田中は、落合たちのように現場に入り込める立場にはありませんでしたが、現地への出張を重ね、落合たちと同様に、バンサモロの人々の正義への思いに共感していました。それゆえに、落合たちの判断や行動を理解することができたのです。

　田中が、果たしたもう一つの重要な役割が、バンサモロの現場と東京のＪＩＣＡ本部との間の橋渡しです。本部の関係者は、ＭＩＬＦ関係者の雇用など、落合たちがＭＩＬＦに寄り過ぎることを懸念していました。落合たちにはそうした認識はなく、緒方理事長が示した路に沿った根源的なことを提起していると考えていました。そうした乖離の解消は、落合が粘り強く訴えたこともありますが、田中が落合たちの考えを「翻訳」して伝えることで埋められて行きました。それは、暗黙知の重要性とその共有の難しさを物語っています。落合たちと田中は、バンサモロの現実についての暗黙知を共有していましたが、本部の関係者の皆がそうというわけではありませんでした。そうした状況では共創は進みません。そこで、田中の翻訳者の役割が重要になりました。

　不確実性が高い事業や先例に頼ることができない事業などについては、何のために事業を行うのか、何が本質的なことなのかについて、関係者が暗黙知を共有していることが必要です。つまり、現場の只中で、五感で感じ取った現実について、関係者が思いや認識を共有するということです。政府側と反政府側を同時に対象とし、人間関係が錯綜し、さらには事態が変転するというバンサモロとの協力は、そうしたことが必要とされる最たるケースでした。

バンサモロとの協力は、施設を建設するように計画を立ててそのとおりに実施できるものではありません。走りながら考え、臨機応変に判断し、行動することが求められます。そのためには、事業の細かいことまで詳細に計画するよりは、計画は大きな枠組にとどめ、個々の具体的活動は、あらかじめ共有している認識に基づいて、機動的かつ弾力的に具体化する方が良いのです。

バンサモロとの協力においては、治安の関係で、東京のＪＩＣＡ本部の関係者が現場に入る機会が限られ、そうした暗黙知の共有を十分に行い得なうことが難しかったという事情があります。そういう場合には、次善の策として、現場の目線を、現場に代わって伝えることができる個人や組織の役割が重要になります。また、そうした個人や組織は、落合が語った「ブレーキを踏む」という役割も果たします。

- 先例のないことについては、大目的（ビジョン）の立ち返り、既存のルールを弾力的に運用することが必要。
- 不確実性やリスクの高い事業は、現場側が想像する以上に管理部門との間で認識のギャップが広がりやすい。コミュニケーションを特に密にすることが必要。
- 不確実性が高く、先例が少ない事業は、関係者の間で現場の現実についての認識を深く共有する。
- 先例のないことは、大目的（パーパス）の立ち返り、既存のルールや計画を弾力的に運用する。

………

●組織のトップと現場の間で、中間的な役割を果たす組織が翻訳機能を担う。

4 タイムリーに働きかけて内発と自律を引き出す

この物語りが描いたＪＩＣＡの協力は、新たに創設されるバンサモロ自治地域の「国づくり」に向けて、新自治政府を中心に人々が協力し合うための土台を築くことを目的としました。半世紀にわたる紛争状態から脱し、社会経済の発展を軌道に乗せることは、ないない尽くしの新自治政府にとり容易でないことは想像に難くありません。紛争の火種はまだ残っており、人々の失望や不満が、新たな紛争を招きやすい状況にあります。そのため、ＪＩＣＡは、平和の果実をできるだけ迅速に人々に届けることと、さまざまな立場の人々をつなぎ、信頼関係を育むことに注力しました。

二〇一四年の和平合意式典の際に行われたムラド議長との会談の場で、田中理事長がクイック・インパクト・プロジェクトの実施を即断したことは、その最たることでした。一億円というＪＩＣＡ事業としては比較的小規模な協力ながら、和平合意の実現のタイミングで実施されたことで、ＭＩＬＦ側にとり文字どおり大きなインパクトを生み出しました。また、人々の生計向上を目的とした地場産業振興事業では、予算が限られていることを逆手にとり、さまざまな立場の人々が協働することを促進しました。ＪＩＣＡは協働の場を創ることと、日本企業やバンサモロ域外のフィリピン企業、政府機関とつなぐことなどに徹し、バンサモロの人々が、自ら知恵を出し合って課題を解決することを促しました。

そうした中で注目すべきは仲買人に着目した山岸のアプローチです。即効的に成果を生み出すためには、すでにある社会の仕組みを活かすことが必要と考えた山岸は、農産物の仲買人を通じて、農家の行動変容を促し、成功しました。ＪＩＣＡが一般的に行ってきた政府の農業普及機関を強化し、そこから技術を普及することを正攻法とすれば「奇襲」のようなことです。

ただ、日本でも渋沢栄一の生家が染料に使う藍の仲買人として、買い付け先の農家の指導にあたり、村役人も務めていたように、バンサモロにおいても、社会的な役割を果たしている仲買人が存在しました。山岸は、現場に入り込むことにより、そうした社会の実態を把握し、ＪＩＣＡの常識とは異なるアプローチを創発したのでした。なお、日本の郵便制度は、村役人の自宅を郵便取扱所とすることで、明治五年（一八七二年）には郵便制度を全国に拡大しています。既存の社会のシステムを基盤として短期間に大きな社会変革を実現することは、日本が行ってきたことでもあるのです。

紛争からの復興には、道路や病院などの施設の建設も必要であり、多額の資金を必要とします。ＪＩＣＡはそれらの面でも、フィリピン政府に対して資金協力を行いました。他方、新自治政府の組織の強化や地場産業の振興などは、本質的に、関係する当事者の人々の認識と行動に関することで、お金をかければ変わるというものではありません。そうしたことは、根本的には、人々が実践経験を重ねるなかで、気づきを得て、変わっていくことです。つまり、内発的かつ自律的に変わることです。

バンサモロには、マラン長官のように、新たな「国づくり」に燃えている人々が多数潜在していました。そうした状況においては、お金をかけることもさることながら、場をつくり、つなぎ、働きかけることがさらに重要になります。バンサモロの地場産業振興は、ＪＩＣＡ関係者が人々の内発的かつ自律的な力を的確に導いた好例と言えるでしょう。

- 経済支援は、起業家や生産者の主体的取組を触発すること、変革を牽引し得る現地の人財を見出すことにより、資金を費やさずにイノベーションを促進し得る。
- 新たなシステムを持ち込むよりも、既存のシステムを活かす。
- 時機を逸せず人とモノをつないで、内発的かつ自律的な変化を促す。
- 変革を先導し得る者を見出して出番をつくる。
- 新たなシステムを持ち込むよりも、既存のシステムと知を活かして共創を促す。

註

(1) この「キリスト教徒vs.イスラム教徒」や「イスラム反政府組織vs.イスラム反政府組織」という構図に加えて、実際はミンダナオの各地を支配している「クラン」と呼ばれる勢力も紛争にかかわっていた。ミンダナオには、封建社会さながらの支配構造が存在しており、クランと呼ばれる領主一族が土地や資源を独占的に支配し、農民に対してそれらを提供することにより、その見返りに忠勤奉仕を求めるという社会構造が色濃く残っていた。土地や資源を巡って、また時には子ども同士の小さなイザコザが発展して「リド」というクラン同士の武力抗争が巻き起こり、これには住民も巻き込まれる。クラン同士の勢力が拮抗して決着がつかない場合は、フィリピン国軍やＭＩＬＦといった組織さえ巻き込んで、さらに本格的な軍事衝突へと事態が発展することさえあった。

(2) このイスラム王国の末裔たちが、この地域で「クラン（＝封建社会における地方豪族のような存在）」を形成して、現在でもミンダナオの地方政治の基盤となっている。

(3) この土地政策の内訳としては、移住者個人に対して最大二四ヘクタール、会社組織に対しては一〇二四ヘクタールもの土地を提供する取り組みであった。

(4) このためにミンダナオ島西部・南部一体の一三州、九市で住民投票が行われたが、賛成多数だったのはムスリムが多数を占める四州のみであり、ＡＲＭＭ自体は地域を統一するものではなかった。

(5) ウラン鉱石の中に極微量に存在するだけの元素で、極めて強い放射能を持つ。

(6) 二〇一五年一月二五日に起きたフィリピン国家警察の特殊部隊（と米国陸軍特別部隊）によるバンサモロ自由戦士軍（ＢＩＦＦ）とＭＩＬＦ部隊の襲撃事件。フィリピン国軍による襲撃は、もともと国際指名手配中のマレーシア人テロリストやＢＩＦＦの幹部逮捕、もしくは殺害をターゲットにしたものだった。

(7) マニラ麻の別名。丈夫な繊維の原料となり、織物以外にもロープや上質な紙などにも使われる。第二次世界大戦前には、多くの日本人がミンダナオに渡り、栽培に従事した。

参考文献・資料

- 落合直之（二〇一九）『フィリピン・ミンダナオ平和と開発：信頼がつなぐ和平の道程』佐伯コミュニケーションズ。
- 国際協力機構 他（二〇二一）『ミンダナオ支援の包括的レビュー』国際協力機構「発展続けるミンダナオ」『国際開発ジャーナル』二〇二三年五月号、一〇～二九頁、国際開発ジャーナル社。

第 4 章

日本の経験と現地の現実のすり合わせ

―― ネパール震災復興事業

地図 ▶ ネパール

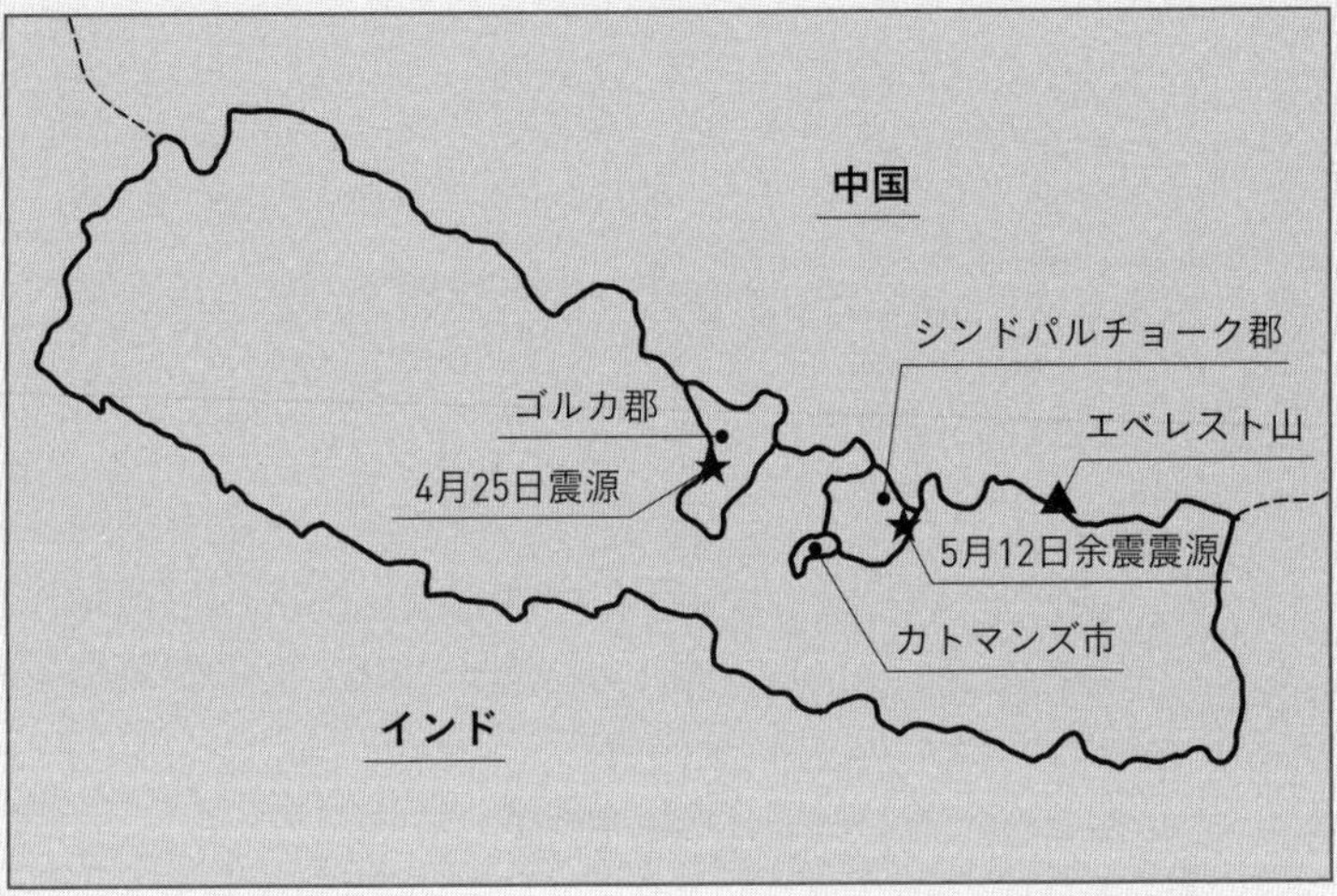

年表

2015年4月	ネパールで大地震が発生（25日）。 国際緊急援助隊救助チームの派遣（26日）。 国際緊急援助隊医療チームの派遣（28日）。
2015年5月	復旧・復興支援を目的とする第1次調査団の派遣（1日）。 第2次調査団の派遣（14日）。 「より良い復興（BBB）」に関するセミナーの開催（25日）。
2015年6月	ネパール復興に関する国際会議（25日）。
2015年7月	地震復旧・復興プロジェクトの開始（〜2019年12月）。
2015年12月	緊急住宅復興事業の開始（〜2020年）。 緊急学校復興事業の開始（〜2020年）。
2016年11月	復興住宅カタログの公表。
2017年5月	住宅復興に関するコミュニティ動員プログラムの開始。

略語表

ADB	アジア開発銀行
BBB	Build Back Better：より良い復興
CMP	Community Mobilization Program：コミュニティ動員プログラム
NGO	非政府組織

【物語り編】

プロローグ　山岳国ネパールの暮らしと災害

二〇一五年四月二五日、首都カトマンズ北西七七キロメートルにあるゴルカ郡サウラパニを震源とするマグニチュード七・八の地震が発生した。五月一二日に発生したマグニチュード七・三の余震によるものを含め、被害は死者八千九六二人、負傷者二万二千三〇二人、全壊家屋約五〇万戸、半壊家屋約二六万戸という甚大なものだった[1]。また、地滑り箇所は約三千カ所以上にのぼり、各地の道路や橋梁が被害を受け、交通網が寸断された。カトマンズでは世界遺産に登録されていた多くの歴史的建造物が倒壊するか、修復不可能な損傷を受けた。その後のネパール政府発表によると、この地震による被害総額は約七一億ドルと、同国のＧＤＰ（二〇一四年：二一四億ドル）の三分の一に達した。

　ヒマラヤ山脈に沿う形でインドと中国に挟まれたネパールは、北上するインドプレートとユーラシアプレートの衝突する地点に位置する。そのため、日本と同じように、一定のエネルギーが蓄積されると、それを放出するために大地震が起こる。しかし、多数の歴史的建造物がカトマンズ盆地に残されていたように、長い間、人々は震災を経験せず、十分な備えを行ってこなかった。また、開発途上国の地震被害の共通の特性として、安価な工法であるレンガ造りの建物の多くが耐震性を欠いていた。そのために被害が広がった。

震災直後から、各国政府、国際機関、非政府組織（ＮＧＯ）などが、救助チームや医療チームの派遣、医薬品や救援物資の供与、義援金の寄付などの支援活動を展開した。日本政府も迅速に対応した。発災翌日の四月二六日に国際緊急援助隊[2]救助チームが成田空港を発った。外務省、警察庁、消防庁、海上保安庁、国際協力機構（ＪＩＣＡ）等による総勢七〇名の隊員と救助犬四頭で構成されていた。四月二八日には、四六名から成る国際緊急援助隊医療チームが続いた。

エピソード1　復旧・復興を支援するための緊急調査：機動力の発揮

◆調査団の機動的な派遣

そうした緊急援助が行われている最中に、日本政府の復旧・復興支援が動き出した。二〇一一年三月一一日の東日本大震災からの復興途上にあった日本は、自らの経験に活かすことにより大きな貢献をなし得る立場にあった。ＪＩＣＡは国際緊急援助隊の事務局として援助隊を派遣するのと同時に復旧・復興に向けた取り組みにも着手した。全組織を挙げた体制として「ネパール震災対応タスクフォース」を立ち上げ、五月一日には支援ニーズの確認を目的とする第一次調査団を、五月一四日には具体的な支援計画の作成を目的とする第二次調査団を現地に派遣した。

第二次調査団には、ＪＩＣＡ内の各部門から総勢一二名のスタッフが参加した。ＪＩＣＡでは、技術協力、無償資金協力、有償資金協力（円借款）、ＪＩＣＡ海外協力隊などの事業形態に分かれて業務が行われている。[3] さらに、技術協力は、運輸交通、防災、保健医療などの分野毎に分かれて実施されている。復旧・復興には多数の部門の協働が必要となる。第二次調査団は、そうした異なる部署のスタッフにより構成された混成部隊だった。

　第二次調査団には、日本政府が表明する包括的な支援パッケージを、二週間の調査期間で概定するという任務が課されていた。被害の大きさから各国政府や国際機関の動きは早く、日本も早期に支援方針を固める必要があった。復旧・復興支援は、視点を変えれば、世界中から集まる援助機関やNGOなどが援助の手が差し伸べる「援助競争の場」でもある。そこでは、被災国からの要請を待つのではなく、日本として特に効果的に協力を行い得る事業を見出し、表明する必要があった。

◆困難を極めた現地調査

　準備に時間をかける間もなく派遣を命じられた調査団員は、組織上はそれぞれの所属部署の指揮下にあった。しかし、震災直後の社会インフラが寸断された現場で、包括的な支援パッケージを二週間でまとめるという難題を前に、被災地の現場では所属部署の垣根を越えて緊密に協働することが求められた。

　メンバーは、手分けして山間部の被災地に足を踏み入れ、ネパールの人々が何を求め、何に困っているか、実状を肌で感じることに努めた。死者数が最も多かったシンドパルチョーク郡チョータラ（人口約六千人）の現場では、郡庁舎をはじめとするほとんどの建築物が倒壊もしくは損壊し、住民はテント生活を余儀なくされていた。また、地震の震央に近いゴルカ郡北部のバルパック（人口約五千人）には、カトマンズから車で約一時間かけて入った。二次災害のおそれがあるなか、幹線道路から標高差が一千メートルある険しい悪路を登って、標高一千九百メートルのバルパックに辿り着いた。車のタイヤが二度もパンクするほどだった。バルパックの被害は甚大で、地滑りなどにより全村壊滅状態にあった。村人たちは危険を避けて尾根上に避難し、余震の恐怖に怯えながら暮らしていた。

特に急がれたのが無償資金協力の形成だった。無償資金協力は「贈与」として、特に緊急性の高い公共の施設や機材の整備に必要な資金を供与する事業形態である。病院、学校、水道や橋梁などの限定的な規模の社会インフラが対象になる。調査団は、全壊した公共施設を対象に、復興の拠点となり得る施設や、復興後に防災拠点としても利用できる施設を優先して検討を進めた。そうした施設は支援の対象として、どの援助機関にとっても優先度が高く、特に病院についてはネパール政府に対して支援表明が競って行われた。そうした中で、支援対象を決定する権限を与えられてないＪＩＣＡ調査団は遅れを取りがちだった。

支援パッケージのとりまとめを含めて復興支援全体の調整を技術面からリードしたＪＩＣＡの室岡直道（以下、室岡）はその難しさを語る。

「現場の悲惨な状況を目の当たりにしながら、短期間の内に調査のアウトプットを出さなければならないという点で、受けるプレッシャーが通常の調査とは全然違いました。一般的には、仕事のスピードと質はトレードオフの関係にあります。しかし、復旧・復興支援においては、『スピードは質の一部』と認識していました。他の援助機関も支援の効果が大きい優良案件を見出し、迅速に支援表明を行おうとしていました。調査の質は大切ですが、タイミングを逃せば支援を実現できません。常に正確な情報を把握し、適時に的確な判断を行い、臨機応変に思い切って決断することを、調査団として求められました。」

◆短期間でまとめ上げられた支援パッケージ

調査団は限られた時間の中で、被災地の実態を把握し、ネパールの人々の短期的なニーズに応える支援パッケージの案をとりまとめた。復興計画や耐震建築ガイドラインなどに関する技術協力、病院や橋梁の再建などに関する無償資金協力、そして、住宅と学校の再建に関する有償資金協力を包含する包括的なものだった。

国際会合は、震災から丁度二カ月後の二〇一五年六月二五日に、カトマンズで開催された。約六〇の国と国際機関が参加した。ネパール政府は、被害総額約七一億ドルに対し、復旧・復興のために約六七億ドルを必要とするとして国際社会の支援を求めた。それに対して、三九の国・国際機関から、総額約四四億ドルの支援が表明された。日本政府は、緊急調査の結果に基づき、表に示す事業について総額約二・六億ドル規模の支援を表明した(図表4－1参照)。中国とインドを除けば最大の支援国として、日本はネパールの復興支援をリードする役割を実質的に担うことになった。

図表4-1 ▶ 日本政府による主な復旧・復興事業の概要

【技術協力】

① 地震復旧・復興プロジェクト（22億円）：2015年7月〜2019年12月
・カトマンズ盆地強靭化計画の策定、ゴルカ郡とシンドパルチョーク郡の復興計画の策定
・耐震建築ガイドライン（安全な住宅・学校基準）の策定と普及
・復興の拠点となる公共施設の再建や被災住民の緊急支援
② 地震災害アセスメント（5.7億円）：2015年5月〜2018年3月
・カトマンズ盆地の地震災害リスクの評価と地域防災計画の策定

【無償資金協力】

③ 地震災害復旧・復興計画（40億円）：2016年2月〜2020年5月
・国立ビル病院専門治療病棟（カトマンズ）の再建
・パロパカール産婦人科病院本館棟（カトマンズ）の再建
・シンドパルチョーク郡の導水管の再建
・ゴルカ郡の5橋梁の再建

【有償資金協力（円借款）】

④ 緊急住宅復興事業（120億円）：2015年12月〜2020年12月
世界銀行との協調融資
⑤ 緊急学校復興事業（140億円）：2015年12月〜2020年10月
アジア開発銀行（ADB）との協調融資

出所：本書執筆陣にて作成

エピソード 2
「より良い復興」のコンセプト：日本の基本的価値の共有

◆コンセプトの発信

ネパールの震災は、災害からの復興について日本の基本的な価値を共有する機会となった。それは、災害からの復興過程において、「より良い復興」、英語では「Build Back Better（以下、BBB）」を目指す考え方だ。つまり、災害発生前よりも災害に強い社会を構築することを目的として、防災インフラなどのハードおよびソフト、行政施設およびその機能、病院、ライフラインなどの公共サービス、同種災害に耐えうる地域産業などなりわいの高度化、高収入化などを含めた単なるハード施設の強化ではなく、ソフト面も含めた、包摂的

（inclusive）な災害に強い仕組みをつくっていくことを重視するものだ。ＢＢＢは、ネパールの震災のわずか一月前の二〇一五年三月に仙台市で開催された第三回国連防災世界会議で、各国の優先行動として合意された。ネパールの震災は、その直後に発生した大規模な災害であり、日本の防災理念に基づくＢＢＢの具現化を試みる最初のケースとなった。

しかし、ＢＢＢが必要とされる開発途上国で、本当の意味でＢＢＢを実践することは簡単なことではない。被災国側だけでなく支援側も「緊急性の高い人道支援」や「早期復旧のためスピードを重視した支援」を優先し、より手間と時間がかかるＢＢＢは後回しにされやすい。そのため、ＪＩＣＡはＢＢＢの意義をネパール政府の指導者に理解してもらうために、国際協力専門員の竹谷公男（以下、竹谷）を派遣した。防災分野のエキスパートである竹谷は、仙台での会議でも日本側の先頭に立って国際交渉をリードし、ＢＢＢの合意に中心的な役割を果たしていた。

竹谷は、現地で日本の支援を指揮する小川正史駐ネパール日本大使とともに、首相、財務大臣、外務大臣などと面会を重ねて、ＢＢＢを復興の基本戦略とすることについて理解を得た。その成果として、震災からちょうど一カ月後の五月二五日に、ＢＢＢをテーマとするセミナーが、ＪＩＣＡとネパール政府との共催により開催された。日本から国土交通省の専門家と学識経験者が講師として参加し、日本の震災復興経験、復興計画のあり方、復興事業事例を伝え、より災害に強い国になるための復興方針が必要であることについて、参加者の認識を促した。

次いで、六月二五日の国際会合に合わせて開催された技術会合で、支援各国や国際機関とＢＢＢに基づく復興の方針について認識をすり合わせた。参加各国と国際機関が支援の金額を表明する国際会合において、支援の「内容」に関する技術的な会合が開催されることは異例だった。国際会合の幹事役の世界銀行は消極的だったが、日本政府の強い働きかけで実現した。会合の場で、竹谷は、ＪＩＣＡ理事長の田中明彦とともに、住宅の再建を地震で倒れないか少なくとも人命を守るものとして行うことなどを強調し、ＢＢＢに基づく復興のためにネパール政府が強いリーダーシップを発揮し、国際社会が協調してそれを支援することが不可欠であることを訴えた。会合は、同じような被害を防ぐために脆弱性に対処するというＢＢＢの基本的な考え方を、ネパール政府とともに参加各国と国際機関が共有する場になった。

◆復興協力の具現化

ＢＢＢに資する復興協力（以下、ＢＢＢ復興協力）の焦点は、抽象度の高いコンセプトを、ネパールの被災地の個別具体の現実の中で、どのように実践するかにあった。その焦点は住宅や公共施設の再建に用いる技術的な要件だった。要件が厳しすぎれば復興事業は進まず、逆に緩すぎればＢＢＢの実現にはつながらない。そうした難しい判断と調整を必要とする支援パッケージの立案に、ＪＩＣＡ本部が資金面と技術面の両面から取り組んだ。また、ネパールの現場のとりまとめ役として、当時ＪＩＣＡの東北センター[4]で東日本大震災からの復興に携わり、ＢＢＢの意義を肌で感じていた永見光三（以下、永見）が派遣された。

永見には、東北センターでの仕事の前にも、二〇〇四年にインドネシアのスマトラ島沖で発生した地震と津波により甚大な被害を被ったアチェ州の復興支援にかかわった経験があった[5]。ＪＩＣＡ

インドネシア事務所の担当所員として現地に何度も足を踏み入れた。インドネシア政府の要望は、「内戦の紛争地であるアチェ州では、早期の混乱収拾が必要であり、中長期の観点で災害に強い社会を再構築するのに時間をかけるよりも、被災住民たちが早期に生活を再建することを優先して欲しい」というものだった。それが被災者の声を反映した考えであり、被災者のためになるならばとそれに従った。各国政府の援助機関や非政府組織（NGO）も、インドネシア政府と同じような考えで、スピードを重視していた。その結果、地域全体の経済や社会は急速な復興を遂げた。しかし、次の世代を守るために行政と住民が丁寧に時間をかけた東日本大震災被災地の復興プロセスとは対照的な状況が展開された。死者・行方不明者の約八割を占めた沿岸部では、被災前と同じように住宅が次々と再建され、津波災害への脆弱性が以前とまったく変わらず再現されることになった。後になればなるほど、本当にアチェの将来にとって正しい復興だったのかという疑問が残った。

　そうした経験からアチェと同じようなことをネパールで繰り返してはならないと肝に銘じていた。永見は語る。

「BBBとは、復興過程において災害が起きる前よりも災害リスクを減らすことです。災害リスクというのは複合的な概念です。まず外的な物理ショックとしてのハザードがあり、その物理的なショックに対する社会の強靭性の欠如や、ソフト面での脆弱性も災害リスクの要素になっています。」

永見は、ネパールで地震の被害が大きくなった理由は、住宅や公共施設の物理的な強靭性の欠如が注目されがちだが、それを生み出した社会全体の脆弱性や政府のガバナンス能力の不足が根底にあると考えていた。例えば、建築基準法は施行されているものの、住民や施工業者により遵守されていなかった。また、ネパール政府当局も基準が遵守されるようには法制度の運用を行っていなかった。そうした社会のさまざまな脆弱性を是正しないまま復興を遂げたとしても、それは持続可能なものにはならない。次に起こるハザードを予測し、そのハザードに十分備えられるように、制度面、技術面、運用面などについて総合的に対策を講じることが必要だ。永見は、ネパールでＢＢＢ復興協力を具現することにより社会の根本的な脆弱性を解消する機会としたいと考えていた。

◆コンセプトと現場の現実のギャップ

ネパール政府は、五月のセミナーと六月の技術会合を通じて、ＢＢＢについて一定の理解を示し、総論としては賛同していた。しかし、具体的な事業の実施の段階に入ると、認識の違いが表面化した。ネパール政府と援助機関の中には、将来のために災害に強い社会を時間と手間と予算をかけてつくることよりも、避難生活からの脱却や社会インフラの早期復旧を訴える被災住民の声に応えることを優先すべきだと考える人たちが多かった。ＢＢＢ復興協力の方針を定めるうえで、ネパールの現実にいかに向き合うかが大きな課題だった。

日本側関係者の間においても、ＢＢＢ復興協力のアプローチについては意見が分かれることが少なくなかった。個々の事案について協力をどのように実践するのかをめぐり、さまざまな意見が交錯し、紆余曲折を経て日本側関係者の間で共通認識が深まっていった。ネパールでのＢＢＢ復興協力の道のりは、極めて挑戦的で困難なものだった。

エピソード3 新たな耐震工法の創発：現地の現実に即した復興コンセプトの具現化

ＢＢＢ復興協力の検討において判断が最も難しかったことの一つが、被災住宅の再建だった。住宅の被害は甚大で、全壊家屋は約五〇万戸、半壊家屋は約二六万戸に達していた。そうした状況を踏まえて、ＪＩＣＡとネパール政府は、住宅再建を目的とする「緊急住宅復興事業」を合意した。この事業は、一定の耐震基準を満たす「復興住宅」に対して、ネパール政府が補助金を支給するものだ[6]。その資金として、ＪＩＣＡはネパール政府に対して一二〇億円の融資を、金利〇・〇一％、償還期間四〇年という優遇条件で行い、それと協調して世界銀行も二億ドルの融資を行った。

ＪＩＣＡの支援対象は、緊急調査を行ったゴルカ郡とシンドパルチョーク郡の約六百の村落の約五万六千世帯とされた[7]。各住宅に対する補助金の額は三〇万ルピー（約三〇万円）で、建築基準法の耐震基準に基づく支給要件が遵守されているかを検査し、合格すると支給されるという仕組みだった[8]。支給要件は、ＪＩＣＡと世界銀行が支援する一一万戸にとどまらず、七〇万戸を超える被災住宅の全体の再建支援に適用されることが予定されていた。

◆住宅復興事業での困難

　住宅復興事業においてＢＢＢ復興協力を具現することが難しかった理由は、住民が地元で手に入る建材を用いて自ら再建することを前提としなくてはならないからだった。大きな被害を受けたネパールの山間部では、住宅はレンガや石を積み上げた単純な構造で、専門の大工に任せるのではなく、住民自身が近隣の助けを得て自らが建てることが一般的だ。補助金の支給要件はその前提で定める必要があった。しかし、そうした前提で、十分な耐震性を備えた住宅を実現することは容易ではない。支給要件として技術的に厳しいことを求めれば、住民は補助金を活用せず、住宅の再建は進まない。逆に、緩すぎれば、脆弱な住宅が再建されてしまう。日本政府が復興支援の基軸とし、ネパール政府と国際社会に対して働きかけたＢＢＢの理念にもとる事業を行うわけにはいかない。住宅復興事業の成否は、ネパールの現実の制約においても、ＢＢＢの理念に則った基準を〝各国は防災の一義的な責任を持つ〟という仙台防災枠組の指導原則に即して、ネパール政府自身が意思決定できるかにかかっていた。

　そうした技術的な難題にＪＩＣＡ本部の室岡たちとともに、ネパールの現場で取り組んだのが毛利建築設計事務所の今井弘（以下、今井）だった。今井は、ＪＩＣＡから技術協力業務を受託したアドバイザーチームの一員として、耐震建築ガイドラインの作成と普及を担当していた。今井は、「組《そ》積造《せきぞう》」と呼ばれるレンガ、石、ブロック等を積み上げて造る建築物の耐震補強工法の日本有数のエキスパートだった。二〇〇一年のインド西部地震と二〇〇三年のイラン南東部地震の際に、緊急支援のために現地に入って被災状況を目の当たりにして以来、組積造の耐震性向上に向けて、つくばの研究所で一〇年ほど実験研究を重ねてきた。その後、実施の現場に戻ってきた矢先のネパールの地震だった。現地入りした時の心境について、今井は語る。

「ネパールには、一般住宅の建築基準は存在しているものの、有名無実化していました。地震が起きる前に、人々の手に届く耐震基準を普及させるために、現地で説明会や巡回指導を行ったことがあり、住民の理解を得て耐震建築を普及させることが容易ではないことを経験していました。そのため、今回の仕事を受けるにあたっては、何をやらなければいけないか、それがいかに難しいかは十分にわかっていました。実際に震災を被った被災地に身を置き、これまでの経験を活かして、ネパールの復興ために全力で取り組もうと決意しました。」

◆意見が分かれた補助金支給要件としての耐震基準

今井たちは、二〇一五年九月に補助金の支給要件として復興住宅の技術的なガイドラインを定めることに着手した。ガイドラインの内容を住民に分かりやすく伝えるために、復興住宅モデルのカタログも作成することも予定されていた。被災住民はカタログから自らに適した住宅のタイプを選ぶことにより、補助金の給付を受けることができる。行政側にとっても、煩雑な建築確認の手続きを効率化することができる仕組みだった。

現地の家屋の被災状況から、当時のネパールの建築基準で認められていた構造の一部が耐震基準を満たしておらず、そもそも基準が今回の地震に備えるうえで十分ではなかったことが推定された。

しかし、それを是正する法令の改正には時間も手間もかかってしまう。現実的な判断として、法令には手をつけず、補助金の支給要件としての耐震基準を満たすガイドラインを策定することを、ネパール政府と合意した。

新たなガイドラインの焦点は、セメントの使用の要否だった。組積するレンガや石の継ぎ目を「目地」と言う。ネパールの山間部ではレンガや石を固定する目地材に泥を用いる「泥モルタル造」が伝統的に普及していた。ＪＩＣＡ内にはＢＢＢを具現するには、泥ではなくセメントを用いる「セメントモルタル造」を、復興住宅の補助金の支給要件とすべきであるという考えがあった。しかし、セメントは高価であるうえに、道路が整備されていない山間部では運搬が難しい。ネパール政府だけでなく、ＪＩＣＡとともに支援を行う世界銀行やＮＧＯも、現地の社会経済の実態とスピード復旧のためには、「泥モルタル造」を許容すべきとの立場だった。

海抜百メートル以下の平野から海抜五千メートル以上の山岳地帯の間に人々が暮らすネパールでは、地元で手に入る建築資材は、それぞれの土地で大きく異なる。そうした国情を踏まえる必要はあった。他方で、将来の地震に備えるＢＢＢの観点からは、技術的な根拠もなく費用を理由に支給要件を緩和することは妥当ではない[9]。アチェで起きたことを繰り返してはならないと念じていた永見はそうした考えだった。

他方、今井は、ネパール各地を巡回指導した経験から、現実論として「セメントモルタル造」の一点張りでは住宅再建は進まないと感じていた。また、「泥モルタル造」でも既存の耐震基準に合致する住宅は建てることはでき、山間部の実状にも適合する工法として許容すべきと考えた。そこで、ＪＩＣＡは時間的に余裕はなかったが、支給要件についてコンセンサスを形成するために、どのような要件を満たせば安全な住宅と認め得るのかを科学的な根拠に基づいて示すことを今井たちに求めた。

◆科学的根拠に基づく合意形成

今井たちは、短期間でさまざまな耐震工法の性能を客観的に検証するために実験を行い、各種の住宅のデザインについて構造計算と構造解析を重ねた。そして、「泥モルタル造」の家であっても、壁や柱に適切な補強工法を施し、かつ平屋建てであれば、安全性が確保されることや、二階建ての場合は「セメントモルタル造」にするか二階部分を木造にすることなどの条件を明らかにした。既存の耐震基準の問題は、「泥モルタル造」による二階建ての組積造を認めている点にあった。それを正すべきことを、客観的データで明らかにした。

さらに今井たちは、組積造の建材を石とレンガのいずれとするか、目地材とするモルタルをセメントと泥のいずれとするか、というオプションの組み合わせで、「石積セメントモルタル造」、「レンガ積セメントモルタル造」、「石積泥モルタル造」、「レンガ積泥モルタル造」の四パターンの復興住宅についてガイドラインとモデルを作成した。[10] 住民たちがこれまでどおり自ら建てることができ、なおかつ、ＢＢＢにもつながる耐震性を備えた復興住宅の技術的条件を明らかにするという難題が解決された。

そうした今井たちの成果を、ＪＩＣＡは日本国内の有識者や国土交通省の専門家に諮り、日本側内で合意を形成したうえで、二〇一六年二月にネパール政府に対して提案した。科学的根拠に裏付けられた提案をネパール側も歓迎したが、社会的、文化的に住民に受け入れられるか、現場で実現できるか、ネパール政府内でさらなる検討が必要という結論になった。そうした状況において運が良かったのは、技術的検討を担う「ネパール地震復興・建築基準策定委員会」のパラジュリ委員長が京都大学で建築分野の博士号を取得し、日本の耐震性の考え方を良く理解していたことだった。それを活かして、今井と永見は信頼関係を深めて働きかけを強めた。同委員長がイニシアティブを発揮することで、ネパール政府は主体性を徐々に高め、日本側から提案された事ではなく自分事として検討し、決定を行う姿勢を強めていった。そして、そうしたネパール政府内の検討の結果、ＪＩＣＡの提案が採用され、住宅復興事業が開始されることになった。ＪＩＣＡとともに融資を行う世界銀行や現場で被災住民の支援に取り組む各ＮＧＯも異を唱えることはなかった。前年の三月に仙台で合意されたＢＢＢの具現化が、仙台防災枠組みの指導原則である〝各国は防災の一義的な責任を持つ〟形で、ネパールにおいて大きく前進することになった。

　今井たちは事業開始後も技術的な検討を続け、復興住宅のカタログとして十数タイプのモデルを用意した。また、カタログとともに、敷地の条件や建物の形状、基礎や補強部材など、耐震性を確保するために守るべきことを、専門知識を欠く住民にも理解できるようにさまざまな工夫を行った。その成果を活かした「復興住宅カタログ」は、ネパール政府による決定を経て、震災から一年半を経た二〇一六年一一月に公表された。（図表4－2参照）。

　ネパール政府が主体性を高めたとはいえ、支給要件は従来の基準のように形骸化するおそれが

図表4-2 ▶復興住宅のモデル(左)と補助金の支給要件を説明する図(右)

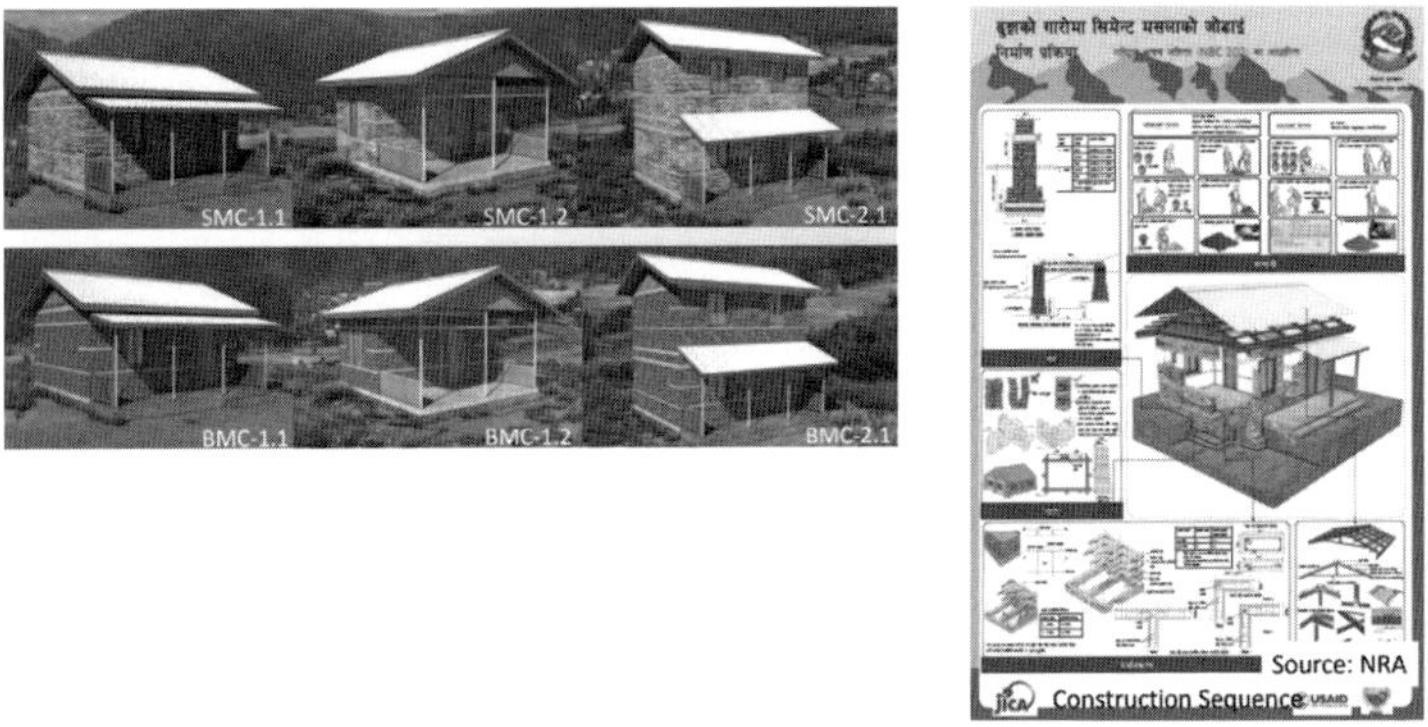

出所：JICA

あった。新たな基準や制度の普及は、策定することよりも難しいことが常である。少なくともプロジェクトの対象地域で定着しなければ、全国的に普及することはない。そのため、今井たちは、対象地域の住民、新たな工法を実践する石工、建築された住宅の完了検査を行う住宅検査員を対象に大規模な研修を実施した。それがほぼ完了するのには、震災から約二年の歳月が経過していた。

当時を今井は振り返る。

「私は、現地の技術の活用した耐震化に以前から取り組んできました。この仕事において、その経験をベースに、技術者としての信念を貫きました。当初は、ＪＩＣＡ側と認識を共有することが難しく、意見が合わないことが少なくありませんでした。しかし、最終的には、被災住民に喜ばれる耐震住宅を普及することができたことを誇りに思っています。やり甲斐のある仕事に携われて感謝しています。」

エピソード４　住民の共助による住宅再建：現場のポテンシャル触発

◆想定したようには進まなかった住宅の着工

今井たちの努力で、ＢＢＢの理念から逸脱せず、地元のスキルによる泥モルタル造でも安全性を確保できる施工法が生み出された。また、その普及のために周到な準備が重ねられた。例えば、住民たちは住宅を建てても完了検査に合格しなければ、補助金をもらえないという事態を懸念していた。そうした懸念を取り除かなければ、住民による補助金の利用は進まない。つまり、支給要件を満たした復興住宅は普及しない。そのため、今井は、設計や工事に不備があった場合でも、後から補修工事をすれば補助金を受けることができることを明確にした。また、カタログに示したモデルの例外として認められるケースを、わかりやすい図面入りの冊子で示した。

しかし、そうしたきめ細かな対応にもかかわらず、住民たちはなかなか住宅再建に動かなかった。誰かが先にやったのを真似しようという模様眺めの様子が見て取れた。そうした事態に当惑したネパール政府は、緊急住宅復興事業のコンサルティング業務を請負っていたオリエンタルコンサルタンツグローバルに、着工率が上がらない要因の調査を依頼した。それを受け、宮野智希（以下、宮野）が率いる同社のチームが、一カ月間で約八千人の住民からヒアリングを行った（写真４－１）。その結果、政府の補助金の金額が、支給要件を満たす住宅の再建を促すインセンティブとして不十分であることがわかった。当初、ネパール政府は、日々の暮らしの土台となる住宅の再建は真っ先に必要とされるものであり、ある程度の補助金を梃子《てこ》にすれば、復興住宅の建設が進むものと想定し

写真4-1 ▶被災住民からのヒアリングの様子

出所：オリエンタルコンサルタンツグローバル

ていた。しかし、自己負担分を工面できる世帯は少なく、政府からの更なる支援を当てにしている状態だった。

◆巡回石工の着想

打開策を見出すために、宮野たちは村ごとに懇談会を開き、村人が抱える問題にじっくりと耳を傾けた。チームが雇用するネパール人スタッフにも、自由闊達に語ってもらった。そうした中から、「巡回石工（モバイルメイソン）」のアイデアが生まれた。ネパールの山間部では、住宅は地元の石材を利用して造られている。そのため、大抵の村には石工（メイソン）が生業を営んでいる。そうした石工たちに、「住民の共助による住宅再建」の推進役になってもらうというものだ。住宅建築には、熟練の技能を必要とする工程と、それ以外の工程がある。前者を担う石工を事業の中で雇用し、後者は石工の指導のもとで住民が互いに助け合う。そうすることで、住民の自己負担をかなり圧縮できると考えた。

宮野たちはそうしたコンセプトを、「コミュニティ動員プログラム（CMP：Community Mobilization Program）」にまとめ、JICAに提案した。JICAも、ネパールの村落では元来、住民が互いに助け合って暮らしており、住宅再建の面でも共助を促したいと考えていた。コミュニティの結束が高まることにもつながるからだ。ただ、それをどのように促進するかが課題だった。村々の石工を起用するという宮野たちのアイデアは、有効性が実証されたものではなかったが、現場の現実に基づいた提案としてJICAは受け入れ、実施中の有償資金協力事業を促進するための追加的なプロジェクトとして実施を決定した。

◆巡回石工の活躍

プロジェクトの中で雇用された石工たちは、宮野たちが期待して以上の働きを見せた。ネパールでは石工の社会的地位は低く、コミュニティにおいて中心的な役割を果たすことは稀だった。村人から雇われて、請負った仕事を淡々とこなすということが彼ら、彼女らの日常だった。復興住宅の建築においても、家主に雇われた範囲でサービスを提供する存在と考えられていた。

しかし、事業で雇用されることで、村人から受動的に仕事を受ける立場から、村人に能動的に働きかける立場に、石工の立場は一変した。石工たちは新たに与えられたステイタスに誇りを持ち、揃いのヘルメットとベストを身にまとい、皆、胸を張って仕事に取り組んだ。普段は集落内で特に軽んじられていた女性の石工も、水を得た魚のように躍動し始めた（写真4－2）。

巡回石工が住宅再建の推進役となり、建築現場を巡回して住民に対して技術指導を行うことにより、建築資材の共同購入などの面で、住民の共助の活動が活性化した。好循環の連鎖が広がり、住

写真4-2 ▸ 巡回石工（モバイルメイソン）（写真左）と再建された復興住宅（写真右）

出所：オリエンタルコンサルタンツグローバル（写真左）、JICA（写真右）

宅再建のボトルネックが徐々に解消されていった。その結果、事業開始から三年目には復興住宅の着工率は計画の六〜七割に上がった。そうした巡回石工による成果は、ネパール政府が自らの新たな効果的な取り組みとして成果を大きく発信しはじめるところとなり、世界銀行をはじめとする他の援助機関が分担する地域でも、ネパール政府自らが主体的に取り入れていくことになった。

緊急住宅復興事業が軌道に乗った要因は、巡回石工のアイデアを中心とする住民共助の仕組みを創発したことに加えてもう一つあった。宮野は次のように語る。

「結論から言うと、ネパール人スタッフに恵まれたことが大きかったと思います。コミュニティ動員プログラムの実施には、自律分散型の組織を円滑に機能させる必要がありました。」

約五百人の巡回石工と約百人の監督者が山間部の村々の現場で活動するプログラムのマネジメントを、少数の日本人スタッフのみで行うことには無理があった。宮野たちは、責任感を持って仕事をするネパール人スタッフを信頼し、彼らの自主性を尊重して、できるだけ任すことで、彼らの力を引き出した。村々の現場で共助の好循環が進んでいった背景には、そうした自律分散型の組織の深化があった。

エピソード5　政府の常識を変えた学校復興事業

◆四百校の学校再建

震災からの復旧・復興を支援するためにＪＩＣＡが実施したもう一つの主要な事業が、「緊急学校復興事業」だった。そこでも、ＢＢＢ復興協力のあり方が大きな焦点となった。この事業には、ＪＩＣＡからネパール政府に対して一四〇億円の融資が、緊急住宅復興事業と同じ条件（金利〇・〇一％、償還期間四〇年）で行われ、それと協調してアジア開発銀行（ＡＤＢ）が八千二百万ドルの融資を行った。住宅と同じように、学校の被害も深刻だった。全壊あるいは大きな被害を受けた教室数は三万一千以上とされ、百万人近い生徒が学び場を失った。仮設の教室やテントなどで授業が行われている状況を早急に解消する必要があった。そのため、全国七七郡のうち特に大きな被害を受けた一四郡の約四百校を対象に、被災した校舎の再建が行われた。

学校復興事業についても、住宅復興事業の場合と同じく、オリエンタルコンサルタンツグローバルと毛利建築設計事務所が、コンサルタントとしてネパール政府により選ばれた。両社のチームは、（ア）建物の被害状況の確認・分析、（イ）既存の学校の設計図のレビュー、（ウ）耐震建築ガイドラインの作成、（エ）耐震建築ガイドラインに沿った学校のプロトタイプの設計という四段階で業務を遂行した。融資を行ったＪＩＣＡとＡＤＢが、ネパール政府とともに、ガイドラインとプロトタイプの検討作業に加わった。

プロトタイプは、住宅復興事業の場合と同じく、ガイドラインを多様な状況に適用するうえで参照する標準的な設計を示すものとして作成された。幼稚園から高等学校までの用途別に、また、山間部や平野部の別、生徒数などの条件別に、校舎の基本設計が用意された。それらは、ネパールとインドの双方の建築基準法を満たすことを前提として、耐震性だけでなく、快適性、耐久性、調和性、施工性などにも考慮がなされたもので、まさに「より良い復興」を実践するものだった。

◆建設工事の遅延

学校復興事業の問題は、住宅復興事業と同じように、実施段階で表面化した。地元の建設業者による工事が大幅に遅れたのだった。ＪＩＣＡの支援対象は、ゴルカ郡、ダディン郡、ヌワコット郡、ラスワ郡、ラリトプール郡、マクワンプール郡の六郡の二三六校だった。そのうちの八三校が第一期の対象とされ、ネパール政府教育省が一七業者に分割して発注していた。それらの多くの工事が予定どおりに進んでいなかった。住民側の負担が大きく、自ら発意しない限り進まない住宅建設の場合とは異なり、学校校舎の建設は、ネパール政府が建設業者と契約を締結すれば順調に進むものと、ネパール政府とＪＩＣＡは想定していた。

事業を所管する教育省とＪＩＣＡの担当者は、各現場を一緒に見て回り、工事の進捗が計画からどの程度遅れているかを確認し、その要因を洗い出すことに努めた。その結果、建設業者の施工能力が全般的に低いうえ、膨大な震災復興需要の中、自らの履行能力を的確に見通せずに過大な仕事を受注していることが主因であることがわかった。加えて、教育省の指導が十分でないこともうかがわれた。

教育省内には、遅れは止む得ず、殊更に問題視する必要はないとする雰囲気があった。アクセスの悪い僻地を含め、広域に点在する多数の学校を建設する工事は、そもそも難しいのだから仕方がないという認識だ。しかし、永見は、適切な指導や確認もせず安易に工事の遅延を見過ごすことにより、第二期、第三期へと続く学校復興事業全体に契約形骸化の悪影響が及ぶことを憂慮した。学校は国と社会の発展の象徴となる要の場であり、校舎の再建を待ち望んでいる生徒たちの期待を裏切らないよう、速やかに事業を進めることが必須と考えていた。そして、そうした思いを教育省の担当者が共有しているのであれば、事業の遅れを放置できるはずがないと考えた。永見は教育省に何度も足を運び、事業責任者のディリップに対して、何らかの措置を講じるよう重ねて強く働きかけた。しかし、ディリップの反応は鈍かった。

◆信頼関係の危機

このままでは事業がますます停滞すると考えた永見は、工事遅延が甚だしく、改善が見られない最悪のパーフォーマンスを示していた業者について契約を解除するか、それができないのであれば、その業者が受け持つ学校をＪＩＣＡの支援対象から外すことを申し入れた。工事の遅延を理由とする契約の解除は、教育省と建設業者の契約中に規定されていることではあったが、教育省はそれを行うことをためらっていた。また、それをＪＩＣＡとして求めることは支援を行う側の務めではあったが、教育省との関係を悪化させかねないことであり、ＪＩＣＡ内にもそこまでしなくても良いのではないかという声が少なからずあった。

永見の申し入れに対してディリップは、「契約を解除して新たに再入札手続きを行うと、さらに工事が遅れ、ＪＩＣＡのせいで学校の再建が遅れる。」と反論し、応じる姿勢を見せなかった。開発協力事業は、開発途上国が主体的に行うもので、相手側が動かなければ何も進まない。永見はディリップをひたすら信じて、契約管理をうやむやにすべきでないことを、誠意を尽くして繰り返し訴え続けた。

永見が粘り強く働きかけを重ねて行くうちに、最初は不快感を露わにしていたディリップをはじめとする教育省関係者の間に、少しづつ変化が見え始めた。建設工事の遅延の問題を自分事として、解決に主体的に取り組むようになり、問題の業者に対して適切な対応を徐々にとるようになっていった。その結果、第二期と第三期の事業では、優良な業者を選定され、教育省による事業の進捗管理も大きく改善した。当時を振り返って永見は語る。

「ネパールに行く前に、多くの人たちから、マネジメントの重要性を指摘されたが、本当の意味は十分にわかっていませんでした。同僚や相手国関係者を動かしてマネジメントする立場として、現場に足を踏み入れて、どうしたらいいか悩んだり、葛藤したりして初めて、その意味がわかるようになりました。そのような実践知は、本や資料からではなく、困難な問題と格闘する体験を通して、身に付けられるものであることを実感しました。」

学校復興事業は、永見がマネジメントについて多くを学んだように、ディリップたちネパール側の人々にとっても、多くのことを学び、行動を変えて行く場になった（写真4－3）。それは、仕方がないと流されることなく、永見が本質的なことにこだわり続けたからこそだった。

エピローグ　将来を見据えた社会づくり

日本政府とＪＩＣＡは、ネパールの復旧・復興支援に当たって、日本の経験に基づいて、より強靭な国と社会を構築するための「より良い復興」の具現化を基本方針とした。しかし、「各論」において、ネパール政府関係者と被災住民や、援助機関の関係者との間で、認識を共有することは容易ではなかった。最前線の現場において、ネパールと日本の双方の事業関係者が、共創の精神に基づいて知恵を出し合い、共感を深めていく中で、ネパールの実状に即した「より良い復興」が実現していった。その只中に身を置いた永見は語る。

「当初段階では、ネパールの人々にはなかなか理解してもらえませんでした。しかし、共に試行錯誤を重ねながら、地道な協力を積み重ねることにより、四、五年の歳月を経て具現化に近づい

写真4-3 ▶ 再建された小学校と喜ぶ生徒たち

出所：JICA

ているという実感を持てるようになりました。」

「より良い復興」の具現化とは、被災した当事者の人々が認識と行動を変えることである。ネパールの復旧・復興支援は、日本側の関係者との共創の機会を通じて、ネパール政府関係者や被災住民の間で、そうした変化が進む場となった。

【解説編】

1 機動的に構想する

この物語りの最初のポイントは、先手先手のスピードです。基本的な構想と具体的な施策をタイムリーに提起することにより、国際的な流れを生み出しました。二〇一五年四月二五日の発災からほぼ一カ月間で、二つの重要なことが成し遂げられました。第一が、現地の実態に基づいた日本の包括的な支援構想をとりまとめたことです。被災直後で、社会インフラも寸断された混乱した状況の中で、このような機動的な対応がなされたことは特筆すべきことです。第二が、ネパール政府とともに復興に関する国際セミナーを開催し、「より良い復興」(BBB)のコンセプトを発信したことです。それにより、復旧・復興の基本的な考え方について、関係者の間でコンセンサスの形成が進みました。

そうした竹谷が中心になってリードして実現した先手先手の機動的な行動により、六月二五日に開催された復興支援の国際会議(プレッジ会合)で、日本は際立ったプレゼンスを発揮することができました。各国政府や援助機関が、支援対象や支援額を表明しましたが、多くは、具体的な内容には踏み込んだものではありませんでした。そうした中で、BBBのコンセプトとともに、包括的な支援パッケージを表明することができたからです。

国際的に注目を集めた大災害であったこともあり、復興支援には多くの援助機関やNGO等が乗り出し、「援助競争」の様相を呈しつつありました。各組織が思い思いに支援を行うのではなく、足並みを揃えて、互いに連携することが必要とされていました。日本側関係者の機動力が国際社会が向かうべき流れを創りました。

- 国際的プレゼンスを発揮するには、基本構想となる理念と具体的施策をタイムリーに提起することが必要。
- 流れを左右する機会を逸せず、拙速の誹りを恐れず、訴求力を備えた具体案を機動的に提起する。
- 大目的のための部門の垣根を越えて協働する。

2 日本の価値観を共有する

この物語りは、外国の人々とコンセプトを共有することの重要性と難しさを示しています。コンセプトとは、モノゴトの基本的な考え方であり、何らかの価値観を具現するものです。人々が協働するうえでの共通基盤となります。他方、コンセプトは、その核心の価値観が深く共有されていないと、個別具体の状況に当てはめる段階で、大小さまざまな課題が表れることが普通です。そうした際に、人々の間で認識の違いが表面化し、その結果として、建前として棚上げされ、実践されないことが少なくありません。日本が提起したＢＢＢのコンセプトも、そうした状況に陥る恐れがありました。

ＢＢＢのコンセプトは、日本の過去の被災からの復興および防災の経験が基盤となり生み出されたものであり、日本社会において広く共有されていた価値観を具現するものでした。それを中核とする「仙台防災枠組」が、ネパール地震発生の直前に、仙台で開催された第三回国連防災世界会議において合意されたばかりで、ネパールの復興支援は、新たに生み出されたコンセプトを具体化する最初のケースでした。

ＢＢＢのコンセプトは、国際的な合意により、普遍的なことと位置付けられるに至りました。ただ、それにより、コンセプトの核心にある価値観を、私たち日本人と同じようなことを経験していないネパール政府や援助機関の関係者が、私たちと同じレベルで共有していたかというと、そういうことではなかったように考えます。したがって、個々の具体的な事業において、コンセプトの解釈の仕方が分かれることは、ある意味で必然的なことでした。

ＢＢＢのコンセプトは、短期的な復旧にとどまらず、将来を見越して災害リスクを軽減するように復興を進めることを重視する考え方でした。しかし、ネパール政府や援助機関の間では、長期的観点から資金と時間を費やして頑丈なものを造るよりも、住民の短期的なニーズに応えることを優先すべきという考え方が一般的でした。それを受け、日本側事業関係者の間でも、ＢＢＢのコンセプトの具体化をどの程度徹底するかについて、温度差が見られました。

新たなコンセプトに基づいて事業を行う場合は、文字や図式で表されることだけでなく、その核心としての価値観を、事業関係者間で深く共有することが重要です。また、具体化するにつれて認識の違いが広がることは止む得ないので、随時に、同床異夢の状態になっていないか、確認することが必要です。特に、開発途上国における事業のように、経験してきたことや立場を異にする相手と協働する場合には、「ボタンの掛け違い」を避けるために、計画の上流段階において、認識を深く共有するプロセスの質が重要になります。

- 日本側からコンセプトを提案する場合には、相手側のリーダー層がそれを深く認識し、共感するプロセスを工夫することが必要。
- 日本のコンセプトの本質に相手側のリーダー層が共感し、自律的に行動するように、「飴や鞭」に頼らず、場をつくり間接的に促進する。

3 日本と現地の知を総合してソリューションを共創する

ＢＢＢのコンセプトとネパールの現場の現実のギャップが明瞭に表れたのが、住宅復興事業でした。ＪＩＣＡは将来の地震に備えるためにセメントを目地に用いたより確実に安全性を得られる工法を推奨しました。しかし、ネパール政府や援助機関から、山間地では入手が容易でないセメントの使用を絶対条件にすれば、再建が進まないという声があがりました。そうした二項対立の状況を、コンサルタントチームの今井たちは、耐震性の面で妥協せず、かつ地元で古くから普及している泥モルタル造で施工可能な工法も創発して許容することにより解決しました。

そこから三つのポイントを読み取ることができます。第一のポイントが、構造解析の技術という日本の知を用いて科学的根拠をもって安全性を担保しつつ、BBBのコンセプトとネパールの現場の知を綜合して新たな知を創発したことです。日本において、海外の知を地元の現実に巧みに応用することが盛んに行われてきたように、日本の技術は、地元の知と融合することにより、社会的な変化をもたらすことができるのです。第二のポイントが、今井の深い思いです。地元の資材と技術で耐震建築を実現することに長年にわたり粘り強く取り組み、試行錯誤を重ねてきた今井だからこそ、成し得たことでした。

第三のポイントが、ネパール側関係者のオーナーシップを引き出したことです。創発された新たな工法が広く実践されるには、当事者であるネパール側の人々が自分事として捉え、その普及に積極的に取り組むことが必要でした。そのため、新工法に関する公的な承認を、ネパール側が主体的に行うように働きかけました。日本側が前面に出るのではなく、ネパール側責任者のイニシアティブを後押ししました。その結果として、新たな工法は、日本が協力している範囲に限らず、全国の住宅復興事業の場で実践されることにより、社会的に定着化が進みました。

- 現地の実状に即し、実効的に実践されるソリューションの創発には、日本や国際標準の技術・知識を、現地の技術・知識と綜合することが必要。
- 創発したソリューションの妥当性を科学的根拠（エビデンス）を用いて客観的に示す。
- 日本の技術や考え方を用いる場合は、留学経験者など、それを知悉する現地のキーパーソン……を見出す。

4 慣習を越えて新たな社会的関係を育む

この物語りは、地元の資材と技術を用いた耐震工法の創発に加え、もう一つのイノベーションを描いています。巡回石工方式により住民の共助を促進する仕組みです。

ＪＩＣＡが支援した住宅復興事業は、ＢＢＢのコンセプトに基づいて、耐震性について一定の要件を満たしていることを条件に補助金を支給するというものでした。新たな耐震工法は、ネパールの村々で実践しやすいように、今井たちにより工夫がなされていました。しかし、住宅の着工は想定したようには進みませんでした。そこで、宮野たちは、住民が村々の石工から巡回指導を受け、互いに助け合いながら耐震性を備えた住宅を再建するという仕組みを創発しました。耐震工法について研修受けた五百人の石工の活躍により、低迷していた住宅着工が率が飛躍的に高まりました。

このエピソードのポイントは、それが地元の常識から生まれ得なかったということです。宗教上の要因もあり、ネパールでは石工の社会的地位は低く、住宅復興事業の推進役になり得るとは認識されていませんでした。そうした地元の常識から逸脱する形で、活躍の機会と役割を与えられた石工たちは、宮野たちが想像していた以上に潜在能力を発揮し、それにより停滞していたコミュニティ内の共助が進みました。開発協力事業が、現地社会の構造的問題に働きかける契機となり、過去の慣習や地元の常識からは生み出されにくい社会的イノベーションを起こし、地域に潜在していた力を引き出せることを物語る好例です。

　このエピソードのもう一つのポイントは、現場の人々がやり甲斐を感じる自律分散型の組織がつくられたことです。約六百の村々の約六万世帯の住宅再建を支援するという事業は、それを現場で監理するネパール人スタッフが自分ごととして、自律的に職務に取り組まなければ動きません。その点で、宮野たちは、ネパール人スタッフとの血の通った関係を心掛け、意欲を引き出すモニタリングの仕組みを整え、主体性と責任意識を高めることに努めました。その結果、彼ら、彼女らは重要な役割を任されたことに、やり甲斐を感じ、困難な状況の下で自ら考えて課題を解決するという実践経験を重ねる中で、自信を深め能力を高めていったのでした。つまり、自ら成長する組織を構築したのでした。

- 現地社会の構造的問題に外部者として働きかけることにより、潜在力を引き出すことができる。
- 自律分散型の組織は、メンバーの意欲（内発的動機）を喚起し、マネジメントの手間がかからない。
- 当事者の間からは生まれない非日常の場を外部者として創り、新たな協働関係を触発する。
- 現場を束ねる中間管理層が自律的に職務に取り組み、試行錯誤から学ぶ仕組みをつくり、内発的動機を喚起する。

5 共通善への思いを共有し信頼関係を深める

住宅復興事業とともに、大きな規模で支援が行われたのが学校復興事業でした。この事業においても、ネパール側と日本側の間で認識のギャップが表面化しました。工事の大幅な遅れに契約に則り対処するか、仕方がないと黙認するかについてのスタンスの違いです。

事業は、当初四百校の校舎を再建するという大掛かりなもので、三期に分けて実施されましたが、第一期工事を請負った多くの業者で工期の遅延が発生しました。その要因は、主として受注業者の履行能力及び契約遵守意識の欠落にありましたが、事業を実施する教育省の契約マネジメントにも問題がありました。永見は、学校の早期復興には象徴的な意義があり、第二期以降にも悪影響を及ぼすことを懸念して、教育省の事業責任者に対して、特に悪質な業者に毅然とした対応をとることを求めましたが、妥協が必要として応じてもらえませんでした。

このエピソードのポイントは、その後の永見の行動です。事業の責任は融資を受けたネパール政府が負うものであり、同政府の方針を尊重するという判断もあり得ます。しかし、永見は妥協せず、訴えを繰り返しました。その結果として、最終的には、プロジェクト責任者も悪質な業者との契約解除に同意し、また、徐々に契約管理を強化するようになりました。また、第二期工事において、建設業者の選定に当たり施工能力を慎重に見極めることや、契約をより厳格に運用する方向に、ネパール側関係者の認識と行動が変化しました。つまり、ネパール側関係者の常識が変わり、マネジメント能力が高まったのです。

より良い復興は、当事者ではない日本側関係者や世界銀行などの外部者が具現化することではありません。その社会の人々が長期間をかけて着実に実現することです。そのためには、そうした役割を担うネパール政府関係者が、認識と行動を変えることが必要です。そうした観点から、永見は安易に妥協しなかったのです。

ただ、ある意味で執拗な永見の申し入れが、ネパール側との関係悪化をもたらすことなく、なぜ彼らの行動変容を導き得たのでしょうか。それは、ネパールのより良い復興や子どもたちについての永見の真摯な思いに、同じ目線で率直に語りかける姿勢に、ネパール側関係が共感を深めたからに他なりません。

信頼関係は一朝一夕に築かれるものではなく、途上においては、相手に対する期待や不安が入り混じり、幾多の修羅場経験を通して深まるものです。事業の基本的価値や原則にかかわることは、往々にして、抽象的で一般的なことです。そうしたことに議論を尽くして問題の核心に迫るには、勇気が必要です。永見たちは、一石を投じる覚悟で粘り強い取り組みを続け、より良い復興の具現化に役割を果たしたのでした。

- 外国との共同事業の実施プロセスは、開発途上国側の関係者が、当然のこと、また、仕方がないことと認識してきた行動を変えることを、間接的に促進する場となり得る。
- 報酬やペナルティーなどの誘因により引き出した行動は、持続しない。

●誠意を尽くしつつ妥協しない（ぶれない）こと、その国のしがらみに捉われずに高い志を示すことが、結果として、相手側との信頼関係の深化につながる場合がある。

●事業の基本的価値に関する原則について、相手側の自律性を大前提としつつ、自助努力の可能性を信じて、粘り強く働きかける。

註

（1）死者と負傷者のデータはネパール政府Nepal Disaster Reduction Portalによる。家屋の被害のデータは、国際協力機構「ネパール地震復旧・復興プロジェクトファイナルレポート」による。

（2）災害被災国の要請に基づいて、救助チーム、医療チーム、専門家チーム、感染症対策チーム、自衛隊部隊のいずれか、もしくは、複数を組み合わせて派遣する政府の事業。事務局は国際協力機構に置かれている。

（3）ＪＩＣＡの事業形態については、図表序-1を参照。

（4）日本の国際協力は、日本の経験や技術を開発途上国と共有するために、日本国内においても行われている。ＪＩＣＡ東北センターは仙台市に置かれ、東北地方各県の国際協力を担当している。

（5）マグニチュード九・一の大地震で、インド洋沿岸各国で大津波により甚大な被害が生じた。震源に近いアチェ州を中心にインドネシアでは死者・行方不明者は約一七万人にのぼった。

（6）補助金の支給要件は、山間部で一般的な石やレンガなど組積造に範囲を絞って、複雑な建築基準法の耐震基準をわかりやすく最低遵守項目（Minimum Requirementと呼びました）にまとめたもの。支給要件を遵守するための具体的な方法について解説するものとして、別に耐震建築ガイドラインが作成された。本章で〝耐震基準〟と記すことは、法定耐震基準そのものではなく「支給要件に定められた耐震性能」のことを指している。

(7) 協調して融資を行った世銀の事業では、他の三つ郡の約五万五千世帯の住宅再建が対象とされた。

(8) 世帯主との合意書の署名後に五万ルピー、床工事完了後に一五万ルピー、壁工事完了後に一〇万ルピーと、三段階の工程に分けて支給するとされた。

(9) 泥モルタルを目地に用いる工法広く用いられていたが、耐震基準で定めた強度を満たすか否かが明確でなかった。品質や強度を管理できるセメントに対して、泥の強度は地質や混ぜ物や水の量で大きく変わるため、耐震基準を逸脱せず支給要件の対象とし得る工法を明確化することは容易ではなかった。

(10) 四つのパターン以外に、鉄筋コンクリート、木造、軽量鉄骨などのパターンも設定された。二〇一九年の調査の時点で、再建された四万四千戸のうち、石積泥モルタル造は四八％、レンガ積セメントモルタル造は三五％、石積セメントモルタル造は二％で、鉄筋コンクリートは一三％で、レンガ積泥モルタル造他はほとんど用いられていなかった（ＪＩＣＡ［二〇一九］「ネパール緊急復興支援事業実施支援ファイナルレポート」）。

参考文献・資料

● 国際協力機構 他（二〇一七）『ネパール地震災害復旧・復興プロジェクトファイナルレポート』国際協力機構。
● 国際協力機構 他（二〇一九）『ネパール国 緊急復興支援事業実施支援 ファイナルレポート』国際協力機構。
● 永見光三他（二〇二〇）「地震復興における包摂性に配慮したBuild Back Betterの実践的手法：ＪＩＣＡネパール地震復興事業に基づく論考」国際協力機構緒方貞子平和開発研究所フィールドレポート。

第 5 章

アフリカの農家を変えた「売れるものを作る」農業

地図 ▸ ケニア

年表

2006年	ケニアで小規模園芸農民組織強化計画（SHEP）が開始（～2009年）。
2010年	SHEPの成果をケニア全国に普及するためのプロジェクトが開始（～2015年）。
2013年	SHEPの経験をコンセプトとアプローチに整理。 第5回アフリカ開発会議（6月）で、安倍首相がSHEPを10カ国で推進することを表明。
2014年	アフリカ各国にSHEPを広めるための研修プログラムが日本で開始。
2015年	ケニア全国の自治体の体制整備を支援するプロジェクトが開始（～2020年）。
2017年	同年までにアフリカ10カ国がSHEPアプローチを導入。
2019年	同年までにアフリカ24カ国が導入。 第7回アフリカ開発会議（8月）で、2030年までに小規模農家100万世帯への普及を目指す「SHEP100万人宣言」を採択。

略語表

HCDA	ケニア園芸作物開発公社
SHEP	小規模園芸農民組織強化プロジェクト／アプローチ
TICAD	アフリカ開発会議

プロローグ　SHEPのあらまし

二〇一三年六月、第五回アフリカ開発会議（Tokyo International Conference on African Development：TICAD Ⅴ）[1]が横浜で開催された。アフリカ五一カ国が参加し、日本政府が国連、世界銀行と共催してアフリカの開発をテーマとする国際会議は、安倍晋三内閣総理大臣（当時）のオープニングスピーチによって幕を開けることとなった。その安倍首相のスピーチの中で、会場にいた一人のJICAスタッフが名指しで紹介された。以下、その時の安倍首相のスピーチの抜粋である。

「最後に、農業です。食料不足や栄養の問題は、アフリカにとって長年の課題です。各国とも食糧増産に力を入れていますが、私たちの目指すところは、もう一歩先にあります。『食べるため』から、『稼ぐため』の農業に、変えていきたいのです。ここで私は、一人ゲストを紹介します。相川次郎さん。どうぞご起立ください。若い時、青年海外協力隊隊員として、タンザニアで農業指導に携わって以来、相川さんはずっと、アフリカ農業にかかわってきました。ケニアで二千五百人という農民の所得を、なんと倍増させたのは、ここにいるこの相川さんです。

アフリカの女性を強くせずして、アフリカの農業は強くならず、アフリカの農業を強くせずして、アフリカは堅固になりません。そんな信念を持つ相川さんがしたことは、農業に携わるアフリカの女性たちに、消費市場が何を求めているか、自分たちの目で確かめ、何をつくれば売れるのか、常に考える発想を身に付けてもらうことでした。

『つくっても売れない』悩みは、『売れるものをつくる』ことで解消できます。村の小さな市場《いちば》へ行って、何が売れ筋なのかを女性たち自身に確かめてもらい、付加価値の高い園芸品を効率よくつくる方法です。それを、農民自身に考えさせるやり方は、いまでは『ＳＨＥＰ』（シェップ）と名がついて、我が国がこれから、一〇カ国で推進していく雛形になりました。

私は『ＳＨＥＰ』もいいですが、いっそ『アイカワ』と呼び直してはいかがかとご提案いたします。相川さん、私は承知しています。相川さんは、自分一人がやったのではない、ケニア政府の人たちはじめ、たくさんの人に支えられたからだと、そう思っておいででしょう。でも、アフリカで働くことを、自分自身の喜びとするたくさんの日本人の代表としてお立ちいただきました。ありがとうございます。[2]」

ＳＨＥＰ（シェップ）と呼ばれる「食べるため」の農業を「稼ぐため」の農業へと変えるアプローチは、ケニア農業省とＪＩＣＡの技術協力プロジェクトから生まれた。もともとは二〇〇六年から二〇〇九年までの三年間で実施された「小規模園芸農民組織強化計画プロジェクト」の英文タイトル「Smallholder Horticulture Empowerment Project」の略語である。それが、Smallholder Horticulture Empowerment and Promotionというアプローチを表す略語として国際的に普及している。そのプロジェクトの日本側のリーダーを務めたのが、安倍元首相のスピーチで紹介された相川次郎（以下、相川）である。

◆世界に広がるＳＨＥＰ

アフリカでは約五億人の小規模農家が生計を営んでいる。アフリカの発展の鍵は、そうした小規模農家の生計の向上にあるといっても過言ではない。そのため、長年にわたり、国際社会により支援が続けられてきた。それらの多くは、特定技術の研修、灌漑施設の整備、農業資材の供与などを中心としてきた。しかし、そうした面での外部からの支援が滞る、あるいは完了すると、成果が定着せずに元に戻ってしまう、広がらずに「点」にとどまるということが少なくなかった。そうした反省からＳＨＥＰは、「マーケットで何が売れているか、何をつくれば売れ、そして儲けることができるのか」を、小規模農家が自ら考えて行動を起こすように働きかけることを焦点とした。その結果、三年間で、プロジェクトが対象とした約二千五百人の小規模農家の所得が平均して倍増した。

冒頭のＴＩＣＡＤ５での安倍首相の発言は、そうした目覚ましい成果を踏まえたものだった。そして同会議で、日本政府は大きな目標を表明した。それは、ＳＨＥＰをアフリカ一〇カ国に広げ、ＳＨＥＰの普及を担う技術指導者を千人、ＳＨＥＰを実践する小規模農家を五万人育てようという目標である。相川は、ケニアでの活動を終えたのち日本に戻り、二〇一〇年からＪＩＣＡ本部のアドバイザーとして、ＳＨＥＰの国際展開に携わることになった。

ＴＩＣＡＤ５で表明された目標は早くも四年後の二〇一七年に達成された。ＳＨＥＰの普及はその後も拡大し、二〇一九年には、二四カ国が導入し、九千八百人の技術指導者と一一万人の小規模農家の育成されるまでになった。それを受け、同年八月に横浜で開催された第七回アフリカ開発会議（ＴＩＣＡＤ７）で、二〇三〇年までに小規模農家百万世帯への普及を目指す「ＳＨＥＰ一〇〇万人宣言」が、参加各国、国際機関、企業等の共同の宣言として採択されるまでに至った。そして、アフリカ諸国にとどまらず、中南米、アジア、中東にも、ＳＨＥＰの普及が広がっている。

ＳＨＥＰがここまで広がった理由を、ＪＩＣＡ本部で部門の次長としてＳＨＥＰ事業を推進した伊藤圭介（以下、伊藤）は次のように語る。

「理論がとてもシンプルです。よく相川さんとも話しているんですが、ＳＨＥＰが今もこれだけ広まっているのはなんか難しいことではなくて、本当にシンプルだからなんですね。農業普及を語らせるなら、多分、ＪＩＣＡ職員の中では、自分以上はいないだろうと、勝手に自負は持っていました。それを『こんなことにも気づかなかったのか』と、徹底的に自分の自信をぶち壊されました。」

◆ＳＨＥＰアプローチ

伊藤の言うＳＨＥＰの理論とは、経済学と心理学のハイブリッドしたコンセプトと、それを実践するための四つのステップから成る。「ＳＨＥＰアプローチ」と呼ばれている。

ＳＨＥＰのコンセプトの一つの柱は、経済学の「情報の非対称性」を解消することである。具体

図表5-1 ▶ SHEPアプローチのコンセプト

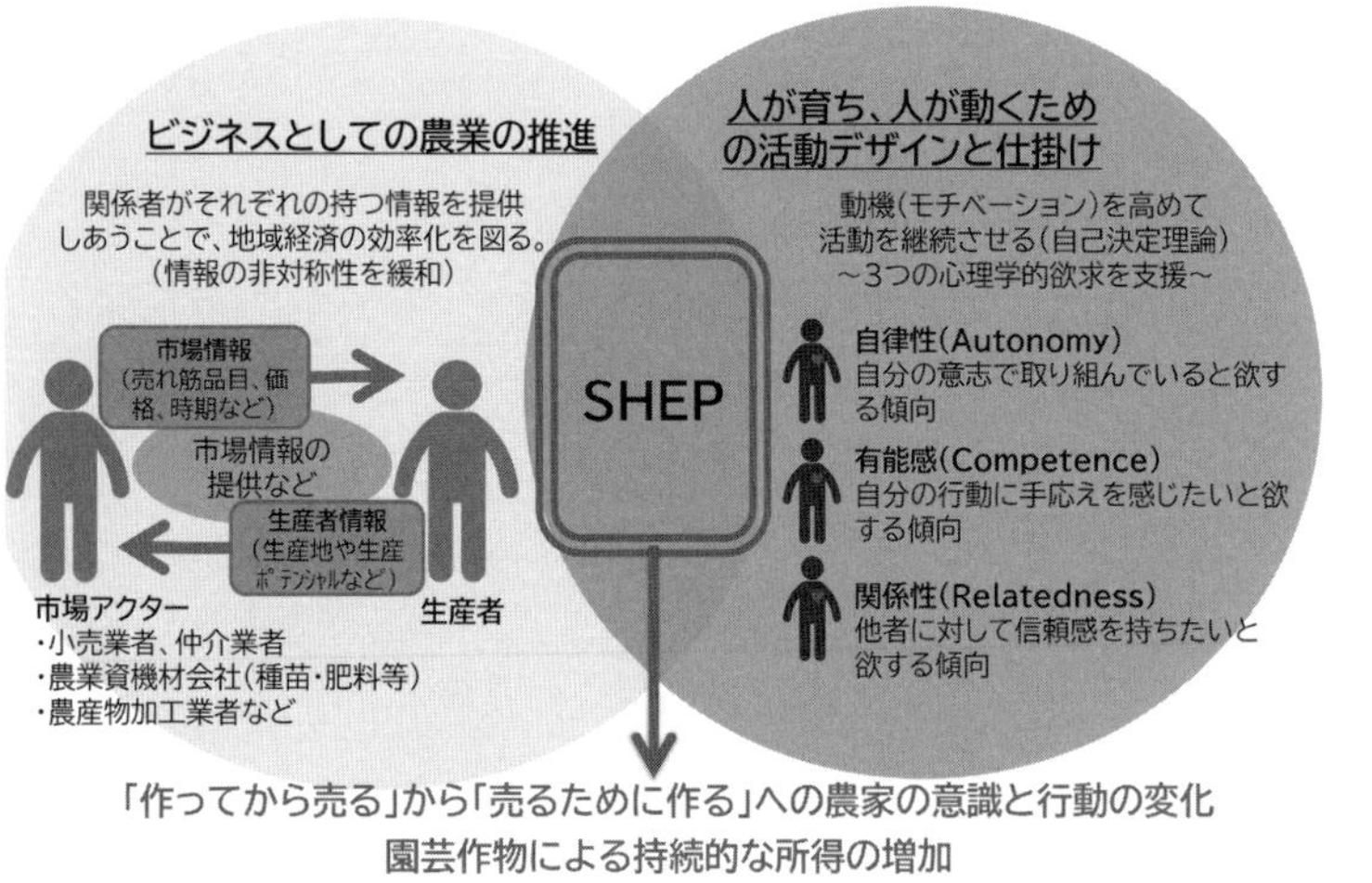

出所：JICA

的には小規模農家自らが「マーケットで何が売れるのかを知る」ことである。もう一つは、心理学の「自己決定理論」で言う「小規模農家自身のモチベーションを引き出す」ことである。小規模農家自らが考え行動することである。SHEPのコンセプトは、図表5―1のように示される。

そうしたコンセプトを、個々の小規模農家に実践してもらうために編み出されたものがSHEPアプローチの四つのステップである。このステップを実践することにより、売れるものを作る農家としての力を高めて行く。

SHEPアプローチの四つのステップ[3]

ステップ1：農家が目的と成功体験をイメージし、

ステップ2：農家によるマーケット調査を通して市場の価値を知ったうえ

で、

ステップ３：農家が自ら決断を下して栽培カレンダーを作成し、

ステップ４：選定した作物の栽培技術を習得する。

◆ＳＨＥＰアプローチの革新性

そうしたＳＨＥＰアプローチと従来の農業普及のアプローチは何が違うのか。従来の一般的なアプローチは、政府の技術者や研究者たちが、優れた技術を農家に使ってもらうことを基本とする一方通行のものであった。しかし、ＳＨＥＰアプローチは、技術を伝える前のプロセスを重視する。それを実施するかどうかで、技術の採用率や定着率が大きく変わると考える。それが、ＳＨＥＰの第一から第三のステップであり、農家自らが、技術を学びたいという意欲を高めるプロセスである。伊藤は、「子どもに勉強しろ勉強しろと言っても、どうしようもない。学べ学べと言っても子どもは学ばない。子どもが学ぶ気にさせることが大事ということと同じ」と語る。

一般的な農業普及の研修は、ＳＨＥＰの四つのステップのうち、最後のステップにあたる技術の指導に終始していた。それに対して、ＳＨＥＰアプローチの研修では、農家自身が市場調査を行って、栽培作物を選定し、栽培カレンダーを学ぶ（写真5－1）。必要な栽培技術の研修は、その後で農家のニーズに基づいて行われる。研修後に、そのプロセスの実践を繰り返すことで、農家は「自らが考える農家」、さらには自律した「起業家」へと育ち、生計が向上するのである。

伊藤と相川は、これまでのＳＨＥＰアプローチの国際的な展開を振り返ると、「創成期」と「展

写真5-1 ▶研修参加農家による市場調査の様子

出所：JICA

開期」の二つに分けられると言う。「創成期」は生みの苦しみを味わいながら、ＳＨＥＰアプローチの原型をつくりあげていった頃までのことであり、「展開期」とは二〇一三年の第五回アフリカ開発会議での「ＳＨＥＰ五万人宣言」から現在の「二〇三〇年までにＳＨＥＰ一〇〇万人宣言」にいたる道のりである。

伊藤は自らを「ＳＨＥＰの大ファン、ＳＨＥＰの営業マン」だと語る。

「私の使命は、より多くの人にＳＨＥＰを知ってもらって、農業普及の中の普通にしていくことです。相川さんとよく話していますが、『ＳＨＥＰのふつう化』、要はこんなの当然だと農業普及関係者が思うようになるまでやるのが、自分の使命です。」

ＳＨＥＰは、伊藤や相川が言う「ＳＨＥＰふつう化」の時代に入っている。創成期からそこに至った過程を振り返りたい。

エピソード1　現場の常識を超えたアプローチの誕生

二〇〇六年一一月、ＪＩＣＡは、ケニア共和国の農業省と園芸作物開発公社（Horticultural Crops Development Authority：以下、ＨＣＤＡ）とともに、小規模園芸農民組織強化計画プロジェクト（以下、ＳＨＥＰ）を開始した。ケニア西部地域の園芸農家の生計の改善を目的としたケニア政府と日本政府の三年間の共同事業である。ＪＩＣＡは、四億円弱の事業計画を立て、三名のアドバイザーチームを派遣した。そのリーダーとして選ばれたのが相川だった。相川はまだ三〇代で若かったが、青年海外協力隊員や隣国タンザニアのプロジェクトのアドバイザーとして、アフリカの農業開発について、すでに豊富な経験を有していた。現地の言葉であるスワヒリ語も堪能であるうえ、開発途上国で重視される学歴についても博士号を取得していた。

◆開始早々の難題

プロジェクトの開始早々、相川は二つのことに頭を悩ませた。一つは、プロジェクトの目標だった。ＳＨＥＰは小規模農家の所得向上を目的としていた。それには、農産物の生産量を増やすだけでなく、作物を市場で売るためのマーケティングが重要だった。しかし、それまでの日本の協力は生産面に重点を置いていて、マーケティング面については新たに協力の方策を考え出すことが必要だった。

もう一つの悩みが、ケニア側のプロジェクトメンバーの主体性だった。プロジェクトは、ケニア政府の要請に応えてＪＩＣＡが支援を行うもので、本来、ケニア側が主体的に取り組むことが前提とされていた。相川たちの立場はアドバイザーである。しかし、ケニア政府が編成した六名のメンバーは、仕事内容よりも仕事の条件、つまり、金銭的なインセンティブの方に関心があるように思われた。それには理由があった。外国政府や国際機関が支援するプロジェクトでは、参加するその国の政府職員に対して、インセンティブとして特別手当などを支給することが国際的な慣行として定着していたからだ。開発途上国では公務員の給与水準は民間企業と較べてかなり低い。プロジェクトの成功のために、給与とは別に臨時に手当を支給することでやる気を引き出すというようなことが国際的に常態化していた。しかし、ＪＩＣＡは、そうした手当てを支給することを原則として禁じていた。手当自体の金額は大きなものではない。しかし、そうしたことを行うと、日本の協力が終わった途端に、「金の切れ目が縁の切れ目」とばかりに、事業が止まってしまうおそれがあるからだ。日本の開発協力の哲学は、開発途上国側が自助努力で行える範囲のことを、側面から助けることを基本としている。

ＳＨＥＰも、そうした手当をＪＩＣＡとして負担しないことをケニア政府と合意したうえで開始されていた。しかし、政府レベルの合意の当事者ではない現場のプロジェクトメンバーは、なぜ自分たちには手当が支給されないのかという不満を抱いていた。そのため、相川が農家の所得を上げる方法を議論しようとしても、空回りしがちだった。

◆現場を支えたバックオフィス

そうした相川の苦闘を支えたのはＪＩＣＡケニア事務所の増古恵都子（以下、増古）だった。増古は、相川よりも一足早く二〇〇六年六月に農業開発担当所員として着任し、ＳＨＥＰの立ち上げとマネジメントを任されていた。ＪＩＣＡはケニアの園芸分野で長年にわたり協力を行ってきた。しかし、地方都市では、市場でトマトが大量に積まれたまま腐っているような状況が日常だった。増古は、作っても売れない、だから儲からない、続けられないという状況を変えるために、ＳＨＥＰで結果を出したいという思いを深めていた。そのために増古がとった行動は、現場を知る相川が力を発揮することを最優先にすることだった。増古は語る。

「効果のある事業をするには、相川さんのような方が活躍できることが必要だと思います。私たちＪＩＣＡ職員にとり大切なことは、現地の真のニーズを的確に捉えて適切な介入をすることができる方々をいかに見極めて、いかにサポートするかです。私たちが必ずしも現場のすべてを十分に知っているわけではないので、現場を知る専門家、コンサルタントなどの方々が良い仕事をしていたら全力でサポートする。それがＪＩＣＡ職員の重要な役割の一つです。ですので、現場の方々に、マネジメントの立場で偉そうに言うことは、本当にもってのほかで、現場で活躍して下さる方々のおかげで私たちはいい仕事ができるという意識で常にやっています。東京の本部からプロジェクトのマネジメントを行うと、経験が限られた若手の職員が、自分が作成した書類で何億円も動かせるなどと勘違いしてしまうこともあるかもしれません。たとえマネジメントが現場から離れていても、現場で活躍している方々が力を発揮しやすいようにという意識でマネジメントを行うことが重要と思います。」

相川は、増古や上司の事務所長たちがプロジェクトの現場を体感する機会を多くつくることに腐心し、「この県でこういうイベントを開催するので来てほしい」と盛んに働きかけた。そうした機会を通じて、増古や事務所長たちは、農家の反応を自身の肌で感じることができ、また、同じイベントに参加しているケニア側のキーパーソンとの信頼関係を深めていった。

また、相川は、ケニア側中枢の巻き込みにも努めた。多くの開発途上国と同じく、ケニアにおいても、政府の政策部門と地方の現場が隔絶していて、現場の現実を反映しない政策がトップダウンで現場に下ろされて、それが実施されずに形骸化していた。ＳＨＥＰも、中央で農業省とＨＣＤＡが決めたことを、地方の農業事務所と現場の農業普及員が実施するという構図であり、そうした状況に陥るおそれがあった。そのため、相川は、自分の地方出張に農業省の担当局長を連れ出し、現場関係者との共体験の場をつくった。中央政府の責任者が政策現場を訪れる機会は、多忙や出張費の不足などを理由に非常に限られていた。相川の「介入」により、そうした場がつくられることで、中央の現場への共感が深まり、また、現場のやる気が高まって行った。

◆自ら気づくことの重要性

ＪＩＣＡ事務所の後押しを受けてプロジェクトが徐々に軌道に乗り、それに応じてケニア側メンバーも前向きな姿勢を強めて行く中で、小規模農家の所得向上についての議論が本格化した。しかし、相川を含む三名の日本側メンバーと六名のケニア側メンバーは、それぞれ経験してきたことが違い、考え方も違うので、議論を重ねてもまとまらなかった。

議論の焦点は、売れ筋の作物を選ぶのは誰なのかという点だった。所得の増加には、何よりもマーケティングが重要である。ケニア側メンバーの考えは、プロジェクト側で市場調査を行い、その結果を農家に提供するというものだった。しかし、そうした方法はこれまでにもケニアで試みられていて、成果をあげていなかった。そこで、相川は、農家が自ら市場調査を行うことを提案した。それに対してケニア側メンバーは、無学で意欲のない農家にそんなことができるわけないと反対した。

共通の経験がない中で議論することの限界を感じた相川は、とにかく試してみることを提案した。開発途上国の問題解決に日本が関与する開発協力は、開発途上国側が常識と信じていることを揺るがす「非日常の場」となり得る。開発途上国の中で普段を行われないことを試行することは、ＪＩＣＡの技術協力ならではの強みだ。相川が提案した農家自身による市場調査は、実際にやってみると農家側の反応が非常によく、相川が思い描いたように実践された。ケニア側メンバーは、そうした「予想外の結果」に驚き、自分たちの思い込みを素直に改めた。「小規模農家自身が栽培する作物を決める」というＳＨＥＰアプローチの肝の一つは、そのようにして生まれたのであった。増古は振り返る。

「他の農業関係のプロジェクトとＳＨＥＰでは、農家さんの反応が明らかに違いました。ＳＨＥＰは農家さんのオーナーシップが凄いんです。そこは、やはり実際に儲かるからだと思います。市場調査をしたうえで、適切な作物の栽培を決めて実際に売れて、農家は本当に儲かるという経験をする。それを何度も見たケニア政府の関係者も、このやり方は良いと確信を深めて、自分たちの手で広めたいと思うんです。本当に効果があることをやっているからだと思います。」

農家が自ら判断することの重要性に相川は、なぜこだわったのか。相川はＳＨＥＰの前に、ケニアの隣国のタンザニアで稲作プロジェクトに参加していた。そこで、稲作の方法を研修で学んだ農家が、先生役となって他の農家に熱心に教えている場面をよく見かけていた。教師役の農家に聞いてみると、ほかの農家に喜ばれるからとか、先生と呼ばれると嬉しいから教えているという理由だった。それが不思議で、色々と調べてみて見出した学術理論が、心理学の自己決定理論だった。それ以来、自己決定理論は相川の念頭にあったのだった。

◆試みられたさまざまな工夫

小規模農家の所得向上を実現する方策は見えてきた。他方、プロジェクトの期間は三年間しかなく、その間に明確な結果を出さなければならない。そのため、相川は、効果的かつ効率的にプロジェクトを進める工夫を重ねた。その一つが、研修の段取りだった。個々の農家を対象にプロジェクトで研修を直接行うことはできない。そのため、すでに存在していた農家のグループを対象として、その代表者を対象に研修を行うことにした。グループの大きさは、だいたい二五名程度で、代表者が研修に参加して得たことをメンバーに伝えてもらう方法だ。それは、一般的に用いられている方法だが、相川の工夫は、各グループから男女一人ずつの代表者を出してもらうことだった。農作業の担い手は女性であることが多い。女性の代表者が必ず参加することで現場の女性たちにより確実に知識が広がるというわけである。

さらに、農家グループが代表を研修に送り出す際に、念書を書いてもらうことにした。「農家グループのメンバーは集合研修にこの人を代表に選びます。選ばれた代表者は、メンバー全員の署名を集め、研修に出た後にその結果をグループに共有します」という内容だ。それにより、署名したメンバーは、プロジェクトの研修を終えた代表者が、新たなノウハウを自分たちに伝授してくれると期待する。選ばれた代表者は、そこにプレッシャーも感じて、期待どおりに役割を果たす。相川は、そういう人間の心理的な効果を上手く使ったのである。

ＳＨＥＰのもう一つの成功要因は、プロジェクトの目標の設定の仕方にあった。営利企業の場合は、目標は自明である。売上、利益、市場シェアなどの業績が短期的に表れ、それらを経営目標とすることができる。それに対して、政府の事業については、そうした業績が短期的には明瞭には表れない場合の方が多い。そのため、事業計画の段階で、目標とそれを測定するための指標を決めて、その実現状況を評価することが必要になる。

そうした目標と指標をどのように定めるかに、プロジェクトの勢いは影響を受ける。簡単に実現できる目標や、プロジェクトの本質から離れた目標を定めると、プロジェクトが目標を実現しても、社会的課題の解決という本来の目的につながらないということになりかねない。しかし、チャレンジングな目標を立てると、それが実現しない場合に、プロジェクトが悪く評価されかねない。

ＳＨＥＰの場合も、研修の実施回数や参加した農家の数といった「安全な」目標を立てるという選択肢もあった。そうした目標であれば、実現を見通すことができる。しかし、農家が研修に参加することは手段であって目的ではない。そこで、相川たちは、農家の所得向上という本質的なことを目標にした。すなわち、単に活動の量を求めるのではなく、常に「所得向上」に必要な活動かどうかを検証し、その活動に集中して取り組んだ結果、目的達成への道のりを早めることができたのである。例えば農家が「市場調査」を行うことは成果に直結するので必須とする、「食品加工」の活動は投資に見合う成果が得られないので中断する、などである。それにより、農家の所得向上を導くために、何をどのように行うかが問われることになる。プロジェクト関係者全体に「この活動によって、農家の所得は上がるかな？」といった視点が生まれた。活動を考案、実施する際に、常に目標を意識するようになった。また、農家の所得に関するデータの記録を農家自身に行ってもらうことにより、農家が自身の営農状況を常に意識するという副次的な効果がもたらされた。

政府の農業普及員には、市場調査、栽培カレンダーの作成、データの記録などを農家が主体的に行えるよう、側面から助け、農家のニーズに応じて作物の栽培技術を教えるという役割に徹してもらった。そのために必要なノウハウを伝えるために、また、これまでの農業普及との違いをしっかりと認識してもらうために、普及員に対する研修もしっかりと行った。普及員たちは自身が行った活動の効果として農家の間でポジティブな変化が見られるようになることを知り、仕事に対する意欲を高め、更なる成果を目指して努力するという好循環が生まれた。

そうした一連の活動の成果として、プロジェクト開始からわずか二年で、対象農家の平均年間売上高が二万三千円から四万八千円に倍増した。増古は「三年間という短い期間にもかかわらず、目標の実現にみんなが一致して向かっていくという、勢いをすごく感じました。」と振り返る。

エピソード２　広域展開に向けた「商品開発」：セオリーと型の創出

ＳＨＥＰの営業マンを自負する伊藤は言う。

「いい商品がないと営業はできません。ＳＨＥＰアプローチは、しっかりとしたコンセプトがあって、理論武装されていて、シンプルですから営業しやすい。商品がいいので、営業するごとに、自分のモチベーションもあがってきます。」

今でこそ、コンセプトと四つのステップからなるＳＨＥＰアプローチとして理論化されているが、二〇一三年にＴＩＣＡＤ５で大々的に取り上げられることが決まった時点では、それはまだでき上がっていなかった。ケニアから各国に展開していくには、「ＳＨＥＰアプローチとは何ぞや」を簡明に示すことが必要だった。当時、ケニアのＳＨＥＰに倣ったプロジェクトが、いくつかの国で開始されていた。しかし、それらでは市場調査は、農家ではなく政府の農業普及員が行っていた。

そうした「似て非なる」プロジェクトの進捗は思わしくなかった。それを捉えて、ＪＩＣＡ本部では、ＳＨＥＰアプローチはたまたまケニアで成功しただけではないかという声も聞かれるようになっていた。

◆ＳＨＥＰアプローチの理論化

相川は、ケニアでの仕事を終えて、第一線で開発協力の現場に従事する立場から、ＪＩＣＡ本部のアドバイザーに立場を変えた。開発途上各国との農業分野の協力全般について、新規事業の立ち上げや実施について、ＪＩＣＡ職員に対して助言を行う中で、相川はＳＨＥＰアプローチをケニアから国際的に展開していくには、その本質を明瞭にすることが必要と考え、ケニアでの成功要因を解明する調査研究の実施をＪＩＣＡに提案した。相川は語る。

「『この事業の肝は何か』、それを長々と説明するようでは営業にはなりません。また、その事業を別の国で展開しようとなった時、『その国の文脈にあわせて』と長々と説明するようなことではダメです。そうではなくて、その国に合わせられるような、核となるものがあって、その国の状況を聞いて、だったら、この使い方できますよ、というものを持っておくことが必要でした。」

二〇一三年に一年間をかけて行われた調査研究にはＪＩＣＡの外からコンサルタントとして、首藤久美子（以下、首藤）が参加した。首藤も相川と同じく青年海外協力隊の経験者だ。バングラデシュで女性たちを中心とする農村開発の活動に取り組み、農村の現場が変わるということが、どれだけ難しいことかを実感していた。また、事業評価を専門とするコンサルタントとして、日本の協力が終了した後に、成果の持続や展開がなかなか進まない実態も数多く見てきた。そうした首藤にとって、農村の現場が変わり、インパクトが持続的に広がっているＳＨＥＰは、長年の疑問の答えを見出し得る格好の題材だった。

首藤は、ＳＨＥＰに参加した農家の暮らしぶりを、じっくりと時間をかけて密着観察するという方法を用いた。世間話をしながら、日常の農業や家庭生活にＳＨＥＰがどういう形でインパクトを与えているのかをつぶさに観察した。短時間のインタビューではなかなか見えてこない実態を明らかにしようとするものであった。例えば、夫婦の関係についてきれいごとを答えた男性が、家に帰ったら妻に命令していることはよくある。首藤がいくつかの農家を訪問して驚いたのは、家に帰って子どもを抱えて面倒を見ているのは男性であり、料理までしてしまう男性がいたことである。彼らは、「ＳＨＥＰに参加する前は子育てや料理は女性の仕事だと思い込んでいたが、今ではこれが日常になった」と語った。密着観察を通じて首藤はＳＨＥＰの評判は本当だったという確信を強めた。

ケニアでの調査を終え帰国した首藤は、相川やＪＩＣＡ職員たちと、ワイワイ、ガヤガヤと議論し、模造紙を囲んでアイデアを共に描き、コンセプトを練り上げて行った。最後にたどりついたのが、冒頭に紹介したコンセプト図だ。左側が情報の非対称性の側面、右側がモチベーションの側面を示す、経済学と心理学のハイブリッドのコンセプト図である。「タマネギの皮を剥いて本当の芯の部分に触れるようでした」と、首藤はそのプロセスを振り返る。

事業の核とは、その事業の意味や価値を概念化した事業コンセプトのことである。相川は語る。

「ある事業が上手くいっている理由は何か、同じように他の国でやるにはどうしたら良いかを突き詰めて考えることが大切です。そういうことを、『業務が忙しくて余裕がない』としてさぼると、結局、成功した事業を他の国で行う際に、本質的に大切なことが抜け落ちてしまい、そのために思うように成果があがらず、軌道修正に余計に苦労することになります。だから、良い事業については、外部の人を入れたり、内部で勉強会をやったりして成功要因を突き詰めて考えるという作業が重要なのです。」

エピソード3　ケニアからアフリカ各国への展開の始動

◆広域展開するための仕組みの構築

ＪＩＣＡは、ＳＨＥＰアプローチの「マーケティング」をアフリカ各国に対して行っていく「場」として、二〇一四年に、アフリカ各国で中核的な役割を担う行政官と普及員を日本に招く研修プログラムを開始した。日本政府の開発協力事業の一環で、ＪＩＣＡは、開発途上各国の政府関係者を毎年約一万人の規模で招いて、さまざまな分野で研修を行っている。そうしたプログラムの一つとして、アフリカ各国で農業普及の中核を担う行政官や技術者を対象に、ＳＨＥＰのコンセプトを伝える研修プログラムを立ち上げた。

参加者は日本で二週間、ケニアで一週間それぞれ学び、ＳＨＥＰアプローチを自国に応用するためのアクションプランを自ら考える。それを帰国後にどう実践するかは、参加者に委ねられている。日本側から積極的に働きかけて、実践を促すのではなく、各参加者に小さいことでも自分たちのルーティン業務で実践してもらうことを、まずは大事にしている。小規模農家自らが考え行動することをコンセプトとするＳＨＥＰアプローチは、同じように小規模農家を指導する政府側の行政官や普及員の主体性も重視しているのである。

研修を核にした理由は『缶詰効果』だ。研修期間中は、完全に日々の業務から離れて、じっくり研修に集中してもらうことが重要だった。では、なぜ日本で実施したか。それはＳＨＥＰアプローチのエッセンスは、もともと日本の農業普及にあったからである。例えば、かつて日本には、「考える農民の育成」という農業普及のスローガンがあった。ＳＨＥＰアプローチとは、まさに考える農民の育成である。要は、規模は関係なく一つの形態として、生産から販売まで考えながら農業をやる。そういった農業で起業家になった日本の農家に触れてほしいと考えたのである。起業家に直接会って話を聞くことにより、農家が市場を常に意識しながら、何を作り、誰に売って利益をあげるのかを自ら考えて農業を実践すること、つまり、「情報の非対称の緩和」とは何で、それが如何に重要かに気づく。また、自ら考えて収益を上げるという起業家たちのモチベーションの高さを実感する。さらに、農業普及員がそうした生産から販売までのプロセスを通じて、農家に寄り添って支援している様から、自分たちの状況を省みる。つまり、ＳＨＥＰ理論のコアの理解が日本の現場

写真5-2 ▶日本でのSHEP研修に参加したアフリカ各国の指導者

出所：JICA

を訪問することにより、一気に深まるのである（写真5－2）。

さらに二週間の日本の研修を終えた後、ケニアのＳＨＥＰの現場で補完的な研修が一週間行われている。それにより、アフリカ各国からの参加者は、日本で気づきを深めたＳＨＥＰ理論のコアが、自国と状況が近いケニアにおいて、どのように実践されているかを実感することができる。それを通じて、自分の国でも実践できるという自信を深め、具体的にどうしたら良いかについてアイデアを膨らませていく。

そのうえで、各参加者は、日本の創ったアクションプランをより現実的なものに手直しし、各国に戻った後、同僚や上司と相談して同意を得たうえで、その実践に取り組む。ＪＩＣＡも、日本の研修で伝えたことを、各参加者が自国の現場でどのように実践するかを見届けて、必要とされる場合には、技術的な支援を行う。以上のステップを踏むことで、アフリカ各国に、ＳＨＥＰアプローチの導入が広がって行った。

そうしたＳＨＥＰアプローチの研修の真髄は、相川の次の言葉に象徴されている。「すべての人がＳＨＥＰアプローチの主体者とならないと成功しません。日本人はヒーローになってはいけない。ヒーローは現地の人たちであり日本人は黒子です。」。

◆ＪＩＣＡ内の体制づくり

ＳＨＥＰアプローチが明確化され、研修プログラムが立ち上がる中で、アフリカ各国への広域展開に奔走したのが、ＪＩＣＡ職員の浅岡真紀子（以下、浅岡）だった。二〇一〇年以降も続いていたケニアのＳＨＥＰのマネジメントに加え、アフリカ一〇カ国の五万世帯の小規模農家にＳＨＥＰアプローチを普及するというＴＩＣＡＤ ５の宣言の実現に、アドバイザー役の相川と二人三脚で取り組むことになった。

宣言の実現には、浅岡が所属する事業部をあげての組織的な取り組みが必要とされていた。しかし、部内の各職員はすでに手掛けている案件に忙殺されていた。ＳＨＥＰアプローチの国際展開という新たな業務に、直ちに部をあげて取り組むという体制はつくれなかった。そのため、どのように前に進めるかは、まずは浅岡の発意に委ねられた。ＪＩＣＡでは、中堅や若手の職員も、開発途上各国との協力プロジェクトを任される。相手国政府との協議や、現場の日本側チームのマネジメントなど、一般的な企業の管理職の役割を早くから担っている。そうしたＪＩＣＡの組織文化を背景に、浅岡の自発性や創意が期待されたのだった。

とはいえ、ＳＨＥＰアプローチの国際展開の難度は、単体のプロジェクトを実施するのと較べて各段に難しい。浅岡は、悩みながらも、部内で進捗状況を定期的に報告する場をつくり、部長以下の管理職たちを徐々に巻き込んでいった。また、担当役員への働きかけにも努めた。アフリカ各国に対する「営業」として現地で開催したセミナーへの出張を依頼し、手応えを肌で感じてもらった。また、同行の機会を利用して、東京では直接話をする機会が滅多にない役員に対してたっぷりと時間をつかってインプットを行った。そうした浅岡の努力があり、ＳＨＥＰアプローチの国際展開について、経営層が進捗状況を把握し、的確に経営判断を行う組織体制が整って行った。

　他方、浅岡は、アフリカ各国のＪＩＣＡ事務所との認識の共有についても頭を悩ましていた。ＳＨＥＰアプローチの国際展開は、日本での研修に参加した各国政府関係者の帰国後の主体的な取り組みにかかっていた。そのためには、各国の現場で、ＪＩＣＡ事務所が的確にフォローアップを行うことが不可欠だった。日本の研修に参加した各国の関係者にとり、自前でアクションプランを実行することは簡単なことではない。所属組織の同僚や上司にＳＨＥＰとは何かを説明して、賛同を得て、予算を確保して、自身が抱えている業務をやりくりして実施するというプロセスのモメンタムは、現地のＪＩＣＡ事務所が応援し、支えることで維持され得る。それには、各国のＪＩＣＡ事務所の担当者が、ＳＨＥＰアプローチを深く理解していることが必要とされる。しかし、ＪＩＣＡでは、職員は二年から三年程度で部署を異動する。担当者が交替しても、各国のＪＩＣＡ事務所が足並みを揃えて、一貫したフォローアップを行う体制をつくることが必要とされていた。そのため、浅岡は、ビデオ会議を重ね、業務手順をマニュアル化するなど、ナレッジ共有や浸透に力を入れた。

◆SHEPアプローチの現地化

浅岡が、SHEPアプローチの国際展開に奮闘する中で、各国のモデルとして先行していたケニアのプロジェクトが難しい局面を迎えていた。TICAD 5の翌年の二〇一五年に、ケニア全国にSHEPアプローチを普及するプロジェクトが始まったのだ。それまでは、農業省とHCDAというケニア政府の中央組織が一元的に普及を行ってきた。それを、地方分権改革の一環として、各地方自治体が自力で行う体制に転換することが新たなプロジェクトの目的だった。

SHEPアプローチを全国に広げるためには、各地方自治体に自律分散的に取り組んでもらわなければならない。SHEPアプローチがそれぞれの国で全国的に定着するためには避けられないステップだ。しかし、開発途上国の地方自治体は、日本の状況からは想像できないほどに人財も予算も不足している。そうした、ないない尽くしの地方自治体が、どうすれば研修や助言などのサービスを農家に対して適切に提供することができるようになるのか。これからは、自ら普及活動を行うのではなく、裏方として地方自治体を支えなければならなくなったケニアと日本のプロジェクトメンバーは、頭を悩ませていた。

この問題を解決する鍵は、意外にもSHEPアプローチの国際展開の取り組みの中にあった。日本とケニアでの研修を終えてSHEPアプローチの導入に取り組んだアフリカ各国は、ケニアで行われていた研修の内容をそのままコピーするのではなく、それぞれの国の事情に即して簡素化して導入していた。ケニアと較べて予算もノウハウも不足しているので、自分たちでできる形に「現地化」していたのだ。それでも、SHEPアプローチの肝を外していなかったので、ケニアと同じように成果があがっていた。相川は「ＳＨＥＰは型にハマったものではなく、ケニアのＳＨＥＰの型が絶対ではないんです。フルスペックではなく小さくやっても良いのです」と語る。

そうした「後発国」の一つであるマラウイの現場に、ケニアの地方自治体の担当者たちを連れて行った。その結果、自分たちよりも遅れていると見下していた国で、ＳＨＥＰアプローチが、思い思いに実践されている状況を目の当たりにして、自分たちにはできないと慎重だったケニアの地方自治体の担当者たちも、やる気を高めた。

ＳＨＥＰアプローチがマラウイで自在に応用され、成果をあげている様子は、政策や施策は上が定めたように実施するものというケニアの人々の常識を揺るがすものだった。同時に、浅岡も、計画は、計画を遂行する立場にある者が創ることの重要性を改めて認識した。自らの経験を振り返りつつ浅岡は次のように語る。

「それまで開発計画の策定をいくつか担当しましたが、『絵に描いた餅』という感じで、実現されないままになることがありました。どうやったら、開発途上国側が自分たちで実施し、継続できるんだろうということが、自分の問題意識として強くありました。」

ＳＨＥＰアプローチを、自らの状況に即してローカライズするというプロセスは、ＳＨＥＰのアフリカ各国への横展開や、ケニア国内における全国普及のキーポイントだった。伊藤は語る。

「そもそも理論を知らなければ、応用もできないので、まずしっかりとSHEP理論を学んでもらう。そして、その理論を元に、日々の業務にこの理論をどう応用して、農業普及のクオリティを上げるのかというアクションプランをつくってもらう。その後はトライ&エラーの世界で、各々が自国に戻った後に、日々の業務でやってみて、現実に合わせて変えていくということです。そうした小さな実践を試みた行政官や普及員が、もっと本格的にやりたいと意欲を高めたら、その国とJICAの間でプロジェクトの立ち上げを相談する。広域展開のために我々からプロジェクトの実施を持ちかけたら、SHEPアプローチへの確信がないまま、JICAに言われたからやるということになってしまう。それでは長続きしないし、広がりません。」

エピソード4 SHEP一〇〇万人共同宣言、そして「ふつう化」へ

二〇〇六年にケニアで開始されたSHEPは、相川らの構想が増古らのサポートがあって軌道に乗り、大きな成果を生み出した。それを受け二〇一三年の第五回アフリカ開発会議において広域展開についての合意がなされ、首藤や浅岡らの尽力があって、アフリカ各国への展開が軌道に乗りつつあった。そうした最中の二〇一六年一二月に、後に自らを「SHEPの営業マン」と呼ぶ、伊藤がJICAパラグアイ事務所から、JICA本部のSHEP担当管理職として着任した。

◆「コロンブスの卵」、ＳＨＥＰとの出会い

帰国早々にＪＩＣＡ関係者向けの研修に参加した伊藤は、目から鱗が落ちる思いがした。伊藤は語る。

「ＳＨＥＰアプローチは言われてみれば当たり前です。『農家が自分自身でマーケットを見て、儲けるために自分でつくるものを決める』、そんなこと普通にできるはずですが、実際できていなかった。それが如何に重要かに気づかなかった。私もそうだし、多くの人がそうだったんじゃないかと思います。だから私はＳＨＥＰアプローチを『コロンブスの卵』と称しています。」

大学で農業経済学を専攻し、農民運動が盛んだった南米ボリビアの大学院で持続可能な開発を学んだ伊藤は、自らを開発途上国の農業普及のプロフェッショナルと自認していた。それだけにＳＨＥＰアプローチのシンプルな理論に衝撃を受けた。一方で、そうした理論の実践がそう簡単にいくのかという疑念も感じていた。伊藤が、ＳＨＥＰアプローチの実践効果を確信したのは、マラウイとジンバブエの現場を訪れた時のことであった。伊藤は、「つくってから売る」から「売れるものをつくる」農家へと、実際に大きく変わった様子を目の当たりにしたのだった。

「マラウイもジンバブエも、まだＪＩＣＡが支援するプロジェクトではなく、日本での研修に参加した行政官や普及員が自主的に導入を試みていた段階でした。現地で日本人アドバイザーが指

導をしていない段階にもかかわらず、SHEPアプローチを実践している農家の発言する内容のクオリティの高さに驚きました。また、農家の暮らし向きも、ここまで変わるのかと衝撃を受ける程でした。その時以来、SHEPの「ふつう化」、つまり、皆が当たり前と認識して実践するようになるまで広めるのが私の使命だと思ってきました。」

◆営業活動

SHEP担当の管理職として国際展開の司令塔の役を担うことになった伊藤が力を入れたのは、認識の共有だった。まず、アフリカ各国との協力の第一線を担うアドバイザーたちに理解してもらうことが必要だった。JICAのプロジェクトは、計画と評価をJICAの職員が行い、実施はJICAが企業との契約や個人への委嘱で派遣するアドバイザーに担われていた。伊藤と同様に農業普及のプロフェッショナルを自認するそうした関係者は、SHEPアプローチを「なるほど」と直ちに受け入れてくれたわけではなかった。実践が半信半疑で行われれば、結果も出にくい。結果が出なければ、さらに実践に身が入らなくなり、形骸化してしまう。そういう悪循環が懸念された。そこで、伊藤は「出前講座」と称し、アドバイザーの「供給元」のコンサルタント企業に出向いて勉強会を繰り返した。いわば発注者による営業である。「コロンブスの卵」を実感した伊藤の話は説得力があり、農業普及の現場の現実を知るコンサルタント企業の関係者たちも、SHEPアプローチの本質に理解を深めていった。

他方、JICA内でも認識共有を深めることが必要とされていた。SHEPアプローチは、新たにそれだけを目的とするプロジェクトを立ち上げるまでもなく、小規模農家を対象とするのであれば稲作や生計向上などに関するさまざまなプロジェクトに組み込み得ることだった。実施中のプロジェクトで途中から実施することも可能である。しかし、部内の各担当者の間では、SHEPアプローチを自らの担当案件で実践してみようという動きは広がっていなかった。「あれは宗教だ」と言う職員もいるなど、SHEPアプローチの意義や価値が、まだ十分には共有されていない状況にあった。

そこで、伊藤は、SHEP以外のプロジェクトも管理職として担当していたので、まず、それらのほとんどにSHEPアプローチが組み込まれるように、一貫して各担当者に熱心に働きかけた。その結果、SHEPアプローチを取り入れたプロジェクトが着実に増えて行った。二〇二一年度末の時点で、図表5－2に示す三四カ国で事業実績がある。

◆「SHEP一〇〇万人」の共同宣言

JICAと開発途上各国との協力の中で、SHEPアプローチの実践が広がる中で、相川と伊藤は、国際援助機関や企業への「営業」にも乗り出した。アフリカの農業開発には、多くの国際援助機関やグローバル企業が関与している。そういった機関にも活用してもらい、大きな流れを創り出そうという考えだ。

ターゲットとして、まず農業分野の国際援助の中核を担う二つの組織を選んだ。国際農業開発基

図表5-2 ▸ SHEPアプローチ実践事業の一覧(2022年3月時点)

■技術協力プロジェクト　30カ国

【アフリカ地域19カ国】

【ケニア】小規模農民組織強化・アグリビジネス振興プロジェクト
【エチオピア】市場志向型小規模園芸農業推進プロジェクト
【マラウイ】市場志向型小規模園芸農業推進プロジェクト
【セネガル】小規模園芸農家能力強化プロジェクト
【ルワンダ】灌漑水管理能力向上プロジェクト
【マダガスカル】コメセクター生産性向上および産業化促進支援プロジェクト
【エジプト】経済開発のための市場志向型農業プロジェクト
【ウガンダ】北部ウガンダ生計向上支援プロジェクト
【タンザニア】SHEPアプローチを活用した県農業開発計画実施能力強化プロジェクト
【モザンビーク】ナカラ回廊農業開発におけるコミュニティレベル開発モデル策定プロジェクト
【ナミビア】北部ナミビア小規模農家生計向上プロジェクト
【ガーナ】市場志向型農村生活改善プロジェクト
【ニジェール】農業普及システム改善プロジェクト
【南スーダン】食料安全保障・生計向上のための農業振興・再活性化プロジェクト
【ジンバブエ】市場志向型農業振興プロジェクト
【ナイジェリア】生計向上のための市場志向型農業普及振興プロジェクト
【コートジボワール】国産コメ振興プロジェクトフェーズ2
【スーダン】リバーナイル州における市場志向型農業および灌漑スキームの組織とその運営能力強化プロジェクト
【ブルキナファソ】農業を通じた栄養改善プロジェクト

【アフリカ以外の地域11カ国】

【パレスチナ】市場志向型農業普及改善プロジェクト
【エルサルバドル】東部地域野菜農家収益向上プロジェクト
【ネパール】タライ平原灌漑農業振興プロジェクト
【ボリビア】サンタクルス県インクルーシブ・フードバリューチェーン振興プロジェクト
【アルゼンチン】一村一品のコンセプトに沿った市場志向型インクルーシブバリューチェーンの構築プロジェクト
【ブータン】温帯果樹振興プロジェクト
【バングラデシュ】マルチステークホルダー連携による小規模園芸農家のための市場志向型農業振興プロジェクト
【インド】ヒマーチャル・プラデシュ州作物多様化推進プロジェクト(フェーズ2)、ジャルカンド州点滴灌漑導入による園芸強化事業
【タジキスタン】SHEPアプローチを通じた農業普及サービス改善プロジェクト
【スリランカ】サプライチェーン強化を通じた中小規模農家の生計向上プロジェクト
【モンゴル】農牧業バリューチェーンマスタープランプロジェクト

■個別専門家派遣　4カ国

【南アフリカ】南ア派遣　小規模園芸農民組織強化アドバイザー
【グアテマラ】農村開発アドバイザー
【カンボジア】農業アドバイザー
【マリ】セネガルSHEP広域アドバイザー支援によるマリ政府の独自活動

出所:JICA

金（ＩＦＡＤ）と国連食糧農業機関（ＦＡＯ）である。ともにローマに置かれている本部に乗り込んだ相川と伊藤に対して、ＩＦＡＤは積極的に反応した。開発途上国に対して資金面で援助を行うＩＦＡＤは、小規模農家に対する農業普及が上手くいかないために事業が滞るという事態に頭を悩ませていた。他方、ＦＡＯは独自の農業普及アプローチを実践しており、ある意味でＳＨＥＰのアプローチの競争相手でもあった。しかし、ＳＨＥＰのコンセプトである「情報の非対称性」および「心理的欲求」を理論的に説明したところ、ＳＨＥＰの価値を認めてくれた。[4] そうした営業努力により、ＳＨＥＰはＪＩＣＡの知識から国際公共財へと姿を変えて行った。[5]

勢いを増したＳＨＥＰは、さらに大きなチャレンジを与えられることになった。二〇一九年八月に開催された第七回アフリカ開発会議（ＴＩＣＡＤ７）で、「ＳＨＥＰ一〇〇万人宣言」が表明されたのだ。二〇一三年の第五回会議で日本政府が打ち出した広域展開は約五万人への普及を想定していたので二〇倍である。百万人宣言となると、ＪＩＣＡ単独で実現することは難しいこともあり、アフリカ各国政府と、ＳＨＥＰアプローチに賛同する国際機関やグローバル企業の「共同の宣言」として行われた。内容は次のとおりである。二〇〇六年にケニアで始まった小さなプロジェクトから、国際的なムーブメントに生まれ変わった瞬間だった。

「私たち、各国政府関係者、開発パートナー、民間企業、他関連団体は、二〇三〇年までに少なくとも百万人の小規模農家がより良い暮らしを実現できるよう取り組みます。また、小規模農家の自立性を尊重し、ＳＨＥＰを活用することで農家がビジネスとしての農業を実現できるよう最大限取り組みます。これによりコミュニティの中で市場志向型農業のイニシアティブをとる中核的な農家が生まれ、農村経済がより活性化することで、ＳＤＧｓのゴール二が達成されることを目指します。さらに、小規模農家支援のために、私たちが共同でアクションを起こし、知識共有を推進していきます。[6]」

百万人という目標の実現は、ＪＩＣＡ以外の組織が、どこまで自分事として主体的に取り組むかにかかっている。その点で伊藤が意を強くしたのが、二〇二〇年一二月に行われた、バングラデシュのＡＲマリックシード社という種苗企業との協力覚書の締結だ。[7]それは伊藤が営業を仕掛けた結果ではない。相川と首藤がバングラデシュに出張した際に、現地のＪＩＣＡ事務所から熱心な企業だからと紹介されたのがきっかけだった。

一般的に、小規模農家を対象とする普及業務は、政府や自治体の仕事であり、民間企業がビジネスとしてＳＨＥＰアプローチを使って普及活動を行うことはなかなか起こりそうもなかった。しかし、ＡＲマリックシード社は、顧客である農家が儲かれば、もっと自分たちの種を買ってくれるだろうと考え、ＳＨＥＰアプローチに関心を持ったのだった。相川と首藤が概要を簡単に説明しただけで、直ちに農家向けのＳＨＥＰのプロモーションビデオを自ら作成し、普及活動を始めてしまった。二〇二〇年は一千二百の農家がＳＨＥＰアプローチを導入し、市場調査や栽培カレンダーの作成を行った。また、女性が家庭内で営農に関与できるようになり、家庭内の収支記録を取れるようになった。これらの結果、グループ単位での共同出荷システムを導入し、労働時間を短縮したり、優良な種子の共同購入を行ったりできるようになり、約七五％の農家が生産量を二〜三割増加させることができた。伊藤は、アフリカでもそうしたことが起こり得るという手応えを感じた。

伊藤は、多くの組織に対して、理論と成果に裏付けられたＳＨＥＰの価値を語り、信頼関係を築き、協働を働きかけてきた。それは、ＪＩＣＡの予算を使って自前の事業を行うのとは、大きく異なるマインドセットとノウハウが求められる。二〇一三年に始まったＳＨＥＰの国際展開は、伊藤という営業マンのもとで、異次元の領域に進んで行った。

エピローグ　ＳＨＥＰアプローチのこれから

二〇二〇年の初めに世界を襲ったコロナ禍は、ＳＨＥＰの国際展開に試練をもたらした。その中心となってきた日本での研修が行えなくなり、アフリカ各国での現地指導に日本人アドバイザーが出向けなくなったのだ。日本での研修と現地指導は、急遽オンラインの形式に転換された。これまで行われてきた日本とそれに続くケニアでの研修は、アフリカ各国の参加者が、ＳＨＥＰアプローチの本質に、現場で気づく貴重な機会になっていた。それを欠くオンライン研修が、同じような効果を発揮することは難しいように思われた。しかし、オンラインだからこそできるさまざまな工夫を凝らすことで、研修の効果をむしろ高めることに成功した。

もともとの三週間の研修プログラムは、第一週に日本で現場の視察とＳＨＥＰ理論の講義を行い、第二週に日本でワークショップを行い、各自が帰国後に実施するアクションプランを作成し、第三週にケニアでＳＨＥＰの現場を訪問し、アクションプランを完成させるという構成だった。オンライン研修では、第一週に行っていた日本の視察内容を臨場感豊かな動画教材にして視聴してもらう方法で理論を学び、第二週目のオンラインでのワークショップの前に一週間あけて、各国の参加者に、第一週のプログラムから得た気づきを踏まえて、自国の農家や市場関係者にインタビューを行い、現場の実態を調査してもらうことにした。その結果を第二週目の冒頭で発表してもらうことにより、各参加者が研修の成果として作成するアクションプランの内容が、より地に足のついたものになった。それまでのアクションプランは、日本で視察したことに影響を受けて、自国の現実から離れたものになりがちだった。自国の農家や市場関係者にインタビューすることにより、自然と、自国の現実をより意識にするようになったのだ。こうしたプログラムは日本国内の研修では行い得ず、オンライン研修ならではのものだった。また、動画教材を用いることにより、研修参加者が自国の同僚や上司に、ＳＨＥＰの本質をより的確に伝えることができるようになった。

そうしたオンライン研修の開発に象徴されるように、ＳＨＥＰは環境の変化に機敏に適応して変化し続けている。それは、相川や伊藤だけでなく、現場のマネジメント担う各担当者がＳＨＥＰのコンセプトに深く共感し、能動的に動いているからだ。その一人の定本ゆとりは語る。

「創成期の話やこれまでの経緯を聞くにつけ、今（二〇二〇年）この瞬間が、周囲の理解という点で最も苦労が少ないと思っています。一方、この一～二年の間に、アフリカを越えて、全世界に拡大しており、ＳＨＥＰの展開に必要なコア人材の育成を急ぐ必要があり、嬉しい悲鳴をあげています。ＳＨＥＰのコンセプトは園芸作物農家に限らず、途上国の開発のあらゆるシーンで活用可能であり、一カ国でも、一団体でも多くの方々に活用してもらえたら、みんながハッピーになるなという実感を持っています。とはいえ、『良いものなんだから使いなさい』っていうことをやってしまった瞬間に、これまでの農業技術の指導と同じことになってしまう。小規模農家を対象とする事業がうまく進まない時、『せっかく我々が良いコンテンツを伝授しているのに農家が活動を続けないのは、やる気がないから、努力が足りないから』と、片付けがちです。しかし、ＳＨＥＰを担当して気づいたことは、受け手の人々の主体性を引き出す仕掛けづくりこそが最も大事であるということです。人々のやる気を引き出すこと、常にこれを考え続けていきたいと思います。」

ＳＨＥＰが、なぜケニアを越え、国際的に広がり続けているのか。小規模農家の行動が本当に変わり、結果を出す。開発途上各国の普及関係者がそれを実感し、主体性を高める。ＪＩＣＡ職員や現場のアドバイザーなどの日本側関係者が手応えを感じ、コミットメントを深め、協力の効果をさらに高める。そうした好循環が生じている。

【解説編】

1 固定観念からの脱却を現場で促す

「SHEPアプローチ」と呼ばれる小規模農家支援の方法は、三四カ国（二〇二二年三月時点）で実践されています。しかし、その名の由来になったプロジェクトが二〇〇六年にケニアで始まった時に、それを想像できた関係者はいなかったでしょう。SHEPアプローチは、開発途上国の農業開発におけるイノベーションでした。多くのイノベーションの場合と同様に、その創発は紆余曲折を経たものでした。

国民の大多数が小規模に農業を営むアフリカやアジア、中南米の国々では、社会経済の発展は、そうした小規模農家の生計の向上にかかっていました。そのため、さまざまな支援が国際的に行われてきましたが、それらの成果が持続せず、広がらないということが少なくありませんでした。そうした支援の多くは、新たな栽培技術の指導や、肥料や農薬などの投入財の助成など、「与える」ことを中心としてきたものでした。

それに対して、若手ながら日本側チームのリーダーに抜擢された相川は、農家に何かをしてあげるのではなく、農家自身のやる気を引き出すことを基本方針として、具体的な方策として、農家自身が市場調査を行う方法を提案しました。しかし、ケニア側のメンバーは、農家にそんなことはできないと反対したのでした。そもそも、ケニア側メンバーは、自分事としての意識が必ずしも高くはなく、日本のプロジェクトに付き合っているという姿勢が見られました。

そうした実質的に破綻しかねない状況をプロジェクトが乗り切れたのは、相川がイノベーションの「作法」を的確に実践したからです。新たなコンセプトについての議論が机上で収斂することはありません。まずは限定的な規模で機動的に試行し、実践学習を繰り返しながら、着想の肉付けを進めるという作法を用いることが、イノベーションには不可欠です。相川はそれを現場で実践し、マネジメント側のＪＩＣＡケニア事務所も相川を全面的に信頼し、サポートしました。

半信半疑だった現場の普及関係者も、彼らを指揮するケニア側メンバーも、試行の場で農家が自ら市場調査を的確に行い、利益をあげたことを目の当たりにし、意欲を高めて行きました。そうしたタイミングで、相川はプロジェクトのスポンサーにあたるケニア政府の高官やＪＩＣＡケニア事務所の幹部を頻繁に現場に連れ出しました。それが、ケニア側関係者の「自分たちはできる、認められている」という自律性欲求と承認欲求の両方が、さらに刺激したのでした。

- 相手側が自分事と認識していることが事業の出発点。そのうえで内発的動機を重視する。
- 新たなことは机上で議論を重ねるよりも、小さな試行を迅速に行うことが合理的であり、判断の根拠としてエビデンスが重要。
- 新たなことは机上で議論を重ねるよりも、小さな試行を機動的に行い、結果を確認しながら、実効性を高める。

2 内発性と自律性を喚起して潜在能力を引き出す

ＳＨＥＰの成功要因は、相川が着想したコンセプトそのものにもありました。それは、小規模農家を、知識を創出する主体と位置付けて、内発性と自律性を喚起するアプローチでした。その有効性が、ケニア側メンバーの「常識」に反し、農家の行動変容と農業収益の向上につながり、明瞭になることで、プロジェクトが軌道に乗って行きました。

アフリカの国々では、政府と国外の援助側の双方において、大半の場合、小規模農家は知識を与えられる存在と位置付けられてきました。相川のコンセプトは、そうした基本認識の転換、つまり、パラダイムシフトに相当することでした。伊藤が「コロンブスの卵」と評したように、一見自明に思えることですが、開発途上国における農業普及問題の専門家たちにとってはそうではなかったイノベーションであったのです。

それは、なぜでしょうか。まず、一般的に次のようなことが常識として共有されていることがあげられます。開発途上国は遅れている、それは問題を自ら解決できないからだ、それゆえ、問題を解決してあげるか、解決方法を教えなければならない。そうした前提のもとで、「進んだ」知識や技術を農家に教えるための実践方法の錬磨や研究に長年取り組むことで、農業普及の専門家は、そうした前提に無意識に捉われてしまうのでしょう。

私たちが「貧しい」、「可哀そう」という思いがちな開発途上国の農村の人々は、私たちと同じ潜在力を持ち、日々、問題解決のために創意工夫を重ねています。ただ、置かれている条件がより厳しいために、私たちには「遅れている」と見えるだけなのです。相川はそのことを見抜いて、農家の人々が内発性を喚起することに焦点を絞ったのでした。

……………

- 農民や住民は、本来、自ら考えて行動する能力を持っている。
- 現場の人々を知識創造の主体と位置付けて、内発的で自律的な行動を触発する。

3 価値を具現化した目標で現場の意欲を高める

小規模農家を支援する立場のケニア政府関係者がやる気を高めた理由が、目標の指標でした。企業であれば、売上高や利益を物差しとして、事業の進み具合や成否を判断できますが、政府が行う事業の多くは、業績がそのように明瞭には表れません。そのため、業績を端的に表す指標を設定して、その実現状況を確認するという「評価」が必要となります。そうした指標は、一般的に、事業を行う側で設定しますが、そうした際には、否定的に評価がなされることを避けるために、達成が難しい指標は避けられる傾向にあります。

ＳＨＥＰの場合は、研修に参加した農家の数や、研修内容についての参加者の満足度を、指標とすることも考えられました。しかし、相川は、あえて、研修に参加した農家の家計の状態という難度の高い指標を選びました。また、農家自身が収支記録をつけることができるよう、農家と普及員に対して研修を行いました。

ここでも、相川は常識に捉われませんでした。研修参加人数のようなこと指標にするよりも、プロジェクトの意義に直結するチャレンジングな指標を目指すことにより、プロジェクトの求心力は高まります。また、その進捗状況から、プロジェクトの真の状態を判断できます。また、評価のためのデータの収集は、手慣れた評価分析の専門家が行うことが一般的です。しかし、個々の活動を行った者が、その結果を自ら確認することにより、活動の改善に向けた学習が生まれ、意欲を高めます。

達成すべき目標の設定は、企業においては、報酬や昇進などに結びついた社員の「外発的動機」を刺激する手段として用いられることが少なくありません。他方、ＳＨＥＰでは、現場の普及員の喜びや充実感などの「内発的動機」に、より強く作用したように思われます。努力すれば生計が上向く農家とは異なり、そうしたインセンティブの仕組みが働かない政府の普及関係者には、自分事としての意欲を喚起する知識創造の仕組みが大変に重要なのです。それを的確に構築できずに、社会的に定着しなかった施策や制度は少なくありません。相川が用いたアプローチは、小規模農家の思いだけでなく、プロジェクトのマネジメントや現場の普及業務に従事するケニア政府関係者の思いという、両面の内発性に的確に働きかけることにより、成功したのでした。

● さまざまな立場で事業に関係する当事者が、追及したいと思える指標を設定することにより、事業の求心力が高まる。

● 活動を行った者が、その結果を自ら確認する仕組みをつくり、活動の自律的な改善を促す。

4 コンテクストの壁を越えて伝わるセオリーと型を創る

ケニアでのＳＨＥＰの目覚ましい成果を受け、二〇一三年の第五回アフリカ開発会議で、一〇カ国、五万の農家に広めて行くことに、日本政府はコミットしました。そこで新たに必要になったことが、ケニアで成功したことを、他の国でも再現できるように一般化することでした。ケニアのプロジェクトの本質を、誰にもわかる平明なセオリーで説明し、それを実践するためのステップを「型」として整えました。加えて、それらを明瞭に伝えるための研修コンテンツがつくられました。それにより、ＳＨＥＰアプローチは、いわゆる“one-size- fits-all”ではなく、それぞれの国や地域の事情に即して工夫できるものとして、各国により応用が進んだのでした。

日本では、経験的に得た暗黙知を、概念や因果関係のモデルなどに形式知化し、セオリーとして国際的に発信することが、あまり行われていません。そうしたことが盛んに行われている米欧の国々とは対照的と言えます。必要に迫られていないからということもあるでしょうが、ＳＨＥＰについては国際展開のために、それが必要とされました。ケニアにおけるＳＨＥＰの成功要因が、一年間をかけて徹底して議論され、情報の非対称性（経済学）と自己決定理論（心理学）の二つの理論を応用し、誰もが分かり、実践してみたいと思うような平明なセオリーと型を創発されました。また、それは、「つくってから売る」から「売れるものをつくる」への転換という、分かりやすいメッセージで示されていました。

「我々の事業やプロジェクトの価値や意味は何なのか、なぜなのか」、〝What（何だ）?〟と〝Why（なぜか）?〟の問いを繰り返し、本質を概念化する作業は容易ではありません。しかし、それを突き詰めることが出来れば、事業やプロジェクトの推進力を大きく加速することとなります。SHEPが一〇年を待たずに、国際的に広がった理由は、セオリーの力にありました。

- 個別具体のベストプラクティスをそのまま共有しても本質は伝わりにくい。
- 異なる条件のもとでの応用を促進するために、鍵になる因果関係をモデルに一般化するとともに、実践のためのツールを用意する。

5 研修を知識創造の場とする

SHEPの国際展開が成功した要因は、まず農家の内発的動機に働きかけるというコンセプトが理に適っていたことです。また、その本質がセオリーとして一般化されることで、さまざまな状況において実践できるようになったことです。そして、もう一つの要因が、普及の行い方にありました。

SHEPの国際展開は、農業普及を担うアフリカ各国の政府組織を対象に、いわば「営業」の手段として、研修で働きかけるというオーソドックスな方法を用いました。そのうえで二つの難問を解く必要がありました。第一が、研修参加者の自発的な行動を引き出すことです。ＳＨＥＰアプローチを実践するか否かの判断は、当然、それぞれの組織に委ねられています。ＪＩＣＡがお金を出して実践してもらうものではありません。各組織が自前で行うものです。どんな組織でも慣れ親しんだ方法があり、多忙な中で新たな方法を取り入れることには慎重になります。

もう一つの難問が、ＳＨＥＰアプローチを採用した普及組織に、その実践を、小規模農家を対象に的確に行ってもらうことです。ＳＨＥＰアプローチは、最終的には小規模農家が個々に実践することです。普及組織の役割は、小規模農家に働きかけ、自ら実践できるように指導することにあります。日々の暮らしに苦労する小規模農家に新たなことに取り組んでもらうことは簡単ではありません。そうした役割を普及組織が的確に果たすことができなければ、生計の向上という結果は出ません。結果が出なければ農家は実践を続けませんし、普及組織もＳＨＥＰは使えないと判断するでしょう。つまり、ＳＨＥＰは正しく使わないと、まったく役に立たない道具でした。

そうした二つの難問を解くために編み出された方法が、研修を、知識を学ぶ場にとどまらず、知識を創造する場とするということでした。つまり、各国の農業普及の中核を担う人々を対象として、日本とケニアでの研修を、参加者が自組織の真の課題を見出し、その解決の方策を自ら創る場としてデザインしました。知識を創造するという参加者の主体的な立場を徹底して重視し、ＳＨＥＰの標準的なアプローチをそのまま導入するのではなく、各国の状況に即して、自ら考えて現地化することを勧奨しました。

そうしたことにより、中には「打っても響かない」参加者もいましたが、多くの参加者がプログラムから気づきを得て、SHEPの導入に意欲を高め、それぞれの組織で効果的に実践し得る自前の方法を創発したのでした。

JICAのサポートは、そうした結果が出たのちに行われました。そうしたプロセスを経ずに、最初から、JICAが資金面と技術面の支援を前提に、SHEPの導入を働きかけていたら、アフリカやアジア、中南米各国側が主体的に実践を続けるということにはならなかったのではないかと考えます。

- 何かを伝えるには、教えるのではなく、自ら気づき、創るプロセスを整えることがより有効。
- 気づきを触発するうえで、日本の現場を効果的に活用し得る。
- 条件が近似する近隣国との学び合いは、自律的行動と行動変容を促進するプロセスとして効果的。
- 研修を、参加者が新たな知を共創する場としてデザインし、実施する。
- 日本での研修は、気づきを触発する場として現場体験や共創の機会を重視し、それらと座学を効果的に組み合わせる。
- 開発途上国における研修を水平学習の場としてデザインして、標準的なコンセプトやアプローチを、自国の状況に即して現地化することを促進する。

註

（1）第七回アフリカ開発会議以降、名称の表記がローマ数字からアラビア数字に変更された。

（2）外務省、TICAD開会式・安倍総理オープニングスピーチ（二〇一三年六月一日八時三五～九時四五分（於：パシフィコ横浜会議センター）https://www.mofa.go.jp/mofaj/files/000005502.pdfより抜粋。

（3）「SHEPを通じた小規模農家一〇〇万人のより良い暮らしを目指す共同宣言」、TICAD7 SHEPアプローチサイドイベント、横浜、二〇一九年八月二九日、独立行政法人国際協力機構。

（4）FAOとの議論では、情報の非対称性と自己決定理論に基づく農業普及における四つのステップ、定性・定量的な評価結果を示すことで、農業普及の課題を熟知するFAO関係者も、SHEPアプローチの「農業普及手法としての価値」を理解した。

（5）二〇二一年現在、IFADは五カ国で支援する農業プログラムにおいてSHEPアプローチを活用している。その他、世界銀行が四カ国で、EUが二カ国に導入している。また、FAO家族農業プラットフォーム、世界農普及フォーラム（GFRAS）のホームページ上にSHEPの各種コンテンツが掲載されている。FAOは優良事例としてケニアSHEPの事例分析報告書を作成、公表した。

（6）「SHEPを通じた小規模農家一〇〇万人のより良い暮らしを目指す共同宣言」、TICAD7 SHEPアプローチサイドイベント、横浜、二〇一九年八月二九日、独立行政法人国際協力機構、三頁。SDGsゴールとは「飢餓を終わらせ、食料安全保障および栄養改善を実現し、持続可能な農業を促進する」こと。

（7）JICAホームページ、Press Release、「Memorandum of Cooperation signed between JICA and AR Malik Seeds」（二〇二〇年一二月二二日）。

参考文献・資料

●相川次郎（二〇一九）「JICA SHEPアプローチの広域展開の現状と今後—普及事業における「ふつう

化」を目指して―」『ＡＲＤＥＣ』六一号(http://www.jiid.or.jp/ardec/ardec61/ard61_key_note6.html)日本水土総合研究所。

- 国際協力機構「ＳＨＥＰ(市場志向型農業振興)アプローチ」国際協力機構ホームページ(https://www.JICA.go.jp/activities/issues/agricul/approach/SHEP/index.html)。
- 国際協力機構(二〇一六)『現場の声からひもとく国際協力の心理学〜農村開発分野のプロジェクトを事例として』国際協力機構。

第 6 章

アフリカの学校を変えたコンセプト

――セネガル「みんなの学校」プロジェクト

地図 ▸ セネガル

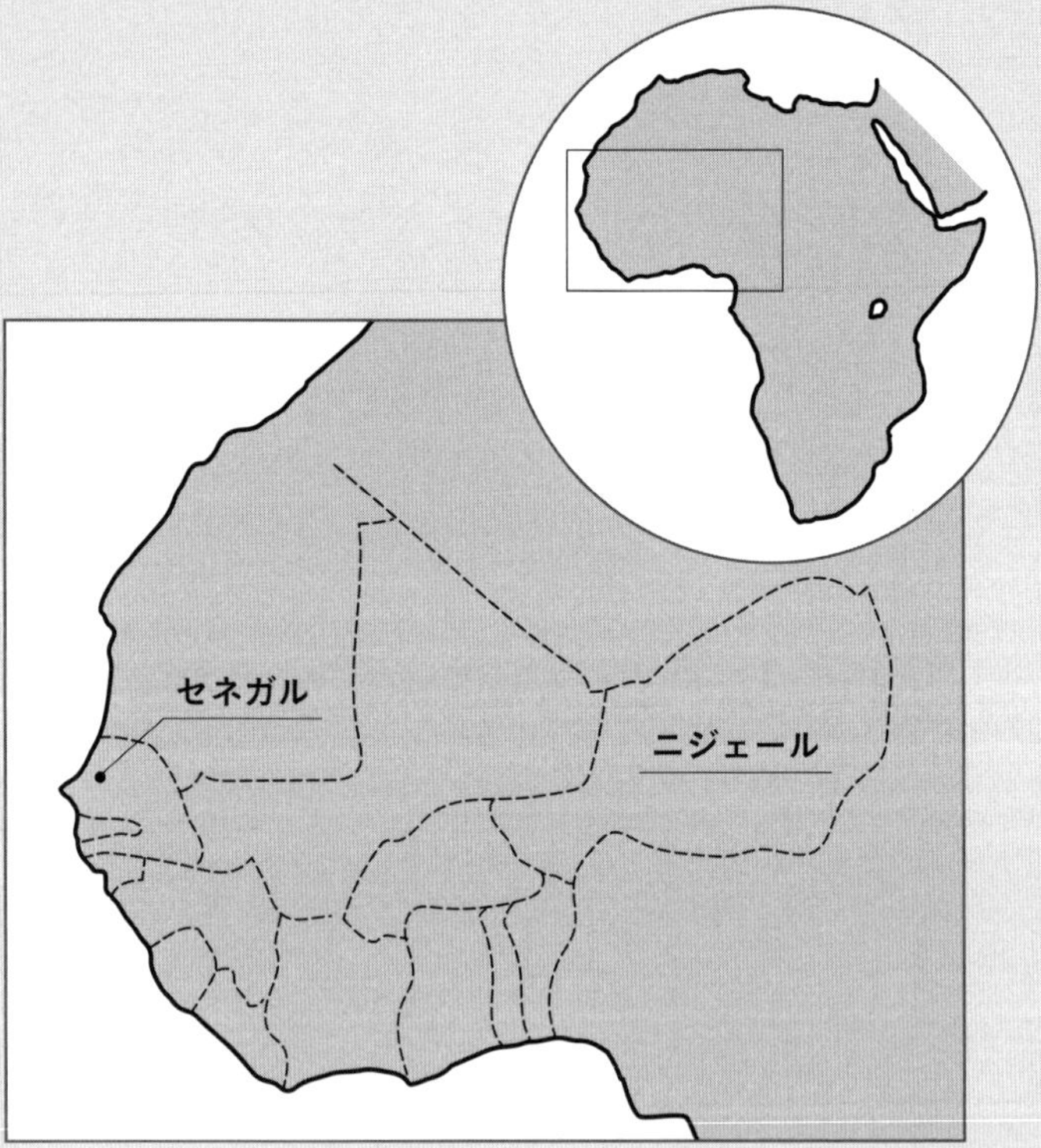

年表

2004年	ニジェールで「みんなの学校」プロジェクトが開始。
2007年	セネガルで「みんなの学校」プロジェクトが開始（〜2010年）。
2008年	第4回アフリカ開発会議（5月）で、「みんなの学校」のモデルを西アフリカの1万校に普及することが合意される。
2010年	セネガルの第二期プロジェクトが開始（〜2015年）。
2014年	セネガルで「みんなの学校」のモデルの全国普及が大統領令で決まる（7月）。

【物語り編】

プロローグ　アフリカの教育現場を変えるイノベーション

アフリカでは、小学校にさえ通えない子どもが多くいる。持続可能な開発目標（SDGs）の四つ目の目標には、「『質の高い教育をみんなに』、すべての人に包摂的（インクルーシブ）かつ公平で質の高い教育を提供し、生涯学習の機会を促進する」とある。しかし、アフリカでは、初等学齢人口約一億六千八百万人の二割以上の約三千四百万人の子供が就学していない[1]。さらに、たとえ小学校に通えたとしても、教育の質が担保されず、基礎学力さえ身につけられない子どもが多くいる。写真6－1からは、その様子がよくわかる。左の写真は、算数の授業で、棒を使い一桁の足し算をしている小学四年生の様子である。右の写真からは、両手と両足の指を使って繰り上がりの計算をする子どもの様子がわかる。アフリカでは、学校に通えていても、ごく基礎的な読み書き計算さえできない、というまさに「学習の危機」が起こっている。

質の高い教育を阻む要因はさまざまである。人口増加や初等教育の無償化などによって教育需要が高まる一方で、学校施設の不足、一貫性のない学習カリキュラム、教員の能力や意欲の不足、不備の多い教科書など、供給サイドはまったく追いついていない。そうした需給のギャップを埋める鍵は、子どもたちの保護者をはじめとする地域住民の貢献にある。元来、アフリカの国々では、学

写真6-1 ▶小学校の算数の授業の様子

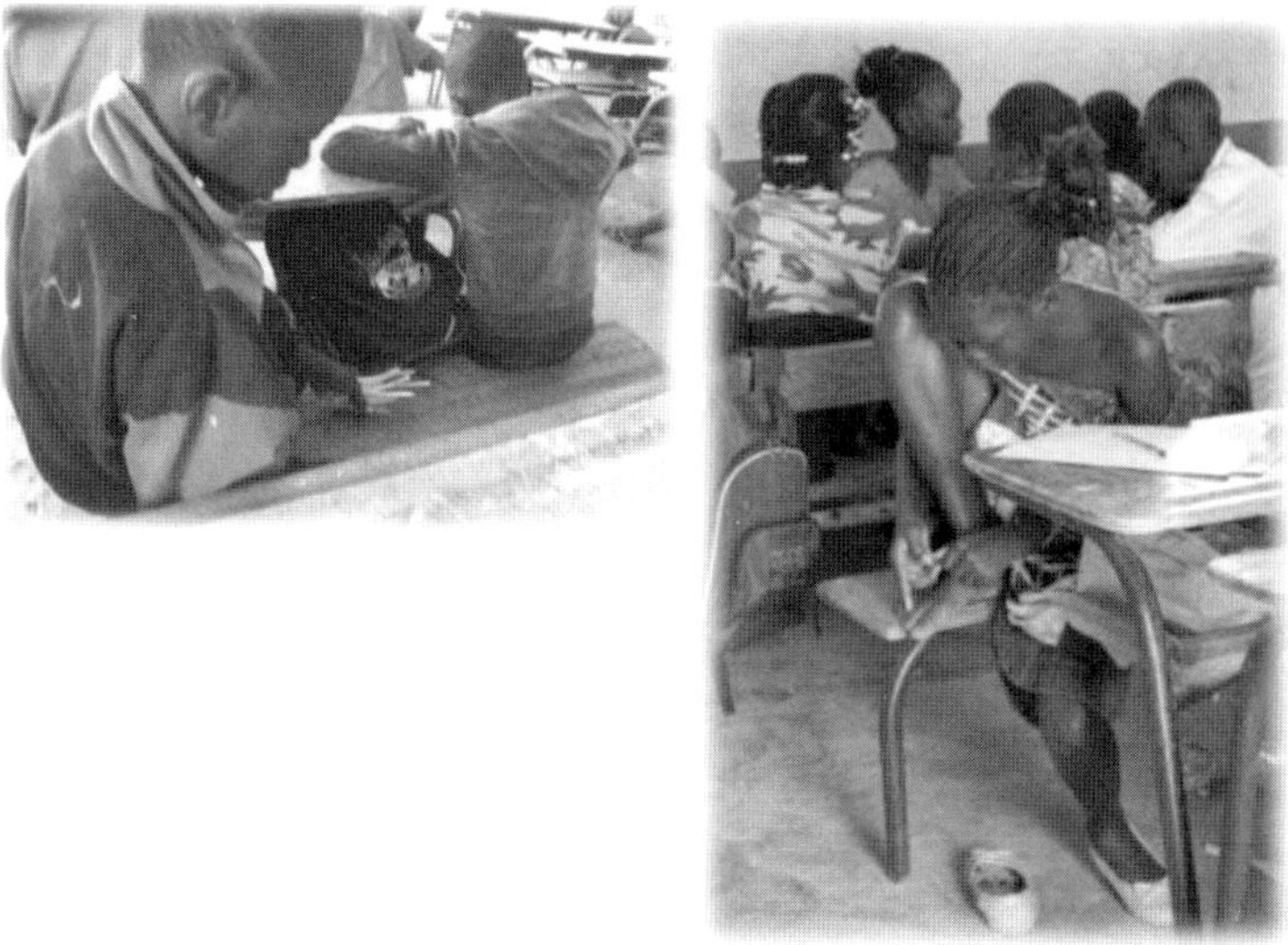

出所：JICA

校側の求めに応えて地域住民がさまざまなことに協力するということが普通に行われていた。しかし、今世紀に入り、学校と地域住民の協働関係が強まるよりも、むしろ弱まるという状況が見られるようになっていった。それにはさまざまな要因があるが、初等教育の完全普及(Universal Primary Education)に向けて、初等教育の無償化が国際的に推進されたことが大きく影響している[2]。行政が保護者と地域住民に負担を求めず、自らの予算で初等教育を行う努力を強めたこと自体は良いことではあったが、それが、結果的に、それまで積極的に学校運営に協力してきた地域住民が参加の機会を奪う形になってしまった。保護者と住民に頼ることなく行政が責任を負うことを良しとする認識が行政の現場や学校の関係者間で強まったためであった。

◆「みんなの学校」のコンセプト

そうした状況を背景に、ＪＩＣＡは二〇〇四年一月に「みんなの学校」プロジェクトを、広大なサハラ砂漠の南端につながる西アフリカの内陸国ニジェールで開始した。[3] プロジェクトのコンセプトは、「地域ぐるみ」の教育を阻む要因に焦点をしぼり、学習の危機を解決することを目指すものだ。具体的には、保護者・教員・地域住民の「みんな」が「学校運営委員会」を構成し、行政と連携しながら、学校を運営する協働の仕組みを構築する。教育を行政に任せっきりにするのではなく、学校の運営に、保護者と住民が積極的に参加して、地域コミュニティ「みんな」で、子どもを育てていこうというものだ。

コンセプトの肝は、住民集会で無記名投票によって選出されたメンバーで構成される学校運営委員会（School Management Committee／ＳＭＣ：以下、委員会）である。委員会が、学校と保護者や地域住民とのコミュニケーションを促進し、コミュニティの学校として、地域の子どもをみんなで育てるのである（図表６－１を参照）。

学校運営委員会を中心に教育の問題を解決するというコンセプト自体は、日本独自のものではなく、すでに世界各国で試みられていた。しかし、アフリカでは、仕組みを導入しても期待した効果が生まれないことが多かった。「みんなの学校」では、その要因が委員の決め方にあると見極め、教員、保護者、地域住民が揃って集まる集会の中で行われる無記名投票で委員を選ぶ方式をコンセプトの柱に位置付けた。

図表6-1 ▶「活発に機能している」学校運営委員会（SMC）が学校とコミュニティ間のコミュニケーションを促進するイメージ

出所：ニジェール「みんなの学校」プロジェクト

◆学校運営委員会の仕組み

住民が自ら代表を選ぶことにより、ニジェールでは委員会が期待どおりに機能した。地域住民が教育の課題について優先順位を付け、コミュニティ内の自前の資源でできることを活動計画にまとめるなど、行政と地域住民の協働が活性化した。例えば、教室が足りないから教室を建てよう、学習時間が足りないから補習授業をやろうといったことが、住民集会で話し合って決められた。委員会は合意されたことを活動計画案に落とし込み、それが住民集会に諮られた。教室の建設について、地元の職人が技術面で奉仕し、一般の住民は資材を提供するといった役割分担も含めて活動計画を合意された。みんなで決めたことを実現するために協働することに、みんながコミットするという流れが生まれた。活動計画のモニタリングは委員会が行い、住民集会で実施状況を確認し、結果を評価した。年度末の住民集会で総括を行い、達成できていない課題は翌年の活動計画に盛り込まれた。

図表6-2 ▶ みんなの学校のサイクル

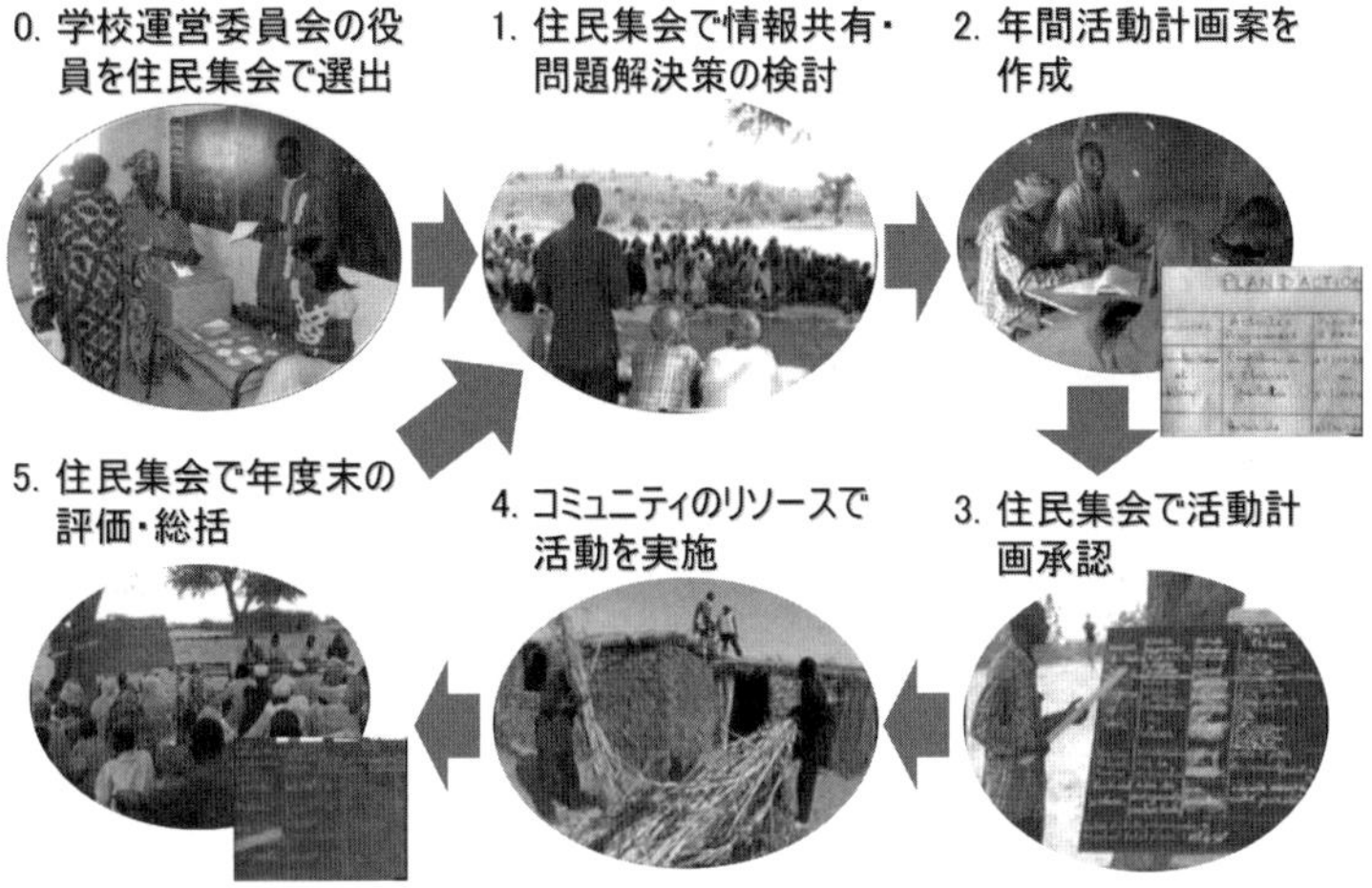

出所：ニジェール「みんなの学校」プロジェクト

図表6－2に示す以上のサイクルが回ることで、ニジェールでは、教育へのアクセスや質の改善が、住民たち自身の手で進んで行った。仮設教室が増え、机が増え、夜間学習が実施された。また、手洗いをするための水瓶を用意するなどの保健衛生の改善や、壁を造って学校の安全を確保するといった活動も進んだ（写真6－2）。

◆「情報共有」、「討議」、「ファシリテーション」

「みんなの学校」のコンセプトの鍵は、委員会の設立が民主的な方法で行われることに加えて、活動が民主的なプロセスで行われることにある。活動計画の策定、実施、モニタリング、評価の一連のプロセスにおいて、「情報共有」、「討議」、「ファシリテーション」がコミュニティのみんなに開かれた形で行われる。

例えば、学校に通う生徒の読み書き算数の基

写真6-2 ▶ ニジェールでの学校運営委員会の活動の様子(©JICA)

仮設教室や机などの施設備品の整備

夜間グループ学習　　就学促進キャンペーン

出所：ニジェール「みんなの学校」プロジェクト

礎学力が低かったとする。従来は、保護者や住民のほとんどが、子どもたちの学力レベルに関する情報を知らず、場合によっては教員も把握していないということもあった。まずはその情報を住民集会の場で関係者全員が共有する。そして、その原因が何か、だから何をすべきなのかについて、情報に基づいてコミュニティのみんなで討議を行う。委員会のメンバーがそれを促進するファシリテーターの役割を担う。

そうした民主的な問題解決のプロセスは、本来、教育にとどまらず、栄養改善や衛生管理といった他の分野においても必要とされる。そのため、学校運営を目的とした設立された委員会が活動範囲を広げているケースが少なくない。それぞれの地域のニーズに基づいて、地域住民が自発的かつ民主的に協働する場になっている。

◆「学習の危機」に対する効果

「みんなの学校」のコンセプトは子どもたちの基礎学力の向上を導いた。図表６－３は、委員会の活動の前後の子どもたちの算数テストの合格率の変化の例を示したものである。民主的に設立された委員会が中心になって民主的なプロセスで行われる活動が子ども学力向上につながることがデータで裏付けられている[4]。

そうした実績が明瞭に現れていることもあり、二〇〇四年にニジェールの小学校二三校でスタートした「みんなの学校」の実践は、アフリカの他の国々へと次々と広まっていった。図表６－４に示すように、ニジェールから、セネガル、マリ、ブルキナファソ、コートジボワール、マダガスカル、ガーナ、ジブチ、エチオピア、マラウイへと普及していった。二〇二三年六月の時点で、アフリカ一〇カ国の約七万校以上で実践されている。そうした目覚ましい成果を受け、世界銀行や国際連合児童基金（ＵＮＩＣＥＦ）などのＪＩＣＡ以外の開発協力機関も、みんなの学校の実践に取り組む各国政府を支援している[5]。

みんなの学校のコンセプトが、アフリカ各国に広がりつつある理由は、ニジェールで生み出された成功モデルの応用が、それぞれの国で的確に行われているからだ。しかし、本来、ある国でうまく行ったことを、他の国で繰り返すことは簡単なことではない。成功したモデルの何を堅持して、

図表6-3 ▶ みんなの学校の活動による基礎学力の変化

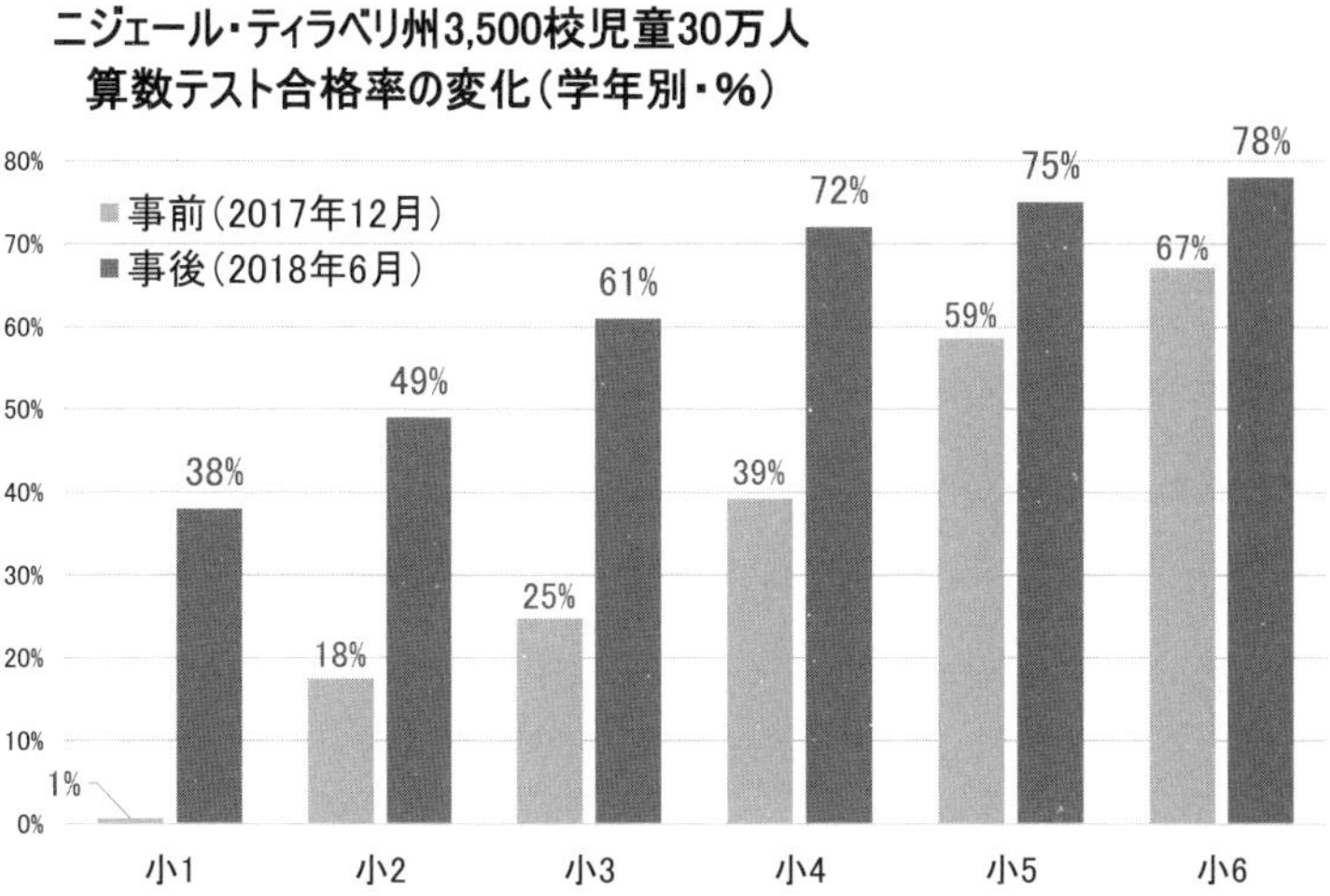

出所：EPT Project（2020）

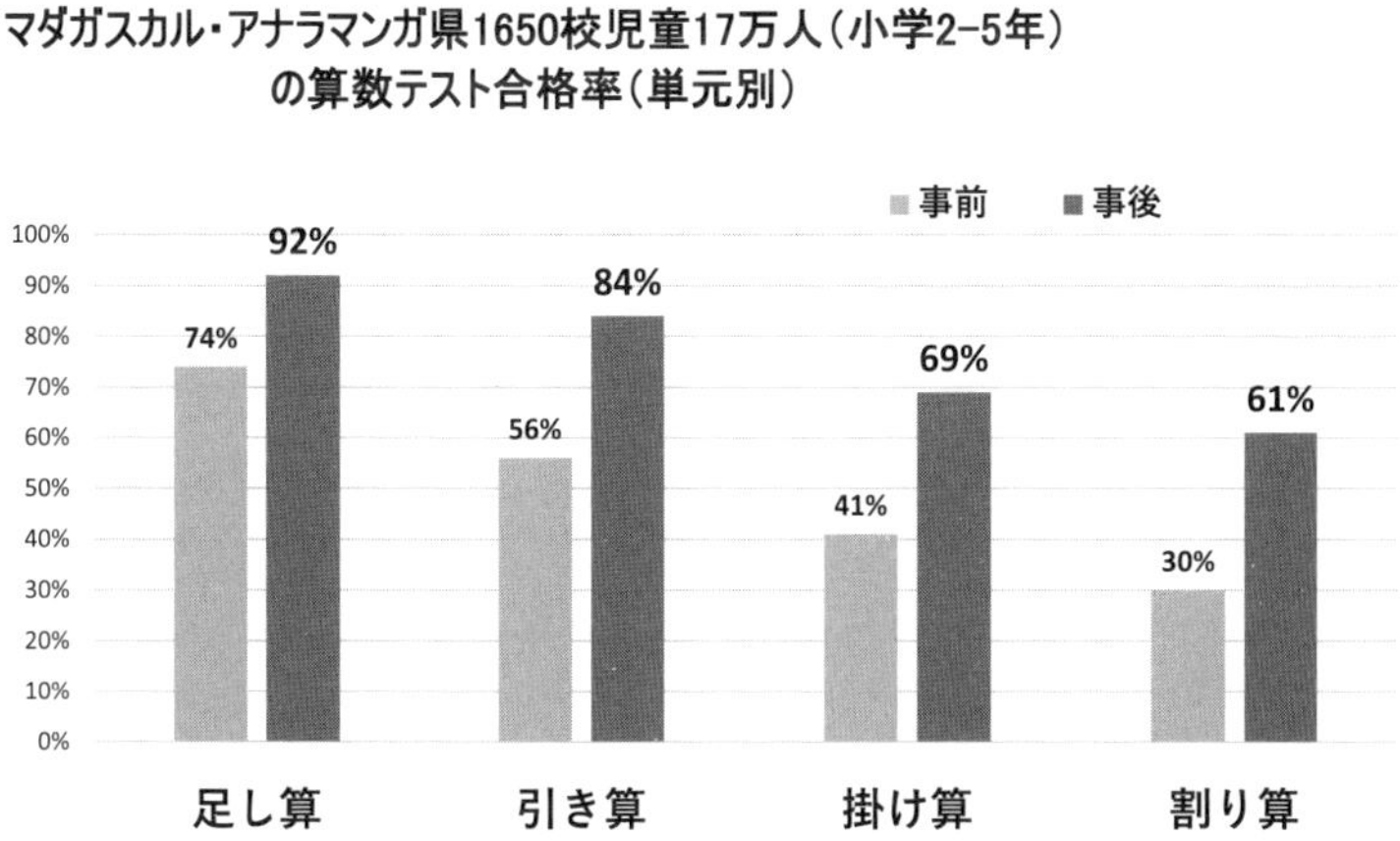

出所：TAFITA Project（2020）“Milestone of 2019 from Madagascar”（unpublished report）

図表6-4 ▶アフリカにおける「みんなの学校」の展開（2023年6月現在）

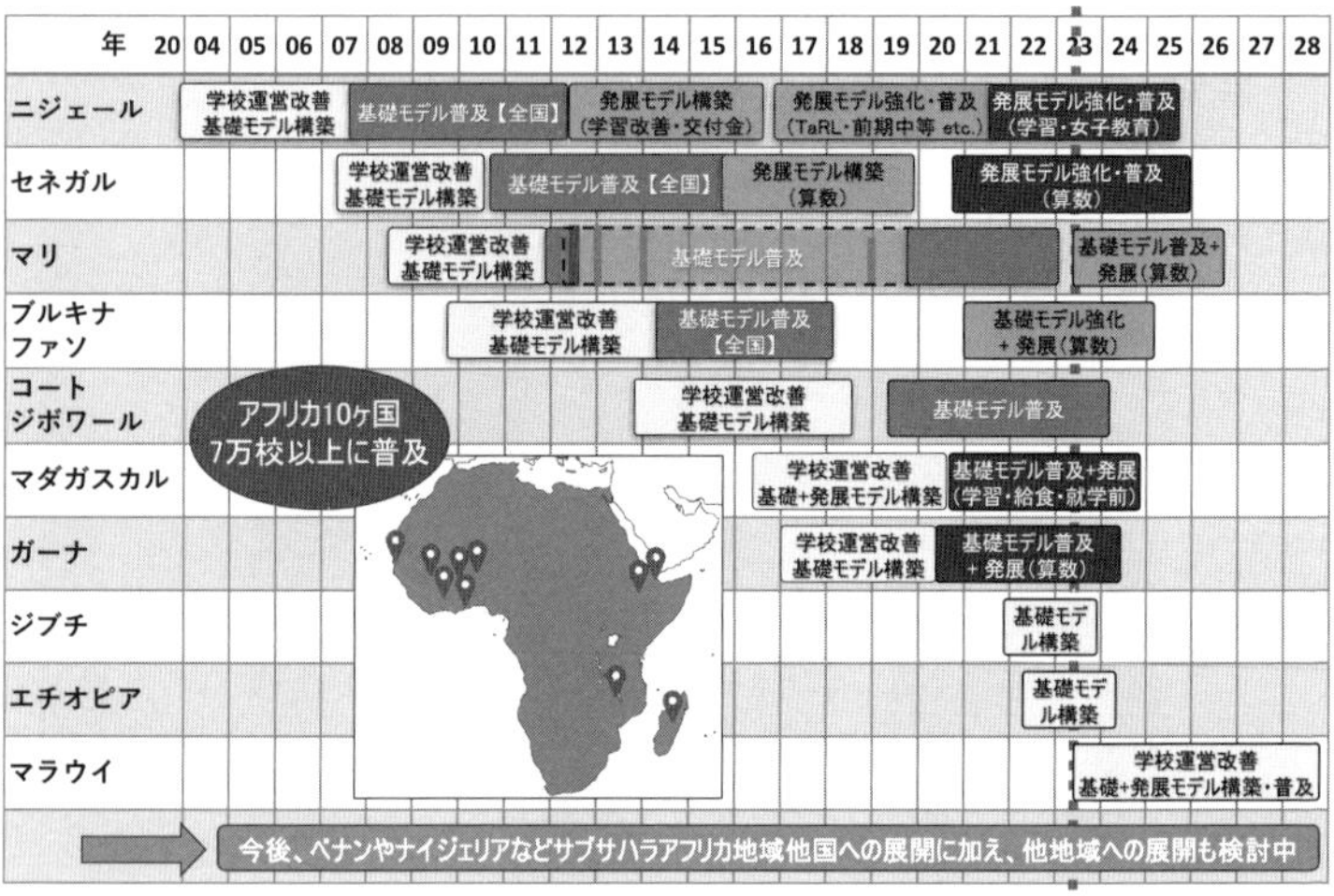

出所：JICA

何を現地の実状に合わせて変えるかは、やってみて初めてわかる。ニジェールのモデルを最初にとり入れた国は、同じフランス語圏西アフリカのセネガルだったが、そうした難しさから何度も危機的な状況に陥った。セネガルでうまくいかなければ、その後の国際的な展開はなかったかもしれない。どのような危機に直面し、それをどのように乗り越えたかを振り返りたい。

エピソード1 セネガルとの協力の開始

ニジェールで創発された「みんなの学校」のコンセプトがアフリカ各国に広がったきっかけは、セネガルのＪＩＣＡ事務所で働いていた森下拓道（以下、森下）の思いだった。森下は新卒で入省した文部省（現、文部科学省）に七年間勤めた後、二〇〇一年にＪＩＣＡに転職し、二〇〇三年からセネガルで勤務していた。専門とする教育分野で新たに事業を立ち上げて力を発揮したいと願っていたところに、ニジェールのプロジェクトの評判が耳に入った。自分の目で確かめようと、二〇〇五年二月に現地に出かけた。その際の印象を森下は語る。

「新たなモデルを実践している学校を訪問してみて、住民の反応の良さに驚きました。学校のトイレをつくったり、藁葺きの教室をつくったり、住民主体の活動が繰り広げられ、目に見える成果が生み出されていました。住民はお金で貢献したり、労働力を提供したりしていたのですが、いろいろな形での貢献を金額換算して可視化するようなことまで行われていました。」

ニジェールの現場でモデルの有効性を確認した森下は、上司の事務所長の賛同を得て、セネガル政府教育省に対してモデルの導入を働きかけた。学校運営委員会の設置は、セネガルにおいても、すでに二〇〇二年に大統領令で決定されていて、世界銀行の支援で普及が試みられていた。それを後押しするものとして教育省は森下の提案を歓迎し、日本政府に対してプロジェクトの実施を要請した。ＪＩＣＡ理事長の緒方貞子（当時）が、アフリカ重視の姿勢を明確に打ち出していたこともあり、ニジェールで成功したモデルを近隣国に「横展開」するものであることが評価され、日本政府も実施を決定した。

こうしてセネガル版みんなの学校プロジェクトは、二〇〇七年五月に始まった。公式には「教育環境改善プロジェクト」と名付けられた三年間のプロジェクトは、ニジェールで生み出された「みんなの学校」のモデルを導入することを柱にしていた。全国的な導入の是非を判断する前に、まずは人口五〇万人ほどの州のすべての小学校、約五百校を対象にモデルを試行することになった。森下はプロジェクトの開始を現地で見届け、東京のＪＩＣＡ本部に帰任した。そして、今度は本部の担当者としてプロジェクトに携わることになった。

◆似て非なるコンセプト

地域住民が学校運営を主体的に行い、学校教育を改善するという「みんなの学校」のコンセプトは、それまでの教育分野の主流の考え方とは少し違っていた。そのため、プロジェクトを立ち上げた森下にも疑問がないわけではなかった。文部省の行政官としての経験を持つ森下は、学校教育の課題は行政が専門的な知見に基づき解決するものであり、地域住民は重要なアクターではあるが、課題解決の主役にはなり得ないのではないかという思いを払拭できなかった。ニジェールで、たまたまうまくいっただけではないかという思いがどこかにあった。

森下の働きかけに応えて、試行的なプロジェクトの実施に同意したセネガル政府教育省の幹部も、行政が主導しなくてはならないという考えだった。セネガル版の学校運営委員会は、世界銀行の資金を用いて教育省が行う助成事業の受け皿という位置付けにとどまっていた。つまり、教育省が決めた施策を受動的に実施することが期待されていて、地域住民が民主的に委員会を運営し、自律的に課題を解決するということまでは想定していなかった。

セネガル版の学校運営委員会は、住民が主役になるニジェールの「みんなの学校」のコンセプトとは似て非なるものだった。そうした「みんなの学校」のコンセプトに対する関係者の認識のずれが、プロジェクトの具体化が進むにつれて、だんだんと明らかになっていった。その焦点が学校運営委員会の委員の選出を無記名投票により行う方式だった。

◆ボタンの掛け違い

無記名投票を用いる民主性の高い方式を制度化することにより、ニジェールでは地域住民の学校運営への主体的な参加が進んでいた。無記名投票により委員を選ぶことで、住民は参加意識を高めた。また、選ばれた委員は、住民により選ばれた代表としての自覚を深め、リーダーシップを発揮していた。無記名投票ではなく、挙手や話し合いで委員を選ぶのであれば、どうしても互いに顔色を見て忖度し合い、地域の総意として村の有力者が選ばれやすい。その結果として、住民は自分たちの学校という意識を弱め、委員の意欲や能力が不十分であれば、委員会は形骸化してしまいやすい。

しかし、セネガルのモデルは、無記名投票方式を必須としなかった。教育省は「委員の選出方法は当事者の人々に任せるべき」という立場をとった。その背景には、すでに導入が進んでいるセネガル版の学校運営委員会の考え方があった。それに対して、プロジェクトの実施のためにＪＩＣＡから現地に派遣されたアドバイザーチームも、あえて異議を唱えなかった。

そうした成り行きに、森下はＪＩＣＡ本部の担当者の立場で、ニジェールのモデルの試行をアドバイザーチームに働きかけた。すでにセネガルで進められているモデルを踏襲するのであれば、

ＪＩＣＡが新たにプロジェクトを試みる意義がはっきりしなくなる。色々な方式を試すということで無記名投票を一部で試みても良いのではないかと説得してみた。しかし、アドバイザーチームは、現場の実態を知るセネガルの人々の判断を尊重したいという考えだった。協力相手国の主体性を尊重することは日本の開発協力の伝統的な姿勢でもあった。

結果として、試行的に設立された大半の学校運営委員会において、無記名投票方式は採用されず、慣習に基づいて村長などの地元の有力者が委員に選ばれた。森下は語る。

「今振り返れば、無記名投票の位置付けや意味が、セネガル側と日本側の間で、また、日本の関係者の間でも必ずしも深く共有されていないところがありました。最初の段階でビジョンが明確に共有されていないことによって、だんだんボタンの掛け違いが大きくなってくるという状況が生じたように思います。」

エピソード2　軌道修正

二〇〇七年にセネガルで始まったプロジェクトは、二〇一〇年五月に終了することになっていた。三年間でモデルを確立したうえで、その全国への普及に向けて第二期のプロジェクトを実施することが想定されていた。しかし、終了が近づいても森下がニジェールで感じたような変化は表れていなかった。それは、学校運営委員会の設立が無記名投票という民主的な方式で行われなかったことによるところが大きいと考えられた。

　また、ニジェールで実践されていた学校運営委員会の連合体という仕組みも、まだ本格的に試みられていなかった。それは、同一地域内の委員会が、互いに経験を共有し合い、また就学キャンペーンや模擬試験のような活動や、行政側との折衝など、個々の学校で行い得ないことを協働で行う体制だ。セネガルでは、県の行政官が各学校の委員会を指導していたが、「上から目線」による啓発の色彩が濃かった。それよりも同じようなことを経験し、課題を解決してきた委員会が互いに学び合い、協働する方が委員会の活動を活性化するうえで効果的と考えられた。

　そうした面でプロジェクトの軌道修正を行うことにより、セネガルでもみんなの学校のモデルが成果を上げ得ると判断し、ＪＩＣＡはプロジェクトの継続に向けて動いた。プロジェクトの継続は、セネガル政府が日本政府に要請し、両国の合意に基づいて決まる。そのうえでの焦点の一つがプロジェクトの評価結果だった。その調査は二〇〇九年一二月に行われた。ＪＩＣＡが派遣した評価調査団は一〇校以上の現場を実地に調査し、事務次官以下の教育省関係者との協議を行った。そして、プロジェクトの成果とともに前述の課題についての認識をセネガル側と共有した。それに基づいて、セネガル政府から第二期プロジェクトの実施が要請された。第一期で完了できなかった委員会のモデルを確立したうえで、それを全国展開するための制度を構築することが目標とされた。限られた期間内でモデルの再試行と確立から全国展開まで行うというチャレンジングなものだった。それを受けて、二〇一〇年九月から五年間の期間で実施することが両国間で合意された。

　第二期プロジェクトの実施にあたり、ＪＩＣＡはニジェールで創発されたみんなの学校のコンセプトをセネガルに根付かせるには、ニジェールで実践に携わった経験者を起用することが必要と判断した。そこで、國枝信宏（以下、国枝）が、ＪＩＣＡ側のチーフ・アドバイザーに選ばれた。国枝は、二〇〇八年から二〇一〇年までニジェールのプロジェクトに加わり、コンセプトと実践の両面で、みんなの学校の本質を理解していた。

当時を振り返り、國枝は語る。

「ニジェールでは、学校運営委員会が中心となって、地域住民、保護者、教員が自主的に学校運営に参加し、コミュニティのみんなで地域の子どもを育てるというモデルの全国普及と定着に取り組みました。そうしたモデルをセネガルに条件に即して現地化するということが私の役割でした。」

◆「ここはニジェールじゃない」

國枝の役割はデリケートなものだった。それまでやってきたことについて軌道修正を迫られるセネガル側プロジェクト関係者は、当然に身構えるからだ。想定されたことではあったが、國枝はプロジェクトの現場で反発を受けることになった。短期間でモデルづくりと普及の両方を実現しなければいけないとプレッシャーを感じていた國枝は、「みんなの学校」の成功モデルとして、ニジェールの事例を引き合いに出しがちだった。何かと「ニジェールでは」と切り出す國枝に対して、セネガル側のプロジェクトメンバーは苛立ち、「ここはニジェールじゃない」と反発した。

その背景にはセネガルの人々のプライドもあった。セネガルは、アフリカの中でも稀なほど政治的に安定していて、人々の間には進んだ国としての自負があった。それに対して、ニジェールは政治的に不安定で貧しく、そんな国から学ぶことはないという思い込みがあった。國枝の前任者がニジェールのモデルにこだわらず、セネガル側のやり方を尊重していたこともあり、國枝の姿勢を押し付けがましいと感じたのだった。

そこで國枝は、言葉で説得することが無理であればと、プロジェクトメンバーに現場、現物、現実を見てもらうことにした。セネガルの数年先を行っていたニジェールで、学校運営委員会が活発に活動している様子を実際に経験して、自ら気づいてもらおうと考えた。「百聞は一見に如かず」である。

◆ターニングポイント

第二期開始後早々の二カ月目に急遽行われたニジェールの現場訪問は、國枝の期待以上の結果を生み出した。一週間の期間で、五つの学校を訪問し、地域の教育関係者数百人が集う大きなフォーラムに参加するとともに、教育省関係者と意見交換を行ってもらった。國枝が驚いたのは、あれだけ反発していたセネガル側のメンバーが、朝から夕方まで現地視察を行ってヘトヘトになり、もう後はホテルでご飯を食べて寝るだけというきついスケジュールにもかかわらず、毎晩、自主的に集まって、現場で経験して感じたことを振り返っていたことだった。國枝は語る。

「彼らの議論を横で聞いていたのですが、『これは自分たちでやっていくモデルだよね』と言う発言が出たんです。僕が何かどうこう言ったということではなくて、彼らから、『ぜひ、この活動はセネガルでも取り入れていこう』とか、『やっぱり、投票っていうのは、やらせっぱなしじゃなくて、無記名でやるなら無記名ということで決めてやらないと成果につながらない、ということがわかった』という発言が出ていたんです。」

國枝は、それまで反発していたセネガル側のメンバーと共感が生まれたことを感じ、展望が開ける思いがした。

国枝は、変化が必要なことに、セネガルの人々が自ら気づくことを徹底して重視した。「みんなの学校」のコンセプトの具現化を阻む障壁は現地の慣習だった。それを乗り越えるためには、プロジェクトの推進を中央で担うセネガル側のメンバーだけでなく、コンセプトの普及を現場で担う県教育事務所の行政官や、コンセプトを実践する学校運営委員会の代表者の認識と行動が変わることが必要とされていた。そのため國枝は、さまざまな働きかけを行った。

「子どもの学習環境の改善を目的に、委員会が地域の『みんな』を巻き込んで活動を推進するには、男女問わず、やる気のある代表の力が必要です。代表を無記名投票で選ぶことがなぜ必要なのか、それを行うことにより何が得られるのかといったことを、本当にわかってもらうために、セネガルで実践して具体的な成果を実感してもらうことに力を入れました。そのうえで、セネガル側関係者が自ら成果と課題をまとめて、モデルの改善に取り組むことを促しました。最終的に分かってもらえたのは、誰もが『子どもたちの成長を応援したい』という心からの熱い想いを根底に持っていたからだと思います。」

◆思いがけない危機

國枝たちの努力で、民主的な方法による学校運営委員会の設立という「みんなの学校」のコンセプトの核心がセネガルでも実践され、委員会の活動が活性化して行った。プロジェクトの軌道修正が成し遂げられた。しかし、そうした軌道修正の取り組みは順調に進んだわけではない。國枝が働きかけを強めてプロジェクトがさらに忙しくなっていった最中に、新たな問題が起こった。教育省のプロジェクトリーダーが、突如、何の連絡もなく、出勤しなくなったのだ。プロジェクトの主体はセネガル政府であり、その現場責任者が仕事を放棄することは異常事態である。そのアドバイザーという位置付けの國枝が代役を務めるわけにはいかない。これからが勝負という局面で、プロジェクトが内部から崩れることは避けなくてはならなかった。

少し待ってみたが、自発的に出勤してくることはなかった。そこで、國枝は思い切って自宅を訪ねることにした。國枝は、セネガル側のプロジェクトメンバーとの人間関係を日頃から大切にしていた。例えば、子どもが生まれた、孫が生まれた、結婚したなどの家族のセレモニーや冠婚葬祭には必ず出るようにしていた。リーダーの自宅にも招かれたことがあり、住所は知っていた。

訪ねてみると、リーダーは普段どおりに出迎えてくれた。出されたお茶をのんびり飲みながら、互いの家族の様子など世間話をしながら、自然な流れで、「プロジェクトの状況はこんな感じだ」と仕事にも触れた。「なぜ出てこないのか」、「早く出てきてほしい」というような詰め寄ることは一言も言わなかった。「教育省に出てきたら、声をかけてね」と語りかけるのにとどめて、彼の家を後にした。その数日後には、リーダーが教育省に出勤した。何事もなかったように、セネガル側のスタッフや國枝たちに、プロジェクトに関わることを尋ねてきた。プロジェクトが再び動きだした。

リーダーは、國枝の父親に近いぐらいの年齢で、定年退職の間際だった。焦って物事を進めることを好まない人間だった。モデルの公式化、研修体制の整備、予算の確保と、プロジェクトが多忙を極める中で、教育省幹部、プロジェクトのスタッフ、國枝をはじめとする日本側関係者の間に立ち続け、疲弊していたようだった。

ＪＩＣＡがプロジェクトに派遣する國枝たちアドバイザーと、ホスト国のプロジェクト関係者の関係は特殊なものだ。両者の間には指揮命令の関係はなく、契約、つまり金銭に基づく関係もない。互いの共感と信頼の関係が柱になる。この出来事を通じて、國枝は改めてそのことを痛感したのだった。

エピソード3　全国展開への苦難の連続

学校運営委員会のモデルの確立の目途は立った。第二期プロジェクトのもう一つの目標として、モデルの全国普及に取り組む段階に入った。その最大の課題は予算だった。第二期プロジェクトにＪＩＣＡが確保した予算は四年間で三億円だった。ＪＩＣＡは、病院の建設や大規模な公共事業に資金を提供することも行っている。しかし、このプロジェクトは、政策の策定に技術的に協力するもので、國枝たちアドバイザーの人件費や小規模な社会実験に関する費用などに協力の範囲が限定されていた。策定された政策を全国的に実施するために必要な予算は、セネガル政府が自前で手当することが前提だった。とは言っても、財政難に悩むセネガル政府の自助努力に専ら委ねるのではなく、ＪＩＣＡとして財源確保に目途をつけていた。世界銀行による支援である。

◆白紙になった財源

第二期プロジェクトが始まる二年前の二〇〇八年五月に横浜で開催された第四回アフリカ開発会議（ＴＩＣＡＤⅣ）で、「みんなの学校」のモデルを西アフリカの一万校に普及することが目標の一つとして合意されていた。その実現のために、ＪＩＣＡと世界銀行との間で、連携に向けた協議が断続的に進められていた。具体的には、日本政府が世界銀行に出資して設けられていた日本社会開発基金を活用することが想定されていた。その基金の使い道は、世界銀行が勝手に決めることはできず、出資者である日本政府の同意が条件とされていた。そうした仕組みから、アフリカ開発会議の行動計画に盛り込まれた「みんなの学校」のモデルの普及に活用できると、日本政府とＪＩＣＡの関係者は考えていた。第二期プロジェクトが、ＪＩＣＡの予算が限定されたものであるにもかかわらず、モデルの全国普及という大きな目標を掲げた理由は、世界銀行の基金を活用し得るという認識が、ＪＩＣＡとセネガル政府の間で共有されていたからだ。

しかし、第二期プロジェクトが軌道に乗り、基金の利用を申請する段階になって、世界銀行の担当者が、セネガルのプロジェクトは基金を利用できないという立場を明確にした。基金の目的は、新たなモデルの創発などの革新的な取り組みを支援することにあり、すでに確立されているモデルの普及は、世界銀行の制度上、対象外になるとの理由だった。ＪＩＣＡセネガル事務所が世界銀行セネガル事務所に、ＪＩＣＡ本部が世界銀行本部にそれぞれ働きかけたが、世界銀行側の判断は変わらなかった。想定外の事態に、ＪＩＣＡとセネガル教育省のプロジェクト関係者は、全国普及のための財源を新たに見出さなくてはならなくなった。

◆普及のための体制づくりとモデルの公式化

モデルの全国普及に向けての大きな課題は予算とともに、研修体制の構築だった。それまで行われてきた試行の対象は、一つの州の約五百校だったが、全国普及ではそれが一四州すべての約九千校に拡大する。セネガル側関係者だけで運営していくことができる普及のための研修の仕組みと、全国各地で行う研修の指導者を育てることが必要だった。

同じく急がれたことが、新たなモデルを国の制度として公式化することだった。モデルの全国普及には、セネガル政府がモデルを政府の施策として決定することが前提となる。セネガル側は、「技術的にはこのモデルで良いが、政治的、法的に良いかは別問題」と言いながら、公式化はセネガル側が検討することであり、日本側が口を挟むことではないと、國枝に釘を刺した。それでは事が進まないのではないかと國枝には思われた。

モデルの公式化のためには、教育省内の予算を握っている財務局や政策を担当する計画局などの同意を取り付けることが必要だった。そうした省内調整はプロジェクトを所管する初等教育局が主体的に進めるべきことだったが、國枝が懸念したとおり、動きは緩慢だった。それは、同局の局長をはじめとする幹部が、そうした省内調整に慣れていなかったためであった。セネガルの教育省では、開発途上国の多くの行政組織と同じように、政策は大臣や計画部門などの「トップ」が発意し、初等教育局などの実施部門に下ろしていた。省内の予算の配分にかかわる新たな政策を、初等教育局が発意して実現するということは、普通のことではなかった。

予想したように事が進まないということで、國枝の出番がやってきた。國枝は、初等教育局による計画部門、財務部門、法務部門との折衝を側面からサポートし、教育省内を奔走した。そうしたことは、ＪＩＣＡから委嘱されたプロジェクトの活動範囲を超えることだったが、最終的な目標の実現に必要なことと考えた。口を挟むなと釘を刺した同局の幹部も國枝を頼りにするようになっていた。

◆新たに確保された財源と悔しい思い

研修体制の整備とモデルの公式化が進展する中で、財源についても展望が開けた。日本政府が出資した基金を普及活動に利用することはできないとした世界銀行と、粘り強く交渉する中で、すでに世界銀行が融資を行っている初等教育事業の中から財源を捻出する目途がたった。その事業は、セネガル政府が世界銀行と事前に合意した「指標」を達成すると、それに応じて世界銀行が融資を実行するという仕組みをとっていた。そうした指標の一つに、みんなの学校のモデルの普及を加えても良いというものだった。モデルの普及に応じて、世界銀行から資金が支払われるため、予算の問題は解決する。世界銀行にもメリットがあった。世界銀行にとっては、セネガル政府が着実に指標を達成し、融資を決めた資金の支払いが円滑に進むことが重要だった。その点で、モデルの普及にかかわることを指標にすれば、ＪＩＣＡがセネガル政府を後押しするので、達成の確実性が高まる。セネガル政府、世界銀行、ＪＩＣＡの三者にとりメリットが大きな代替案だった。

　しかし、何を指標にするかをめぐり、國枝は悔しい思いをすることになった。資金の支払いを計画的に実行することを優先していた世界銀行とセネガル政府は、実現しやすいことを指標にしようとした。そして、委員会に関する研修の実施状況を指標とすることを、國枝たちに伝えた。研修が実施されたことをもって、委員会がきちんと活動していると自動的に推定するものだ。それに対して國枝は、研修に何人参加したかを指標にすると、とりあえず研修を形だけ行えば良いという意識を助長してしまうおそれがあると懸念した。それでは、研修は形骸化し、指標は達成したが、学校の現場では何も変わらないということになりかねない。本来は、委員会の何らかの活動状況を指標とすることが望ましい。それにより、セネガル側関係者は、資金の支払いを受けるために、委員会が活発に活動するように研修の質や研修後のモニタリングなどさまざまな面で努力するだろう。

　國枝は、そうした懸念を教育省と世界銀行の担当者に伝え、翻意するよう何度も働きかけた。しかし、世界銀行と教育省の間で決めることだと取り合ってもらえなかった。國枝には、世界銀行と教育省が、委員会を真に定着させることよりも、資金の払い込みを計画的に行うことを優先しているように思われた。ただ、全国普及には世界銀行の資金が不可欠であり、また、全国普及はそもそもセネガル政府が主体的に取り組むものだった。國枝は、賢くやっていくしかないと切り替えた。世界銀行の資金の利用について目途がたったことで、学校運営委員会の改定モデルは、二〇一四年七月にセネガル政府の大統領令として公式化され、全国普及が正式に決定された。

エピソード4　亜流だからこそできること

◆教育関係者のマインドセット

新たなモデルの全国普及を推進する中で、浮上したのが教育関係者のマインドセットの問題だった。國枝がセネガル政府の教育関係者や、世界銀行をはじめとする援助機関の教育分野の専門家に、「みんなの学校」のコンセプトを実践することで学校が活性化することを説いても、「だから何なのか」という冷ややかな反応を受けることが少なくなかった。日本と開発途上国の違いにかかわらず、教育の専門家の間には、「教員あっての学校であり、授業あっての学校である」という共通認識がある。しかし、「みんなの学校」のコンセプトは、教員や授業の質を中心的なテーマとしない。そのため、優先的に取り組むべき「本流」ではない「亜流」と見られているように國枝には思えた。

ニジェールで「みんなの学校」のコンセプトが生み出された背景には、「本流」の取り組みの行き詰まりがあった。二〇〇〇年以降、「万人のための教育」、つまり、「すべての子どもに就学の機会を」をスローガンに国際社会が協力を強化し、学校に行ける子どもたちの数はアフリカでも急増した。しかし、就学率は急上昇したものの教育制度や学校の受け入れ態勢は追いつかず、学校に行けても、読み書き計算さえできるようにならないという「学習の危機」の状況が顕在化しつつあった。授業の中身や教員の質の問題に取り組んでも解決が見込めない現実があった。

國枝たちは、そうした現実の根本は、子どもたちの学びを最優先としていない制度や政策にあるものの、学校のマネジメントの仕方についても、より本格的な取り組みがなされるべきと考えていた。学校校舎を建設し、カリキュラムを改善し、教員の研修を行っても、学校のマネジメントに大きな問題があれば、それらは子どもたちの学びにつながらない。セネガルでも、教員のストライキで二カ月以上授業が停止されるという事態が頻発していた。そうした状況においては、校長と教員だけを頼りにするのではない別の方策が必要とされた。

◆論より証拠

國枝たちは「亜流」の意義、つまり、生徒の保護者と地域住民が学校運営に主体的にかかわることにより好循環が生まれて「学習の危機」の解決が進むことを、入学率、就学率、読書や算数の成績などの具体的な成果で示すことに努めた。また、現場の現実に直に触れてもらうことに努めた。例えば、國枝は、ある州の教育行政のトップである教育局長を、僻地の小学校の委員会の実態調査に連れ出した。その局長は、「みんなの学校」のモデルの全国展開を決めた政府の方針には総論として賛成していたが、委員会の連合体をつくることには、その必要はないとして反対していた。そこで州教育局のスタッフも滅多に訪れることのない僻地の現場の視察に連れ出した。各委員会が連合体を通じて互いに協力し合い、各学校単独では難しい就学状況の改善やテストの合格率の向上を実現している状況を肌で感じたその局長は、「これが学校現場で求められていることだ。ハルナ（國枝の愛称）、俺が間違っていた」と言った。他にも、新たなモデルに懐疑的だった多くの教育関係者が、現場の実態を見て考えを改めていった。

國枝たちは、全国展開の取り組みが進む中で、現場の教員が変わって行く様子も実感していた。セネガルでは教員の組合の力が強く、教員のストライキは日常茶飯事だった。そうした状況から、國枝は、教員たちに、自分たちの権利ばかり主張し、子どものことを考えてない人たちというレッテルを貼っていた。しかし、ある僻地の小学校に巡回視察で訪れた際、そこの先生が「僕らは、この地域の人たちに支えられているから、国レベルでストライキをやっていても、僕たちは学校に来て、子どもに授業をやっています」と語ったことに驚いた。「みんなの学校」を大事にする地域住民と協働を重ねることで、教員たちは徐々に意識を変え、行動を変えていったのだった。國枝は語る。

「亜流であるからこそ、本流を変えることができると思います。亜流と軽視していた人々に、それまでの本流の取り組みでは実現できていなかった成果を具体的に示すことで、新たなモデルが徐々に浸透していきました。」

亜流だからこそできることがあると信じた國枝たちの粘りが、セネガルの教育現場を変えて行った。

エピローグ　さらなる進化に向けて

「みんなの学校」のコンセプトから生み出された学校運営委員会の活動は、教育分野にとどまらずに他の分野にも広がりつつある。各地の人々が委員会の組織力と機動力を、時勢に合わせて創造的に活かしている。一例をあげれば、二〇一四年から二〇一五年にかけてエボラ出血熱が西アフリカを中心に急激に広がった際、ブルキナファソでは、学校運営委員会が中心になって各地で住民総会が開催され、正しい情報の共有や予防方法についての話し合いが行われた。アフリカ各地で、「みんなの学校」のモデルを実践することを通じて、人々の間で、民主的なプロセスや自治についての認識が変わり、行動が変わるということが起きつつある。過大評価はできないが、過小評価もできない新たな流れが生まれつつある。

しかし、「みんなの学校」のコンセプトが、アフリカ各国の社会の中でしっかりと根を張るには、まだ道のりは険しい。アフリカの国々の社会と経済の状況は厳しく、多くが政治的に不安定な状況に置かれ、治安が十分に保たれていない国も少なくない。そうした困難な状況において、各国が自らの力で、その国の状況に即したモデルを創発し、普及に取り組むことを後押しすることが国枝たちの役割だ。

アフリカ各国の膨大なニーズに較べれば極めて小さなＪＩＣＡの予算で直接的に行い得ることは限られている。そうした役割を限られた財源で果たすには、特に創造力や機動力が問われる。そうした難題に、ＪＩＣＡ本部のアドバイザーに役割を変えた國枝が取り組んでいる。國枝は語る。

「さまざまな経験をしてきたさまざまな立場の人々が、モデルの本質をシンプルに理解して応用できるように整理することが必要です。また、アフリカ各国との協力を縦割りで個別に行うのではなく、広域的にマネジメントしていくことも必要です。それにより、各国の間で経験の共有を促進することができますし、同時に日本側の担い手の育成にもつながります。世界銀行や国連児童基金（ＵＮＩＣＥＦ）をはじめとする開発協力機関との連携を現場レベルだけでなく、本部レベルで進めることも必要です。」

課題は山積している。しかし、アフリカの教育を本質的に変え得る取り組みとして、国枝たちは、粘り強く挑戦する覚悟だ。

【解説編】

1 成功モデルの現地化を本質を損なわずに行う

この物語りの焦点は、ある場所で成功したことを、別の場所で再現する、つまり、「横展開」の作法です。ニジェールで生み出されたみんなの学校のモデルは、住民が自ら教育課題を見出して解決していくという民主的プロセスと自治を、根本的な考え方、つまりコンセプトにしています。それは、学校教育にとどまらず、地域社会のありようにも影響を与え得るものです。

ＪＩＣＡは、そうしたモデルを、セネガルに「横展開」しようとしたのですが、当初はうまく行きませんでした。その要因は、そうしたコンセプトの本質が伝わりにくかったことにあると考えます。そのため、セネガル政府の関係者と、日本側のアドバイザーの双方が、モデルの肝心要とされた無記名投票方式にこだわらず、地元の慣習を優先しました。その結果として、外形的には似ていてもニジェールのモデルとは本質的には異なるものになりました。セネガルでも、地域住民が参加する学校運営委員会の仕組みが、すでに実践されていました。しかし、それは、行政が決めたことを実施する資金の「受け皿」のように位置付けられていました。その延長線上のこととして行われることで、ニジェールで見られたような社会的変化は生まれなかったのです。

◆暗黙知の重要性

知識には、条件を異にする場においても的確に実践できるように、マニュアルなどの形式知にできる知識と、それが難しい知識があります。例えば、機器の操作方法、経済分析の手法やプレゼンテーション資料の作り方などのように、形式知化することで、世界共通のノウハウとして共有できる知識は少なくありません。その一方で、文書や図式などで本質を伝えることが難しく、暗黙知として共有せざるを得ないことも少なくありません。みんな学校のコンセプトは、後者でした。

新たな社会制度や組織マネジメントの仕組みなどを開発途上国と共有する場合、ガイドラインやマニュアルなどの「形式知」で、その本質を伝えることは容易ではありません。人と人の対話の中で、本質についての「暗黙知」を共有することが重要になります。

日本人は「和魂洋才」や「和魂漢才」と言われるように、外国の知識を自国の状況に適合させて応用することが伝統的に得意であったと言われます。古代の律令制度から明治維新後の欧米の制度、さらには現在の国際標準化の流れに見られるように、外形的には少し違っていても本質的なことを外さずに応用して社会的に定着したことは少なくありませんが、同時に、暗黙知にとどまる本質的なことが外れてしまったことも枚挙に暇がありません。「横展開」の成功の鍵は、暗黙知を伝えることにあると言うことができます。

◆「型」の重要性

暗黙知を的確に伝えるうえで、日本では「型」が重視されてきました。芸事を型どおりに実践することにより、言葉では説明できない本質が五感で伝わります。芸事に限られず、人々の間で広く共有されて実践されていることには、何らかの「型」があります。何かを応用するには、「守破離」と言われるように、まず「型」をしっかりと実践することが近道と言えるかもしれません。そのうえで新たなことを取り入れて工夫し、最終的に独自に新たなことを創出するというステップを踏むことで、「型」に込められていた本質的なことを失わずに、自らの環境に即した自身の「型」を生み出すことができます。

ニジェールのモデルをセネガルに展開する時点では、学校運営委員会委員の無記名投票方式による選任というようなことが、まだ「型」として認識されていなかったようです。「みんなの学校」のような新たなコンセプトに関することについては、まずは型どおりに実践してみて、そこから、それぞれの国で独自なものに進化させていくというアプローチが有効ではないかと考えます。

- ある国で成功したモデルを他国に「横展開」する際は、ベストプラクティスとしてそのまま適用してしまったり、現地の状況に合わせるために本質的部分を削除してしまうことは、避けるべきである。
- 現地のやり方にどの程度合わせるべきかを、一般化することはできない（プロジェクトごと、場面ごとに何が正しいかは変わる）が、モデルの「肝」が何かを明確化することにより、各応用の現場がその採否や応用の仕方を熟慮することを促す。
- ある国や組織で生み出された新たなコンセプトに関することを、他の国や組織で再現するには、型どおりに実践してみて、言葉や図式で説明できない暗黙知を的確に伝える、そのうえで、さらに独自に進化させる。

2 気づきを触発して自分事の意識を促す

◆お仕着せと自分事

ＪＩＣＡは、第二期プロジェクトにおいて、「みんなの学校」のコンセプトの本質に立ち返って軌道修正を図りました。その焦点は、セネガル側の人々に自分事として思ってもらうことでした。そもそもセネガルの学校教育の問題は、セネガルの人々が主体的に取り組むことです。なぜ自分事の意識を促さなくてはいけなかったのでしょうか。それは、セネガルの人々が、新たなコンセプトを「お仕着せ」と感じたからでした。

開発途上国の問題の解決にはさまざまな変化が必要ですが、それらの中にはその国の内部からは起こりにくいことがあります。例えば、教室の数が足りないから増やさなければならないというようなことは、その国の当事者の人々にとり自明なことです。それに対して、教育の問題は、学校のマネジメントの仕方に起因している、また、住民が主体となって学校のマネジメントを行うことにより問題の解決が進むというようなことについて、当事者の間で認識の共有が内発的に進むということはなかなか起こりません。そこで、開発協力が重要な意味を持ちます。

開発協力のプロジェクトは、その国の問題の解決に、その国の人々とは違った経験や観点を持つ外国人が参加する「場」です。異なる知識を持つ人々が共創することで、新たな課題が見出され、新たな解決策が創発されます。しかし、「協力」よりも「援助」という言葉が一般的に使われているように、援助する側とされる側という上下の関係、または、進んだ者が遅れた者に知識を移転するという関係になりがちです。そうした関係では、「援助側」が移転しようとする知識は「お仕着せ」と受け止められ、共創は起こりません。

◆現場・現物・現実で自ら気づくことを触発する

みんなの学校のコンセプトを、セネガルという国の文脈で具現化するということは社会的なイノベーションに他なりませんでした。イノベーションは、それを起こす「起業家」が自らの思いや着想といった暗黙知を、他者と共有し、共感し合うことから始まります。そこから、モデルや基本方針が創られ、さらには、ガイドライン、仕様、マニュアルという具体的な形、つまり形式知が生み出され、実践に移されます。

ニジェールで生まれた「みんなの学校」のコンセプトがセネガルに根づくうえでも、その本質についての暗黙知を有している國枝が非常に重要な役割を果たしました。しかし、第二期プロジェクトの開始当初、國枝は、ニジェールで得た自らの暗黙知をセネガル側のプロジェクトメンバーに熱心に伝えようとして、反発されてしまいました。

そこで、國枝は説得するのではなく、新たなモデルのコンセプトが何かを、ニジェールの現場で自ら気づいてもらうアプローチを試みることにして、セネガル側のプロジェクトメンバーをニジェールの現場に連れ出しました。「みんなの学校」のコンセプトに否定的な態度を示していた教育省の幹部を、僻地の学校に連れ出したのも同様の考えからでした。上の立場の人ほど、自分の認識の非を認めようとしないものですが、現場の現実に身を置き、その意義を五感で感じ取ることで、姿勢を変えてくれました。

また、プロジェクトを実施している国の関係者が集まって各国の進捗状況を共有する会議では、セネガル側プロジェクトメンバーに主体的に報告してもらいました。そうした「非日常の場」を通じて、セネガル側の関係者が認識と行動を変え、「みんなの学校」のモデルの普及に、自分事として取り組みを強めていったのでした。

なお、セネガルで第二期プロジェクトが始まった二〇一〇年当時、ニジェール、マリ、ブルキナファソのフランス語圏の四カ国で「みんなの学校」プロジェクトが実施されていました。ＪＩＣＡは、各国が順にホスト国になる形で国際会合を開催し、各国が経験を共有し合うことを支援しました。國枝は、そうした場においても、自らは後ろに下がり、セネガル側のプロジェクトメンバーが自ら進捗状況を報告し、議論することを後押しすることで、彼らの主体性を促しました。

開発途上国の人々が互いに経験を共有し合うことを重視する考え方は、日本の開発協力の特長の一つであると言われています。その背景には、日本が、歴史的に欧米から学ぶ立場に置かれてきたことや、第二次世界大戦後に米国や世界銀行などから援助を受けたということがあると思われます。学ぶ側の立場を経験することで、「教師」から教え諭されるよりも、「同輩」から互いに学び合うことが、主体性や内発性で重要であることを、日本は自ら経験してきたのです。國枝は、そうした日本ならではのアプローチを実践したと言えます。

- 何かを教え説くよりも、「経験共有」の場で自ら気づいてもらうことにより、行動が変わる。
- 成功したモデルを別の国や組織が導入することを促す場合には、教え説くよりも、相手がモデルの本質に自ら気づき行動を変えることを現場・現物・現実で触発する場をつくり、自分事としての意識を促す。

3 長期的観点から腰を据えて取り組む

セネガル政府との「みんなの学校」についての協力は、二〇〇七年から三年間実施されたプロジェクトを受け、セネガル政府が協力の継続を日本政府に要請し、二〇一〇年から、さらに五年間の第二期プロジェクトが実施されました。結果的に、第二期プロジェクトは大きな成果を導きましたが、当初の三年間のプロジェクトの結果は思わしくなく、ＪＩＣＡには協力を継続せず、そこで終えるという選択肢がありました。

一般的に、私たちは、先の見通しがたたないことであっても、それまでにかけた費用や手間を無駄にしたくないと思い、ずるずると続ける傾向があると言われます。そうした費用と手間は、いわゆる埋没費用（サンクコスト）と言われ、それに捉われることなく、事業撤退を判断することが推奨されています。そうした観点からは、ＪＩＣＡにとって合理的なことは、セネガル政府との協力を継続せず、経営資源を別の国との協力に振り向けるということであったと考えられます。

しかし、このケースでは、ＪＩＣＡは、より長期の協力をセネガル政府に約束し、加えて全国普及という高い目標を掲げるという判断を行いました。セネガル政府の行動が変わらなければ、新たな協力は無駄になりかねないというリスクを承知してのことです。そうした判断がなされたのはなぜでしょうか。一義的には、ＪＩＣＡとして「このモデルがセネガルでもいける」という強い確信が、組織的に共有されていたからです。そうした確信に基づいて、二〇〇八年五月に横浜で開催された第四回アフリカ開発会議で、「みんなの学校」のモデルを西アフリカの一万校に普及するという国際合意を主導していました。

社会的な変化は、日本においても短期間に実現するものではありません。特に、「みんなの学校」のように開発途上国の社会に本質的な変化をもたらし得るコンセプトの具現化は、試行錯誤の積み重ねの中で漸進的に進むことです。協力する以上、目先のことに捉われずに腰を据えて長期的に取り組むことが必要です。取り組んでみて、まったく見込が無い場合には、サンクコストを考慮せず、早々に撤退すべきですが、脈がある場合には、細く長く働きかけて、チャンスを待つ長期的観点が肝要です。「みんなの学校」についての協力は、そうした長期的に取り組むものであるという認識が、ＪＩＣＡの組織内で担当者が交代してもぶれることなく共有されていたと考えます。

- 現場と認識を共有しつつも、現場とは異なる目線で、全体最適化の観点から大局的に判断するプロデューサーの役割が重要。
- 開発途上国の社会に本質的な変化をもたらし得るコンセプトの具現化は、目先のことに捉わ……れずに腰を据えて長期的に取り組む。

4 大きな目標に向けて他者と協働する

大きな目標を他者と定めたことにも関係しますが、このプロジェクトの大きな特徴の一つは、ＪＩＣＡが比較的に小さな予算で、大きな社会的変化を目指したことです。五年間の予算が三億円という比較的に限られた予算で、セネガル全国九千校に新たなモデルを普及することは、そもそも無理なことで、世界銀行の資金を利用することが前提でした。

さまざまな組織が協働することにより生み出す社会的変化は、コレクティブインパクトと呼ばれます。セネガル学校教育の在り方が本質的に変わるためには、政府、教員、地域住民が協働し、さらには、日本や世界銀行などの教育分野で活動する国外の組織が、コレクティブインパクトに向けて協働することが必要とさていました。ＪＩＣＡは、それを「起業家」として仕掛けたわけです。

しかし、コレクティブインパクトほど、言うは易く行うは難いことはありません。どの組織もそれぞれの立場、認識、思惑があり、なかなか足並みが揃いません。そのため、上流の段階で、それぞれが思いを共有し、共通のビジョンとコンセプトを共創するというプロセスが重要になります。その点で、このケースでは、そうしたプロセスが必ずしも十分ではなかったように思われます。

ＪＩＣＡ側が挽回に努めた結果として、世界銀行の資金を別の形で確保することができましたが、國枝たちが考えたようには資金を活用することはかないませんでした。ただ、他の組織と協働するには、その組織の立場で物事を見ることが必要です。國枝たちは、世界銀行やセネガル政府の立場も理解し、みんなの学校のモデルの全国展開を進めたのでした。

- パートナーと協働する場合には、相手方の事業の仕組みや意思決定のプロセスを把握しておくことが必要。
- 社会実験を行う場合には、新たな知を共創する場として、さまざまな立場で関係するアクターと、結果だけでなくプロセスを共有することが必要。
- 他のアクターと協働でインパクトを生み出すためには、ビジョン、目標、コンセプトを、事業の上流段階において共創する。

5 共感と信頼の関係を深める

新たな知の共創は、共感と信頼の関係で結ばれた人々の間で起こるものです。このケースにおいても、さまざまな立場の人々の間で共創が繰り返されることにより、「みんなの学校」のモデルの現地化と、全国普及が進みました。その中心は、國枝をはじめとするＪＩＣＡ側アドバイザーとセネガル側プロジェクトメンバーの共感と信頼の関係でした。そうしたことから、プロジェクトリーダーが職場に出てこなくなったという事態に、國枝は大きな危機感を抱きました。

無断欠勤の理由ははっきりしませんが、全国普及に向けてプロジェクトの仕事が増大する中で、スタッフの不満とＪＩＣＡ側の期待の間で板挟みになり、プレッシャーを受けていたようです。「援助」の国際的慣行では、開発途上国側の関係者に対して、残業代や地方出張の手当を、「援助」を行う側が負担することが一般的です。新たな事を行う「援助」事業は、ぎりぎりの人員で仕事をしている開発途上国の公務員にとって、「追加的な仕事」になることが少なくないからです。政府の給与や出張手当などが十分でない中で、意欲的に取り組んでもらうためには、そうしたことを行うことが合理的であるという判断が、国際的には一般的です。

しかし、日本自身の経験に基づいて自助努力を重視するＪＩＣＡの「協力」はそうしたことを行いません。つまり、お金の関係ではなく、相互の共感と信頼の関係に基づいて協力が行われているのです。「金の切れ目が縁の切れ目」とばかりに、「援助」が終了した途端に成果が雲散霧消してしまうことが少なくない状況で、賢明な姿勢と言えます。ただし、当然、薄給に対して仕事だけが増えることに不満を抱く関係者は少なくありません。國枝たちを、お金をくれずに仕事だけを増やす存在と見ていた人もいたそうです。そうであるからこそ、相手国側のリーダーシップが問われたのでした。

國枝は、そうした信頼関係が壊れかけているという危機に臨んで、教育省の幹部に解決を求めるような事を荒立てることはせず、欠勤を続けるプロジェクトリーダーに信頼感を示し、安心感を与えることにより、職場への復帰を促し、プロジェクトを軌道に乗せたのでした。

- 事業の実施を急ぐ際に、共創の相手との関係が片方向になると、共感の関係が弱まることがある。
- 共創のパートナーにとり仕事以外に家庭やさまざまな事情があることを、相手の立場に立って斟酌し、仕事を離れて共感と信頼の関係を深める。

6 常識外の社会変容を導く

最後に、みんなの学校のコンセプトの意義を振り返りたいと思います。それは、一義的には、教育の問題を解決するために創発されたものですが、教育問題と地域の自治、さらには、民主的な自治のあり方に結び付けるものでした。学校の問題を、地域の将来の問題と位置付け、学校関係者に任せるのではなく、住民が一緒に考えて、行動する。そうした仕組みの創出を目指したものでした。そのうえで、住民の協働が実効的で持続的なものになるには民主的なプロセスが不可欠であるとＪＩＣＡは考えたのでした。学校運営委員会の委員の選任を無記名投票により行うことにＪＩＣＡがこだわった理由は、そうした狭義の教育問題の範疇を越えた視点がありました。中央政府が決めた助成金を執行するための受け皿として「住民参加」を位置付けるということであれば、そうした民主的なプロセスにこだわる必要はなかったのです。

日本においては、「読み書き算盤」の基礎教育は、地域が自主的に行ってきた歴史があり、明治維新を受けて政府主導で開始された教育の近代化も、当初は、校舎の建設や教員の給与などの大半を、地域の側が負担する形で進められました。日本では政府による公教育と自治はそのように密接に結び付いていたのですが、アフリカの国々では、植民地時代からの歴史的な経緯から、公教育と自治の結び付きが弱かったのです。ＪＩＣＡのアプローチは、教育の問題の解決が持続的に進むように、教育の問題の解決と同時に、住民と行政の新たな協働の関係をも育もうとしたものであったと考えます。複数政党制の導入や地方分権などの「民主化改革」を、政府に対して働きかけるトップダウンのアプローチに対して、学校教育の現場からじわじわと社会の変革を促すボトムアップのアプローチと言えるでしょう。

そうしたみんなの学校のアプローチは、ＪＩＣＡが狙ったように、的確に実践されることにより、教育問題以外のさまざまな問題について住民の協働を促進するという成果を生みつつあります。教育分野のプロジェクトという枠に捉われずに、より大きな観点から、社会的変化を促すことの意義を物語っています。

- それぞれの分野や国で共有されている常識は、変わりにくい。個々人が直接経験を得て認識を変えることが積み重なった結果として変化する。
- 外国人や専門分野本流にいない者は、常識外の新たな結合（イノベーション）を触発しやすい立場にある。
- 当事者の常識外の新たな結合を大局的に創発し、実際に経験することで当事者が認識を変えることを触発する。

註

（1）［不就学関連］ＵＮＥＳＣＯ（二〇一八）。

（2）ＵＰＥ政策推進による住民参加への影響については、次の文献等を参考にされたい。澤村信英（二〇〇五）「アフリカ地域における教育開発の現状と課題―国際協力は貧しい人々の役に立っているのか―」『比較教育学研究』第三一号、七四頁。笹岡雄一・西村幹子（二〇〇七）「低所得国における教育の地方分権化―初等教育普遍化（ＵＰＥ）政策との矛盾―」『国際開発研究』第一六巻、第二号、二七〜二八頁。

（3）ニジェールのプロジェクトに関する参考文献：原雅裕（二〇一一）『西アフリカの教育を変えた日本発の技術協力―ニジェールで花開いた「みんなの学校プロジェクト」の歩み―』ダイヤモンド社。

（4）「みんなの学校プロジェクト」の成果は、経済学の専門家による定量的な分析により裏付けられている。詳しくはＪＩＣＡホームページ（https://www.JICA.go.jp/JICA-ri/ja/news/topics/post_295.html）を参照。

（5）「みんなの学校」の各地での取り組み（ブルキナファソの保健衛生やマダガスカルの学校給食など）：ＪＩＣＡ広報誌「ｍｕｎｄｉ」二〇二一年一月号記事「みんなで知恵を出し合い、ともに動く」（https://www.JICA.go.jp/publication/mundi/202101/202101_09.html）。マダガスカルでの学校給食の取り組み：朝日新聞「ＧＬＯＢＥ＋」記事「地域で支える給食が、子どもと社会の未来をつくる」（https://globe.asahi.com/article/14502677）。

参考文献・資料

- Kunieda, N., Maruyama, T., Kageyama, A., & Hara, M. (2020) "Educational Development through Community-wide Collaboration: How to Establish a Sustainable Community-wide Initiative to Improve Education," in M. Nishimura (Ed.), *Community participation with schools in developing countries: Towards equitable and inclusive basic education for all*, New York & Oxford: Routledge.

●原雅裕（二〇一一）『西アフリカの教育を変えた日本発の技術協力―ニジェールで花開いた「みんなの学校プロジェクト」の歩み―』ダイヤモンド・ビッグ社。

●原雅裕（二〇二二）「ＯＤＡの事例―みんなの学校プロジェクト―」大森佐和・西村幹子編著『よくわかる開発学』ミネルヴァ書房。

●丸山隆央・影山晃子（二〇二一）「保護者・教員・地域住民間の協働による子どもの学習改善活動を創出・展開する学校運営手法―ＪＩＣＡみんなの学校の手法を事例として―」『ＪＩＣＡフィールドレポート』六巻、ＪＩＣＡ緒方貞子研究所。

第 7 章

顧みられない熱帯病の克服

——中米シャーガス病対策

地図 ▸ 中米

年表

1998年	JICAがグアテマラに調査団を派遣。
2000年	グアテマラでプロジェクトが開始（～2005年）。
2003年	ホンジュラスとエルサルバドルでプロジェクトが開始（～2007年）。
2004年	汎米州保健機関（PAHO）にアドバイザーを派遣。
2006年	JICAがホンジュラスのプロジェクトの中間評価を実施。協力継続の是非を検討。
2008年	ホンジュラスとエルサルバドルで第二期プロジェクトが開始（～2011年）。 グアテマラで感染が中断したことをPAHOが公式認定※。
2009年	ニカラグアでプロジェクトが開始。域内4カ国でプロジェクトが実現。
2010年	ホンジュラスとニカラグアで感染が中断したことをPAHOが公式認定※。

注（※）：外来種の媒介虫による新規感染中断。2010年のホンジュラスとニカラグアの感染中断も同様。

略語表

ETV	媒介虫防除班
IPCA	中米シャーガス病対策イニシアティブ
NGO	非政府組織
PAHO	汎米州保健機関

プロローグ　中南米の人々を苦しめてきた「沈黙の病気」

「顧みられない熱帯病」という言葉を耳にしたことがあるだろうか。エイズ、マラリア、結核のように広く注目されてきた感染症ではないが、人々を苦しめている寄生虫や細菌感染症の総称だ。開発途上国の発展を妨げる隠れた障害になっているとして、世界保健機関（ＷＨＯ）が二二の熱帯病を指定し、国際社会の取り組みを促してきた。その中で、中南米地域で最も多くの死者を出していると言われる感染症がシャーガス病だ。世界全体で感染者は約六百～七百万人にのぼり、毎年約一万人が命を落としているとＷＨＯは推計していて、その大多数が中南米地域に集中している。[1] 感染後に何年も発症しないため「沈黙の病気」とも呼ばれ、慢性化することで、三分の一の確率で心臓肥大などの心臓疾患が発症し、突然死を招くことがある。

シャーガス病はトリパノソーマ・クルージという原虫が体内に入ることで感染する。[2] 原虫を媒介する昆虫は吸血性のカメムシのサシガメで、人間の血を吸った後に排泄する糞便が吸血箇所や目に触れることで感染する。シャーガス病の対策は、サシガメの駆除が中心になる（写真７－１）。

シャーガス病に対する取り組みは、ブラジルなどの南米諸国で対策が確立され、すでに感染の中断が認定された国もあった。感染の中断とは、サシガメの根絶には至っていないが、シャーガス病

写真7-1 ▶シャーガス病の原虫を媒介するサシガメ（在来種）

出所：JICA

の新規感染者が確認されなくなった状態をいう。南米諸国と較べて経済的に立ち遅れた中米諸国では対策が進んでいなかった。しかし、特に蔓延していたグアテマラ、ホンジュラス、エルサルバドル、ニカラグアの四カ国で、二〇一一年までに感染の中断が公式に発表された。サシガメに国境はない。シャーガス病の感染中断が持続するには、国境を接する四カ国のすべてで同時に感染中断が実現することが必要だった。その成功には、国際協力機構（JICA）が大きな役割を果たしていた。JICAは、二〇〇〇年にグアテマラでプロジェクトを開始した後、ホンジュラス、エルサルバドル、ニカラグアに展開し、各国のシャーガス病対策を効果的に支援した（図表7－1参照）。

◆四半世紀におよぶ前史

そうした四カ国とJICAの協力には長い前史があった。それは、一九七五年から一九八五年までグアテマラで実施された「オンコセルカ症研究対策プロジェクト」

図表7-1 ▶ 中米4カ国におけるシャーガス病対策プロジェクトの展開状況

【シャーガス病対策プロジェクト展開地図】

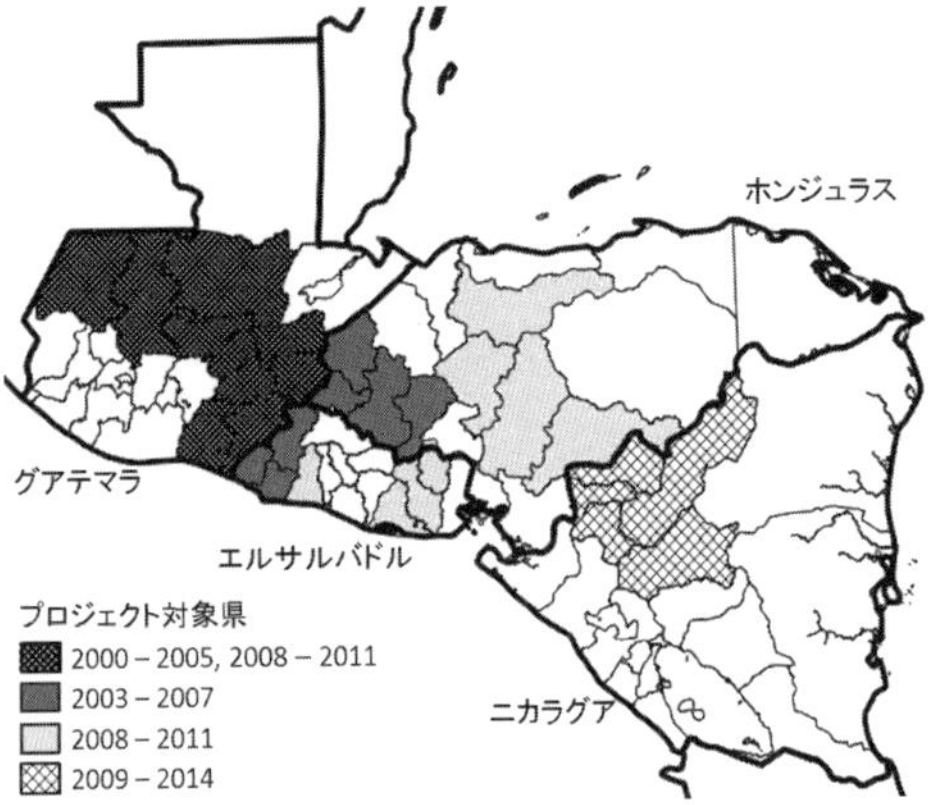

出所：橋本謙「中米におけるシャーガス病とその対策、日本の協力」

に遡る。オンコセルカ症は寄生虫を持ったブユに刺されることで感染し、失明に至ることもある疾病で、「河川盲目症」とも呼ばれている。シャーガス病と同じく、「顧みられない熱帯病」の一つに指定されている。JICAは、グアテマラ政府の要請を受け、その対策のために寄生虫学や昆虫学の研究者を派遣した。その中の一人が、後にシャーガス病対策プロジェクトの〝プロデューサー〟となる山形洋一（以下、山形）だった。大学院の博士課程で昆虫を研究していた山形は、グアテマラ側の研究者とともに、媒介昆虫のブユの生息エリアを割り出し、幼虫を殺虫剤で駆除する方法を編み出すなど、プロジェクトの成功に大きく貢献した。

　次いで、一九九一から一九九八年の間に、同じグアテマラで「熱帯病研究プロジェクト」が実施された。デング熱やシャーガス病などの熱帯病の病原体の特定、診断、そして媒介昆虫の研究に取り組むプロジェクトだった。日本から派遣された多くの研究者の中に、シャーガス病対策プロジェクトの〝原作家〟となる田原雄一郎（以下、田原）がいた。田原は三二年間勤めていた大手製薬会社を五五歳になる誕生日の前日に退職して、参加していた。

田原は研究拠点のサンカルロス大学の研究者たちと、シャーガス病の媒介昆虫であるサシガメの生態研究に没頭した。例えば、ある集落の七百戸の家の中を調べ上げ、サシガメの生息が集中するのが土壁の家であること、そして家屋内では寝室の壁の割れ目であることを明らかにした。

シャーガス病を媒介するサシガメには外来種（*Rhodnius prolixus*）と在来種（*Triatoma dimidiata*）がある。外来種は、原虫の保有率が高く、家屋内のみに生息している。一方、在来種は、より大型で生命力も強く、屋外にも生息しているが、原虫の保有率は低い。シャーガス病の対策にはそうした種類の違いに応じた対策が必要とされる。田原たちは、外来種と在来種について全国的な分布状況を調査し、グアテマラ全土のサシガメ分布図を作成したうえで、外来種と在来種が生息する集落で殺虫剤による駆除実験を長期間にわたり行い、有効な殺虫剤と駆除方法を見出した。九年間に及んだプロジェクトは、そうした成果を区切りとして一九九八年に終了した。田原たちの成果は、偶然のめぐり合わせで、新たなプロジェクトに結び付き、中米四カ国に展開することになった。それをプロデュースしたのが山形だった。

エピソード1　グアテマラとの協力の始まり

◆予定されていなかったプロジェクト

グアテマラの仕事を終えた山形は、その手腕を買われてＪＩＣＡ本部で保健医療分野のアドバイザーを務めていた。熱帯病研究プロジェクトが終了した一九九八年に、新たに周産期医療について協力するために、ＪＩＣＡがグアテマラに調査団を派遣した際に、現地の事情を熟知する山形が副団長として参加した。

しかし、グアテマラ政府との協議の結果、周産期医療についての協力は見送られることになった。グアテマラ側の受入体制に問題があったためだ。通常であれば、それで調査は終わることになるが、日本大使館から、代わりにシャーガス病対策についての協力を検討して欲しいと求められた。実は、田原と長年共同研究を行ってきたグアテマラ人研究者が、ＪＩＣＡから調査団が来ることを耳にして、日本大使館に対して陳情していたのだった。

調査団の当初の予定にはなかったが、山形にとっては専門分野のことだ。日本大使館から手渡されたグアテマラ側の企画書に目を通した山形は、「うっかりするとしくじる」と直感した。企画書の内容は、サシガメを駆除するための殺虫剤と活動用の車両の供与を日本側に求めるものだった。車両は、それを使用する具体的な計画がないまま供与すると、相手国政府の要人が買い物や子女の送迎などの私用に用いるおそれがあった。また、殺虫剤は使用期限内に使いきれないと、ただの毒物になってしまう。簡単に廃棄できないものだけに、仮にこれが外部に流出した場合、大変なスキャンダルに発展する恐れがあった。

◆「斜めの図式」を考案

　山形は、グアテマラ側の企画内容ではダメだが、シャーガス病対策についての協力は何とか実現したいと考えた。そこで、直ちに二つの仕掛けを考案した。一つ目は「地方におけるプロジェクト進捗の監視」である。当時、グアテマラでは保健行政の地方分権化が進んでいて、保健省など中央の指示が地方の活動現場まで行き届くか不透明であった。そうした状況で、車両や殺虫剤を活動現場に送ることにはリスクがあった。各地方の現場で殺虫剤の管理と散布が適切に行われ、その目的のために供与される車両などの資機材が適切に活用されることを担保するために、何らかの監督の仕組みが必要だった。そこで考えついたのが、青年海外協力隊員（以下、隊員）を活動の現場に派遣し、監督者の役割を担ってもらうことだった。

　山形のアイデアは、ＪＩＣＡ内では賛同が得られにくいことだった。山形や田原のようにＪＩＣＡのプロジェクトに派遣されるアドバイザーは、ＪＩＣＡから報酬を得て委嘱された活動を行う。それに対して、隊員は、自らの意思で無報酬のボランティアとして派遣される。同じＪＩＣＡという組織から開発途上国に派遣されるのだが、立場と待遇には大きな違いがあった。そのため、協力隊員がＪＩＣＡのプロジェクトに参加して、アドバイザーと一緒に仕事したケースでは、しばしば問題が生じていた。自由に活動したい隊員に対して、アドバイザーが上から目線で指示を出すようなことになると、両者の信頼関係は直ぐに壊れてしまう。

そのため、まず隊員の派遣計画をまとめ、現場での活動に責任を負う駐在員事務所長の田臥彰三（以下、田臥）に賛同してもらうことが必要だった。田臥は隊員思いで知られていた。山形は「隊員をプロジェクトに使うという上から目線の発想では了承をもらえない」と直感した。そこで山形は「斜めの図式」を田臥に提案した。仕組みはこうである。現場の監視役として隊員を地方に派遣するが、彼らは専門的な知識を有しているわけではない。そこでプロジェクト全体を調整する保健省にアドバイザーを派遣する。ただし、両者の間には、指示や命令の上下関係はない。アドバイザーは隊員に対しては相談役に徹する。そうした関係であれば問題はないと、田臥も賛同してくれた。

◆国際的な枠組に紐づける

山形の二つ目の仕掛けは「汎米州保健機関（ＰＡＨＯ）の巻き込み」だった。ＰＡＨＯは、北米、中米、南米の国々が加盟する国際機関である米州機構（ＯＡＳ）の保健部門の専門機関である。世界保健機関（ＷＨＯ）[3]の地域事務局の役割も果たしている。グアテマラに対する協力はＪＩＣＡが単独で行うのではなく、ＰＡＨＯと連携して行うことにより、取り組みが持続すると山形は考えた。ＷＨＯで働いた経験もあった山形は、出張の機会を利用してワシントンのＰＡＨＯ本部を訪ね、シャーガス病担当官らと意見交換を行った。

シャーガス病の根絶には長期にわたる一貫した取り組みを必要とする。中途半端に止めてしまっては、元の木阿弥になってしまう。中米では政権が頻繁に交代し、その度に、行政官がごっそりと入れ替わり、その結果として、前政権の事業が維持されないということが起きやすかった。前政権

図表7-2 ▶ グアテマラ政府、PAHO、JICAの三者の協力関係

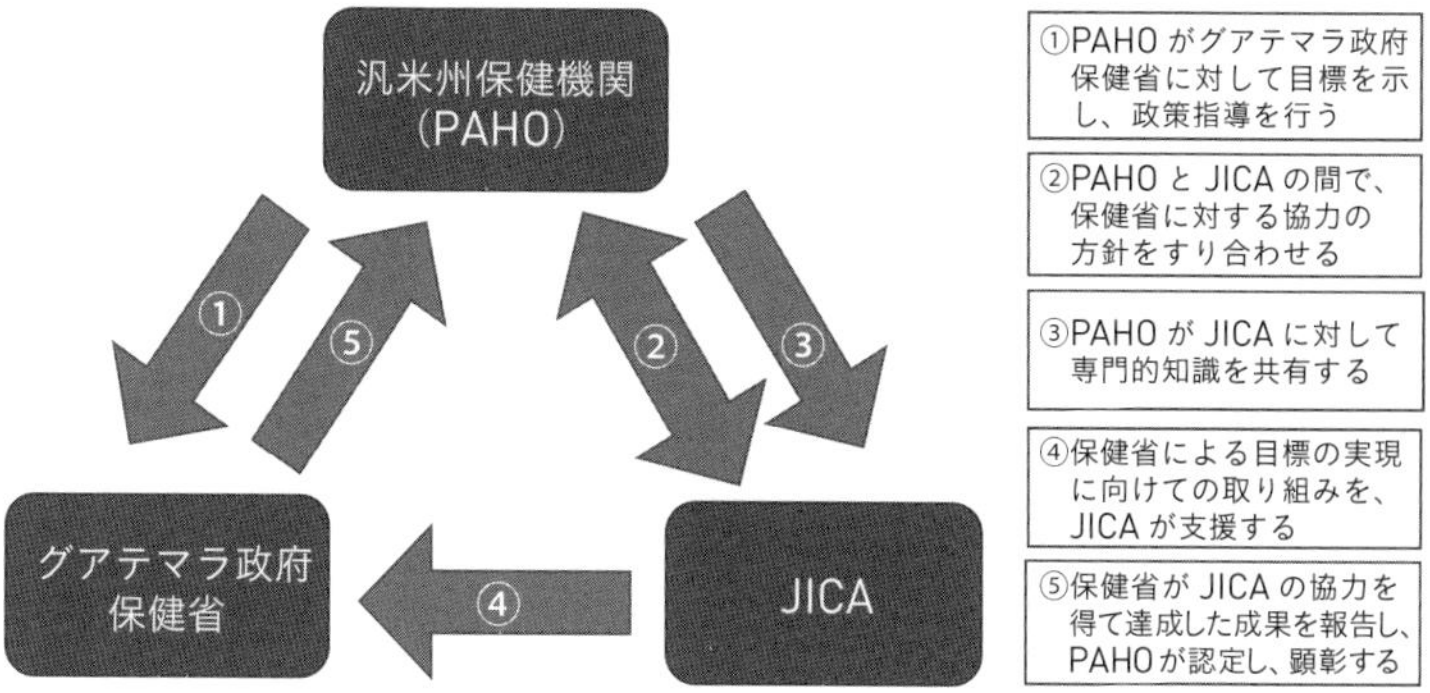

出所：本書執筆陣にて作成

の仕事に予算を費やすよりも、新政権として自らが打ち出す政策の実現を優先するからだ。JICAと中米各国の協力も、そうした影響を受けやすかった。しかし、米州機構のような多国間で合意したことは、政権が変わっても簡単には反故にされない。政権交代により影響を受けるリスクは小さくなる。

タイミング良く、山形がグアテマラを訪れた前年の一九九七年に、PAHOは「中米シャーガス病対策イニシアティブ（IPCA）」を立ち上げていた。中米七カ国が参加し、二〇一〇年までに外来種と在来種のサシガメによる感染の中断を目指すことを合意していた。ただし、具体的な事業の実施は各国の自助努力に委ねられていた。山形は、そこにJICAの協力を組み込むことを考えた。PAHOがグアテマラ政府保健省に対して目標を示し、政策指導を行い、そのもとで、JICAが保健省の取り組みを支援し、その成果をPAHOが認定し、顕彰するという仕組みだ（図表7－2参照）。これであれば、グアテマラ政府保健省も、政権交代による政策変更を心配することなく、長期的な観点から本腰を入れて取り組むことができる。

この三者の協力関係には、山形のもう一つの隠れた狙いがあった。ＪＩＣＡが中途半端に協力を終えることの抑止である。ＪＩＣＡのプロジェクトは、一般的に、三年から五年の期間で実施され、必要な場合には、成果を引き続く形で次のプロジェクトが実施される。ただし、予算に限りがあるため、継続の判断は慎重に行われる。他の分野や他の国を対象に新たに協力を行う場合には、既存の協力を終えなければならない。また、ＪＩＣＡの協力は、開発途上国の自助努力を助けることを哲学とする。そのため、依存を助長することを避けるために、協力は最小限必要な範囲にとどめるとされている。そのため、時に、「後は相手国側の自助努力に任せる」という理由で継続されずに終了したプロジェクトについて、もう少し協力を続けていたら大きな成果が出ていたのにもったいなかったという結果になる場合がある。協力の継続の是非の判断は難しい。そのため、山形は、ＰＡＨＯが感染の中断を認定する仕組みにプロジェクトを紐づけることで、認定前にＪＩＣＡがプロジェクトから手を引いてしまうことで元の木阿弥になるということを抑止しようとしたのだった。

エピソード2　専門技術を身に付けていない若者たちの活躍

◆かなめのアドバイザーの人選

二〇〇〇年二月、山形が仕切り直したグアテマラのプロジェクトが始動し、ＪＩＣＡのアドバイザーとして中川淳（以下、中川）が保健省に赴任した。[4] また、同年五月に、現場で活動する隊員として、今井悟、高岡秀行、野並丈朗、橋本謙の四人が、東部四県の保健事務所に派遣された。各隊員が一つの県のサシガメ対策を担当し、保健省の中川が助言役を務めるという山形の「斜めの図式」が具体化した。

この仕組みの成否は保健省に派遣するアドバイザーのパフォーマンスにかかっていた。そうした難しい仕事に抜擢された中川は、まだ若く、保健医療や昆虫学のスペシャリストでもなかった。いずれかの国と分野のプロジェクトに派遣されるための準備として、ＪＩＣＡから委嘱を受けて、ＪＩＣＡ本部でＯＪＴを受けていたところだった。

中川の派遣をＪＩＣＡのプロジェクト担当部門に推薦したのは山形だった。山形は、プロジェクトのアドバイザーに必要とされることは、昆虫学や保健医療の専門性よりも、プロジェクトをまとめる力とユーモアのセンスだと考えていた。そして、仕事を通じて中川と知り合い、そうした資質が十分にあると見抜いていた。中川は、山形からの突然の打診に自分に務まるだろうかという思いはあったが、派遣予定のプロジェクトが決まっていなかったことから承諾した。ＪＩＣＡの担当部門も、プロジェクトを立ち上げた山形の判断を尊重し、中川の派遣を決定した。

とまどいを見せたのはグアテマラ政府保健省だった。保健医療や昆虫学について知識や経験のない中川をアドバイザーとして受け入れることに難色を示した。最終的には、現地経験が豊富な山形と田原が随時に出張して中川の業務を側面支援することと、中川が役割を果たせなければ場合は山形が交代するという条件で、了解が得られた。

中川の知識・経験の不足は、ＰＡＨＯが主催する会議に招かれ、主として南米からの専門家・経験者らと討論を重ねることで補われ、ほどなく解消された（図表7－2の③の矢印）。彼はまた、各隊員の活動現場を足しげく訪れることで、彼らが所属する各保健事務所の関係者とも信頼関係を深め、政府と各県をつなぐ斜めのパイプの役割を強めていった。

◆地図の共有による「斜めの連絡」

二〇〇〇年五月、四人の隊員が各県に赴任すると間もなく、所属する媒介虫防除班（ＥＴＶ）の担当職員ともども中央に呼ばれ、地図取り扱いのワークショップに参加した。各県からの参加者は担当地区の縮尺五万分の一地形図を二セット与えられ、それまでにサシガメの生息が確認された集落に印を付けるよう指示された。できあがった暫定的サシガメ生息地図二セットのうち一セットは各県が持ち帰り、他の一セットは中央に残し、相互のデータ共有にはＵＴＭ座標[5]を利用するよう指導された。各県におけるサシガメ探査と防除の進捗状況が、地図のＵＴＭ座標を用いて中央へと伝えられる体制ができたことで、山形が構想した「斜めの図式」は具体的な形を見せた。

このワークショップは、プロジェクトに読図技術をもたらしただけでなく、その組織固めにも大きく貢献した。ワークショップでは、地方の集落の実情とサシガメの生息状況を、各県のＥＴＶがあらかた把握していることが明らかになった。それに目を見張った保健省とＪＩＣＡ側の参加者の反応を見ることで、ＥＴＶの職員は、地方分権のもとでの自らの役割をさとり、自信を高めたのだった。

◆青年海外協力隊員の活躍

任地に戻った各隊員は、ＥＴＶのユニフォームを着てＥＴＶのスタッフと地域の村々を回った。家屋の大半は土壁づくりや藁葺きで、懐中電灯とピンセットを手に、壁のひび割れや藁葺きの中に潜むサシガメを丹念に探し出した。結果は、サシガメ生息分布図の更新によって中央に伝えられ、準備フェーズが終了した。

プロジェクトにおける隊員の役割について、山形と中川はあらかじめ細かく規定していなかった、結果的にはそれが功を奏した。隊員は研修会やワークショップでの学びを通して、県のＥＴＶ組織における自らの役割をさとり、ワード、エクセル、パワーポイントといった基礎的コンピュータ・リテラシーを駆使して、県ごとの作業実績を整理と発表で貢献した。その貢献度は山形や中川の期待を超えるものだった。

資器材の監視といった消極的なミッションだけで血気盛んな隊員の心をつなぎとめることは、おそらく不可能だったと思われる。懸念されたＪＩＣＡが供与した資器材の管理については、最初期に一台の車両が盗難されるなどの不審な事件があったが、以後は大きなトラブルがなかった。隊員が監視したためというよりは、プロジェクトの早期の進捗が、関係者に好印象を与え、不祥事が重なることを未然に防いだとみるのが正しいだろう。

シャーガス病プロジェクトに参加する隊員に必要とされる資質を、山形はハンバーガー店の店長にたとえ、「畜産や料理の専門家であることを、店長求人の要件とはしないだろう」と説明していた。規格どおりのハンバーガーを量産する仕組みにたとえるのが、どこまで適切かは疑問だが、シャーガス病対策プロジェクトに参加する「専門家・隊員」が昆虫学者や医療関係者である必要がないことの説明にはなるだろう。視野の狭い「専門家」より視野の広い一般人の方が役に立つ場面がある、というわけだ。

無論、隊員たちは、シャーガス病対策に関する基本的な知識を、派遣前の日本での研修に加え、現地でグアテマラの政府職員や研究者から学び、身に付けた。技術を有する先進国側が開発途上国側を助けるという開発協力の「常識」のもとでは、協力対象の開発途上国の人々から技術的なことを日本側が学ぶということは、基本的に想定されていなかった。シャーガス病プロジェクトは、開発協力の新たな姿を示すものだった。

◆青年海外協力隊員の計画的派遣

隊員のシャーガス病対策プロジェクトへの参加については、制度的な問題があった。青年海外協力隊の仕組みでは、隊員を計画的に派遣することが難しかったのだ。青年海外協力隊は、世界各国からの派遣要請に基づいて、毎年、募集が行われ、選考と訓練を経て、二年間の任期で隊員が各国に送り出される。それぞれの国に、どの分野を対象に、何名を派遣するかは、募集と選考の結果で決まることで、グアテマラのシャーガス病対策プロジェクトに派遣する隊員の人数を、事前に確定することはできなかった。

プロジェクトの実施には、現場で必要とされる人数の隊員を継続的に切れ目なく派遣することが必要だった。問題を何とか打開したいと思案した山形は、中川をシャーガス病対策プロジェクトに登用した時のプロジェクト担当者だった木下雅司（以下、木下）に相談した。山形にとって幸運なことに、木下は、青年海外協力隊事務局に丁度異動したところだった。山形から相談を受けた木下は、特定のプロジェクトのために事務局が特例措置として便宜を図ることは難しく、全く別のアプローチをとる必要があると考えた。

木下が着想した別のアプローチとは、青年海外協力隊の新たな増員計画に乗ることだった。事務局は、日本政府の政策の一環で、年間に派遣する隊員の人数を七千人から一万人へ増やそうとしていた。その背景には、日本社会のニーズがあった。隊員の派遣が始まった昭和四〇年代は、「専門知識や技能を身に付けた若者を現地に派遣する」という方針で、理系、技術系、医療系の隊員の派遣が主体だった。時代が変わり、開発途上国や地球的規模の問題への関心が高まり、「青年海外協力隊員として海外経験を積みたい」と考える若者が増えてきた。それに伴い、村おこしや青少年指導など、専門知識や特定の技術を必要としない職種、つまり、「文系職種」に応募が集中するようになっていた。それを受けて、派遣人数を増やして、そうした職種の隊員の派遣を積極的に進めていこうという政策的な流れがあった。

シャーガス病対策プロジェクトが必要とする隊員は、そうした文系職種の隊員だった。特定の専門知識や技術を身に付けていなくても、社会人としてのコミュニケーション力、マネジメント力、学習能力、ユーモア精神があれば十分に活躍できる。そこで、木下は、シャーガス病対策のために文系職種の隊員を一定期間継続して派遣し続ける枠を設けることを、隊員の派遣人数を一万人に増やすための施策の一環として企画した。木下が事務局内で調整に奔走した結果、早くも二〇〇二年度の募集から実施することが決まった。

他方、隊員のシャーガス病対策プロジェクトへの参加について、ＪＩＣＡ内には懸念する声が少なからずあった。青年海外協力隊事業には、開発途上国の社会経済発展への貢献とともに、日本の次世代の人材育成という目的もあった。そうした観点から、ＪＩＣＡがレールを敷いたプロジェクトに参加することにより、ＪＩＣＡが派遣したアドバイザーのアシスタントのようになってしまい、隊員の自主性が損なわれることが懸念されたのだった。そうした懸念を念頭に、山形は隊員とアドバイザーが上下関係にならない「斜めの図式」を考えたのだが、木下は、緊密な協働関係には阿吽の呼吸も大事だが、それぞれの責任範囲を明文化することも必要と考えた。木下は、アドバイザーと隊員の協働がうまく行く場合もあるが、摩擦が起こり得ることも経験してきた。そこで、保健医療のプロジェクトを統括する部門に働きかけ、アドバイザーと隊員の双方の業務内容について文書を交わすことにした。木下は、ボランティアとして隊員をプロジェクトに送り込むことに慎重にならざるを得ない事務局としての立場を踏まえつつ、全体の観点からプロジェクトの成功に向けて尽力したのだった。

山形と木下が思い描き、また、青年海外協力隊事務局が企図したとおり、文系職種の隊員たちは、アドバイザーから助言を受けつつも、基本的には自身のアイデアで自律的に活動を展開した。プロジェクトに貢献すると同時に、ボランティアとして自由闊達に行動することで、そこから多くのことを学び、成長していった(写真7－2)。

写真7-2 ▶ ホンジュラスの小学校でサシガメについて教える青年海外協力隊員

出所：JICA

エピソード3 ホンジュラスへの展開

グアテマラのシャーガス病対策プロジェクトは順調に進み、対策実施地域のサシガメの生息数は着実に減少していった。そうした中、隣国のホンジュラスでも、JICA事務所の担当者の疑問からシャーガス病対策が動き出した。二〇〇二年の初夏のある日、ホンジュラス事務所員の西村貴志（以下、西村）は、木下と山形が仕掛けた隊員チームの派遣が、グアテマラとエルサルバドルを対象に行われることを耳にした。両国はホンジュラスの隣国である。「そうであればホンジュラスも状況は同じではないか」と西村は考えた。色々と調べてみると、ホンジュラスにも数十万人のシャーガス病患者がいて、社会と経済の発展を阻む隠れた要因となっていることが分かった。

「ホンジュラスでもシャーガス病対策をやるべきだ」、そう確信した西村はホンジュラス保健省の感染症対策局長を訪ねた。「JICAはグアテマラでシャーガス病対策プロジェクトを実施し、成果を出している。エルサルバドルにも協力することになった。ホンジュラスとも協力する意義は大きいと思うがどうだろう。」と打診した。「日本が協力してくれるのであれば、ありがたい」という反応だった。

◆急遽の立ち上げ

　西村はＪＩＣＡ本部にプロジェクトの立ち上げを相談した。丁度タイミング良く、山形がグアテマラに出張する予定であることがわかった。そこで、西村は山形にホンジュラスにも立ち寄るよう依頼した。快諾した山形は、二〇〇二年八月に、グアテマラでアドバイザーとして活動していた中川とともに、ホンジュラスにやってきた。三人は各地の県保健事務所を訪ね、シャーガス病対策の実情を調べた。中米地域のシャーガス病研究の権威であるカルロス・ポンセ博士とも意見を交換した。同博士は、ホンジュラスをシャーガス病対策の"先進国"と自認していただけに、前年の八月にパナマで開催された中米七カ国のＩＰＣＡ年次会合で、グアテマラ政府がＪＩＣＡとの協力の成果を誇らしげに報告したことに驚き、日本との協力に関心を深めていた。

　ホンジュラスとの協力の意義が大きいことは確認できた。次に必要なことがホンジュラス政府から日本政府に対する協力の要請を得ることだった。開発途上国側の主体性を重視する日本政府の国際協力は、相手国からの要請を必須とする。それ無しに行うことはできない。その要請の締め切りは、毎年八月末と定められていた。その期限までに各国政府からなされた要請をとりまとめ、優先度が高く、次の年度に開始するプロジェクトを外務省とＪＩＣＡが決定していた。翌二〇〇三年にプロジェクトを始めるのであれば、八月末までに、ホンジュラス政府の要請を日本大使館経由で外務省に届ける必要があった。

本来、要請書は、要請を行うホンジュラス政府が自ら作成するものだ。しかし、それを待っていたら間に合わないことは明白だった。余裕はまったく無かった。山形、中川、西村の三人は、現場調査の結果を踏まえて保健省側と協議を行い、プロジェクトのアウトラインを固めたうえで、ホテルの一室に籠って、要請書の案文を書き上げた。同じ時期に締め切られることになっていた隊員の派遣要望も急いで作成した。隊員の派遣は、外務省経由ではなく、JICA本部の事務局に対して直接行えば良かった。

大急ぎで三人がまとめた要請書案について、ホンジュラス政府も迅速に対応し、政府としての正式な要請が日本大使館になされ、締め切りに間に合った。西村にはそこで一息つく間はなかった。保健省側の主体性を促すために、さまざまな働きかけを行わなくてはならなかった。そもそも、保健省側がイニシアティブをとったことではなく、西村から打診したことで、要請書案の作成も日本側が進めたことだった。ポンセを始めとするシャーガス病研究者の間では、日本との協力に対する期待は高まっていたが、実施主体は政府である。保健省が自分事として姿勢を強めないと、協力が空回りするおそれがあった。西村は、足繁く保健省に通い、JICA本部側での検討状況を伝え、また、プロジェクトの実施体制などの実務の詳細について相談を重ねながら、保健省関係者の意欲を促していった。

◆住民参加型の手法を編み出す

大急ぎでとりまとめられたホンジュラスのシャーガス病対策プロジェクトは、グアテマラの成果を隣国に広げる意義の大きな事業として実施が決定された。グアテマラとエルサルバドルの両国と国境を接する四つの県（コパン県、オコテペケ県、レンピラ県、インティブカ県）を対象として対策を実施することを保健省とＪＩＣＡは合意し、二〇〇三年九月に始まった。

ホンジュラスの保健行政の仕組みは、グアテマラと同じで、保健省と実働部隊である県保健事務所の間には指揮命令関係がなかった。そこで、グアテマラの場合と同様に、プロジェクトに連動する形で隊員をチームとして派遣することとした。保健省の国家シャーガス病対策本部に席を置くプロジェクトのアドバイザーが、各県保健事務所の現場で活動する隊員と連携することで、保健省と県保健事務所を橋渡しする「斜めの図式」だ。

国家シャーガス病対策本部長のコンセプション・スニガ医務官（以下、スニガ）は、西村の働きかけもあり、意欲を高めていた。彼のアドバイザーとして、山形の人選で小島路生（以下、小島）が派遣された。小島にはグアテマラに青年海外協力隊員として派遣され、女子教育に従事するかたわら、教育省配属の隊員として、教育省やユニセフと交渉して小学校におけるシャーガス病の啓発活動をリードした経験がある。その優れたフットワークとコミュニケーション能力に山形は注目していた。

プロジェクトの開始にあたり、スニガをはじめとするホンジュラス側の関係者と小島は、まずグアテマラの現場を訪れた。サシガメの生息調査、分布地図の作成、殺虫剤散布などの先行事例をつぶさに視察した。小島は、グアテマラの取り組みをモデルにすることを提案したが、スニガたちの顔

写真7-3 ▶民家の家屋内での殺虫剤散布（ホンジュラス2006年4月撮影）

出所：JICA

色は冴えなかった。村々の現場で殺虫剤の散布などを実行する要員を増やす財源が確保できず、グアテマラのようなことはできないと言う。グアテマラも経済的に豊かではないが、ホンジュラスの財政事情は、さらに逼迫していた。

　そこで、小島とスニガたちは知恵を絞り、ホンジュラス独自のアプローチとして、住民の自助努力を引き出すことにした。ホンジュラスの一部の地域では、保健省技官と住民がチームを組み散布する方法が試みられていた（写真7―3）。プロジェクトを梃子《てこ》に、それを広めることにした。ただ、殺虫剤の取り扱いには細心の注意を必要とする。慣れていない住民に任せることはリスクを伴う。そのため、住民が実際に間違いなくできるかを見極めるために対象地域を限定して始めることにした。

　まず住民の血清検査でシャーガス病が蔓延している地域を特定し、検査結果を示すことにより、対策の実施が必要なことを住民に認識してもらった。そのうえで、保健省の技官が現場に出向いて殺虫剤の散布方法を指導した。そして住民と技官の散布活動を、現場に派遣されている隊員がサポートした。また、そうしたこととともに、住民に自宅で見つけたサシガメを最寄りの保健所に届けてもらう仕組みとして、「サシガメＢＯＸ」を各保健所に設置した。サシガメの生息状況のモニタリングを行政が行う代わりに、住民に主体的に行ってもらう方法だ。

　そうした住民の主体性を前提とする仕組みは、実際に試してみて想定どおりにうまく行くことがわかった。住民の自分事の意識に働きかけることで、自発的な行動を引き出すことができた。プロジェクトは軌道に乗り、対策を実施する地域を順調に拡大していった。そこで問題になったことが予算だった。住民がさまざまな活動を自ら行うといっても、殺虫剤などの資材を中心に、一定の経費を政府が負担する必要がある。対策実施範囲が拡大する中で、ホンジュラス政府とＪＩＣＡの予算だけでは足りないことが明らかになってきた。そこで、小島は資金の確保にも奔走した。カナダ政府の援助機関や大手の国際ＮＧＯなどに、事業の意義と成果をデータで示し、協力を仰いだ。そうした組織がＪＩＣＡの取り組みに賛同し、足並みを揃えることで、保健省のシャーガス病国家戦略の実現が進んで行った。小島のフットワークとコミュニケーション力が生んだ国際連携である。

◆プロジェクト継続の危機

　ホンジュラスのプロジェクトが立ち上がり、シャーガス病対策が、グアテマラ、エルサルバドル、ホンジュラスの三カ国で同時に進む体制が整った。媒介昆虫のサシガメには、国境はない。シャーガス病の感染中断を実現するためには、三カ国で同時に取り組みを進めることが必要だった。

　ＪＩＣＡは、そうした三カ国間の連携を促進するために、二〇〇四年にＰＡＨＯのホンジュラス事務所に中川をアドバイザーとして派遣した。中川は、グアテマラのプロジェクトでの三年間の任期を終えたばかりで、最適任者だった。今度は国際機関のアドバイザーとしての立場で、三カ国政府とＪＩＣＡとの協働を推進することになった。

三カ国政府とのプロジェクトが同時並行で進められ、そこに国際機関としてのＰＡＨＯが絡むという事業の全体像は、一九九八年の段階で山形が描いた戦略に沿うものだった。しかし、その具体化が進むことで、それにブレーキをかける動きがＪＩＣＡ本部で強まってきた。三カ国を合わせれば、ＪＩＣＡとしては通常のプロジェクトよりもかなり大きな予算を費やしていた。それに見合う成果があがっているのか、何をどこまで行うのかを明確化する必要があるという声が徐々に強まっていた。

プロジェクトが、保健医療分野の専門家ではない文系のアドバイザーたちにより進められていたことも、そうした疑問を強める方向に働いた。保健医療分野で行われるＪＩＣＡのプロジェクトは、一般的に、日本の保健医療分野の技術やノウハウを移転することを目的としていて、それらを身に付けているアドバイザーが派遣される。それに対して、シャーガス病対策の場合は、日本のノウハウではなく、南米で確立されていたサシガメ駆除のノウハウを主に用いる。協力の焦点は、日本からの技術の移転よりも、行政と住民の協働や、中央と地方の協働といった社会のシステムを構築することにある。そこで必要とされることは、コミュケーション力に長けた「外部者」によるファシリテーションである。

社会における協働関係の変化は、当事者の間では一般的には起こりにくく、進みにくい。

ＪＩＣＡのアドバイザーのような外部者が、適時に的確に働きかけることが、重要な意味を持つことが少なくない。しかし、そうしたファシリテーションは日本がわざわざ協力しなくても、現地側でできるのではないかという見方をされやすい。各国に派遣されたアドバイザーとＪＩＣＡの現地事務所は、多面的に展開するプロジェクトの現状を、ＪＩＣＡ本部に随時に報告していたが、そうした疑問の声は徐々に強まり、「いつまでも続けることはできない」として、プロジェクトの中断を唱える声さえ出るようになっていた。

そうした状況の中で、ホンジュラスでのプロジェクト開始から二年半を経た二〇〇六年五月に、ＪＩＣＡ本部が事業の今後を判断するために中間評価を行うことになった。ＪＩＣＡ本部で三カ国との協力を担当していた上田直子（以下、上田）が、評価調査団を率いてホンジュラスに赴いた。

上田は、特に二つの点について、ＪＩＣＡ本部内の疑念を払拭するために、現地で実態を確認したいと考えた。第一が「プロジェクトの目標と成果が明確でない」ということ、第二が「ＰＡＨＯにアドバイザーとして派遣されていた中川による業務の成果が明確でない」ということだった。プロジェクトの目標として、何をどこまでやるのか、目標に向けてこれまでに成果として何を成し遂げたのか、目標を実現するためにこれから何が必要か、また、「中川が出席した会合に誰が来ていたか」、「会合では何が決まり、それがプロジェクトにどのように関係したのか」などについて、事実を把握したいと考えた。

プロジェクトの行く末を案じていた上田は、中川と小島やＰＡＨＯとホンジュラス政府の責任者との面談の場で、プロジェクトの早期終了も辞さないという姿勢で、あえて厳しい指摘と質問を繰り返した。それに中川と小島は猛反発した。二人は「確実にシャーガス病を封じ込めるためには長期のプロジェクトが必要」という山形の考えを深く共有していた。

　根気強くヒアリングを続ける中で、上田は、プロジェクトが着実に成果をあげつつあることは理解した。しかし、プロジェクトが目標とするサシガメの監視体制の確立については、ＰＡＨＯにもプロジェクトにも具体的な方針がないことに危機感を抱いた。

　繰り返せば、シャーガス病の対策は、媒介昆虫であるサシガメの駆除が中心になる。シャーガス病の新規感染者が確認されなくなった状態を持続させるためには、サシガメの監視体制の確立が不可欠だ。しかし、何をもって確立したとするのか、また、そのために何を行うのかについて、検討が深まっていなかった。そこで上田は、評価調査の場を活かして、プロジェクト関係者と夜を徹して議論を行い、監視体制の導入を試行する地区の選定や、監視体制の確立を示す指標の設定などの具体案をとりまとめた。そうして中間評価調査団は、中川の活動の評価とともに、プロジェクト全体の成果と、今後の課題とアクションについて、プロジェクト関係者と共通の認識を深めることができた。中間評価を終えて帰国した上田の報告で、部門長の末森満をはじめとするＪＩＣＡ本部内の疑問の声は沈静化した。

　二〇〇三年に開始されたホンジュラスのプロジェクトは、中間評価の翌年の二〇〇七年に終了する計画だった。中間評価で出口が整理されたことから、プロジェクトを予定どおりに終えて、別のプロジェクトを新たに開始することも考えられた。しかし、中間評価を通じてプロジェクトの可能性について認識を深めていた上田には、プロジェクトを継続して成果をより確かなものにしたいという思いがあった。そこで、事業の成否を判断し、教訓を得るために行われることになっていた終了時の評価調査に、部門長に自ら出向いてもらうことを考えた。部門長は、プロジェクトの評価とともに、後継事業の立ち上げの是非を判断する立場にあった。報告ではなかなか伝わらないプロジェクトの意義を現場で直に感じて、判断してもらうことが必要と考えた。ただ、世界各国で多数のプロジェクトを実施しているＪＩＣＡでは、個々のプロジェクトの事業評価のために、部門長が自ら現場に出向くことはあまりなく、通常は、上田のようなミドルマネージャーがその役割を担っていた。新たに部門長に就いていた菊地文夫は、「他の仕事が山積している中で自分が行く必要があるのか」と渋った。しかし、「大事な案件なので、現地をぜひ見てほしい」との上田の強い求めに、応じてくれた。

二〇〇七年四月、菊地を団長とする評価調査団がホンジュラスを訪れた時には、一年前に上田が確認した時点よりも成果が積み上がっていた。プロジェクトが対象とする四つの県のうち、三つの県で、外来種のサシガメがほぼ確認できない状態が実現していた。上田が期待したように、菊地はプロジェクトの現場をその意義を深く感じとり、後継プロジェクトの必要性を理解するようになった。

◆プロジェクトフェーズ二の始動

終了時評価の結果を受け、後継プロジェクトの検討がＪＩＣＡとホンジュラス政府、ＰＡＨＯの三者間で進められた。サシガメの生息数は大幅に減少したが、再び増加することが懸念された。そのため、中間評価の際に上田と中川たちが知恵を絞った内容に沿って、サシガメの監視体制の確立を目標とする計画が立てられた。両国間の合意を経て、後継プロジェクト（以下、「フェーズ二」）が二〇〇八年三月に始動した。

フェーズ二では、これまでと同じく、ＪＩＣＡは保健省にプロジェクトのアドバイザーを派遣し、それと連動する形で、各県の対策現場に隊員を派遣した。保健省のアドバイザーには小島の後任として中村二朗（以下、中村）が選ばれた。また、新たな取り組みとして、県レベルの監視体制の強化を目的に、ＪＩＣＡは、中央の保健省だけでなく、モデル県の一つと位置付けるコパン県の保健事務所にもアドバイザーを派遣した。サシガメの監視には、殺虫剤の散布のように一過性のことではなく、恒常的な行政の仕組みをつくることが必要だった。県保健事務所、その傘下の保健所、住民が緊密に協働しなくてはならない。そうした行政の仕組みの構築を支援するには、県の現場にアドバイザーを送り込むことが必要だった。ただ、その場合、山形があえて「斜めの図式」を考案したように、アドバイザーと隊員の距離が近くなることでトラブルが生じやすくなる。そこで、グアテマラのシャーガス病対策プロジェクトに隊員として派遣された橋本謙（以下、橋本）が起用された。隊員の立場を経験した橋本であれば、隊員と摩擦を起こさず、良き相談役にもなれるからだ。

エピソード4 住民との監視体制の構築

◆ホンジュラス側からの予期せぬ反対の声

フェーズ二は住民主体の監視体制の確立を目指すプロジェクトだった。夜行性のサシガメを屋内で見つけるには、住民の協力が不可欠だった。すでに第一期プロジェクトにおいて、住民が見つけたサシガメを保健所の「サシガメＢＯＸ」へ届け出る仕組みが試行されていた。しかし、届け出を受けて行政側が何を行うかが、まだ定まっていなかった。そこで橋本は、各地域の保健所が監視体制の拠点として、住民から在来種のサシガメの届け出を受けて、機動的に殺虫剤の散布を行う仕組みを考えた。

そして、プロジェクト開始から三カ月後の二〇〇八年六月に、シャーガス病対策にかかわる主要な関係者が顔を揃えた会議の場で、それを提案した。ところがシャーガス病対策本部長のスニガは、橋本の提案に反対した。シャーガス病対策の権威のポンセも同調した。その理由は、在来種のサシガメを駆除するために殺虫剤を散布することは環境汚染を招くということだった。

ホンジュラス側の二人のリーダーの反対は予想外のことだった。サシガメに対する殺虫剤の散布は、在来種と外来種の違いにかかわらず、すでに、先行プロジェクトにおいて行われていたことだった。怪訝に思った橋本がその点を指摘したものの、二人の意見は変わらなかった。

出だしでプロジェクトは暗礁に乗り上げた。「いちからやり直そう」、中村と橋本は話し二カ月後の八月に、中村と橋本は、再び、スニガをはじめとする関係者を招いて、監視体制の骨子を検討す

写真7-4 ► 住民に殺虫剤の散布法を説明する県保健事務所の技官（ホンジュラス／レンピーラ県　2009年11月撮影）

出所：JICA

るワークショップを開催した。しかし、今度も、スニガが度々横やりを入れて議論が進まなかった。さらに二回のワークショップを行い、ようやく、住民からサシガメが届け出られた場合の手順が合意された。それは、①各地域の保健所に届けられたサシガメを、県保健事務所の対策チームが確認し、優先順位を決めて殺虫剤を散布する（写真7−4）、②必要と判断する場合には、血清検査を行い、住民のシャーガス病への感染の有無を確認することの二点を骨子とした。スニガが強硬に反対した在来種のサシガメに対する殺虫剤の散布も、家屋内で虫が見つかった場合は行うこととされた。それらは、橋本が当初提案したことから大きくは異なっていなかった。スニガとポンセの顔を立てつつ、ホンジュラス側の関係者が議論してその結論に至ったというプロセスが重要だった。手間取ったものの、そうしたプロセスを通じて、ホンジュラス側は主体性を高めることになった。

◆軌道に乗った住民主体の監視体制

地域の保健所を中心として住民主体の監視体制を構築するという構想には、一つの難点があった。ホンジュラスでは保健所は診療に特化していて、勤務する医師と看護師の大半は、サシガメ対策を経験していなかったのだ。そこで構想の現実性を確認するために、限定された地区で試行することにした。ひととおりの殺虫剤散布を終えたコパン県を含む四つの県で、合計六つの試験地区が選ばれた。

住民が、サシガメの監視と対策を自ら行い、地域の保健所が中心となって行政がそれを支えるというコンセプトは、実体験に基づいた議論を繰り返すことで、中村や橋本たちが描いたように具現化されていった。保健所を拠点とする監視体制の構築に多くの時間と議論を要した背景には、県保健事務所が主導した攻撃フェーズからの脱却という意味合いがあった。つまり、これまで積み上げた成功体験を手放し、新たな発想でサシガメ対策を再出発させる準備を整えていたのである。

また、監視体制を成功に導いた要因として、ＪＩＣＡ本部の上田は、成功の要因として、住民ボランティアの感情の変化に注目した。ホンジュラスの村々では、保健や衛生に関する行政の窓口の役割を、有志の住民が無報酬で担っていた。その多くが、家族を支える村々の女性たちだった。サシガメ対策に取り組むことで、保健ボランティアたちは、満足感を高め、意欲を高めていったと上田は言う。上田が現地でヒアリングを行うと、「サシガメを探す意義や方法を説明すると、ご近所の皆が熱心に聞いてくれる」、「自分が見つけたサシガメを保健所に届けると、評価して、動いてくれる」と保健ボランティアたち熱心に語った。サシガメ対策に取り組むことによって、保健ボランティアは、家族や周囲の住民たちの健康に貢献できることへの喜びに加え、より直接的に充実感を得ることができた。マラリアを媒介する蚊などの他の媒介昆虫と違い、サシガメは個人が努力することで減らすことができる。また、自分の努力に、県の職員や青年海外協力隊員が殺虫剤の散布や啓発活動で応えてくれる。そうしたことから得る喜びが、決してゆとりのある暮らしをしているわけではないボランティアたちの原動力となり、住民主体の監視活動が持続していった。

フェーズ二は、ホンジュラス側が自ら監視体制の維持し、改善していくことを促すためのプロジェクトだった。ホンジュラス側が動かないからと言って、中村と橋本が主導権を握ってしまっては、持続的な仕組みはできあがらない。監視体制に関する活動の実施にあたり、中村と橋本は、議論の場を提供するなど、ファシリテーター役に徹することを心がけた。新たな施策を考えたり、その結果をとりまとめて判断したりするようなことは、できる限りホンジュラス側関係者が自律的、内発的に行うよう働きかけ、ホンジュラス側関係者の声を拾い、行動を後押しした。また、サシガメの届出と対応の仕組みづくりに加えて、そもそもサシガメが家屋内に生息しないための住居の改善や、生活全般の改善にも活動範囲を広げることを働きかけた。そうした活動が積み重なる中で、ホンジュラス側と日本側や中央と地方といった組織の境界を越えて、個人同士のつながりが深まり、プロジェクトがさらに円滑化していった。

◆目標値の達成

試験地区での試行は二〇〇九年末までに成功裏に終えた。それを受け、二〇一〇年にホンジュラス全国一八県のうち重点とする八県で、住民参加による監視体制の構築が始まった。プロジェクトは、二〇一一年三月に終了することになっていた。あと一年間で明確な結果を出さなくてはならない状況だったが、中村と橋本は焦らず、プロジェクト終了後を見据え、ホンジュラス側関係者の手で活動が進むように働きかけた。試験地区の試行錯誤から得られたノウハウを、全国的展開に向けてガイドブックにまとめるための一連の取り組みも、中村と橋本が前面に出ずに、ホンジュラス側関係者が主体的に進めた。

　サシガメの生息率は大きく減少した。住民による監視により発見されるたび、殺虫剤が散布されたことにより、外来種のサシガメは二〇一〇年八月を最後に発見されなくなった。在来種のサシガメについては、二〇一〇年一〇月以降に行った調査の結果、先行プロジェクトから継続して取り組んできた四県については、生息が確認された家屋は三・二％にとどまり、プロジェクトで目標としていた五％をクリアした。また、住民参加による監視体制の構築も、プロジェクトが対象とする八県で短期間に大きく進んだ。プロジェクト終了の段階で、八県の全集落の七割で構築が終わっていた。三年間という比較的短い期間のプロジェクトで、住民参加による監視体制の構築という目標をほぼ実現して、二〇一一年三月にプロジェクトは終わった。

エピローグ　中米四カ国で実現した感染中断

二〇〇八年、グアテマラで、シャーガス病の原虫保有率の高い外来種のサシガメによる感染が中

図表7-3 ▶ 中米4カ国におけるシャーガス病対策プロジェクトの実施期間

出所：本書執筆陣にて作成

断したことをPAHOが認定した。JICAが協力を開始してから八年後のことだった。ホンジュラスでも、二〇一一年に外来種のサシガメによる感染の中断が認定された。それに先立つ二〇〇九年に、ホンジュラスの南隣のニカラグアで、JICAはシャーガス病対策プロジェクトを開始した。南北に細長い中米地域の北に位置するグアテマラから、エルサルバドル、ホンジュラス、ニカラグアと、段階的に南進する形になった。ニカラグアでは、先行三カ国の成果を活かして、サシガメの駆除を計画的に進める攻撃フェーズと、監視体制構築のフェーズが同時に進められた。早くも二年後の二〇一一年にはホンジュラスと同じく外来種の感染中断について認定を受けた（図表7−3参照）。監視体制の構築は、ホンジュラス以外の三カ国においても進んだ。外来種と在来種にかかわらず、屋内でサシガメが確認された場合に駆除する住民と行政の協働の仕組みが、四カ国で定着した。

　JICAが協力したプロジェクトが終了した後も、シャーガス病対策は各国政府の手で継続されている。二〇一九年には、WHOの世界保健総会で四月一四日を「世界シャーガス病の日（World Chagas Disease Day）」と定めることが可決され、シャーガス病対策キャンペーンが毎年中南米各国で開催されるようになった。

　シャーガス病は中米の風土病として、土壁の藁葺の質素な家屋に暮らす農村の人々を、長きにわたり苦しめてきた。それは人々が互いに信頼し合い、協働することにより、防除できる感染症ではあった。しかし、長期の戦乱と失政により、農村の開発が立ち遅れ、行政と住民の間の信頼関係が微弱であった中米各国においては、そうしたことは難しいと、行政側が半ば諦めている状況にあった。そうした「顧みられない熱帯病」の袋小路から、中米各国の人々が自ら脱することを助けたのが日本の協力だった。開発途上国で社会的変化は起こりにくい。この物語りは、開発途上国の人々の内発的な思いが社会的な変化をもたらすうえで、私たちがどのような役割を果たし得るかを雄弁に示している。

【解説編】

1 信頼関係を基盤に機を逃さずに「偶然」を活かす

ＪＩＣＡのシャーガス病対策についての協力は、中米四カ国で外来種の媒介虫による新規感染者が出なくなるという明瞭な成果を実現しました。この物語りのポイントは、それが偶然の契機を活かして、戦略的に始められたということです。

一九九八年に周産期医療という、まったく異なる目的のためにグアテマラに派遣された調査団について、偶然が重なって始まったことでした。まず周産期医療のプロジェクトについての協議が不調に終わりました。第二に、調査団はそのまま帰国して良かったわけですが、日本大使館が代わりの案件としてシャーガス病対策プロジェクトの検討を急遽求めました。第三に、調査団の副団長が山形でした。調査団に専門家がいなければ、急遽検討を行うというようなことは難しかったのではないでしょうか。また、山形は、殺虫剤と車両の供与のみを求めるリスクの大きな内容を見て、どのような内容であれば日本として協力し得るかを、グアテマラ側に助言しています。そうした三つの偶然が重なって、プロジェクトの実施が決まったのでした。

ただ、グアテマラのプロジェクトは、単にそうした偶然から生まれたものではありません。過去の協力から積み上げてきた信頼関係から生まれたものでした。グアテマラでは、一九七五年から長期にわたり、シャーガス病に関連する協力が行われてきました。それを通じて、グアテマラ側の政府関係者や研究者との間で信頼関係がしっかりと確立されていました。そうした関係性があったからこそ、日本大使館も山形も、新たに浮上したアイデアが優良なプロジェクトになる見込みを見出し、積極的に対応したのだろうと考えます。ただ、そうした判断は、現場の本質を見極める直観力と将来の展望を描く構想力が十分でなければ容易に行い得るものではありません。また、思いつきと誤解されかねない判断を、他者に伝え、共感を得る力も必要です。山形は、そうした実践力を備えていたと考えます。

なお、ＪＩＣＡは多くの開発途上各国とさまざまな分野において、長年の協力により、さまざまな組織や個人と信頼関係を築いています。それは、ＪＩＣＡという一つの組織にとどまらず、日本の公共財と言えます。開発途上各国において活動する日本の企業、自治体、大学などが活かし得るものです。

- 潜在的に優良な新規事業は、必ずしも計画的に形成し得るものではなく、有望な芽を見出すための日頃の仕組みと目利きの役割が重要。
- 先行事業において築いた信頼関係を活かす。
- 機動的かつ弾力的に事業を形成する。

2 協力の持続性を高めるために大局的に考える

グアテマラのプロジェクトを立ち上げた山形は、目利きとしての力に加え、プロデューサーとしての力にも秀でていたように思います。どのような形であれば、プロジェクトが頓挫することなく、持続的に展開していくかを大局的に考え、枠組をデザインしました。その視点は、中米各国の政権の不安定性や中央政府と地方の現場との関係、ＪＩＣＡのプロジェクトについての考え方や、ＪＩＣＡが派遣するアドバイザーと隊員の関係など多岐に及んでいます。それらの仕掛けがうまく組み合わさることで、グアテマラのプロジェクトが軌道に乗り、そして他の三カ国に展開していきました。

特に、汎米州保健機関（ＰＡＨＯ）と連携は、戦略的な一手となりました。四カ国の協力を同時に展開することにより、各国間で知識の共有と共創が進み、競争意識が働くことで、各国の事業が持続的に深まっていきました。結果として、ＰＡＨＯが二〇一一年に協力対象四カ国について、感染中断（新規感染者が確認されない状態）を公式に認定するまで、プロジェクトが続き、後戻りしない体制が構築されました。

経営判断において重要な視点として、物事を俯瞰して捉える「鳥の目」、現場の現実の細部を捉える「虫の目」とともに、世の中の流れを捉える「魚の目」が喩えられます。世界的な動きや地域的な動きなどにうまく歩調を合わせて取り組み、流れに乗ることで、大きなインパクトを導き得ます。ただ、そのうえで、流れにまかせるということではなく、その中で自らがどのような新たな価値を創出し得るかを明確化し、他者に働きかけることが大切です。山形をはじめとするＪＩＣＡの関係者は、そうしたことを巧みに行いました。例えば、中央政府と地方の現場の連携や、行政と住民の信頼関係に基づく住民主体の監視体制についての方法であり、それを軌道に乗せるためのアドバイザーや隊員の貢献です。そうした付加価値をＪＩＣＡが創出することで、ＰＡＨＯのイニシアティブが形だけのものにとどまらず、感染中断という成果を導くことができたのではないでしょうか。

以上に関連して重要なことは、プロジェクトから得られたサシガメ監視体制構築などの知見を、プロジェクト関係者が形式知化し、国際的に発信していったことでした。査読のある海外の学術雑誌に発表された英語論文は二五本を超えます。シャーガス病対策に実務者として従事しながら、学術論文をまとめるということは、容易なことではありません。また、学術論文は個人の業績と見なされ、組織的に勧奨されにくいものです。そうした難しさにもかかわらず、日本側関係者が一貫して学術論文にまとめることを重視したことは、中米におけるシャーガス病対策の成果が国際的に認知され、それが各国の継続的な取り組みを後押しするうえで大変重要であったと考えます。

国際的な枠組を利用することは、開発途上各国間の共創と競争の関係を触発し、協力の持続性を高めるうえで有効と判断されます。日本の開発協力がより大きなインパクトを導くうえで、積極的に取り組むことが望まれます。また、開発途上国で事業を展開する企業や大学の関係者にとっても、参考になることが少なくないのではないかと考えます。

……

● 域内各国政府が加盟する国際的枠組は、事業の継続性を担保するうえで有効。

- 世界的な動きや地域的な動きなどにうまく歩調を合わせて取り組むことでより大きなインパクトにつながり得る。そのうえで、流れに乗るだけでなく、創出し得る付加価値を明確化する。
- 複数国で事業を同時に展開し、各国間の共創を促し、競争意識に働きかける。

3 新たな協働関係を育む仕組みを創る

国際的枠組みを利用したことに加え、山形がプロデューサーとして行ったもう一つの重要なことが、政府中央と地方が効果的に協働する場を巧みにデザインしたことです。

開発途上国では、独立以来長年の間、中央政府が地方の行政も行ってきましたが、一九八〇年代の後半頃から、多くの国で地方分権改革が進められています。そこで問題となっていることが、中央政府から引き継いだ仕事を、地方の側がしっかりと行えないということと、中央の政策の地方への展開が難しくなったということです。シャーガス病対策について、国際的に推進しようという流れができても、実際の対策が進んでいなかった背景には、そうした行政の構造がありました。

そこで、山形は、ＪＩＣＡのアドバイザーと隊員が、いわば「かすがい」となることにより、中央と地方の協働で対策に取り組むという方式を編み出しました。グアテマラ政府やホンジュラス政府の行政の仕組みや権限に、日本側から口を出すことは、基本的に避けるべきことです。山形のアイデアは、仕組みや権限はそのままにしておいて、欠けている部分を日本側関係者が補うというものです。ただ、ＪＩＣＡのアドバイザーと隊員が協働することには、協力隊関係者の間で、「アドバイザーに使われることになるのではないか」という懸念がありました。そこで、「斜めの図式」を考案して、協力隊関係者の懸念を払しょくしました。

結果として、山形がプロデュースした仕組みは、各国で機能し、日本人がいなくなっても維持される監視体制の構築につながりました。暫定的に行われていたことが、中央と地方の間でルーティン化したのです。

組織に関することは、日本でもそうですが、権限が関係するため、たとえ合理的と思われることでも、当事者の間ではなかなか進まないものです。そうした時に、山形のような当事者ではない立場のプロデューサーが重要な役割を果たし得ます。日本の協力によるプロジェクトの場、つまり、非日常的な場で始めることで、新たな組織間の関係を創出することができます。

- さまざまな課題が複雑に絡み合う社会的問題の解決には、さまざまな立場の当事者の協働を包括的に促進することが必要。
- 日本から長期派遣されて現場に入る人員には、相手側の自律性を促進するマネジメント力が求められる。
- 問題を複合的に捉えて包括的に働きかける。
- 協力相手の組織的課題を見出し、その改善を間接的に促進する。

● 自前で事業を行うのではなく、資金力を備えた他のアクターを巻き込む。
● 組織や社会の変革が焦点となる協力事業の場合、一定のマネジメント能力を備えた人財を起用する。

4 人々の思いに働きかける

◆住民の思い

各国とのプロジェクトにおいて用いられたアプローチは、まず、殺虫剤を散布してサシガメを駆除してから、その後の発生状況の監視は、住民が主体的に行うというものでした。屋内に生息する夜行性のサシガメを常時監視するには、住民の協力が不可欠です。そこで課題になったことが、行政と住民の信頼関係でした。凄惨な内戦を経験した中米各国では政権が安定せず、住民と行政の信頼関係は必ずしも強くはありませんでした。

そうした状況において、ＪＩＣＡは、徐々に信頼関係が深まっていく仕組みをつくりました。保健ボランティアが地域住民をとりまとめ役となり、見つけたサシガメを行政に報告し、それに応答して行政が殺虫剤を散布するという仕組みです。一見当たり前の仕組みですが、保健ボランティアが地道に活動を繰り返す中で、自分の報告に対して行政が動いてくれるという喜びを感じ、それが両者の信頼関係の深まりにつながっていったのでした。また、個人の力でサシガメの発生を防ぐことができ、努力の結果が数字で表れるということも意欲を高めることにつながりました。住民の感情、思いを重視したアプローチでした。

そうした信頼関係を育むうえで重要な役割を果たしたのが、青年海外協力隊員でした。村々の現場で、住民と同じ目線で、寄り添いながら住民の活動を支えました。村おこしや住民啓発のようなことに、特に専門技術を身につけていない隊員が取り組んで、二年間の派遣期間で成果を出せずに悩むということがあると聞きます。このプロジェクトの場合は、サシガメの駆除という明確な目標、それも成果が直ちに客観的に検証可能な形で表れるため、住民と認識を共有し、共感し合うことが、より容易でした。それゆえに、プロジェクトのアドバイザーの助けを借りることなく、思い思いに試行錯誤に取り組めたのであろうと考えます。そうした点で、シャーガス病対策プロジェクトの現場は、青年海外協力隊員の若者たちにとっても、自らの成長を実感できる場になっていたのではないでしょうか。

◆リーダーたちの思い

また、住民や現場の政府職員だけでなく、保健省や地方保健事務所の幹部たちの主体的な取り組みを促すうえで、プロジェクトのアドバイザーたちも的確に行動しました。ホンジュラスの第二フェーズのプロジェクトの初期段階で、スニガやポンセ博士が、橋本の提案に対して反対したのは、自らが主体となって監視体制を構築したいという思いがあったのではないでしょうか。当初のプロジェクトの立ち上げは、実質的ＪＩＣＡが主導しましたが、プロジェクトが進む中でさまざまな経験を重ね、自分事としての意識を高めて行ったと思われます。

第二フェーズは三年間という限られた期間で、プロジェクト終了後も持続的する社会的なシステムを構築するというチャレンジングなプロジェクトでした。迅速性の観点から、橋本が案を考えたのですが、結果として四回のワークショップを必要としました。ただ、そうしたプロセスを経ることで、まとまった手順にホンジュラス側の幹部たちは自分事としての意識を深めたように思います。結果として、プロジェクトの終了までに、七割の村落で監視体制を構築するという目標を達成しました。また、試験地区での試行結果のノウハウをガイドブックにまとめることなど、本来であれば日本側で行ってしまうようなことを、ホンジュラス側が主体的に行っています。それを中村と橋本は、一歩引いて、ファシリテーターとして促進しました。

ホンジュラスのシャーガス病対策プロジェクトでは、保健省の責任者から現場の住民保健ボランティアまでが、それぞれの立場で自分事としての思いを深め、喜びや充実感を得ることで意欲を高め、それが、社会的変化を導いたと考えます。

- 社会的変化は、当事者が自律的に行動することにより進む。外部者の役割は、内発的動機を触発することにある。
- 社会的変化を促進するために、住民や行政現場の関係者の感情と自分事の意識に働きかけて、内発的、自律的な行動を促す。
- 組織やコミュニティが成長する実践の「場」をつくる。

5 マネジメントの目線を合わせる

　この物語りは、事業の現場と、それを統括する組織本部との認識の共有の重要性も示しています。両者の目線の高さが異なり、現実についての認識が異なることは当然です。違い得ることを与件として、認識のすり合わせを重ねることが必要です。さもないと、認識の違いが、知らず知らずのうち広がり、信頼関係が損なわれかねません。そのうえで重要なことが、ビジョンとシナリオであり、また、現場と意志決定層の間をつなぐミドルの役割です。

　ビジョンは、最終的にどのような状態の実現を目指すのかということです。また、シナリオは、そうした変化がどのような経路で実現するかの想定です。ビジョンと現実のギャップを埋める戦略でもあります。ビジョンとシナリオが、立場の異なる当事者の間でしっかりと共有されていることにより、細部についての行き違いが信頼関係を損なうことなく、共創が進みます。また、シナリオが明確になっていることで、現場の現実からフィードバックを得て、それを弾力的に見直すことができます。中間管理の立場にあるミドルは、シナリオの形成と、その見直しにおいて重要な役割を果たします。ミドルが、意思決定層と現場の間で機敏に行き来することで、認識の乖離を防止し、必要な軌道修正を遅滞なく行うことができます。

　そうした観点からは、ホンジュラスのプロジェクトの継続をめぐり、一つの危機がありました。それを、ミドルの役割を果たす上田が的確に行動することにより、プロジェクトの現場とＪＩＣＡ本部の間で広がりつつあった認識の乖離を埋め、感染中断にとり必須とされていた監視体制の構築について、ＪＩＣＡが継続的に協力を行う道が拓かれました。

その点について、中米四カ国のシャーガス病対策全体のビジョンとシナリオについて、ＰＡＨＯおよび四カ国政府と、ＪＩＣＡのプロジェクト関係者の間では認識の共有は進んでいたものの、ＪＩＣＡ本部関係者が、その輪の中に十分に入っていなかったという面があるかもしれません。ＪＩＣＡと開発途上国との一対一の関係で行われる通常のプロジェクトとは異なり、国際的枠組による多国間の協力という例外的な枠組で行われていたこともあり、そうした多数のアクターの間でビジョンとシナリオを共有することが難しかったのであろうと考えられます。

- 当事者の行動変容を焦点とする事業については、変化の状況が見えにくいため、事業現場とバックオフィスの間で認識のずれが生じやすい。
- 事業の開始前に、ビジョン、シナリオ、目標の実現状況を可視化する枠組（単純明快で有意義な指標）を、関係者の間でしっかりと共有する。
- 事業現場と意思決定層の間をつなぐミドルが、認識のすり合わせを常に行う。

註

(1) World Chagas Disease Day: finding and reporting every case (who. int)

(2) 一九〇九年にブラジルでカルロス・シャーガス博士が原虫を発見した。

(3) すべての人々の健康を目的として一九四八年に設立された国連の専門機関。疾病に関する研究、医療技術や医薬品の普及、感染症対策など広範な課題に取り組んでいる。PAHOは世界保健機関の六つの地域事務局の一つ。

(4) シャーガス病対策の司令塔として保健省の国家媒介虫感染対策課に事業本部が設置され、中川はそこに配属された。

(5) UTMとは「ユニバーサル横メルカトル」(Universal Transverse Mercator)の略称で、国際標準の一つとして用いられている地図の図法。

参考文献・資料

●国際協力機構(二〇〇七)『ホンジュラス共和国・エルサルバドル共和国　シャーガス病対策プロジェクト終了時評価調査報告書』国際協力機構。

●国際協力機構(二〇一一)『ホンジュラス共和国・エルサルバドル共和国　シャーガス病対策プロジェクトフェーズ二　終了時評価調査報告書』国際協力機構。

●橋本謙(二〇一三)『中米の知られざる風土病「シャーガス病」克服への道』ダイヤモンド社。

●山形洋一(二〇〇八)「感染症対策「際」を生きる」林俊行編『国際協力専門員』新評論。

終　章

総説
―「日本型開発協力」の復権、発信へ―

本書では、「日本型開発協力とは、組織的知識創造である」という仮説のもと、第一章から第七章までＪＩＣＡがさまざまな組織・関係者との協働により実現した七つの開発協力事業（プロジェクト）における価値創造（ソーシャルイノベーション）プロセスを物語り、その成功のポイントを解説編で整理してきました。繰り返しになりますが、ここまで見てきた七つの事業における組織的知識創造としての日本型開発協力のありようは、国内外のソーシャルイノベーションに普遍的知見をもたらします。

第一章では、二〇〇三年から二〇一三年まで実施されたバングラデシュのダッカ市廃棄物管理事業の物語りを描きました。ワード・ベースト・アプローチ（ＷＢＡ）、定時定点収集方式などによって、廃棄物管理体制は劇的に改革され、ごみ収集率は倍増しました。

第二章は、一九九三年から二〇一〇年にかけて実施されたカンボジアのプノンペン市の水道事業を物語りました。漏水の集中監視システムや公社が地方水道事業を支援する体制の構築などによって、水道サービスは先進国水準にまで劇的に改善されました。

第三章では、二〇〇六年から二〇一八年にわたるフィリピンのミンダナオにおける平和構築事業を振り返りました。紛争当事者を対象とする平和構築セミナーやモロ・イスラム解放戦線（ＭＩＬＦ）との関係性構築と支援提供によって、暫定自治政府が発足し、地場産業が振興され、経済的な安定ももたらされました。

第四章は、二〇一五年から二〇二〇年のネパールの震災復興事業の物語りでした。よりよい復興（Build Back Better［ＢＢＢ］）というコンセプトを軸に現地の実情に即した耐震基準や巡回石工方式を確立し、約六万戸の住宅と約四〇〇の学校の再建が達成されました。

第五章は、二〇〇六年から二〇二〇年にかけて実施されたケニア小規模農家強化事業であり、画期的な農業普及方式（ＳＨＥＰ）の創造により、小規模農家の行動変容、生計向上が実現しました。ＳＨＥＰは二〇一九年までに国を超えて一一万の農家が実践するようになりました。

第六章は、セネガルで二〇〇七年から二〇一五年まで行われた教育環境改善事業（みんなの学校）を物語りました。学校と住民が協働する「みんなの学校」モデルを確立し、住民が学校運営に積極参加することを促し、学習状況が進展する結果をもたらしました。

第七章では、一九九八年から二〇一一年にかけて実施された中米四カ国を対象にしたシャーガス病対策事業であり、住民自身による媒介虫の監視体制や専門家と海外協力隊員による協働体制の確立により、シャーガス病の感染中断を達成しました。

これら七つの開発協力事業（プロジェクト）は、事業目的、地域、国、時期、期間、分野や方法、参画者など、すべて異なっています。しかし、これらの事業（プロジェクト）に大きな共通点があり、それは相手国に知を移転する一方向の支援ではなく、相手国の知を触発、創発し、関係者と新たな知を共創した点にありました。

日本は、これまで相手国の人々による主体的な社会変革を重視して、共創のパートナーとして「相互協力」してきました。日本の価値基準や方法論をそのまま押しつけず、「目指す理想」を擦り合わせながら、あくまで対等な協働関係で現地の事情に即した事業を行ってきたのです。「上から目線」でなく、現地に生きる人々に寄り添い、彼らとともに自立と成長に寄与する手法で相手国の発展、社会変革に大きく貢献してきたのです。日本の開発協力がこれまで多くの国で評価されてきた理由はそこにあります。

スイスのＩＭＤ（国際経営開発研究所：International Institute for Management Development）が作成する「世界競争力年鑑（World Competitiveness Yearbook）」の二〇二三年版では、日本の競争力順位三五位と前年の三四位からさらに下がり、一九八九年の年鑑公表以来、最低順位となりました。一九八九年からバブル崩壊時期の一九九二年まで一位を維持していた日本は、一九九六年までは五位以内でした。しかしながら、金融危機が明らかとなった一九九七年に一七位に急低下し、その後、二〇位台で推移しました。二〇一九年以降は三〇位台が続き、下落傾向が続いています。

　これは日本経済、日本企業の知的競争力の劣化を示しており、その要因の一つは、オーバーアナリシス（過剰分析）、オーバープランニング（過剰計画）、オーバーコンプライアンス（過剰統制）にあると考えています。分析や計画が過剰になると、人間が生来潜在的に有している創造性の源泉である野性を劣化させてしまうからです。

　経営管理手法として長らく支持されているＰＤＣＡサイクルは、品質管理の父、エドワード・デミングの考え方をベースに、日本で考案された手法です。ＰＤＣＡは、生産管理から経営管理全般で使われるようになり、品質向上、効率化などに大きく貢献してきました。しかし、社会学者の佐藤郁哉がその著書で「ＰｄＣａ」と表現しているように、計画のＰとチェック（評価）のＣが偏重されると、本末転倒の事態を引き起こします。計画が行き過ぎると「計画のための計画」に陥り、現実と乖離した絵空事の計画が立てられるようになってしまうからです。実態に即していない計画は実行されてもうまくいくはずはありません。「評価のための評価」は、木を見て森を見ずとなりマイクロマネジメントが横行するようになります。結果として、本来、優先順位が高いはずの本質的な問題は手付かずとなり先送りにされる事態が起きます。

国家予算を投じたＯＤＡ（政府開発援助）という性質上、計画、実行のモニタリング、評価が重要であることは間違いありません。しかし、論理分析を過剰に重視して基本計画を策定し、計画をブレークダウンした数値ベースの施策を下ろしていくだけでは、効率性は担保されても、現実のただ中で、日々変化している開発途上国の社会において、新しい意味をもたらす価値が創造されることはないでしょう。

本章では、このような問題意識のもと、我々が長年唱えてきた知識創造理論の柱である組織的知識創造のモデルについて説明したうえで、第一章から第七章までの物語りと解説を振り返りながら「組織的知識創造としての日本型開発協力」の本質を明らかにし、日本型開発協力のモデル化を目指します。

1 組織的知識創造プロセス（ＳＥＣＩモデル）

本書の冒頭で、日本型開発協力の本質とは、組織的知識創造プロセスであると述べました。まずは、この「知識創造プロセス」について紐解いていきたいと思います。

知識は個人的で主観的な暗黙知と、社会的で客観的な形式知が相互作用し、スパイラルに循環していくプロセスを通じて創造されます。暗黙知とは直接経験に基づいて獲得する、言葉や文章では表現できない、「いま・ここ・わたしだけ」の主観的な知であり、形式知とは言葉や文章で表現できる明示的な「いつでも・どこでも・誰でも」の客観的な知です。

図表終-1 ▶ 暗黙知と形式知

暗黙知（tacit knowledge）	**形式知**（explicit knowledge）
・言語化が困難な知識	・言語化された知識
・経験や五感から得られる直接的知識	・体系的・間接的知識
・現時点（いま、ここ）の知識、現場の文脈に動く知	・過去の知識、時空間を超えて移転や再利用ができる知識
・身体的な勘どころ、コツと結びついた技能	・明示的な方法・手順、マニュアル
・主観的・人格的	・客観的・社会（組織）的
・感性的・情念的・アート的	・理性的・論理的・科学的
・アナログ知	・デジタル知
・身体経験をともなう共同作業により共感、発展増殖が可能	・言語的媒介をつうじて共有、編集が可能

出所：野中郁次郎・川田英樹（2023）『世界を驚かせたスクラム経営　ラクビーワールドカップ2019組織委員会の挑戦』日経BP日本経済新聞出版、217頁を加筆修正

つまり、知識とは「個人の信念や思いを真理に向かって社会的に正当化していくダイナミック・プロセス」であり、その源泉は暗黙知にあります（図表終－1）。哲学者マイケル・ポランニーが「すべての知識は暗黙的か暗黙知に根ざす」、「我々は語れる以上のことを知ることができる」と述べているように、暗黙知はすべての知の源泉です。ここで重要なのは、暗黙知と形式知は別々に存在するのではない、という点です。形式知は暗黙知なしで創造されることはなく、連続体でつながっています。海に浮かぶ氷山のメタファーで説明されるように、水面下で眠る、無意識も含めた暗黙知の質量が、水面上に顕在化する形式知の質量を決定するのです。暗黙知を豊かにしていくことで、表出化される形式知も充実していくのです。

知識創造とは、新たな価値や意味を持つ知を創造するイノベーションです。新たな知を創造するためには、暗黙知と形式知の相互変換プロセスを無限にスパイラルアップさせていくプロセスを駆動させていくことが重要

図表終－2 ▶ SECIモデル：組織的知識創造の一般原理

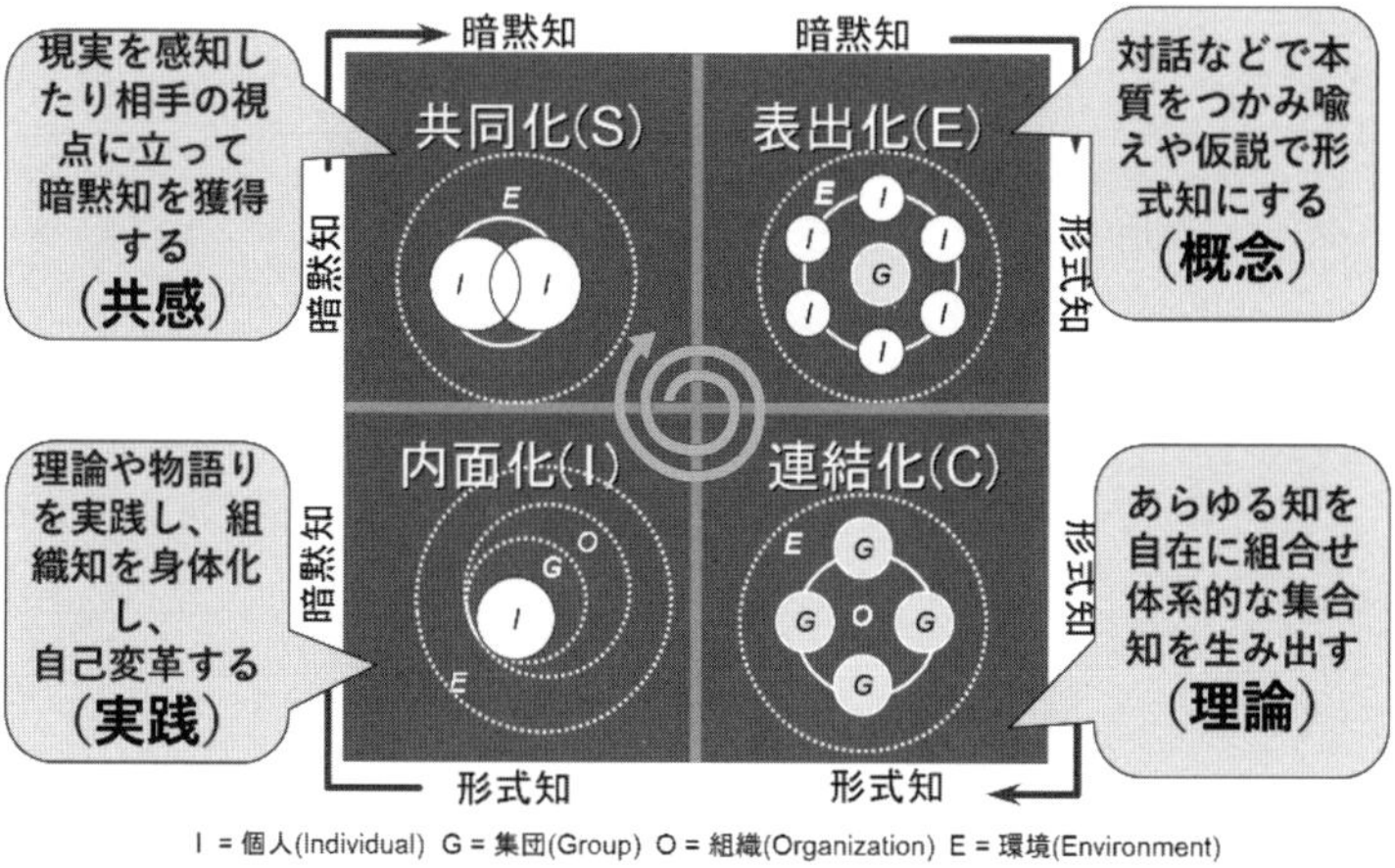

出所：野中郁次郎・川田英樹（2023）『世界を驚かせたスクラム経営　ラグビーワールドカップ2019組織委員会の挑戦』日経BP日本経済新聞出版、218頁

です。

我々は、この組織的イノベーションとしての新たな価値創造プロセスをモデル化し、知識創造理論の中で提示してきました。新たな知の創造プロセスのモデルは、「共同化（Socialization）」、「表出化（Externalization）」、「連結化（Combination）」、「内面化（Internalization）」の四つのフェーズから成り立ち、その頭文字をとってSECI（セキ）モデルと呼んでいます（図表終－2）。

SECIモデルの起点は、「共同化」です。このフェーズでは、個人が現場での直接経験を通じて、身体や五感を駆使して暗黙知を獲得したり共有したりします。鍵になるのは、他者、モノ、環境すべてに対する共感です。次に「表出化」では、個人と個人が向き合って、獲得した暗黙知を言語化し、概念などの形式知へと変換します。つまり、共同化において共感を媒介にして直観した本質を、妥協や忖度抜きの対話を通じて、時にはレトリックを駆使して「こうとしか言えない」という概念（コンセプト）として表出し、仮説生成を行います。共同化では、一人称の主観（思い）だったものが、表出化では二人称の「我々の主観」になります。「連結化」では、表出した形式知である概念をあらゆる知と組み合わせて体系化し、集合知、組織知としての戦略、理論、モデルを創造します。連結化によって、誰にでも共有可能な客観的な知へと変換されます。「内面化」では、連結化で体系化・理論化された形式知を、試行錯誤も含めた徹底的な実践を通じて、個人レベルに浸透させ、身体化させていきます。内面化で実践と内省が繰り返されることで、個人と組織の暗黙知がさらに豊かになり、次の共同化をいざなうのです。

　この一連のフェーズがプロセスとしてスパイラルに往還することで、個人、集団、組織、社会レベルで知識が創造され、共有され、循環し、増幅していくのです。これが組織的な知識創造プロセスの原理です。

　日本では、一時期、ナレッジマネジメントという名のもとに、形式知の共有、つまりＩＴツールによる情報共有や管理だけにフォーカスされすぎたことがありました。連結化だけを熱心にやっていたことになります。ナレッジの源泉は暗黙知であるにもかかわらず、暗黙知そのものを豊かにすることを熱心に行わなければ知の源は枯渇し、新たな意味や価値を持つ知は創造されません。

　組織的知識創造プロセスのいずれのフェーズも重要ですが、なかでも起点となる共同化を意識的に行う、あるいは共同化を触発する場をつくることが不可欠となります。

2 ＳＥＣＩプロセスがスパイラルアップする日本型開発協力

ＪＩＣＡが行っている開発協力も、個人、集団、組織、国家など、さまざまな関係性の中で、新たな知や価値を創出する壮大な知識創造プロセスだと言えます。相手国や関係者と共感する関係をつくり、現場での直接経験をもとに相手国とプロジェクトのコンセプトを共創し、組織内外のあらゆる知を結集して大きな戦略プランをつくり、現場での自律的な実践を支援することで、持続可能な開発協力による新たな価値創造（イノベーション）を実現してきたのが、日本型開発協力だからです。

第五章で取り上げた、アフリカで「つくったものを売る」から「売れるものをつくる」農業へと変革した小規模園芸農民組織強化計画プロジェクト（ＳＨＥＰ）の例で説明しましょう。ＳＨＥＰアプローチそのものがＳＥＣＩプロセスであり、その原型をつくった創成期、ＳＨＥＰ五万人宣言（二〇一三）に始まり二〇三〇年までにＳＨＥＰ一〇〇万人宣言を目指し、現在進行形で推進している展開期まで、何度もＳＥＣＩプロセスが回り、スパイラルアップし続けている好例だからです。

ＪＩＣＡがケニアの農業省と園芸作物開発公社（ＨＣＤＡ）とともに始めたのが、ＳＨＥＰです。ＪＩＣＡが派遣したアドバイザーチームのリーダーは、アフリカにおける農業開発について豊富な経験を持ち、現地語も堪能な相川でした。相川がまず始めたのは、関係者の共体験の場をつくることでした。ＪＩＣＡの現地事務所の所長や職員をイベントなどプロジェクトの現場に連れ出し、農家の状況を彼ら自身で、肌で感じてもらい、ケニア側のキーパーソンとの親交を深めてもらいました。ケニア側の農業省の担当局長には地方出張に同行してもらい、現地関係者との交流の場をつくりました(共同化)。

関係性が深まる中で、「売れ筋の作物を選ぶのは誰か」についての議論が本格化しましたが、なかなか意見はまとまりませんでした。ケニア側が、プロジェクトが実施した市場調査の結果を農家に提供するのがよいと譲らなかったからです(表出化)。

農家自らが市場調査を行うほうがよいと考えていた相川は、ケニア側にまずは試してみることを提案しました。実際に農家自身が市場調査を実施すると彼らの反応が非常に良好でした。予想外だったプロセスと結果を目の当たりにしたケニア側は、自分たちの思いこみを改めました。論理で説得するのではなく、実際に現場で感じてもらったからでした。その共体験の現場から、「小規模農家自身が自ら判断する」というＳＨＥＰアプローチのコンセプトの根幹が生まれてきました(再び共同化し、表出化)。

相川は、ＳＨＥＰアプローチを効果的、効率的に推進するべく、研修実施を決め、その方法をきめ細かく工夫しました。一度にすべての農家を対象にすることはできないため、農家グループの代表に研修を受けてもらい、研修後、代表からグループメンバーに伝えるやり方を導入しました。

各グループから男女一名ずつ出してもらって影響力も視野に入れた効果的な参加者構成にしました。最大の工夫は、代表者を送り出す際に、他のメンバーに念書を書いてもらい、参加者、参加しなかった者双方の当事者意識を高めた点にあります。

プロジェクト推進にあたっては、研修参加率という短期かつ安易な目標設定ではなく、「所得向上」という本質的な目標を掲げ、何のためのプロジェクトなのかを徹底的に追求しました。そして、農家自身が所得に関するデータの記録を行うことでオーナーシップを高めました。このようにあらゆる知恵を結集して、長期的かつ持続的、自律的に成果達成を目指すための仕掛けを綜合した研修プログラムの体系化を行ったのです（連結化）。

研修を経て実施されたＳＨＥＰでは、農家自身がマーケティングを行い、判断し、データを管理する実践を通じて、営農状況を絶えず意識するようになりました。彼らの仕事に対する意欲は高まり、自ら努力するようになりました。結果として、対象農家の年間売上高は倍増するに至りました（内面化）。

こうして回り始めたＳＨＥＰですが、このアプローチ自体がＳＥＣＩプロセスそのものでした。自らマーケティングを行うことにより顧客の暗黙知を得て（共同化）、栽培品種や目標を自ら立て（表出化）、普及員が提供する新たな品種や技術を活かして（連結化）、栽培して出荷しながら、儲かる農業を身体化していく（内面化）というスパイラルが繰り返されるからです。

ＳＨＥＰアプローチを横展開する次のＳＥＣＩプロセスも始動しました。ケニアで成功したＳＨＥＰの国際展開に向け、その本質を調査研究するプロジェクトに参加したコンサルタントの首藤は、ＳＨＥＰに参加した農家の暮らしぶりを密着観察することからスタートしました（共同化）。首藤は農家の日常の家庭生活に棲み込み、彼らの生活、人生にどのようなインパクトを与えているかを感じ取ったのです。

調査を終えた首藤は、ＳＨＥＰの文脈を共有している相川やＪＩＣＡ職員と侃侃諤諤《かんかんがくがく》の議論をしました。模造紙を囲んで、現場での直観を表出し、そこから生まれたアイデアを形にして磨き、コンセプトへと練磨していきました（表出化）。次に取り組んだのは、「何が本質か」、「何が成功の肝か」を結晶化したコンセプトを、アフリカ各国の農業普及を担う行政官や技術者を対象にした研修プログラム体系へと昇華することでした（連結化）。ＳＨＥＰアプローチを集合知として国を越えて共有するために、日本という非日常の場での座学に加えて、日本各地の農業現場訪問が盛り込まれました。日本での研修後はケニアでの補完的研修が実施され、同様に現場でのＳＨＥＰの実践を体感する内容が盛り込まれました。

　各国からの参加者は、研修プロセスを通じてブラッシュアップしたアクションプランを、帰国後、実践しました。実践を通じて、ＳＨＥＰアプローチをルーティン化し身体知化していきました（内面化）。

　ケニア国内でもＳＨＥＰアプローチを全国展開する取り組みが行われましたが、各地方自治体に自律分散的に取り組んでもらうことが課題となりました。これまでと異なり、ＪＩＣＡは普及の主体として動かず、あくまで裏方として地方自治体を支援する立場となりましたが、ヒントとなったのは、先行した国際展開の実態でした。ＳＨＥＰ導入に取り組んだ各国は、そのままコピー＆ペーストするのではなく、各国の事情に即して簡素化していたのです。予算もノウハウも不足していた各国は、ＳＨＥＰアプローチの根幹であるコンセプトを外すことなく、現地化しつつも成果をあげていました。

　ケニア国内の普及を促進するべく、マラウイの現場にケニアの地方自治体の担当者を連れて行き、自由に実践されている状況を感じてもらうことにしました（共同化）。すると、マラウイの現場で感化され、やる気になった担当者は、ＳＨＥＰの原理原則、理論を理解し（表出化）、あとは日々の実践にどう活かせるかアクションプランをつくり（連結化）、トライ＆エラーを繰り返しブラッシュアップしていくというサイクルを自ら回し始めたのです（内面化）。

　今なお、ＳＨＥＰは一〇〇万人宣言の達成に向けて、さまざまな現場で何度もＳＥＣＩプロセスを回しながら、新たな知を拡大再創造しています。

3 知識創造理論の根底にある人間観

人間は、未来に向かって、新たな意味や価値を創造する動的主体です。また、人間は、漢字が示すとおり、「人と人との間に生きる存在」であり、他者との関係性によって人間になれる存在です。我々の知識創造理論は、そのような人間観を基盤にしています。

開発協力とは、相手国や地域に社会変革をもたらすものですが、そこには多様な人々が生きており、彼らの生活や人生があることを忘れてはいけません。社会は人によって構成され、開発協力は人によって為される営為です。

ですから、組織的知識創造としての日本型開発協力においては、すべての人間は創造的であり、人との関係性によって生きている存在であるという人間観に立脚し、関わる人々すべてとの協働・共創によって、彼らの潜在能力を引き出し、総結集することが重要です。それは国を越えた普遍的な原理だと言えます。

本章の冒頭で述べましたが、オーバープランニング、オーバーアナリシス、オーバーコンプライアンスは、人間が本来持っている生き抜く身体知である「野性」を阻害し、挑戦や創造の活力を奪います。

七つのプロジェクトにおける知識創造の物語りが示すように、たとえ異なる言語、文化、歴史を持つ者同士であっても、潜在能力を互いに信じ、知恵を結集すれば、新たな価値の共創に取り組めるのです。そのような人間観が、これまで評価されてきた日本型開発協力の礎になっているのです。

4 日本型開発協力モデルのクリエイティブ・ルーティン（creative routine）

本章では、七つの事業を参照しながら、日本型開発協力のモデルを提示します（図表終－3）。このモデルは、いわゆる「型」、「作法」のようなものであり、自身が主体者となってソーシャルイノベーションを実践する際に指針となるものです。

知識創造理論が提示する「型」とは、いわゆる型どおりにやることを意味しません。文脈を読み、判断し、行為につなげるために、組織が共有する思考・行動様式のエッセンスであり、現実からのフィードバックによる自己変革プロセスが組み込まれている「クリエイティブ・ルーティン（創造的「型」）」です。

守破離のプロセスが内在している発展的な型であるクリエイティブ・ルーティンは、「人間は意味や価値を生み出す存在、他者との相互作用を通じて人間になる」という知識創造理論の人間観を背景に、実践を通じて新たに意味づけされ自己変革しながら、意味や価値の体系である「制度」の基盤となっていくものです。

なお、本書の冒頭で述べたように、ここでの日本型開発協力モデルは、公的機関、民間企業、大学などにかかわらず、いかなる組織や個人にも応用できうるものを意図しています。

◆共通善としてのパーパスを無限追求する

開発協力事業は、目標と期間が限定されたプロジェクトとして実施されることが常となります。いわ

図表終-3 ▶ 日本型開発協力モデル

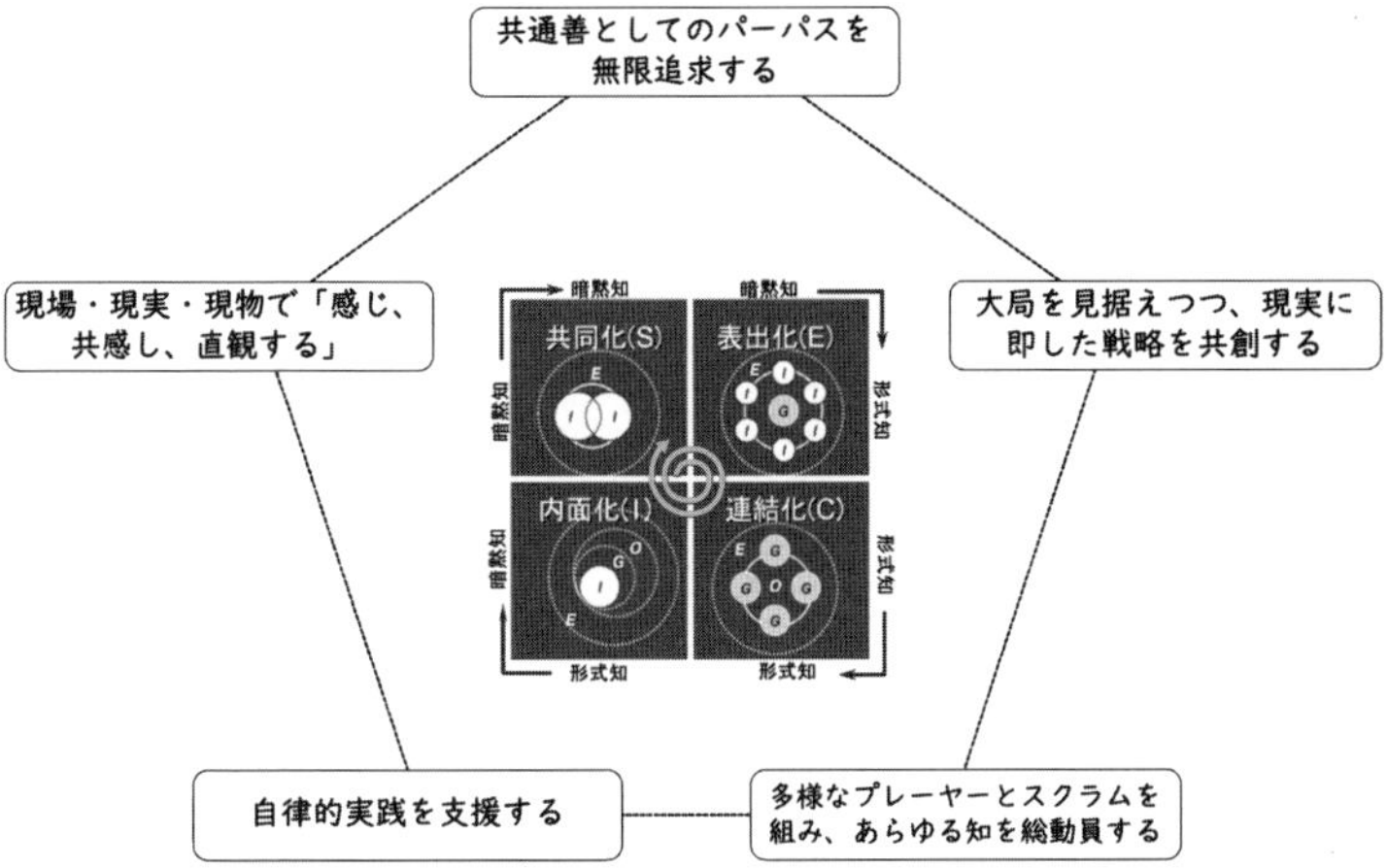

出所：編著者（野中）作成

ばプロジェクトは、有期で一過性の事業とも言えますが、プロジェクトが対象とする国の社会や人々の生活は途切れることなく変化し続けていきます。

ですから、そのプロジェクトをなぜ行うのか、我々はなぜ存在しているのか、という存在目的（パーパス）の追求と共有、徹底が、長期にわたるプロジェクトにおける一貫性を担保するうえで当然重要です。

開発協力プロジェクトにおいては、「相手国の社会課題を解決する、社会変革を起こす」という共通善としてのパーパスが明確なのではないかと思われるかもしれません。ですが、ともすると、目前の問題に忙殺され、何のための事業（プロジェクト）なのか、ということは見失われがちになります。あるいは、難しい意思決定を迫られた時に、羅針盤となるようなパーパスが身体化されていないと、本末転倒となるような判断がなされてしまう事態が起きます。

パーパスは存在意義、存在目的、つまりＷｈｙ

を問います。パーパスは、実現したい何か、つまりビジョンのようなＷｈａｔを単純に示しているのではありません。存在目的は、刻々と動く現実の中でも、自分自身に「なぜ」を問い続けることを迫るダイナミックかつシビアな性質を持っています。

組織にとって、絶えず「なぜ」というパーパスを追求し続けることは、現状への安住を抑止し、さらなる進化、自己変革に向かう原動力となります。さらに、近視眼的になることを抑制します。世のため人のためという利他の精神に貫かれた大義、共通善は、人々を鼓舞し、一枚岩にします。金銭的報酬ではなく、人々を内発的に動機づけ、行動に導くからです。

ミンダナオの平和構築支援では、ＪＩＣＡ本部とバンサモロの現場で意見が割れる場面がありました。反政府組織だったＭＩＬＦが実行支配する地域、そして安全対策の面から日本人の立ち入りが禁止されている活動対象地域においていかに事業を実施するかが議論の焦点となりました。現場の落合はＭＩＬＦ側との調整役として、ＭＩＬＦが信頼する関係者を雇用することにしましたが、「ＪＩＣＡが反政府組織を支援することにならないか」、「原則として協力相手の人件費は相手が負担することになっている」など、前例がないことやルールに反することを懸念したことが議論となった理由でした。

紛争から平和を構築するプロジェクトでそのようなことに縛られていたら前進できないと考えた落合は、「なぜ、私たちはここにいるのか、ＭＩＬＦを支援することが、ミンダナオの平和構築になる、という考えで始めたのではないか」という根源的な問いを投げかけ、議論を深め、落合の提案を限定的に行うことで同意に至ることができたのです。

また、Ｗｈｙを示す共通善は、トップからフロントのメンバー間に共有された、共通の判断基準となります。パーパスは、組織内外において意味の関係性を広げます。オープン・イノベーションのために多様で異質な知が必要となる時代ですが、共通善は、組織外のステークホルダーの共感も呼び起こし、意味や価値で結びつけられた強固な関係性・エコシステムをつくります。

想定外の事態が発生すると、目の前の問題解決に集中しすぎてしまい、大局観を失います。これまでの慣習や前例、あるいは規則が優先されると、行動や判断の羅針盤は揺らぎます。それを防ぐのが、存在意義や存在目的を根源的に問うパーパスの無限追求です。

セネガルの「みんなの学校」の第二期プロジェクトで、これまでのやり方に対して軌道修正を迫られて反発していたセネガルのメンバーと現地の風習を超えてわかりあえたのは、立場に関係なく、誰もが「子どもたちの成長を応援したい」という心からの熱い想い根底に持っていたからだと、ＪＩＣＡ側のチーフアドバイザーであった國枝は振り返っています。

いずれも、パーパスを共有し共に追求したからこそ、立場を超えて一枚岩になり、前例や風習にとらわれない意思決定や協働が可能になりました。

◆現場・現実・現物で「感じ、共感し、直観する」

七つの物語りでは、現場・現実・現物で感じ、何が本質かを直観することを重視していました。みんなの学校プロジェクトでは、成功例であるニジェールモデルをセネガルで横展開しようとしたところ、国力や政治の安定性で優っているという自負を持つセネガル側から大きな反発を受けました。しかし、関係者を現地訪問に連れ出し、現場、現実、現物を実際体感してもらうことで、言葉で説得するよりも大きな効果が得られました。先述したように「子どもたちによい教育を」という大きな共通善を共有していた彼らは、自らの直接経験から「みんなの学校」の意味を直観しました。

カンボジアのプノンペンでの水道事業では、ＯＪＴ方式の現地人材の育成を行いましたが、水道局のエンジニアにとって日本企業の工事現場で見るもの、触れるものすべてが生きた教材でした。特に、エンジニアが現場の作業員と分け隔てなく接し共に汗を流している様子はカンボジアのそれとはまったく異なり、そのような仕事の仕方が工事の質を良いものにしていることに自ら気づく契機となりました。

ミンダナオで平和構築事業を現地で牽引した落合のモットーは「資料を読むより直接会って話す」でした。相談されたらすぐに現地に駆けつけ、相手に敬意を持って接し、コミットする姿勢と覚悟を見せ続けました。大型台風の被害を受けた時にも、落合がすぐに現地に入って被害情報をまとめ、その報告に基づき、ＪＩＣＡは支援体制づくりに奔走しました。

また、ＭＩＬＦの兵士たちは半農半兵で生活しており、給与が支払われておらず経済的に厳しい生活を強いられていました。その実態を現場で目の当たりにした落合たちは、農業技術面での協力が彼らの生活に大きな変化をもたらすことができることを見抜きました。地場産業の振興を落合らと取り組んだ山岸は、平和の果実を人々が早期に実感できるようにするために、バンサモロの現実の只中で、正攻法のアプローチでは悠長すぎることを洞察し、考え抜き、もともとある仕組みを利用して変化することを判断しました。

ネパールでの震災復興支援事業では、調査団員たちは手分けして山間部の被災地を訪れ、人々が何を求めているかの実情を肌で感じることに努めました。現場の悲惨な状況を目の当たりにし、多くの暗黙知を吸収したことが原動力となり、二週間で包括的な支援パッケージを作成するという短期間でのアウトプットを成し遂げました。

現場で直接経験してもらうことによって意識変革を起こす「百聞は一見にしかず」作戦も、多くの事業（プロジェクト）で展開されました。「みんなの学校」モデルを全国普及する際には、当初、「教員あっての学校であり、授業あっての学校である」という教育関係者の既存のマインドセットを変えることが難しいことが予想されました。國枝たちは、いくら校舎を建て、カリキュラムを改善し、教員の研修を行っても学校マネジメントに問題があっては、子どもたちの学びを阻害してしまうことを論理だけで説得するのは困難であると考えました。そこで保護者や地域住民が学校運営に積極的に関わっており、好循環が生まれている現場の現実に触れてもらうことにしました。僻地にある小学校の現地調査に教育関係者を連れ出し、現地の委員会が連合体を通じて互いに協力しあい、単独では難しい就学状況改善やテスト合格率向上などの成果を達成している状況を肌で感じてもらいました。懐疑的だった州の教育行政トップは考えを改めることとなりました。

分析や評価は重要ですが、まずは「共感」ありきです。その順番は決して逆ではありません。組織的知識創造プロセス（ＳＥＣＩモデル）でも述べましたが、共感こそが新しい価値を創造するプロセスの起点になります。現場での直接経験は、五感に訴えます。現場の暗黙知を浴びることで、論理の背景にある意味や価値も含めて肚落ちし、本質を直観することにつながっていくのです。

ＳＨＥＰのチームリーダー相川のモットーは、「会議でものごとは進まない。現場で共通の体験をしてこそ前に進む」でしたが、実際、立場や利害の異なるカウンターパート、専門家、ＪＩＣＡ職員の皆が共創できたのは、共通の現場体験があったからでした。共感が起点になったからこそ、信頼関係が育まれていったのです。これも他の物語りでも多く見られたことでした。厳しく対立していたフィリピン政府とＭＩＬＦが信頼関係を深めたのは、各々との共感関係を確立してきたＪＩＣＡが仲介して、三毛作の技術を学ぶ協働の現場を実現するなど、日々の積み重ねによるものでした。

　信頼関係は一朝一夕では構築できません。我々は一人ひとり、各々の主観や思いを持つ個人です。異なる主観を持つことを前提に、まずは「相手になりきる、感情移入する」という全身全霊の共感が必要になります。

　そのためには、相手を立場や数字やデータなどの形式知で評価・分析し対峙するのではなく、現場で実際に対面して直接経験を通じて五感をフル活用して相手の文脈に棲みこまなければなりません。共感関係によって、全人的な相互作用が生まれます。そして、共感によって相手になりきって悩み、共に苦しむことで信頼が生まれます。

　一方、目の前に突き付けられた現実の問題に振り回されるだけで終わってはいけません。真の課題を洞察するためには、現実を過去からの流れ、また多様で複雑に絡み合う関係性をふまえて理解する必要があるからです。脈々と流れてきたその地域、国、土地の歴史的な背景（社会、文化、経済など）を理解することが、「いま・ここ」の背景にある本質を表層的でなく、さまざまな関係性の中でえぐり出すことにつながっていきます。

　このことは、七つの物語りでも明らかです。相手国の文化、歴史、宗教、慣習、価値観など文脈を徹底的に共感し、理解する姿勢が重要です。ミンダナオで、紛争の停戦から平和構築へという難しい局面で活動した落合は、「この人はなぜこんなことを言うのだろうとか、それはなぜだろうかと思うと、その人が背負っているものが何か、その人の歴史、立場、そういったことをひっくるめてすべて理解しようと努めました。彼がそういう状況に置かれている背景には、長い歴史があるわけです。（略）彼らの先祖というのは一体どんな人だったのかなということを聞いたりすると彼らは喜んで教えてくれますので。そういうことの積み重ねが大切だったと思います」と語っています。さらに落合は、身分制度が根強く残るバンサモロの社会構造や下級の兵士が社会変革を目指す様子が、江戸時代の士農工商から明治維新への流れと通底していると見抜き、強い関心を示したＭＩＬＦの幹部たちと双方の歴史や伝統を語り合い、関係性を深めていきました。

カウンターパートの相手そのものに共感する、そして彼らや自分たちが生きる国や地域に蓄積されてきた歴史や文化に相互に共感する全人的な相互作用は、組織的知識創造プロセスで説明した「我々の主観」という二人称の関係を育み、協働・共創の強力な土台となるのです。

共創の基盤は「共感」です。ただし、知識創造理論で定義する共感は、忖度と同義ではありません。では、現場での直接経験で獲得した各自の暗黙知、あるいは個人の思いを独りよがりに終わらせず、共通の知や思いを生成するためにはどうしたらよいのでしょうか。あらゆるプロセスにおいて、「いま・ここ」の事象の背景にある本質を直観し、直観した本質を他者と共有するために言語化する努力を怠らないことが大切です。他者と徹底的な対話を続けると、ある瞬間に発想が跳び、「こうとしか言えない」というコンセプトが生まれてきます。それは、いわば集合的に生成される仮説です。

知識創造理論の理論的基盤の一つである現象学（哲学）の研究でも、言語や知性の発達した成人が、率直な対話を徹底的に繰り返すことで、共に悩み苦しみ、その先の「我々の主観」に到達すると、それぞれの自我や利己を超えて互いが納得する無心の状態になると説明されています。

ここでは、徹底的に妥協なく真剣勝負の対話を行う「知的コンバット（格闘）」ができる場が大きな役割を果たします。たとえば、現地訪問では毎晩、夕食後すぐに自発的に集まって、反省会で自らの気づきを繰り返し共に言語化することで、「ニジェールモデルを自分たちのところでもやろう」という発言に結実し、プロジェクトは前に動き始めました。

◆大局を見据えつつ、現実に即した戦略を共創する

繰り返しになりますが、日本型開発協力は知の移転ではなく、当事者とともに共創することに特長があります。したがって、解決策を示したり誘導したりするのではなく、相手国と協働して共創したり、相手国自身が主導して解決策を導き出すことをサポートします。このことは、こちら側の関わりがなくなった後に、自走してもらうという持続可能性の観点からも日本の開発協力において重視されてきたことです。

そのために、集合的に生成した「我々の主観」であるコンセプトを戦略や具体的なアクションプランとして構想していくわけですが、ここでも共創することが肝要です。相手国関係者のオーナーシップを醸成し、自分ごとにしていくプロセスとなるからです。プノンペンの事業では、公社総裁となったエク・ソンチャンがまさに自らマスタープラン作成プロセスに関わっていくことで圧倒的な当事者意識を持つようになっていきました。他の物語りでも同様でした。

開発協力の対象は、その国の生きた社会そのものです。社会には、複雑に絡み合い相互作用する関係性が当然存在し、刻一刻と変化しています。あるべき理想を押し付けるのではなく、大きな関係性の観点から現実と向き合い、戦略を構想することも重要です。

ですから、時間も資源も限りある制約条件下で、最大限の効果を短期間で発揮するためにどうしたらよいか、どのボタンをどういう順番で押せば効果的な連鎖が起こっていくかという筋書きを、実際の実行者である当事者を巻き込んで具体化していくことも重要です。

たとえば、バングラデシュのクリーンダッカ・プロジェクトでは、ごみ問題を、ゴミ収集車や最終処分場などのハード面だけを見るのではなく、住民、清掃員、収集車の運転手、清掃監督員、行政官などさまざまな立場の関係者の生活や仕事があり、そこに歴史や文化、経済など彼らをとりまく環境が複雑にからんでいる関係性を洞察することは重要でした。何か一つの問題を解決すればうまくことが進むわけではないことは自明です。

ダッカでは、ＷＢＡ（ワードベースアプローチ）というコンセプトを集約した地区清掃事務所の設置が変化の起点（レバレッジポイント）になりました。立場が異なる当事者を一度に変革するのは現実的ではありません。行政と清掃員や住民の関係性を媒介する中間（ミドル）となる清掃監督員の仕事に新たな意味をもたらす場をつくることで、彼らの行動を変え、そこから清掃員や住民の行動が変容していく契機となりました。

共通善としてのパーパスや結晶化したコンセプトを大局的に追求しながらも、画餅にしないために、現実的に地に足ついた戦略やアクションプランを構想するのです。ネパールの震災復興では、「早期復興のためのスピードを重視した支援」を優先するのではなく、災害発生前よりも災害に強い社会づくりをハード・ソフト面で支援する「よりよい復興（Build Back Better［ＢＢＢ］）をパーパスとして目指しました。このＢＢＢは、東日本大震災の復興において、次の世代を守るために、行政と住民が時間と手間をかけて社会の根本的な脆弱性を解消するべく、長期的視点に立脚した防災理念でした。

高邁なパーパスを具現化する際に、抽象度の高いコンセプトをいかに現実に即して実行するかというジレンマに直面することが多くあります。中米でのシャーガス病対策のプロジェクトでは、地方分権が進むグアテマラで、各地方の現場において殺虫剤の管理や散布などの監督を担ったのは海外協力隊員でした。専門知識のない協力隊員に対してのサポートは必要でしたが、上下関係では反発は必至です。あくまで斜めからアドバイスするのが日本人アドバイザーという「斜めの図式」が現場で考案されました。

ネパールにおいても、補助金の支給条件を厳しくすると住民が補助金を活用せず、住宅再建が進まないのではないか、有名無実化している耐震基準をいかに普及するか、これまでの慣習どおり住民が自ら安全な住宅を専門知識がなくても建築できるようにするためにはどうしたらよいか、地元で入手できる建築資材が地域によって大きく異なっている中で復興住宅の耐震基準を満たすガイドラインはどうあるべきか、など次々と難題に直面しました。

その解決に寄与したのは、関係者を説得するために実証を重ねたうえでの客観的データであり、四パターンの復興住宅のガイドラインとモデルであり、復興住宅カタログでした。ＢＢＢの理念から逸脱せず、地元住民によって建設できる安全な施工法が生み出されたのでした。それでも進まなかった住宅着工の現状を打破するために、八〇〇〇人の住民に対するヒアリングや村ごとの懇談会を実施し、ネパール人スタッフも加えて対話を続けました。

理想と現実のギャップが大きければ大きいほど、組織的知識創造プロセスも直線的には進みません。SHEPの例がそうであったように、うまく進まない時は現場に答えがありますから、また共同化という原点に戻るのです。ネパールでも、村の住民や現地スタッフとの現場での対話によって、巡回石工が共助による住宅再建の推進役となる「コミュミニティ動員プログラム」というコンセプトになり、効果を発揮しました。

ミンダナオで地場産業の振興にマラン長官や落合とともに取り組んだ山岸は、先述したように「もともとある仕組みを利用して、変化を起こす」ことを優先しました。その土地にある仕組みや仕事、そして何よりそこに住む人々の持つ潜在能力を引き出す打ち手は、現実的であり、かつ持続性という点でも重要です。

◆多様なプレーヤーとスクラムを組み、あらゆる知を総動員する

七つの事業（プロジェクト）では、日本の地方自治体、世界銀行やアジア開発銀行、地元の公的機関、民間企業など多くの組織との協働がありました。また、先述したように、その地域や国の社会システムの中の組織や立場が異なる人々の潜在能力をいかに結集するか、関係性の中で生きる彼らといかにスクラムを組めるかが生命線になります。また、実行の成否に影響を与える体制やルール、資源など総合的な能力がどれくらいあるかを共に把握し、目線を合わせることが肝要です。

たとえば、みんなの学校プロジェクトでは、相手国の政策策定プロセス、あるいはJICAのみで資

金供給ができない場合にパートナーとなる世界銀行など外部機関内の意思決定プロセスなどを熟知しておくことがプロジェクト戦略の構想において不可欠でした。

事業が目的としている共通善としてのパーパス実現に向け、外部の組織と連携して長期で一貫した取り組みにする仕掛けも実行場面では不可欠です。たとえば、南米シャーガス病対策では、汎米保健機構（ＰＡＨＯ）を巻き込み、取り組みの持続化を狙いました。国際的な枠組みと連携し、意味づけることによって、長期にわたる一貫した取り組みが可能になります。中米では政権が頻繁に交代しますが、前政権の事業が継続されないことも起こりやすい事情を踏まえ、山形は多国間での合意に導き、政権交代からの影響リスクを低減しました。

今回取り上げた多くの物語りでは、相手国政府の縦割り組織が壁となった際、日本人アドバイザーが直接会えない相手国政府の上層部にＪＩＣＡの現地事務所のトップが働きかけ、側面的な支援を行う実践例が多く見られました。

現地のスタッフもまた、現場の文脈を理解し、相手国カウンターパートと自分たちをつなぐ連結点となる重要なパートナーだと言えます。彼らは、日本人スタッフの補助ではなく、自律的に動く主体者であることを肝に銘じ、活躍の場を与えていくのです。

ミンダナオで活動した落合は、「一つの屋根の下に二つの家が存在する」プロジェクトの難しい舵取りをまかされていました。相互に反目し合う組織に対して同時に支援することになりました。落合は、反政府勢力だったＭＩＬＦとフィリピン政府側のＡＲＭＭの組織構造に精通し、幹部との信頼関係を構築しました。いずれの組織とも向き合うことになった落合は、どちらの組織も上位下達のトップダウン組織であることを見抜きつつ、とにかくどちら一方に与していないことを示すオープンな行動を心がけました。さらに、決して上から目線にならず、何かできることはありますか、という謙虚な姿勢を貫きました。

落合は、相手の懐に飛び込むことでＭＩＬＦの信頼を得ていきましたが、一方でＪＩＣＡ本部の担当者には、現場にいると無自覚にＭＩＬＦ側に寄ってしまうかもしれないので、行き過ぎた言動に気づいたら遠慮なくブレーキを踏んで欲しいと求めました。

相反する組織の間に入る中で難しいバランスをとっている落合のオープンで公平な姿勢を、現地のＪＩＣＡ事務所もサポートしました。属人的な努力に依存するのではなく、ＭＩＬＦやＡＲＭＭのメンバーが、人目を気にせずにＪＩＣＡに相談に来られるような立地に、事務所を移転したのです。また、本部そしてフィリピン政府、世界銀行をはじめとした関係者にプロジェクトの進捗を逐次報告しました。ミンダナオのように、当事者や関係者間で難しいパワーバランスが生じている時こそ、現場での注意深いコミュニケーションが必要となるため、役割分担をしながらも一丸となることが求められます。

また、戦略構想、実行においては、相手国政府のカウンターパートだけではなく、地域住民、ビジネスリーダー、ＮＰＯやＮＧＯなど現地の多様な当事者との対話、連携、協働を通じて、彼らの持つ知を結集します。また、当事者が自律的に活動するのに参考となる、相手国内、日本や第三国などの経験や知見を探索し、活用できるよう支援します。

ＳＨＥＰ事業においては、ＳＨＥＰアプローチのコンセプトを創造し、広く普及させるために、経済学の「情報の非対称性」、心理学の「自己決定理論」など既存の学問的知見を活用しました。実際には、それらの専門家をコンサルタントとして招いたりして、知的なコンバットを繰り返して、ハイブリッドなコンセプトへと練磨していきました。

わが国が歴史的に経験し蓄積してきた知識も積極的に活用するべきでしょう。たとえば、高度成長期におけるごみ問題解決の経験はダッカ市廃棄物管理事業で生かされ、江戸時代末期から明治維新にかけての封建制度解体の経験はミンダナオ和平支援において活用されました。

もちろん、時代や社会システム、文化的背景などの違いはありますが、コンテクストの違いを超えた本質を概念化したり、モデル化することによって共有することができます。その場合、どのようにしたら、そのコンセプトやモデルを相手国において応用できるか、あるいはすでに相手国にある知と組み合わせて再創造できるか、という視点を共に考えることが重要です。同時に、今の日本国内の現場を訪問する直接経験も、当事者の知を触発する良い場となるため、活用すべきでしょう。

また、開発途上国の人々が、互いに経験を共有しあうことは、日本型開発協力の特長の一つです。ニジェールから生まれた「みんなの学校」のコンセプトは、セネガル、マリなどに広がり、現場を互いに視察したり、国際会合で経験を共有し合いました。同輩から学び合い、互いに触発しあうことで、より当事者意識は高まっていきます。ＳＨＥＰの第二フェーズでは、育った小規模農家が、地方の農家の育成を支援するというサイクルが生まれました。

二〇二三年一二月に、政府開発援助（ＯＤＡ）に日本の民間企業が案件の提案段階から関わる仕組みを導入することが発表されました。日本型開発協力のクリエイティブルーティンの一つにも挙げましたが、他組織との連携、協働、共創を目指すスクラム経営は重要です。

経営学者ヘンリー・チェスブロウが唱えた「オープン・イノベーション」という考え方があります。これは、自組織内や自社だけでなく他の企業、大学、地方自治体、社会起業家など異業種、異分野の組織や人材とスクラムを組んで、協働による知識創造により、革新的なビジネスモデルの開発や製品・サービス開発、地域活性化につなげるイノベーションの方法です。

社会的なオープン・イノベーションのモデルは、より複雑な文脈の中で多様な関係者とスクラムを組まなければならない国際的な開発協力の実践から導けるのです。冒頭にも述べましたが、日本型開発協力は、相手国の人々が知を主体的に創造することを目的として、共創のパートナーとして「協力」することを重視してきました。今回取り上げた七つの物語りでも、国を越えて、あるいは産官学民の枠を越えたスクラムづくりを、労をいとわず推進し、協働によって新たな革新を創出する姿がありました。これは、日本国内外の国家、政府、自治体、企業やＮＰＯ、ＮＧＯにおける持続可能なソーシャルイノベーション活動の在り方の方向性を示すものであり、学べるものなのではないでしょうか。

◆自律的実践を支援する

戦略の実行における要諦は、計画ありきで完璧な実現を目指すことなく、試行錯誤を奨励し、軌道修正しながら推進していくことです。多くの事業で、まずはスピーディに小さな成功体験を積み上げることがなされました。たとえば、ミンダナオでは、平和の果実を宗教や民族にかかわらず、すべての住民に迅速に実感してもらうための「クイック・インパクト・プロジェクト」が展開されました。規模は小さくても、ミンダナオのコミュニティに満遍なく行き渡らせるため、ＭＩＬＦも腐心しました。これは、山奥に追いやられたコミュニティの人々に「私たちは忘れられていない」というメッセージを届けることにもなりました。重要な点は、小さな成功の本質にパーパスが目指すものが象徴されている点です。

事業（プロジェクト）が長期にわたって進行すると、中心都市（首都）から地方に全国展開され、さらに他の国へと広域展開するフェーズが変わってきます。事業の中での関係者の役割分担や使命も当然変化しますので、その都度の最善を目指せるよう自律的実践を奨励することが大切です。

プノンペンの水道事業を全国展開するフェーズでは、もともとプノンペン水道公社で事業を牽引していたエク・ソンチャンからと、水道事業を管轄する鉱工業エネルギー省（ＭＩＭＥ）から、同じような内容の要請がＪＩＣＡに入る、という事態が発生しました。ＪＩＣＡは、まず現地の実態を調査し協議しましたが、難航しました。

調査をすることで、地方水道の実状はひどく、先行するプノンペン水道公社の成果である人財と組織力、技術を活用するのが一番である、ということがわかってきました。プノンペン水道公社の要望に応えつつ、ＭＩＭＥの面子を保つ方策として打ち出したのが「トップランナー・キャッチアップ方式」でした。組織的に人財が育ちつつあったプノンペン水道公社をトップランナーとして集中的に協力し、その力を借りて、セカンドランナーと位置付けた地方都市水道局に対しても協力を行うというものです。

これは、それまで日本人が担ってきた役割をプノンペン水道公社が担う、そしてその人件費をＪＩＣＡが負担する、という点でこれまでの常識を超える協力のあり方でした。先行したプロジェクトの知恵を活かし広げるために、そのプロジェクトの当事者が主体となることは当然の流れであり、他の物語りでもフェーズが変わる際に多く見られました。

また、「Change Agent」の役割を担う人々を抜擢し、変革をリードしてもらうようにすることが必要です。現場の当事者たちが日々の実践で自律的に判断、行動することを通じ、「守破離」のプロセスを経て、支援がなくても変革を自ら興していく風土が醸成されることをサポートするのです。知識創造のプロデューサーとして、どう役割分担するか、「人」、「モノ」、「コト」、「金」、そして「場」をいかに組み合わせて、戦略を実行するかという物語りの筋書きを描く人々です。SHEPの増古、ダッカの眞田の行動はその好例です。

開発協力における主人公は、あくまで相手国の現場に生きる人々です。ですから、主体が相手国にあることを象徴的に示すことが重要なのです。戦略実行や改革の推進役となりうるキーマンを抜擢したら、寄り添いながら、先導者として力を発揮できるように側面的に支援してきます。そして、彼らの能力開発を支援する機会を積極的に提供していきます。

プノンペンのエク・ソンチャン、ネパールのパラジュリ委員長は、一連のプロセスでの共創を通じて、主体的なリーダー、推進役へと進化し、プロジェクトを自分ごととして捉えて意思決定するリーダーシップを発揮していきました。

相手国における制度や組織体制、暗黙的な前例や慣習が、戦略実行を阻害することがあります。官僚型のピラミッド組織でトップダウンの指示命令系統が過剰に機能し、現場に権限委譲がなされず、ボトムアップの機運がつぶされたりすることが往々にしてあるのです。その際は、機を逃さず、上位層に働きかけたり、他の協力者を組織化するなど土壌を整えることに力を注ぎます。

「みんなの学校」モデルの全国展開では、教育省の予算を握っている財務局や政策を担当する計画局の同意を取り付けなければいけませんでしたが、省内調整を行う初等教育局の動きは緩慢でした。これまでは大臣などのトップダウンで政策が降りてくることに慣れている彼らにとって、新たな政策を発案して、省内調整を行うことは容易ではなかったからです。そこで國枝はＪＩＣＡの立場を活用して、初等教育局による他部門との折衝を側面からサポートするべく尽力しました。他の物語りでも多く見られた動きです。

組織の慣性が働き、抵抗勢力が生まれることは当然想定して動かなければならないのです。ダッカやプノンペンでは、不正を働き甘い汁を得るという既得権益を守るために抵抗が生まれましたので、抜本的な対処が必要でした。

抵抗勢力となるのは、組織外だけではありません。新たな取り組みに対しての反発は、組織内でも当然、起こり得ます。ＳＨＥＰの取り組みは、ＪＩＣＡ内で当初、特別視され「宗教」だと言う職員もいました。小規模農家を対象にした稲作や生計向上など、さまざまなプロジェクトに導入できるアプローチであったにもかかわらず、他の担当の職員に自分の案件で試してみようという動きが広がらなかったのです。真の意味でＳＨＥＰの意味や価値が理解されていないことに気づいた伊藤は、自分がＳＨＥＰ以外も管轄する管理職として、組織内に熱心に働きかけていきました。

プノンペン水道事業では、水道局の公社化を実現するために、世界銀行やアジア開発銀行から「公社化」が新規融資の条件となることが示されるよう立ち回るなど「外圧」がうまく利用されました。政治プロセスを見極め、政治的な実行力や影響力を発動することも時には重要です。

戦略はマスタープランやＫＰＩなどの指標に落とし込まれますが、それらは絶対的存在ではありません。繰り返し述べるように、不確実な時間の流れの中で、状況の変化に応じて臨機応変に柔軟に実行することを前提にしておく必要があります。制約条件が多く、実行に困難が伴う場合は、関係者と共に試行錯誤することを奨励するのです。

また、実行した状況は、絶えず関係者の間でタイムリーに共有し、戦略や計画を弾力的に見直していきます。ＳＨＥＰにおいて、計画のマイルストーンとなる指標の見直しに関する話し合いが定期的に開かれ、状況変化に合わせて改訂が漸次的に図られたのは象徴的な取り組みではないでしょうか。

プロジェクト・マネジメントの観点では、描いたビジョンや社会情勢、その国で展開されている政策などの大局的な見地から、部分最適になることを避け、一貫性や整合性がとれるよう意識します。絶えず実行状況をレビューしてリフレクションし、社会におけるネガティブなインパクトを最小限に抑えるよう留意していきます。

七つの物語りすべてにおいて最終的に社会変革（ソーシャルイノベーション）を真に具現化したのは、小規模農家、市民、清掃員、石工などの現場に生きる人々でした。ＪＩＣＡが取り組んだのは、彼らの仕事や生活に新たな意味づけをして、圧倒的当事者意識を醸成することでした。

ダッカでは、まずは清掃監督員を「一国一城の主」として、行政と住民をつなぐミドルアップダウンの働きを触発し、動機づけたことは先述のとおりです。行政サービスの最前線を担う清掃員に対しては、仕事の意味づけを変えることで意識と行動の変革を促進しました。いかに重要な仕事を担っているのか、清掃員の安全と健康に配慮していくことを、清掃局のトップ自ら清掃員に語りかけるワークショップを四六回開催したのです。これまで、清掃の仕事をしていることを恥じていた清掃員たちに自覚が芽生え、誇りを持って仕事に取り組むように変わって行きました。そのような姿勢に接することで、住民たちの間にも清掃員の仕事は自分たちの住環境を良くする大切な仕事であるという感謝の気持ちが芽生えました。そして住民自身にも責任感が芽生え、コミュニティで独自にごみ収集のルールを決め、互いに声をかけるなど連帯感が高まっていったのです。

プノンペンでは、配水管の管理や料金徴収を行う第一線の職員の行動変容を起こした契機は、やはり仕事の価値が大きく変化したことにありました。これまで、五〇〇キロメートル近い長さの配水管の状態を地道に診断するという労力ばかりかかって手応えのない仕事が、導入された集中監視システムのデータから自身で異常を見つけ、判断、行動し、結果を出すという仕事に変わったからです。

ＳＨＥＰも農家自身が判断する仕事に変わりました。ネパールの巡回石工も同様です。ホンジュラスのシャーガス病対策プロジェクトでの住民参加型の手法も同じです。新たな仕事の価値、意味を共に創造することによって、内発的に動機づけ、当事者意識を醸成できます。このことが、持続的で自律的な実践を促進していくのです。マトリョーシカの人形のように、部分が全体を相似的に実行できる自律分散型にしていくためには、やはり現場の実行者一人ひとりが主人公であることを実感してもらう場や機会が欠かせません。

大きな変革を起こすためには試行錯誤による失敗は必要という共通認識のもと、仮説生成、実践、内省による新たな仮説生成へという試行錯誤のサイクルを繰り返すことを奨励しましょう。このサイクルを高速回転させることによって、現場での自律的実践の実効性を高めていきます。当事者が次のスパイラルを自律的に回すことを支援するための仕掛けや仕組みづくりが重要です。

5 日本型開発協力の未来

◆「経済安全保障」としての開発協力

ウクライナ侵攻やコロナ危機、気候変動など、想定外のグローバルリスクに直面する時代においては、すべての事柄は複雑につながり、影響し合います。それらのリスクや変化が無数にあることが日常化した世の中に我々は生きており、それは先進国であっても開発途上国でも同様です。

このような時代背景のもと、JICAの開発協力の前提となっている開発大綱が二〇二三年六月に改定されました。[1] 改定された開発大綱は開発協力の意義として、「複合的危機に直面している国際社会において、日本は価値観の相違等を乗り越えた協力を牽引する立場にある。開発協力は一層重要であり、国際社会の平和と繁栄と日本の国益の双方の実現に貢献すること」を挙げています。政府は、「自由で開かれたインド太平洋（FOIP）」の実現に向け、二〇二三年三月に発表された新プランに沿ってODAの取り組みを推進しています。JICAのミンダナオにおける平和構築（第三章）、ネパールの震災復興事業（第四章）などはまさにその例となります。

JICAでは、開発協力大綱のもと、人間の安全保障と質の高い成長を実現、というミッションと「信頼で世界をつなぐ」というビジョンを掲げ、協力事業を実施しています。

安全保障は、歴史的、伝統的には「軍事力を用いて、国家の領土や政治的独立を外部からの脅威から守ること」が最も基本的な概念でした。しかし、「国家の安全保障」ではなく、国際社会の秩序を人間・社会の延長として認識し、国家よりもむしろその最小構成単位である人間一人ひとり（個人）に注目したのが、四半世紀近く前に生まれた「人間の安全保障」という考え方です。[2] これは、グローバル化に伴うさまざまな問題、貧困、飢饉、感染症、災害、環境破壊、紛争、組織犯罪、薬物、人権侵害など国家としての枠組みだけでは対応することが困難な脅威に人々がさらされるようになったことに起因しています。一人ひとりが恐怖と欠乏から逃れ、尊厳を持って幸福に生きることができるよう国・社会づくりを進めることが、「人間の安全保障」です。

改定された開発協力大綱では、基本方針の一つに「新しい時代の『人間の安全保障』」が挙げられ、人への投資、人間の主体性を中心に置いた開発協力を通じた強靭かつ回復力に富んだ国・社会づくりが重要であり、多様な主体による共通の目標のための連帯を柱とすることが示されました。[3] さらに基本方針では、「開発途上国との対話と協働を通じた社会的価値の共創」が挙げられ、開発途上国の自助努力に対する支援、対話と協働の伝統を生かし、新たな価値を共に生み出すことも挙げられました。

ＪＩＣＡを筆頭に、日本のＮＧＯやＮＰＯ、そして企業は、日本型開発協力を牽引し、多くの国々の発展に貢献し、信頼関係を構築してきました。相手国の組織開発、人材育成、能力開発を支援することにより、全世界に多くの「親日家」が育っています。このことは、「経済安全保障」という観点からも非常に有効です。

経済安全保障とは、非軍事行動によって国家の安全保障を担保する概念であり、昨今の目まぐるしい技術革新や米中の終わりの見えない対立の中で、「軍事力」ではなく「経済の力」で国家としての地位を確立し、国際関係における秩序を保つ考え方です。本来は、深く関係しているのに、戦後、経済と安全保障は切り離され、日本人に安全保障に関するリテラシーは育ちませんでした。「人間の安全保障」に貢献する開発協力の活動が、「経済安全保障」にも寄与している、という大きな関係性から日本の果たす役割そして世界をとらえる視野をぜひ持ってほしいと思います。

◆フロネシス（賢慮・実践的知恵）による日本型開発協力の実践

七つの物語りから引き出されたクリエイティブ・ルーティン（創造的な「型」）は、あくまで今後より善いソーシャルイノベーションを実現するために描いた行動規範となるものです。ただし、これは先述したようにマニュアルではありません。この文脈だったらこうしようという自律的判断と実行が伴わないと無意味です。

机上で計画、分析、評価しているだけでは、演繹的にしか解が導き出されず、実践は決して起こりません。現場は常に動いているからであり、予測において想定された固定的状況は生じません。しかし、開発協力のプロジェクトを遂行するにあたり、計画や予算は重要です。計画とその弾力的実行、一見相反するこの二つは、開発協力において必ず直面するジレンマです。

ここで紹介したいのは、アリストテレスの実践的三段論法です。一般的な論理的三段論法は、まず普遍的原則が大前提に置かれます（例：すべての人間は死ぬ）。次に、個別の出来事や事実、行為を記述する小前提が置かれます（例：ソクラテスは人間だ）。そこから演繹的に結論（例：ソクラテスは死ぬ）が導かれます。

一方、実践的三段論法は、はじめに「何を目指すのか」という目的（パーパス）を大前提にし、次に

図表終-4 ▶ 実践的三段論法

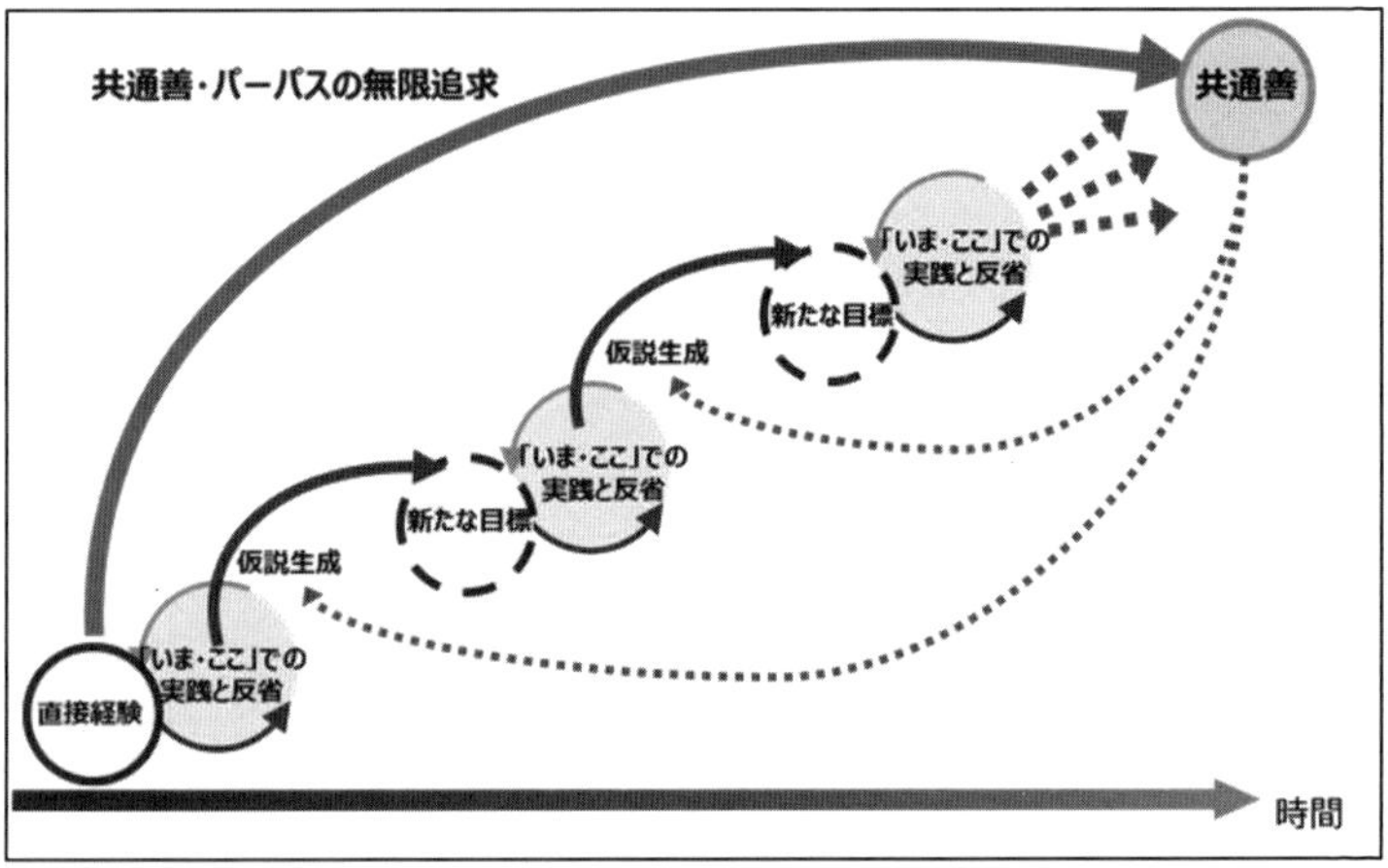

出所：野中郁次郎・川田英樹・川田弓子（2022）『野性の経営』KADOKAWA、130頁

「目的を実現するのにどのような手段や方法が必要なのか」を小前提にします。最後に「目的の実現のため、その手段や方法を用いて行動を起こす」という具体的な実践まで描き出します。つまり、個々の具体的な意味のある行為を結論として導くことを目的にするのです。したがって、ソクラテスが死ぬことが真かどうかは問題にせず、たとえば、今ここでソクラテスの死に直面して自分は何をすべきかを問題にします。

実践的三段論法は、どうありたいかという目的と、目の前の現実の状況を往還させて、跳ぶ発想で望ましい実践的判断や行動を導き出します。不完全な情報しかなくても「いま・ここ」の判断を可能にする方法論だといえます。よって、絶対解を求めません。行為が正当化できるかどうかが重要なのです。

実践では、意図せざる結果が絶えず起こります。だから、いま・ここの状況において、目的を達成するために最善と思われる判断を行い、実践による現実からのフィードバックによって、その選択を検証し、修正するという終わりのない卓越性を目指すプロセスを連続していくのです。共通善であるビジョンは、常に未達成の状況だとも言えます。

究極の理想と現実のはざまで試行錯誤を繰り返し、直面する矛盾を克服し、目標設定〜実践〜反省〜目標の再設定というプロセスを通じて、共通善としてのパーパスに接近していくことが、日本型開発協力の生き方です（図表終－4）。

皆さんに馴染みがあるのは、演繹法（ディダクション）と帰納法（インダクション）でしょうか。実践的三段論法は、米国の哲学者チャールズ・サンダース・パースが提唱したアブダクション（仮説生成）と通底しており、新しいアイデアを生み出す方法であり第三の推論の方式と言われます。

アブダクションは、目的意識がある点が他の二つの推論と異なります。目的意識のもと、現実の個別の事象の変化を見逃さず、実践のただ中でありとあらゆる知見を総合して、自在に「跳ぶ」仮説をつくり、試行錯誤して検証し新たな発見に至ります。

絶えず動く現実の中で、ベストな解はわからなくても、文脈に応じて「より善い」を目指して矛盾を解消する実践的な知恵が、フロネシス（賢慮）です。フロネシスは、哲学者アリストテレスが唱えたものです。知識創造理論では、フロネシスを持つリーダーの能力を六つに整理しました。詳細は、第三章の解説編の冒頭で、JICA理事長だった緒方貞子の例で紹介しましたが、再掲しましょう。①善い目的をつくる、②現実を直観する、③場をつくる、④本質を物語る、⑤物語りを政治力も駆使して実現する、⑥実践知を自律分散するというものです。

開発協力においては、多様な関係者がいるために利害対立、矛盾や葛藤はつきものです。現場の第一線の一人ひとりが徹底的に共感し、試行錯誤したり、反省したりしながら、均衡点を共に見出していくことでした矛盾を超える仮説は生成できません。新しい意味や価値が見えたら、次のステップにジャンプしてください。実践と反省の往還による跳ぶ仮説の生成に挑戦しながら、卓越性を志向する機動力を無限に発揮することでしか、目指す理想と現実の同時追求は実現できないのです。

日本型開発協力の理想の姿であるパーパスに向かって、動く現実のただ中で仮説を元に実践と内省を繰り返すことを泥臭くかつしたたかに実践し続け、そのありようを内外に自信をもって示そうではありませんか。

日本型開発協力は、特別で特殊なプロジェクトではありません。誰もが参画者、主体者になれる時代です。多様な国々との共創に日本の将来がかかっています。日本人が自信を取り戻すために、誇りと覚悟を伴う日本型開発協力、そしてより善いソーシャルイノベーションの実践を読者に託したいと思います。

註

（1）外務省ホームページ「開発協力大綱の改定」(https://www.mofa.go.jp/mofaj/gaiko/oda/about/kaikaku/taikou_kaitei.html)。

（2）緒方貞子(元ＪＩＣＡ理事長)、アマルティア・セン(ノーベル経済学賞、現ハーバード大学教授)を共同議長とする「人間の安全保障委員会」が作成した最終報告書(二〇〇三年) Human Security Now (邦題「安全保障の今日的課題」)では、「人間の安全保障」を「人間の生にとってかけがえのない中枢部分を守り、すべての人の自由と可能性を実現すること」と定義している。

(3) chrome-extension://efaidnbmnnnibpcajpcglclefindmkaj/https://www.mofa.go.jp/mofaj/files/1000514343.pdf

参考文献・資料

野中郁次郎・竹内弘高(一九九六)『知識創造企業』東洋経済新報社。

野中郁次郎・竹内弘高(二〇二〇)『ワイズカンパニー』東洋経済新報社。

野中郁次郎 編著(二〇二二)『共感が未来をつくる:ソーシャルイノベーションの実践知』千倉書房。

野中郁次郎・川田英樹・川田弓子(二〇二二)『野性の経営:極限のリーダーシップが未来を変える』ＫＡＤＯＫＡＷＡ。

野中郁次郎・川田英樹(二〇二三)『世界を驚かせたスクラム経営:ラグビーワールドカップ２０１９組織委員会の挑戦』日経ＢＰ日本経済新聞出版。

編著者・執筆者紹介

【編著者】

野中郁次郎（のなかいくじろう）：序章、終章

一橋大学名誉教授、日本学士院会員、中小企業大学校総長

一九三五年東京都生まれ。一九五八年早稲田大学政治経済学部卒業。カリフォルニア大学バークレー校経営大学院にてPh.D.取得。二〇一七年カリフォルニア大学バークレー校経営大学院より「生涯功労賞」を受賞。知識創造理論の世界的権威。主な著書に『失敗の本質』（共著）、"The Knowledge-Creating Company"（共著、邦訳「知識創造企業」）、"The Wise Company"（共著、邦訳「ワイズカンパニー」）、『共感が未来をつくる：ソーシャルイノベーションの実践知』（編著）、『野性の経営』（共著）、『世界を驚かせたスクラム経営：ラグビーワールドカップ２０１９組織委員会の挑戦』（共著）など多数。

【執筆者（五十音順）：第一章〜七章】

『日本型開発協力とソーシャルイノベーション』研究プロジェクト

●宇野宏泰（うの・こうた）……農業法人自然農法無の会専務・元一橋大学大学院野中研究室リサーチアシスタント

●金子節志（かねこ・たかし）……株式会社国際開発ジャーナル社顧問・元独立行政法人国際協力機構（ＪＩＣＡ）理事

●川田英樹（かわだ・ひでき）……株式会社フロネティック代表取締役・多摩大学大学院教授

●川田弓子（かわだ・ゆみこ）……一橋大学大学院野中研究室研究員・株式会社フロネティック取締役

●末森　満（すえもり・みつる）……株式会社国際開発ジャーナル社代表取締役社長

●独立行政法人国際協力機構（ＪＩＣＡ）プロジェクト研究「事業マネジメントの効果的方法」参加者

●福嶋勁太郎（ふくしま・けいたろう）……株式会社国際開発ジャーナル社編集部記者

日本型開発協力とソーシャルイノベーション
知識創造が世界を変える

二〇二四年四月三日　初版第一刷発行

編著者　野《の》中《なか》郁《いく》次《じ》郎《ろう》

発行者　千倉成示

発行所　株式会社 千倉書房
〒一〇四－〇〇三一 東京都中央区京橋二－七－一
電話　〇三－三五二八－六九〇一（代表）
https://www.chikura.co.jp/

デザイン　米谷豪

印刷・製本　精文堂印刷株式会社

ISBN 978-4-8051-1313-4 C3034

戦争ができる国からの解放

日本と世界を変えなくては平和は獲得できない

川本 兼

三一書房

はしがき

私は、現在行われているロシアによるウクライナへの侵攻は、これからの日本国民の運命に決定的影響を及ぼすかもしれないと危惧しています。それは、この戦争によって、日本国民の多くが「正義の戦争」を感じてしまいかねないからです。

ウクライナへのロシアの侵攻は、表面に現れた事実からすれば、誰であっても「正義」と「悪(不正義)」を語ることができます。侵攻することは「悪(不正義)」、その侵攻に抵抗することは「正義」。従って、プーチンは「悪(不正義)」、ゼレンスキーは「正義」。そのためわが国民の多くはこのウクライナへのロシアの侵攻を見て「正義の戦争」を感じ始め、その「正義の戦争」の感覚からウクライナを支持し、ロシアを非難しています。

ところがこの「正義の戦争」の感覚は、容易に「戦争ができる国」の支持につながってしまいます。その「戦争ができる国」が「正義の戦争」を行うかぎり、その国家は「戦争ができる正義の国」になるからですが、従って、現在の日本国民の多くにとっては、「悪(不正義)の戦争」を行うロシアという国が「戦争ができる悪(不正義)の国」、「正義の戦争」を行うウクライナという国が「戦争ができる正義の国」になってしまっているように思われます。

ところが、この「戦争ができる正義の国」の考え方は、日本をしてその「戦争ができる正義の国」

の地位に就かせることを容易にします。そして、わが国が敵と見なす国を、わが国を侵攻しそうな「戦争ができる悪（不正義）の国」に仕立て上げることをも容易にします。敵と見なす国をわが国を侵攻しそうな「戦争ができる悪（不正義）の国」とし、その侵攻に抵抗する日本を「戦争ができる正義の国」とする考え方。――つまり、これこそが現在日本政府が国民の考え方をそこに誘導しようとしているところなのです。

ウクライナへのロシアの侵攻に対する不安から、現在、国民の多くがその政府の情報操作にはまりつつあるように思われます。日本を「戦争ができる主権国家」で構成される「戦争ができる国際社会」の論理の真っ只中に引き戻してしまった安保関連三文書に対するそれほどの反発が見られないからそう思うのですが、現代の戦争（近代戦と総力戦）の害悪を、語ろうとしても語り尽くせないほどに体験させられた戦後の日本国民が「悪（不正義）」としたのは、「戦争そのもの」でした。現代の戦争においては「正義の戦争」「悪（不正義）の戦争」などはなく、「戦争そのもの」が「悪」でした。そして、日本国民が平和憲法と呼んで受け入れた現憲法は、「戦争をしない国」「戦争ができない国」を謳っています。

ところが現在、日本国民の間に、再び「戦争ができる正義の国」と「戦争ができる悪（不正義）の国」の考え方が復活しつつあります。そして日本国民の多くが現在感じているわが国を侵攻しそうな「戦争ができる悪（不正義）の国」は、たぶん安保関連三文書の中に国名を挙げられている中国と北朝鮮（朝鮮民主主義人民共和国）とロシアでしょう。ところが、そのような考え方は、知らず知らずのうちに日本国民自身を「戦争ができる国際社会」の論理の中に導いてしまいます。そして、日本国民自身を「戦争ができる国」の手段とし、その「戦争ができる国」が行う戦争の犠牲者へと導いてしまいます。なぜなら、本文でも述べるように、国家と国民の関係から生まれる「戦争ができる国際社会」の論理は、先ず第一に「戦争ができる主権国家」は国民すべてを手段にできる、であり、第二は「戦争ができる主権国家」は敵国と見なした国の国民はすべて攻撃できる、であり、第三は「戦争ができる主権国家」同士の戦争で犠牲を強いられるのは双方の国の国民となる、だからです。

そして、そのような「戦争ができる正義の国」と「戦争ができる悪（不正義）の国」の考え方は、第二次大戦以前の日本国民の考え方と同じです。アジアに侵攻し、アジアを植民地として支配する欧米諸国は「戦争ができる悪（不正義）の国」、そのアジアを欧米諸国の植民地から解放しようとする大日本帝国が「戦争ができる正義の国」。戦前のわが国民のその「正義の戦争」観は、ある意味で純粋でした。しかし、その「正義の戦争」観は、結局は自らを大日本帝国という「戦争ができる国」がアジアを侵略するための手段とし、そして、自らをその大日本帝国が行う戦争の犠牲者へと導いていったのです。

従って、本当に怖いのは、わが国政府が「攻めてくるぞ」と喧伝している中国・北朝鮮・ロシアではありません。そうではなく、中国・北朝鮮・ロシアがせめてくるぞと叫んで、再び国民を手段にできる「戦争ができる国」を作り直そうとしている日本政府なのです。

そして、忘れてならないのは、本当に怖いものがもう一つあるということです。それは、アメリカという「戦争ができる国」です。安保関連三文書はアメリカとの同盟関係の強化をも謳っているからですが、つまり、わが国民が「戦争ができる正義の国」と「戦争ができる悪（不正義）の国」の考え方をとるようになると、アメリカが、そのアメリカに従属する日本政府を通じて中国との覇権争いに日本国民を利用し、日本国民を戦わせることができるようになるのです。となると、日本国民が中国とアメリカとの代理戦争の当事者になってしまう可能性があります。そして、わが国民はアメリカという「戦争ができる覇権国家」の手段となり、犠牲にされてしまう可能性があります（本書の原稿校正中に、イスラム組織ハマスとイスラエルとの紛争が起こり、その際、イスラエルがパレスチナ自治区であるガザ地区を攻撃して、人道が危機にさらされるという事件が起こりました。パレスチナにおける状況が今度どのような展開をたどるかは予想しようがないのですが、わが国がアメリカとの同盟関係を強化するとすれば、わが国の態度もイスラエル寄りにならざるをえず、その結果、パレスチナ難民のみならずアラブ諸国民や世界中のイスラム教徒のわが国民に対する不信の念は、増大せざるをえないでしょう。場合によっては、わが国民は、彼らから敵視される国民になってしまいかねません）。

ロシアによるウクライナへの侵攻は日本国民をして再び「戦争ができる正義の国」と「戦争

ができる悪（不正義）の国」の考え方をとらせるようになった。そして、そのことが日本国民自身を日本とアメリカという「戦争ができる国」の手段とし、その「戦争ができる国」が行う戦争の犠牲者へと導いてしまうかもしれない。だからこそ私は、ロシアによるウクライナへの侵攻がこれからの日本国民の運命に決定的影響を及ぼすかもしれないと危惧しているのですが、従って、日本国民は、やはり「戦争ができる主権国家」で構成される「戦争ができる国際社会」から自らを解放するために、日本と世界を変えようとしなくてはならない、そのように私は考えるのです。

本書は、日本と世界を変えて平和を獲得するために必要だと考えられる三つの論文を集めたものです。第1章の「コロナ禍によって映し出された現代史の課題――マルクス主義に替わる新たなる変革の論理を求めて」は、二〇二〇年度の上智人間学会の紀要に掲載された私の論考（『人間学紀要』50号、上智人間学会、二〇二〇年度）の文体を「である体」から「ですます体」に書き直したものです。「マルクス主義に替わる変革の論理を求めて」という副題が示すように、平和のための社会変革をも含めて、革命（根本的社会改革）に関する私の考え方のアウトラインを述べたものですが、時期的にはウクライナでの戦争がまだ始まっていなかった時に書いたものです。しかし、社会変革に関する私の考え方の全貌を知っていただくために必要と考えて、第1章に置くことにしました。

第2章の「『戦争ができる主権国家』『戦争ができる国際社会』からの解放」は、安保関連三文書が閣議決定された後に書いたものです。どうしても書かなくてはならないと考えて急いで書いたものですが、本書のメインとなる論考です。

この論考は、今述べたように、安保関連三文書が日本をして「戦争ができる主権国家」で構成される「戦争ができる国際社会」の論理の真っ只中に引き戻してしまったという認識に立っています。そして、その「戦争ができる国際社会」の持つ論理の問題点を、国家の安全保障の方法に関連する論理、核兵器の拡散に関連する論理、「戦争ができる主権国家」と国民との関係から生まれる論理の順に整理し、その問題点の考察の上に立って安保関連三文書の危険性と「戦争ができる主権国家」「戦争ができる国際社会」からの解放を主張したものです。

そして、第3章の「平和のための『新』政党の話」は、「戦争ができる主権国家」「戦争ができる国際社会」からの解放のためには「平和のための『新』政党」が必要と考え、その「新」政党の特徴を述べたものです。時期的には安保関連三文書が閣議決定される以前に書いたものですが、第1章と第2章の内容に合わせて多少の手直しをし、第3章に収めることにしました。

ほとんどの読者にとって、本書に出てくる論理は、おそらく初めて目にするものでしょう。「人間を起点とする社会哲学」、その内容となる「人権革命」「平和のための革命」「『新』社会契約説」「民主主義の再定義」。そして「『新』実存主義」、「かけがえのない他者」、……。しかし、平和を獲得するために日本と世界を変えようと意図するならば、既存の論理だけで済むはずはありません。従って、このような論理の立て方もあるのかと考えつつ、読み進めていただければ幸いです。

本書の意図するところは、平和を獲得するために日本と世界を変えようと考えている人たちに呼びかけ、そのような人たちを集めたい、ということにあります。たとえ一気に多数派になれなくても、一定の人数が集まれば、この流れをくい止めることができ、さらに、世界史の方向を変えることができる。そう考えて私は、本書を出版することを決意したのです。

本書を読んで、日本と世界を変えて平和を獲得しようと考える人が生まれ、集まってくれることを期待します。

もくじ

第1章　コロナ禍によって映し出された現代史の課題

――マルクス主義に替わる新たなる変革の論理を求めて――

コロナ禍が蔓延して明らかになったことは、コロナ禍は社会的弱者を映し出し、その社会的弱者の苦しみ（社会的苦しみ）を通じて現代史の課題を映し出すということです。

今回のコロナ禍は、少なくとも「貧困」に苦しむ民衆、「ブラック・ライブズ・マター」問題の「黒人」、レバノンにおけるシリア人の「戦争難民」が社会的弱者であることを映し出しました。従って、その社会的弱者の苦しみを通じて映し出された現代史の課題は、貧富の格差を縮小して社会的弱者に貧困の苦しみからの解放を保障する社会を築いていくこと、「自由の権利」が地球上すべての人間に保障される社会を築き上げること、「戦争ができる主権国家」と「戦争ができる主権国家」で構成される国際社会を変革すること、の少なくとも三点です。

そこで現代史はこの三つの課題解決に向けて歩まなければならないのですが、しかし、そのためにはたぶん新しい変革のための論理が必要でしょう。

（1）冷戦終結は「歴史の終わり」ではなかった

コロナ禍は貧者により多くのしかかる——貧富の格差

冷戦が終了してまもなくの一九九二年に、フランシス・フクヤマという日系アメリカ人が書いた『歴史の終わり』[註1]という本が出版されました。簡単に言うとその内容は、ソ連の崩壊によってアメリカ型（欧米型）の民主主義と資本主義が歴史的に最良の政治体制・経済体制であることが証明されたというものです。そして、この本は、そのアメリカ型民主主義政治体制と資本主義経済体制はもうこれ以上発展することのない「歴史の終わり」としての社会体制だと主張します。つまり冷戦終了後のアメリカの社会体制は、歴史的に最良のものにもう行き着いてしまった。そのため、政治体制・経済体制としてはもう歴史的に発展する余地はなく、そこでそれはもう「歴史の終わり」としての社会体制だ、とこの本は言うのです。

しかし、冷戦終了後のアメリカは決して「歴史の終わり」としての社会体制ではありませんでした。コロナ禍が蔓延して明らかになったことは、コロナ禍は社会的弱者を映し出すということです。コロナウィルスは死をも含んだ計り知れない災厄を人間にもたらします。しかし、その災厄はすべての人間に平等に降りかかるのではありません。社会的弱者であればあるほど、その被る災厄は大きいのです。

コロナ禍が映し出した社会的弱者は、先ず第一に「貧困」に苦しむ民衆でした。実を言うと、冷戦終了後のアメリカが「歴史の終わり」としての社会体制ではないことは、格差の拡大という形ですでに明らかになっていました。資本主義（特にアメリカ型の資本主義）は「新自由主義（新保守主義）」によって貧富の格差を極端に押し広げ、その新自由主義による貧富の格差の増大が世界中に拡散していたからです。

そして、この「貧富の格差」の拡大を「命の格差」という形で映し出したのがコロナ禍だったのです。もちろんこの場合、貧富の格差と言っても、問題は「富」の側ではなく、「貧」の側にあります。例えばブラジルでは、コロナは最初は「金持ち病」と呼ばれていました。海外に行けるほどの富裕者層のうち、イタリアからの帰国者から感染が始まったからです。しかし金持ち病である限り、コロナ禍による感染者はその数も少なく、また死者の数もそれほどではありませんでした。ところが、そのコロナ禍が「ファベーラ」と呼ばれる貧民街に広がるやいなや感染者の数、死者の数は急増したのです。貧困に苦しむ民衆は医者にもかかれず、検査を受けることもできません。「三密」回避など不可能な住宅環境では、感染の拡大を防ぎようもありません。しかも、仕事を休むとすぐにでも生活費に窮するような生活は、ゆっくり療養する時間的余裕さえ与えてくれないのです。だからこそ、「貧」の側にある人間の被る犠牲は「富」の側にある人間より遙かに大きい。そして、「貧富の格差」が「命の格差」につながる。

歴史的に言えば、「貧富の格差」の問題は産業革命期に、時代が解決すべき課題として登場したと言うことができるでしょう。産業革命が原生的労働関係という労働者にとってあまりにも過酷な労使（労資）関係を生み出したからですが、もちろん、格差の問題は中世以前の社会にも存在します。しかし、中世以前は身分制社会であり、従ってほとんどの場合、貧富の格差の問題は身分の格差の問題の中に包含されていたと考えることができます。ところが、市民革命が第一身分（聖職者階級）、第二身分（貴族階級・領主階級）を打倒し、身分制社会そのものが消滅すると、貧富の格差の問題は労働者階級と資本家階級の問題となりました。だからこそ、貧富の格差の問題は、資本主義経済体制が確立した産業革命期に登場したと言えるのです。

産業革命期における原生的労働関係の下で社会主義思想が登場し、二〇世紀には社会主義国家が誕生します。そして、資本主義を擁護する主張と社会主義社会の確立を説く主張の対立は、冷戦が終結する時まで継続します。そして、冷戦は社会主義国側の完全な敗北として終結するのですが、しかし、貧富の格差の問題そのものは、決してなくなってはいませんでした。そして、コロナ禍は、貧富の格差の問題を「命の格差」の問題として、より一層鮮明に映し出し、その結果、貧富の格差の問題は、現代史の課題として再び歴史の前面に押し出されることになったのです。従って現代史は、貧富の格差を縮小して社会的弱者に貧困の苦しみからの解放を保障する社会を築いていかなくてはならない！

コロナ禍は「黒人」により多くのしかかる――ブラック・ライブズ・マター問題

コロナ禍が映し出した社会的弱者は、次に「黒人」です。「ブラック・ライブズ・マター」(Black Lives Matter、通称BLM）問題がそれですが、ブラック・ライブズ・マター運動は、二〇一三年アリシア・ガーザ、パトリッセ・カラーズ、オーパル・トメティの女性三人が起こした運動です。そして、二〇二〇年に発生したジョージ・フロイド事件[註2]を契機に世界中に拡大した運動ですが、しかし、その背景にはコロナ禍が存在しました。すなわち、貧富の格差が黒人と白人の関係とオーバーラップしているアメリカにおいては、コロナ禍によって「命の格差」は黒人と白人の命の格差となって映し出されていたのです。だからこそ、コロナ禍は、ブラック・ライブズ・マター問題、すなわち「人種」間の「命の格差」の問題として浮かび上がってくるのです。

ブラック・ライブズ・マター運動は、すぐさま世界中に飛び火しました。イギリスに、フランスに、ドイツに、イタリアに……、そして南アフリカに、ブラジルに、ニュージーランドに……。

となると、ブラック・ライブズ・マターの「ブラック」は、アメリカ合衆国に居住する黒人、即ちアフリカ系アメリカ人だけの問題に収まることはできません。なぜなら、ヨーロッパにおけるアフリカからの移住者、インディアンとかインディオとか呼ばれてきたアメリカ合衆国や中南米に住む先住民の末裔、ニュージーランドの先住民の末裔などの有色人種もその「ブラック」に含まれざるをえなくなるからです。そして、その有色人種が、それぞれの地域において社会的弱者として存在している。

ブラック・ライブズ・マター問題を考える際に、歴史的にはヨーロッパにおける近代史の始まりまで遡らなくてはならないでしょう。なぜなら、大きな流れから言えば、近代ヨーロッパ史はルネサンス・大航海時代・宗教改革↓絶対主義↓市民革命↓産業革命↓帝国主義の時代へと推移し、[註3]そして、ブラック・ライブズ・マター問題が発生する淵源としての黒人奴隷貿易は、そのうちの大航海時代に始まるからです。

しかし、私たちは、黒人奴隷貿易やアメリカ合衆国に特に顕著に存在した近代奴隷制度を問題にするだけではすまないでしょう。なぜなら、世界各地に飛び火したブラック・ライブズ・マター問題の淵源は、ヨーロッパ諸国における植民地支配の問題に関連してこざるをえないからです。したがって、私たちは近代ヨーロッパ史のすべて、すなわち大航海時代に始まり、第二次世界大戦終了直後の時期まで続くヨーロッパ諸国による植民地支配の歴史すべてを問題にしなくてはならなくなるのです。

白人社会が築き上げたヨーロッパ近代史は、ある意味では「ヨーロッパの栄光」を表してい民国家」を誕生させました。そして、市民革命は身分制社会を覆して「民衆の解放」を実現させ、産業革命は「工業化」をもたらしました。

そして、この場合、現在から見ても特に「ヨーロッパの栄光」を思わせるものは、たぶん市民革命でしょう。ブラック・ライブズ・マターは、黒人の命は重要だ、それなのに軽視されているということであり、白人の命は軽視されてはいないということです。ところが前近代社会においては、すべての民衆の命は軽視されていました。ヨーロッパ以外の地域においてはもちろんのこと、市民革命以前のヨーロッパにおいても……。それなのに、どうして白人の命は重要視されるようになったのか。

それは、ヨーロッパは市民革命によって、民衆の命を軽視していた中世や絶対主義時代の社会を変革することに成功したからです。つまり、それが市民革命によって民衆が獲得した生命及び身体の自由の権利ですが、市民革命が民衆の命を大事にする社会を作った！　そしてヨーロッパは、民衆に生命及び身体の自由ばかりでなく、言論の自由や信教の自由などの精神の自由、財産権、職業選択の自由などの経済の自由をも含んだ「自由の権利」——自由という言葉で表現される人間の権利——を保障する社会を作り上げました。だからこそ、ヨーロッパにおける白人社会は、身分制社会からの解放を保障されることになり、その一環として白人の命が重要視される社会がもたらされたのです。

しかし、市民革命後の白人社会は、黒人や有色人種が「自由の権利」を持つことを認めることはしませんでした。自由という言葉で表現される人間の権利は、文明社会に住むとされる白人のみにしか保障されなかったのです。だからこそ、アメリカ合衆国における白人社会は独立後も奴隷制度を維持するのであり、そのアメリカ合衆国をも含んだ欧米諸国は第二次世界大戦に至るまで黒人や有色人種の住む地域を植民地として支配し続けることになったのです。

アメリカにおける白人をも含むヨーロッパ人は、かつてはヨーロッパ諸国における植民地支配をも「ヨーロッパの栄光」の歴史に含んで考えていました。近代文明を築き上げたヨーロッパ諸国がその近代文明を広めるために遅れた地域を支配する。ヨーロッパ人は、そのことが「ヨーロッパの栄光」であることに何の疑いも持ちませんでした。

しかし、ブラック・ライブズ・マター問題の淵源となる考え方は、たぶんここに存在します。問題は「自由の権利」を獲得した人間がその権利を自分だけのものとし、さらにヨーロッパ以外の地域に住む人間を支配してその自由を奪うことが許されることなのかということにあります。そして、それは文明人のなせるわざなのかということも問題になります。もしかすると、それは許されないのではないか。どちらかと言えば、それは「文明」より「野蛮」に近い行為ではないか。

考えようによっては、ヨーロッパ人がヨーロッパ以外の地域に住む人間を支配することができたのは、「力」が強かったからにすぎません。従って、ヨーロッパ諸国がヨーロッパ以外の地域を植民地にしたのは、力ある諸国が、力を持たない地域を力によって支配した歴史でしかありません。

もしそうであれば、植民地支配は「ヨーロッパの栄光」などではありえないことになります。いや、それは「ヨーロッパの栄光」を辱める行為でしかなくなります。つまり植民地支配は、市民革命という「ヨーロッパの栄光」を減ずる「負の遺産」でしかなく、従って、それは「繰り返してはならない歴史」だったのです。植民地支配はヨーロッパの「負の遺産」でしかなかった！　ヨーロッパ人のみが「自由の権利」を享受している。そして、その「自由の権利」を享受しているヨーロッパ人が奴隷制度や植民地支配で白人以外の人間の「自由の権利」を抑圧している。そのことを思うと、そう考える以外にないのです。

第二次世界大戦終結後、ヨーロッパ諸国に植民地にされた地域は独立を達成します。しかし、たとえ独立を達成しても、その地域に住む黒人や有色人種が、白人が獲得したのと同様の「自由の権利」をすぐさま獲得することは不可能でした。あまりにも長い期間植民地にされていたことによって、前近代的思考方法や政治制度が残り、また民衆の生活水準を引き上げるための経済的発展も遅々として進みませんでした。だからこそ、ヨーロッパの白人社会への移民の問題が起こるのであり、そして、そのことこそ、ブラック・ライブズ・マター運動が世界各地へ拡散した最大の理由だと考えられるのです。

ブラック・ライブズ・マター問題が解決されるためには、当然のことながら黒人の「命」（ライブズ）が保障されなくてはなりません。従って、アメリカ合衆国を始め、ヨーロッパ諸国・中南米諸国における警察制度は改善されなくてはなりません。

しかし、たぶん、それだけでは不十分です。なぜなら、それだけでは近代ヨーロッパ史における「負の遺産」の問題は解決されはしないからです。問題は、市民革命によってヨーロッパの白人社会が獲得した自由という言葉で表現される人間の権利すべてにあります。従って、ブラック・ライブズ・マター問題が解決されるための方向は、生命の権利ばかりでなく、白人が獲得し、維持してきたすべての「自由の権利」が黒人や有色人種にも保障される社会を作ることです。そして、それはアメリカ合衆国やヨーロッパ諸国においてはもちろんのこと、世界中のすべての地域においてでなくてはなりません。

「自由の権利」が地球上すべての人間に保障される社会を築き上げること。このことが現代史の課題にならないはずはないでしょう。従って、現代史は、その方向に進まなくてはならないのです。

コロナ禍は難民により多くのしかかる——レバノンにおける戦争難民

コロナ禍が映し出した現代史の課題として、もう一つ扱っておきたいと思います。コロナ禍によって映し出された社会的弱者の中で忘れてはならないのは「戦争難民」です。あるテレビ番組でレバノンにおけるシリア難民のコロナ禍による苦しみを扱っていました。[註4] コロナ禍によってシリア難民が角膜や腎臓などの自分の臓器を売ったり、売春をしたりしなければ家族を養えないほどの事態が生じているという内容ですが、レバノンにおける最も弱い立場を強いられている社会的弱者がシリア難民であることが痛いほど分かる番組でした。

シリア難民は、内戦によって生み出されました。そして、そのシリア内戦の大本をたどれば、アサド政権という圧政を行う政権の存在が原因として浮かび上がるのかもしれません。となると、それは前近代社会における圧政による「自由の権利」抑圧という問題となります。

しかし、少なくとも、その内戦には主権国家で構成される国際社会の論理が関係していることに間違いはないでしょう。そして、その内戦を泥沼化し、難民の数を飛躍的に拡大させたのは、その主権国家で構成される国際社会の論理です。

主権国家とは、国内のいかなる反抗をも許さない最高の権力を有した国家、国外のいかなる力にも屈することのない独立の権力を有した国家です。そうである以上、主権国家は、自らの判断でいつでも戦争ができ、いつでも戦争をやめることができます。そこで私はこの主権国家を「戦争ができる国」とも呼んでいるのですが、従ってこの主権国家で構成される国際社会は、むき出しの権力政治が支配する社会であり、主権国家が自由に戦争を行える社会です。

主権国家で構成される国際社会は、最後で最大の宗教戦争と言われる三〇年戦争を終結させたウェストファリア会議で、絶対主義の時代に成立します。ところがその主権国家は、市民革命を起こした国にも受け継がれました。従って、市民革命によって生まれた国民主権の国家も主権国家であり、「戦争ができる国」のままだったのです。そこで、その主権国家で構成される国際社会は、相変わらず常に戦争が行われ続ける世界だったのであり、だからこそ絶対主義の時代と市民革命後の世界では、植民地獲得競争が行われ続けるのです。そして、帝国主義の時代に入るとその植民地の世界分割がほぼ完成します。だからこそ、後進資本主義国がその植民地再分割を要求することで、第一次世界大戦と第二次世界大戦が起こるのです。

シリアにおける内戦は、この主権国家で構成される国際社会の論理の下で泥沼化しました。反政府勢力をアメリカやフランスを始めとする欧米諸国が支持し、アサド政権をロシアやイランが支持したのです。そこで、それはシリア国内では治まらない問題となり、その結果、難民の数は飛躍的に拡大してしまいました。

主権国家で構成される国際社会の問題は、現代史の課題として解決されなくてはならない。戦争難民を大量に生み出すことは、もう繰り返されてはならない。コロナ禍によって映し出されたシリア難民は、そのように訴えているのです。

いや、主権国家で構成される国際社会の問題は、たとえコロナ禍や難民問題がなかったとしても解決されなくてはならない現代史の課題です。なぜなら、主権国家で構成される国際社会の害悪は、第一次世界大戦、第二次世界大戦ですでにピークに達しているからです。ヨーロッパ史を含めてこれまでの世界史においては、戦争における勝利は、その勝利した国家の「栄光の歴史」を表していました。そしてそのことは現在も同様であり、それが国家の核兵器保有やその核兵器をも含めた国家間の軍拡競争を当然とする現在の歴史につながっています。

しかし私は、植民地支配同様、戦争の存在そのものが各国国民及び人類にとっていずれ「負の遺産」と受け取られるようになると考えており、それ以上にそうならなくてはならないと考えています。戦争の勝利を戦勝国の「栄光の歴史」とするには、社会的弱者である民衆の被る犠牲があまりにも大きすぎるからですが、第一次世界大戦の死傷者数は三〇〇〇万人だと言われ、第二次世界大戦の死傷者数は五〇〇〇万人以上だと言われます。[註5] 死傷者数三〇〇〇万人！死傷者数五〇〇〇万人を超える！

従って、民衆にとって戦争は、もはやコロナ禍以上の災厄でしかないのです。しかも、戦争の害悪は、コロナ禍と違って人災以外の何ものでもありません。従って、戦争の問題を解決すること、それが現代史の課題にならないはずはないのです。そのため、「戦争ができる主権国家」

とその「戦争ができる主権国家」で構成される国際社会の変革、――現代史はその方向に進まなくてはならないのです。

(2) どうしてマルクス主義の社会主義革命論は「悪しき革命」になってしまったのか

革命と反革命を判断する基準

貧富の格差を縮小して社会的弱者に貧困の苦しみからの解放を保障する社会を築いていくこと、「自由の権利」が地球上すべての人間に保障される社会を築き上げること、「戦争ができる主権国家」と「戦争ができる主権国家」で構成される国際社会を変革すること、少なくともこの三点がコロナ禍によって映し出された現代史の課題です。従って、現代史はこの解決に向けて歩まなければならないのですが、しかし、そのためにはたぶん新しい変革のための論理が必要でしょう。

新しい変革の論理が必要となると、私たちはマルクス主義の革命論について多少なりとも考えておかなくてはならないでしょう。二〇世紀の変革のための論理を牽引していたものはマルクス主義の革命論だったからです。ところが、マルクス主義に基づく社会主義革命論は、ソ連という強権的国家をもたらしてしまいました。従って、社会主義革命は「悪しき革命」でしかなかったのですが、どうして、社会主義国家は強権的国家になってしまったのか。どうして社会主義革命は「悪しき革命」になってしまったのか。

たぶんそれは、マルクス主義においては、何が革命で何が反革命かを判断する基準そのものが間違っていたからです。私は革命と反革命を判断する基準を「革命の基準」と呼びます。そして、それを「民衆の解放を表すものさし」とも呼ぶのですが、革命という言葉は、根本的な変革を意味する言葉です。しかし、今までの社会制度に根本的変革が起こったとしても、それだけではたぶん足りないでしょう。なぜなら、その根本的変革によって民衆の社会的苦しみが増大したとすれば、それは革命とは呼べないと思うからです。

ということは、革命と呼ばれるべき根本的社会変革には、何らかの目的が必要であることを意味します。つまり、その目的が「民衆の解放」であると考えて私は「民衆の解放を表すものさし」という言葉を使うのですが、そこで私は、革命を「民衆の解放を目的にして根本的社会変革が行われること」と考えるのです。

階級では「民衆の解放」を表すことができない

社会主義国の権力者が民衆に押しつけた革命の基準のうち、その中心に位置していたのは階級でした。しかし階級の概念では「民衆の解放」を保障することができません。

その理由は第一に、階級の概念のみでは、政治革命後の権力者をかつての同じ被支配階級に属する人びとから区別できないからです。それまでの被支配階級が権力を獲得したからといって、実際に権力を握り、それを行使するものは必ずや少数の人間です。そして、大多数の民衆は、その新しい権力者によって支配されます。ところが、「革命の基準」が階級の概念のみで表されるとしたら、大多数の支配される民衆は、権力者が彼らの利益を抑圧しても何ら抗議する根拠を持ちません。なぜなら、新しい権力者はもともと同じ階級に属する者であり、それ以上に、彼らはその階級の代表だからです。そのため民衆の利益は、その民衆の名を借りて権力者の利益に変質する可能性を持ち、従ってそこに新しい抑圧が生まれる可能性があるのです。

階級の概念のみでは民衆の解放を保障できない第二の理由は、その階級に属する人びとの様々な個別的・具体的解放の要求を表すことができない点にあります。階級の概念のみでは、一人ひとりの労働者や農民などから提出される解放のための個別的・具体的要求が、ただひとこと「労働者階級の利益」、あるいは「人民（民衆）の利益」の名の下に一まとめにされてしまいます。しかも、その「労働者階級の利益」や「人民の利益」は、新しい権力者によって決定されてしまうのです。

マルクス主義の組織原則は民衆から革命の判断権を奪ってしまった

この場合、革命の基準としての階級が組織原則（あるいは政治原則）として絶対化されてしまうと、それは民衆に対する権力者による抑圧を決定的にしてしまいます。

マルクス主義の組織原則（より正確に言えばマルクス・レーニン主義の組織原則）は、階級国家観から導き出される革命の基準です。マルクス・レーニン主義においては、すべての権力は労働者階級のもとに集中されなくてはなりません。労働者階級への権力の集中、これが社会主義国の国是とされたプロレタリアート独裁の考え方ですが、そしてそのプロレタリアートの権力は資本家階級抑圧のために使われなくてはならないのです。また、マルクス・レーニン主義においては、共産党の一党独裁が行われなくてはなりません。さらに、その共産党内部においても民主集中制、あるいは中央集権的民主主義が貫徹されなくてはなりません。つまりマルクス・レーニン主義の組織原則は、資本家階級を抑圧するために労働者階級に与えられた巨大な権力を前衛党の理論によって共産党が握り、そして、その巨大な権力を民主集中制を通じて少数の権力者が握るという構造を持っているのです。

しかし、このような原則は民衆から革命の判断権を奪ってしまいます。だからこそ、そこに「粛清」という名によって民衆の大虐殺を行ったスターリンが生まれ、彼の死後も、スターリン主義は歴代の権力者に受け継がれていったのです。[註6]

（3） 人間を起点とする社会哲学

人権革命――変革は民衆の人権獲得を通じて行われる

私はマルクス主義に替わる変革の論理を作るためにこれまで考え続けてきました。そこで本論考では、これまで私が考えてきた変革のための論理のアウトラインを述べたいと思うのですが、私は、私の考え方を他の人に一言で言う時は、それを「人間を起点とする社会哲学」と呼んでいます。[註7] この場合、「人間を起点とする」という言葉は、国家や階級から考えるのではなく、思考の出発点を一人一人の人間に置くという意味であり、また「社会哲学」という言葉は、私が哲学を個人哲学（個人のあるべき生き方を追究する哲学）と社会哲学（社会のあるべき在り方を追究する哲学）に分離して考え（あるいはこれまでの哲学から社会哲学を独立させて考え）、私は主にそのうちの社会哲学に関して考察しようとしているということを意味します。

「人間を起点とする社会哲学」は、先ず最初に、マルクス主義者の主張する階級を基準とする革命の考え方に替わって「人権革命」、即ち基本的人権を基準とする革命という考え方を提示します。その理由は、市民革命期における「革命の基準」（＝民衆の解放を表すものさし）には基本的人権もあり、そして基本的人権は民衆の利益と権力者の利益を区別でき、また個別性・

具体性を持つからです。そして、「人間を起点とする社会哲学」は、その人権革命を「民衆が社会的苦しみからの解放を基本的人権という形にして獲得していく過程であり、またその基本的人権を保障するために既存の社会制度が根本的に変革されていく過程である」と定義します。

この人権革命の考え方に基づいて、「人間を起点とする社会哲学」はさらに「第一の革命」「第二の革命」の考え方を提示します。「第一の革命」とは民衆が自由権的基本権を獲得するための革命であり、「第二の革命」とは民衆が生存権的基本権を獲得するための革命ですが、ヨーロッパにおける近代史においては、市民革命期に「第一の革命」が急速に進展し、その結果、民衆は自らの自由権的基本権を保障するための自由国家を勝ちとりました。そして民衆がその生存権的基本権を獲得するために行った「第二の革命」が達成した主たる社会制度の変革は、ロシア、中国などの資本主義後進地域にあっては社会主義国家の誕生であり、先進資本主義国においては、自由国家の福祉国家への転換でした。

ところでこの場合、この「第一の革命」の考え方は、ブラック・ライブズ・マター問題の解決に関係します。なぜなら「自由の権利」が地球上すべての人間に保障される社会を築き上げるということは、すべての国においてこの「第一の革命」が進展するということを意味するからです。そして、「第二の革命」の考え方は、社会的弱者に貧困の苦しみからの解放を保障する社会を築いていくという問題に関係します。つまり、コロナ禍によって映し出された現代史の課題を解決するためには、この人権革命の考え方こそ必要だ、そのように私は考えるのです。

平和のための革命――平和は革命の対象物である

今述べたように、私はマルクス主義に替わる変革の論理を作るために人権革命の論理を考え続けてきました。しかし、私が人権革命の論理を考えることになったきっかけには、もう一つの理由が存在します。それは、もし平和を基本的人権という言葉で表すことが可能ならば、平和は革命の目的物であり、平和運動はそのまま革命運動になるということです。

マルクス主義の考え方の下では、平和は社会主義革命という革命の結果でした。マルクス主義は戦争の原因が資本主義にあると断定し、そしてマルクス主義の唯物史観は資本主義社会は必ず社会主義社会に移行すると主張するからですが、つまり、マルクス主義においては、世界中の国で社会主義革命が起これば戦争の原因は消滅し、その結果として世界平和が訪れるのです。――しかし、社会主義国同士の戦争が起こることによって、マルクス主義の戦争原因論は破綻してしまいました。そして唯物史観は、現在もはや神話ですらなくなってしまいました。

人権革命の考え方の下では、もし平和が基本的人権で表されるとすれば、自由と貧困からの解放と同様、平和も革命の目的物になります。そして平和を求める民衆の運動は、そのまま「平和のための革命」運動になります。従って、平和は夢見るものでも与えられるものでもなくなり、民衆が自らの手で獲得していかなくてはならないものになるのです。

基本的人権で表した平和の権利を「人間を起点とする社会哲学」は「平和権的基本権」と呼びます。自由権的基本権と生存権的基本権にちなんでそう呼ぶのですが、となると、民衆がその「平和権的基本権」の獲得を目指す運動は「平和のための革命」運動になり、その「平和のための革命」は「第三の革命」になります。なぜなら、「平和のための革命」は「第一の革命」（自由権的基本権獲得のための革命）、「第二の革命」（生存権的基本権獲得のための革命）に次ぐ革命になるからですが、しかし、そのためには平和を基本的人権で表すことが必要となります。だからこそ「人間を起点とする社会哲学」は人権概念をさらに発展させなくてはならないと考えるのです（但し、「人間を起点とする社会哲学」は、いまだ社会的承認を受けていない基本的人権のうち、自由権的基本権と生存権的基本権には含まれない「新しい人権」の獲得を目指す革命は、すべて「第三の革命」に含めてもいいと考えています）。

「新」社会契約説の社会の捉え方——全体社会は存在しない

人権概念を発展させるために「人間を起点とする社会哲学」が提示するのが「新」社会契約説の考え方です。「新」社会契約説のポイントは社会の捉え方の問題、基本的人権の根拠の問題、社会的権限の再配分の問題の三点ですが、「新」社会契約説は基本的人権を人間の日常生活の中で考えます。そして、「新」社会契約説は基本的人権を人間の社会生活の中から導き出します。

つまり、「新」社会契約説は、国家と国民との関係から基本的人権を説明しようとするこれまでの人権概念とは異なり、基本的人権が人間と人間の関係の中で生まれることを示そうとするのです。

「新」社会契約説は、二人以上の人間の間に何らかの関係が存在している場合、その「人間相互の関係によって成立する共通の生活領域」を社会と考えます。そして、「新」社会契約説はこの共通の生活領域を各成員における社会生活の領域、その領域以外の成員個人に委ねられる生活を個人生活の領域と呼びます。

社会をこのように規定すると、人間は日々刻々様々な社会を形成し、同時に多くの社会の成員となってそれぞれの社会生活を営むことになります。また様々な社会同士もそれぞれ様々な関係を持つことになり、その結果、そこに新たな社会が形成されることになるのですが、人間はそのように複合的、重層的に形成された様々な社会の成員となって現実の生活を行うのです。

つまり、「新」社会契約説は、全体主義的思考方法のように、民族や国家などの社会が先にあって人間がその社会に属するという考え方ではなく、まず人間がいて、そこから社会を考えるという発想に立つのです。

次頁のⅠからⅢ図をご覧下さい。この図の中で最も重要なことは、どの社会においても個人生活の領域は存在するということです。従って人間の生活領域すべてをおおった社会というものは存在せず、そこで人間に優位する全体社会という考え方は否定されるのです。

またⅢ図に示されるように、一人の人間が同時に複数の社会を形成するということも重要です。なぜならこのことも、人間にとってあらかじめ価値的に優位する社会は存在しないことを意味するからです。人間にとって国家や民族は自らが属する社会の中の一つでしかありません。そして、どの社会が重要であるかは個々人の判断に委ねられるのです。

基本的人権の根拠――「公理」としての人間の尊厳

「新」社会契約説は、次に基本的人権の根拠を問題にします。この場合、「新」社会契約説が基本的人権の根拠とするものは人間の尊厳ですが、さらに「新」社会契約説はその人間の尊厳を「公理」とします。つまり、「新」社会契約説の意図するところは、人間の尊厳を「公理」とすることによって、すべての人間が尊厳であると見なされるよう、それを理念的に普遍化することにあるのです。

人間の尊厳を「公理」とすることは、それを根拠づける内容は問わないということを意味します。人間は、この人間社会において最高の価値を持つものと見なされる。そして、それは、人間の属性によるものではなく、無条件にそう見なされるということであり、従って、それは

（社会の定義）　２人以上の人間の間に何らかの関係が存在している場合、その「人間相互の関係によって成立する共通の生活領域」

（Ⅰ図）

２人の個人で成立する社会

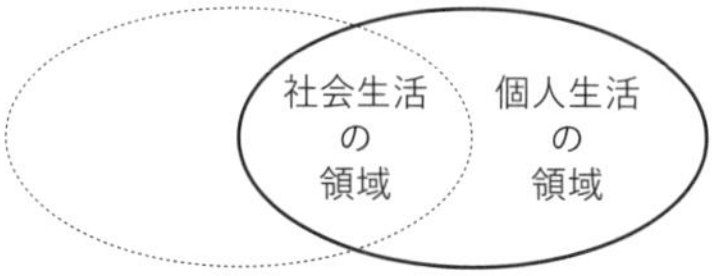

（Ⅱ図）

３人以上の成員で成立する社会

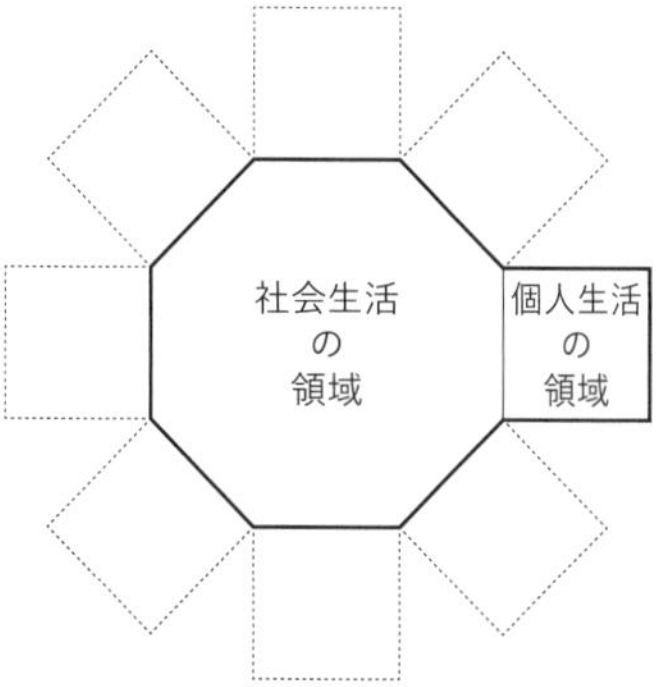

（Ⅲ図）　１人の人間が複数の社会の構成員になっている社会

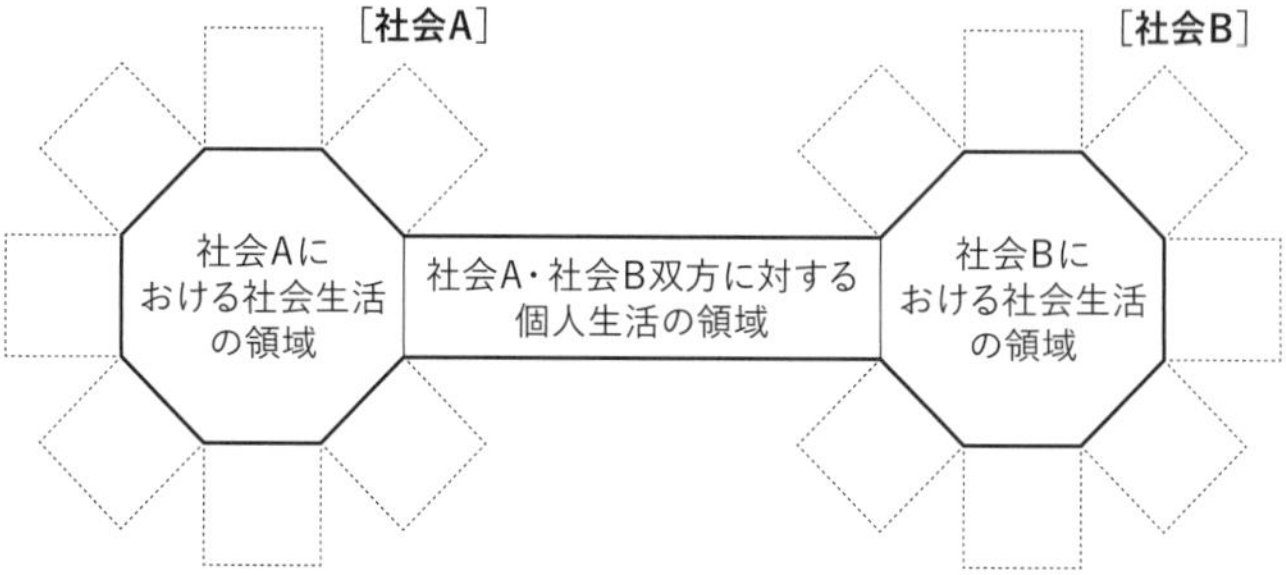

社会Ａに対する個人生活の領域　社会Ａ・社会Ｂ双方に対する個人生活の領域
＋社会Ｂにおける社会生活の領域

社会Ｂに対する個人生活の領域　社会Ａ・社会Ｂ双方に対する個人生活の領域
＋社会Ａにおける社会生活の領域

これまでの社会契約説とは異なり、「人間性」とか「人間の本性」とかは考えないということを意味します。

人間の尊厳を根拠づける内容を問うことは、そのこと自体が、結果的に人間の尊厳を否定することにつながります。その問われた内容に当てはまらない人間は、その尊厳性を認められなくなるからですが、例えば人間の尊厳の根拠を人間の理性に求めるとすれば、理性的でないとされる人間の尊厳は認められないことになります。そして、そのことは実際に理性的でないと見なされた労働者や女性の排除につながりました。つまり、人間の尊厳は、その根拠や内容を問われない無条件の「公理」であることで人間の尊厳の平等を保障し、そこですべての人間の尊厳が保障されるのです。

人権概念の普遍化と平和の人権化——平和は基本的人権で表される

「新」社会契約説の意図するところは、次に人権概念の普遍化し、その人権概念の普遍化を通じて平和を基本的人権とすることです。

人間の尊厳は理念的に普遍化されなくてはならないばかりでなく、その保障においても普遍化されなくてはなりません。しかし、人間の尊厳をもれなく保障するには、現在の基本的人権の概念はあまりにも狭すぎるのです。従って、保障という意味において人間の尊厳を普遍化するためには、人権概念が普遍化されなくてはなりません。

どの程度に普遍化されなくてはならないか。——一つは、その基本的人権が「戦争そのもの」「戦争ができる主権国家」を否定できる程度にまで、です。そしてもう一つは、人間の尊厳が人間生活のあらゆる領域及びあらゆる人間関係の中で侵されなくなる程度にまで、です。

人間の尊厳は人間が行う日々の生活を通じて実現されます。そしてこの場合、その人間の生活の中には人間の尊厳を実現していく上で他の生活の基盤あるいは核心となっているような部分が存在するに違いありません。その部分を欠くと、人間の尊厳を実現していく上で大きな制約となるような生活ですが、例えば生命を維持するための生活、自由な思索を行うという生活、一定の生活水準を維持するための生活、……。そのような生活を「新」社会契約説は「基本的生活」と呼ぶのですが、基本的人権は人間のその「基本的生活」を維持するために付与される権利です。

しかし基本的人権は、人間の「基本的生活」すべてに付与されるのではありません。生命の維持その他の「基本的生活」は、他の人間の対応に関わった時——社会の側の対応に関わった時に基本的人権になると考えられるのです。「新」社会契約説は「基本的生活」のうち社会生活の部分を「基本的社会生活」と呼ぶのですが、左の資料は、その「基本的生活」と「基本的社会生活」を図示したものです。

基本的生活と基本的社会生活

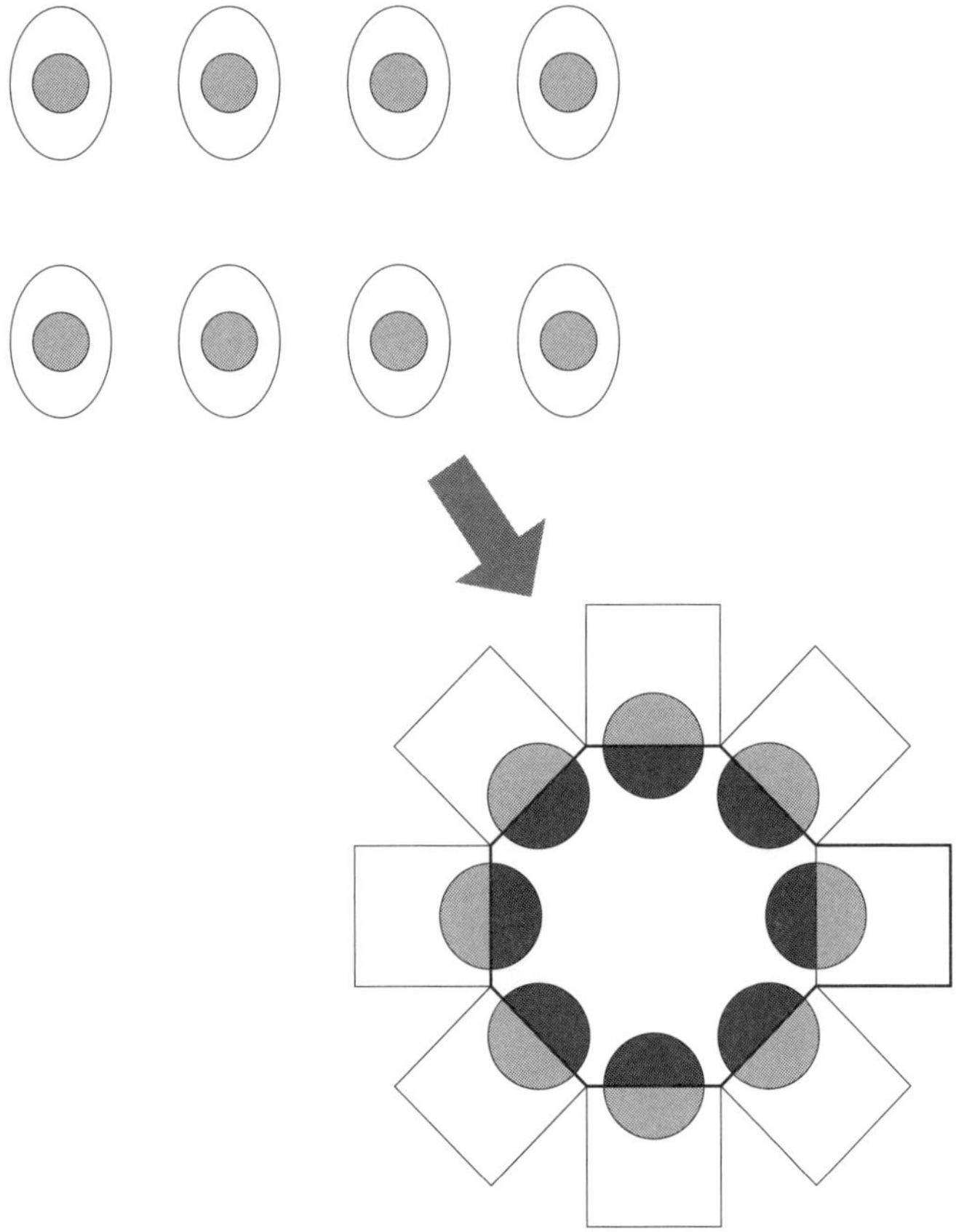

基本的生活（人間の生活のうち、人間の尊厳を実現していく上で他の生活の基盤あるいは核心となっている生活）

基本的社会生活＝基本的人権がカバーする生活領域

「新」社会契約説は「人間の基本的生活（人間の生活のうち、人間の尊厳を実現していく上で他の生活の基盤あるいは核心となっている生活）を維持するために必要不可欠な社会的条件」に関して人間が持っている権利を基本的人権と定義します。そして、さらに「人間を起点とする社会哲学」は、この定義から三つの原則を演繹します。

その原則の第一は、「現在はまだ社会的に承認されていなくとも、将来それが人権として認められる『新しい人権』が存在する可能性がある」ということです。そして、その第二の原則は「基本的人権は人間の尊厳を侵す可能性のある『社会的すべてのもの』に対して認められなければならない」ということであり、第三の原則は「基本的人権は、『社会的弱者』の尊厳を保障することを目的として考えられなければならない」ということです。

この基本的人権に関する定義と三つの原則が認められるとしたら、基本的人権は、人間の尊厳が人間生活のあらゆる領域およびあらゆる人間関係の中で侵されなくなるまで普遍化されます。なぜなら、この定義によって基本的人権は人間の「基本的社会生活」の領域すべてをおおうことになり、演繹された第二の原則によって、あらゆる人間関係における人間の尊厳侵害の問題が基本的人権の問題になりうることになるからです。そしてその演繹された第一の原則から、人間の尊厳を侵すすべての社会的苦しみのうち、いまだ社会的承認を受けていないものはすべて「新しい人権」となりうることになるのです。

そして、基本的人権に関する定義と三つの原則が認められるとしたら、平和を基本的人権で表すことも可能になります。確かに、戦争からの生命の自由や身体の安全は、現在ではまだ社会的には認められていない権利です。しかし、「現在はまだ社会的に承認されていなくとも、将来それが人権として認められる『新しい人権』が存在する可能性がある」のです。また基本的人権は「人間の尊厳を侵す可能性のある『社会的すべてのもの』に対して認められなければならない」のです。私人であれ国家権力であれ、「戦争ができる他国」であれ、この生命および身体の安全を奪うことが人間の尊厳を侵すことに何ら変わりはありません。そして、戦争からの生命の自由や身体の安全は、いざ戦争ということになれば、まっ先に前線に送られる「社会的弱者」としての民衆の主張なのです。

先に述べたように、「新」社会契約説は平和のための一群の新しい人権を「平和権的基本権」と呼びます。自由権的基本権、生存権的基本権にちなんでそう呼ぶのですが、つまり、「新」社会契約説は、平和を私たちがこれから獲得していくべき「新しい人権」として提示することを意図するのです。

社会的権限は再配分されなくてはならない

「新」社会契約説は、「基本的人権を保障するものは何か」という観点から、次に社会と国家の役割について考え、さらに社会的権限の再配分の考え方を提示します。

「新」社会契約説は、基本的人権を保障すべき役割は本来社会が担うものであると考えます。人間の尊厳が人間社会における「公理」であるならば、社会はその成員である人間の持つ最高あるいは無限とされる価値の下位に立つ手段的価値にならざるをえないからですが、ということは、社会には目的が存在することを意味します。そして、その目的は社会成員の尊厳を実現することとなるのですが、そうなると、基本的人権の保障は、当然その社会の目的の中に含まれることになります。

しかし、人権保障を効果的に行うためには、社会はすべての社会成員の違反を許さないだけの「力」を持っていなくてはなりません。もちろん、それぞれの社会は社会規範を持っており、その社会規範によって成員の基本的人権を守ろうとしています。しかしその社会規範は主に道徳あるいは慣習などによって裏打ちされるものでしかなく、従って、それぞれの社会は、究極的には心理的強制以上の「力」を持ってはいないのです。

そこで国家が必要になる、と「新」社会契約説は考えるのです。「新」社会契約説は、物理的強制力の独占によって、それぞれの社会における人権保障の実効性を高めようとして組織されたものが国家だと考えます。そのため国家は国家としての社会規範である法を定立し、そしてその法は、国家の独占する物理的強制力をもって国家権力のおよぶ領域すべてにわたって強制されるのですが、そこで「新」社会契約説においては、国家とは「それぞれの社会における人権保障の役割を補い、その実効性を高めることを主たる目的として物理的強制力を独占的に委託され、組織された社会」ということになるのです。

国家がそのように定義されると、現在の国家がすべての基本的人権を保障できるかということが次に問題となります。そして、この問題に対して明らかな反証を突きつけるものがあります。即ち、それが平和権的基本権なのですが、現代の国家は平和権的基本権を保障できません。いや、現代の国家は「戦争ができる国」であり続けることでかえって平和権的基本権を侵しています。だからこそ、「新」社会契約説は、「戦争ができる国」は現代においてはアンシャン・レジームであることを主張するのです。

ところで、国家が保障することができない基本的人権があった場合、どうすればその基本的人権は保障されるのか。――そこで、「新」社会契約説は、社会的権限の再配分の考え方を提示するのです。

現代の国家がすべての基本的人権を保障できないことは、発展途上諸国の民衆の多くがまだ貧困からの解放を保障されていないことを考えても明らかです。そして、国家がすべての基本的人権を保障できないという問題は、国内においても存在します。いや、国内においては、国家が基本的人権の保障を独占していることの方がむしろ問題となるのです。

そこで、「新」社会契約説は、「国家が効果的に保障することのできない人権保障のために国家に委託されている権限はそれぞれの社会に再配分されなくてはならない」と主張します。そしてこの場合、社会的権限の再配分は個別的・具体的人権の性質に応じて地域に対して行われなくてはなりません。市町村や県を始め、国家を越えた地域ブロック、世界などに対してですが、また、社会的権限の再配分は様々な目的を持ち、様々に機能している社会集団に対しても行われなくてはなりません。

ところで、それでは国家に委託されている権限の再配分を行うための原則は何か。――基本的人権は最も効果的に保障されなくてはなりません。従って、社会的権限はその基本的人権を最も効果的に保障するために、「最適に」再配分されなくてはなりません。そこで社会的権限が再配分される際の基準は、社会的権限の「最適配分」とでも呼ばれるべき原則となるのです。

「新」社会契約説は、人類の歴史が社会的権限が「最適配分」された理想社会へ向かうべきであることを主張します。もちろん、すべての基本的人権を網羅し、社会的権限が最適配分されている状態を考えることは人智の限界を越えていることかもしれません。従って、社会的権限の最適配分が実現される社会体制への到達も、実は人間にとって不可能なことかもしれないのです。しかし、論理や理念の世界ではそのような最適配分はありえ、そのような最適配分が実現した社会体制もありえます。そのような社会体制は「理想としての社会体制」であり、同時にそれは「目的としての社会体制」とも言えるでしょう。すべての基本的人権が最も効果的に保障されている社会体制、それは人間の尊厳が最大限に実現されている社会であり、「公理」としての人間の尊厳原理が要請する社会体制なのです。

人間社会は「目的としての社会体制」に向かわざるをえず、人類の歴史はその方向に進まなくてはなりません。基本的人権が社会的権限の最適配分を求めるからであり、最適配分の原理が私たちに社会変革を行うことを要求し、「目的としての社会体制」に向かうことを求めるからです。

社会契約と人権革命運動――変革は人権革命運動と社会契約を通じて行われる

「理想としての社会体制」「目的としての社会体制」という社会変革の目的を受けて、最後に「新」社会契約説は、実際の社会変革が行われていく過程を説明します。人権革命運動の考え方と結びつくことによってですが、しかし、その前に「新」社会契約説という呼称についてです。

「新」社会契約説が「新」という言葉を用いる理由は、社会契約の行われるべき社会を国家ばかりでなくすべての社会に広げて考えるからです。また社会契約を原初契約の一回のみとしている従来の社会契約説に対して、「新」社会契約説は、各社会における社会契約は常に行われ続けていると考えます。

従来の社会契約説は、人間の尊厳を自然権という形で基本的人権にすることを可能にしました。そのことは人権概念を誕生させたという意味で計り知れないほどの歴史的役割を果たしたのですが、しかし、その基本的人権は、人間の尊厳を圧制を行う国家の侵害から防止することに限定されていました。それは、当時の社会契約説が国家権力の正当性を問題にしたものでしかなかったからです。そのため市民革命期の社会契約説は、人間が現実に生活しているそれぞれの「社会」を飛び越して直接「国家」に対する考察に向かったのであり、そこでそれは、実質的には「社会」契約説ではなく、「国家」契約説になってしまったのです。つまり、人権概念の普遍化の問題を考えると、社会契約説もこれまでの社会契約説のままではいられないのであり、従って社会契約説も普遍化されなくてはならず、そこでこれまでの社会契約説をより普遍化した「新」社会契約説が必要になるのです。

基本的人権を保障する役割が社会にあるとすれば、私たちはそれぞれの社会において社会契約を結ばなくてはなりません。もちろん私たちは国家契約も結びます。憲法や法律を制定することによって、私たちは国家という社会との社会契約も行わなくてはならないのですが、しかし、「新」社会契約説において国家契約は、それぞれの社会において結ばれる社会契約の中の一つでしかなくなるのです。

ところで、社会契約を結ぶ際に、まだ社会的に認められていない基本的人権があったとしたらどうなるのか。――そのような場合には、個々の人間がそれぞれの社会においてこうむっている「現実に存在する個別的・具体的な社会的苦しみ」を基本的人権の形で語りなおすことが必要です。そして、その社会的苦しみからの解放が基本的人権であることを社会契約を通じて社会に認めさせることによって「新しい人権」を探し出すことができます。「現実に存在する個別的・具体的な社会的苦しみ」を基本的人権の形で語りなおすことを「人権化」と呼ぶことにすれば、「新しい人権」は、その「現実に存在する個別的・具体的な社会的苦しみ」の「人権化」と社会契約を通じて探し出されることになるのです。

それでは、民衆が「社会的苦しみの人権化」を行い、その保障を求めて社会契約を結ぼうとしたところ、それが他の社会成員あるいは社会自身に拒否された場合はどうなるのか。――そのような状況においては、それぞれの「社会的苦しみ」に対応して、それぞれの社会で革命権が発生します。そして、それぞれの社会で革命運動が行われることになります。即ち、それが人権革命運動ですが、人権革命運動は人権獲得運動と呼んでもよく、人権革命運動と人権獲得運動は同義です。

人権革命運動は人権革命にとって最も重要な要素となると考えられます。なぜなら、社会変革は政治であり、政治には理念とともに「力」が必要だからです。私たちは「公理」としての人間の尊厳を認めない人間が存在することを容認しないわけにはいきません。また、意識的であるにせよ無意識的であるにせよ、人間の尊厳に例外を設けようとする人びとは少なくはありません。そのような人々をなくすことは社会哲学の限界を超えることであり、そこで相反する理念が存在するという問題は政治の分野に委ねられることになるのです。つまり、人権革命は究極的には「公理」としての人間の尊厳という理念を認める人間と、それを認めなかったり、それに例外を設けようとする人間との政治闘争を意味するのです。そのため人権革命は政治そのものであり、従ってそこには理念とともに「力」が必要とされ、そして、その「力」を担うのが人権革命運動なのです。

人権革命運動の問題を考えるに当たって、社会的権限の「最適配分」の問題をもう一度扱っておいた方がいいと思われます。社会的権限の「最適配分」は、政治の世界ではこの人権革命運動が行われる過程の中で実現されていくものだからですが、人権革命運動によって社会的権限の「最適配分」を求めるには、「現実に存在する個別的・具体的な社会的苦しみ」が人権化され、その人権化された社会的苦しみからの解放に関する権利を保障するための社会契約が結ばれることが必要です。

この場合、もし社会契約が結ばれれば、それは、その人権化された社会的苦しみからの解放に関する権利と、すでに社会的に承認を受けている基本的人権の双方をより「最適」に保障すべき社会が生まれることを意味します。そして、この社会契約を通じて行われた社会変革は社会的権限の「最適配分」に一歩近づいた社会体制を意味します。

社会契約が締結できない場合には、人権革命運動を起こすしかありません。そして、その人権革命運動によって新しく社会契約が締結されることになれば、「社会的苦しみからの解放」に関する権利とすでに社会的に承認を受けている基本的人権をより「最適」に保障すべき社会体制が出現することになります。

状況の変化その他の理由で新たに「現実的・個別的な社会的苦しみ」が生まれた場合には、私たちはまた社会契約を結ばなくてはなりません。そして、その社会契約を通じて新たに社会変革を行わなくてはなりません。社会契約が締結されない場合には、また人権革命運動を行わなくてはなりません。つまり、社会的権限の「最適配分」の問題は、政治の世界においては人権革命運動と社会契約とをくり返すことを通じてそれを求めていくよりほかに手はないのです。人権革命運動→社会契約→社会変革。再び人権革命運動→社会契約→社会変革。……

社会的権限の「最適配分」を求めるには、人権革命運動と社会契約をくり返しつつ、その都度社会変革を行っていく以外に方法はありません。しかし、そのことによって社会的権限が「最適配分」された「目的としての社会体制」に一歩一歩近づくことができるかもしれないのです。

民主主義の再定義と民主主義の発展

「人間を起点とする社会哲学」は、人権革命、「平和のための革命」、「新」社会契約説とともに民主主義の本質規定の必要をも主張します。そして「人間を起点とする社会哲学」は、その民主主義と人権革命との関係を明らかにすることによって、民主主義がさらに発展しなければならないことを主張します。

民主主義という言葉には、現在絶対的価値が付与されています。しかし、そうであるにも関わらず、その内容は確定されてはいません。そこで私たちはその民主主義の内容を確定していかなくてはならないのですが、民主主義の内容に「民衆の支配」が入ることは確実です。なぜなら、民主主義の語源はギリシャ語のデモクラティアであり、そのデモクラティアのデモはデモスで民衆のことであり、クラティアは支配とか権力とかを表す言葉だからです。そしてその「民衆の支配」は、市民革命以後は主に人民（＝民衆）主権という言葉で表され、またマルクス・レーニン主義においては労働者階級という民衆の独裁、即ちプロレタリアート独裁という言葉で表されます。

しかし、民主主義の内容を確定していくとなると、「民衆の支配」だけでは不十分です。「民衆の解放」が入っていない民主主義など考えられないからですが、「民衆の支配」はどうして必要なのか。――それは民衆がそれまで支配されていたからです。だからこそ民衆は「民衆の解放」を求め、その「民衆の解放」を実現するために「民衆の支配」を求めたのです。つまり「民衆の解放」が「民衆の支配」の目的なのであり、従って民主主義とは「『民衆の解放』を目的にして、『民衆の支配』が行われるべきであるという原則」ということになるのです。

そうなると、何を根拠にして「民衆の解放」が行われているかを判断するかということが次に問題となります。既に述べたように、「人間を起点とする社会哲学」はその根拠となるべき基準を「革命の基準」とか「民衆の解放を表すものさし」とかと呼ぶのですが、マルクス主義における社会主義革命について考えた際に述べたように、階級はそのような基準にはなりえませんでした。だからこそ、そこに「民衆の支配」と「民衆の解放」の衝突が起こったのであり、「民衆の解放」は「民衆の支配」に名を借りた権力者の支配によっていいように抑圧されてしまったのです。「民衆の解放」は、民衆一人ひとりの解放でなくてはなりません。そして、「民衆の解放」は、民衆一人ひとりの具体的抑圧からの解放でなくてはならないのです。

そして、だからこそ「人間を起点とする社会哲学」は「革命の基準」（＝民衆の解放を表すものさし）の重点を「階級」から「基本的人権」に移したのです。そこで「人間を起点とする社会哲学」は、民主主義の定義に関してもその修正を図ります。即ち、民主主義の定義は、先の定義に「基本的人権で表される」という言葉を加えて、「基本的人権という形で表される『民衆の解放』を目的にして、『民衆の支配』が行われるべきであるという原則」ということになるのです。

民主主義がこのように定義されると、人権革命が進展すれば民主主義は発展することになります。なぜなら、人権革命が進展すれば「民衆の解放」が進展し、「民衆の解放」が進展すれば民主主義は発展するからです。

コロナ禍で映し出された現代史の課題は、貧富の格差を縮小して社会的弱者に貧困の苦しみからの解放を保障する社会を築いていくこと、主権国家で構成される国際社会を変革することの三点でした。このうちの「貧富の格差を縮小して社会的弱者に貧困の苦しみからの解放を保障する社会を築いていくこと」は、「第二の革命」（生存権的基本権獲得のための革命）の進展の問題です。また『自由の権利』が地球上すべての人間に保障される社会を築き上げること」は「第一の革命」（自由権的基本権獲得のための革命）の進展の問題であり、そして「主権国家で構成される国際社会を変革すること」は「第三の革命」（平和権的基本権獲得のための革命）の問題です。従って、コロナ禍によって映し出された現代史の課題に応えてその三つの革命を行い続けること、それは民主主義を発展させることを意味するのです。

（4）日本におけるブラック・ライブズ・マター問題——在日韓国・朝鮮人問題

本論考の最後に、日本におけるブラック・ライブズ・マター問題について簡単に触れておきたいと思います。もちろんこの場合、日本におけるブラック・ライブズ・マター問題と言っても、それはアメリカ合衆国におけるブラック・ライブズ・マター問題に賛同して日本に起こった黒人差別反対の運動ではなく、在日韓国人・朝鮮人問題についてです。なぜなら、日本においてアメリカ合衆国における「ブラック」に相当する存在は、在日韓国人・朝鮮人だと考えられるからです。

ペリーが浦賀にやってきて否が応でも近代へと歩み始めなくてはならなくなってしまった日本が第一に考えなくてはならなかったことは、何よりもヨーロッパの近代をまねることでした。そうしなければ西欧列強の植民地にされかねなかったからですが、ところが、わが国は植民地支配を「栄光の歴史」と考える近代ヨーロッパの考え方をもそのまままねてしまいました。そこでわが国は一八九五年に台湾・澎湖島を植民地にし、一九一〇年には韓国併合を行ったのですが、しかし、植民地支配は日本にとって「栄光の歴史」などではなく、「繰り返してはならない歴史」でしかありませんでした。従って、わが国は、その植民地支配により「負の遺産」を背負ってしまったのです。

敗戦によってわが国はそれまで獲得していた植民地を手放すことになりました。しかし、植民地支配という「負の遺産」は、戦後の日本に対してもつきまとっています。特に韓国との関係は慰安婦問題、徴用工問題、在日韓国・朝鮮人に対するヘイト・スピーチの問題等、現在も日本・韓国双方の国民にとって、引くに引けないほどの感情的な対立までをも引き起こしかねないのです。

ところで、ここで問題を絞って在日韓国・朝鮮人問題についてのみ考えることにすると、わが国における在日韓国人・朝鮮人とアメリカ合衆国における黒人とは、その置かれている状況が似ていると考えられます。その理由は、在日韓国・朝鮮人が今後母国に戻る可能性はほとんどないからです。第一、彼らの中には、もう母国語を話すことができない人たちが数多く存在するのです。従って、今後五〇年も一〇〇年もわが国には在日韓国人・朝鮮人問題が存在し続けることになり、今の状態をそのまま放置しておいたとしたら、彼らが差別され続けることになります。

もちろん、ヘイト・スピーチで叫ばれる発言に見られるように、日本人の中には在日韓国・朝鮮人が日本国籍を取得しさえすれば問題は解決すると考える人もいるでしょう。しかし、在日韓国人・朝鮮人の問題が発生した理由の大本は、そもそもわが国が朝鮮半島を植民地にしたという「負の遺産」にあるのです。そして、彼らに日本国籍を取得するように強制することは、現在の日本人が植民地の人間を自分より下の人間と見なしていた戦前の日本人からまったく変わっていないことを意味します。

在日韓国・朝鮮人に対する問題は、たとえヘイト・スピーチが禁止されたとしても、たぶん解決されはしないでしょう。それでは、どうすればいいのか。

私の書いた憲法改正私案[註8]の中に、「①日本国家は、日本国籍を持たない外国人に対しても、その外国人の人間の尊厳に立脚して対応しなくてはならない。②サンフランシスコ平和条約によって国籍を離脱した国内住民及びその子孫は、この憲法及び日本国内のすべての法律、命令、条例が国民に保障する権利と完全に同じ権利を保障される。③前項に規定する特別永住者以外の定住する外国人の国及び地方公共団体に対する選挙権、被選挙権に関しては、法律及び条例でこれを定める」（第34条）という条文があります。この条文の中の「サンフランシスコ平和条約によって国籍を離脱した国内住民及びその子孫」という言葉は、特別永住者と呼ばれる在日韓国・朝鮮人を表しているのですが、つまりこの在日韓国・朝鮮人の問題は「『自由の権利』が地球上すべての人間に保障される社会を築き上げること」の問題なのです。

つまり、日本国民はもはや植民地支配という「負の遺産」の問題の根本的解決を図らなくてはならないのです。従って、日本国民はコロナ禍によって映し出された現代史の課題に真剣に取り組まなくてはならないのですが、それではどのような方向で解決を図るか。――もちろん、それは人権革命を進展させる方向であり、従ってそれは、民主主義を発展させる方向なのです。

註1　フランシス・フクヤマ著、渡部昇一訳・特別解説『歴史の終わり上・下』（三笠書房、一九九二年）。但し、フランシス・フクヤマは後に自らの主張の修正を行っています。そのことに関してはフランシス・フクヤマ著、山田文訳『IDENTITY――尊厳の欲求と憤りの政治』（朝日新聞社、二〇一九年）を参照。

註2　二〇二〇年五月二五日、ミネアポリス近郊でアフリカ系アメリカ人ジョージ・フロイドが白人警察官に八分四六秒にもわたって膝で首を圧迫され続けることによって死亡した事件。

註3　現代と近代の線引きは論者それぞれの歴史観によって異なるのですが、私は、一応第二次世界大戦終了後を現代と考えています。

註4　NHK、BS1スペシャル『レバノンからのSOS～コロナ禍　追いつめられるシリア難民～』（二〇二〇年七月二日放映）。

註5　第一次世界大戦及び第二次世界大戦における死傷者数の資料に関しては、拙論「平和哲学の役割」（『人間学紀要37』、上智人間学会、二〇〇七年度）の註を参照。

註6　マルクス・レーニン主義の組織原則とも関連して、私はマルクス主義哲学そのものが全体主義の論理構造を持つと考えています。しかし、そのことに関しては拙著『「新」実存主義の思想――全体主義に打ち克つ新たな哲学』（明石書店、二〇一七年）参照。

註7　但し、私は「人間を起点とする社会哲学」と実存主義を結びつけた哲学を語る場合には、それを「新」実存主義と称します。そして、その「新」実存主義に関しては前掲『「新」実存主義の思想――全体主義に打ち克つ新たな哲学』、あるいは拙論「『人間を起点とする社会哲学』と実存主義――実存主義の哲学的拡大について」（人

間学紀要45、二〇一五年度）参照。

註8　私の書いた憲法改正私案に関しては、拙著『21世紀の平和憲法――戦後の「感覚」から生まれた「新」平和憲法草案』（三一書房、二〇二〇年）参照。

第2章　「戦争ができる主権国家」「戦争ができる国際社会」からの解放

（1）　安保関連三文書は再び「戦争ができる国際社会」の論理の真っ只中に引き戻した

日本は他国にミサイルを撃ち込める国になってしまった

昨年（二〇二二年）の一二月、岸田政権はロシアのウクライナ侵攻に対する国民の不安につけ込んで、あまりにも唐突に安保関連三文書を閣議決定しました。外交・防衛の基本方針を謳った「国家安全保障戦略（NSS）」、防衛の目標と手段を示す「国家防衛戦略」、具体的な装備品の整備の規模、防衛費の総額を規定した「防衛力整備計画」の三文書ですが、安保関連三文書は、「反撃能力」の名目で相手国の領域内を直接攻撃する「敵基地攻撃能力」を保有すると明記し、また二〇二三年度から五年間の防衛費を現行計画の一・五倍となる四三兆円とすると謳っています。

安保関連三文書は軍事費の拡大、その軍事費に関する国民の税負担の問題を中心に語られることが多いと思います。国民の税負担は、もちろん大きな問題です。しかし、この問題を増税の問題を中心に考えては、ことの本質から離れてしまいます。なぜなら、この決定によりわが国は敵国と見なす他国の領域にミサイルを撃ち込める国になってしまったからです。従って、わが国は、その敵国と見なされる国から、いつ何時ミサイルを撃ち込まれても不思議ではない国になってしまいました。

安保関連三文書は、「戦争ができる主権国家」[註1]で構成される「戦争ができる国際社会」の論理の真っ只中にわが国を引き戻してしまったのです。かつてわが国は、この「戦争ができる国際社会」の論理の下に西欧列強との覇権争いに加わり、アジア諸国を侵略しました。そしてわが国民に筆舌に尽くしがたいほどの過酷な戦争体験を強制したのですが、そこでわが国民はこの「戦争ができる国際社会」の論理からできるだけ離れて戦後日本を築こうとしてきました。しかし安保関連三文書は、再びこの「戦争ができる国際社会」の論理の真っ只中にわが国を引き戻してしまったのです。

戦争ができる主権国家・戦争ができる国際社会

「戦争ができる国際社会」とは主権国家は戦争を行うことができ、そして、その「戦争ができる主権国家」が国際社会のメンバーであるという意味です。

国際社会のメンバーは主権国家であり、個々人は国際社会のメンバーではありません。もしこれが世界社会という言葉なら、たぶん個々人がその一員となると考えられます。しかし、世界社会はまだ十分に組織化されてはおらず、そのため世界社会という言葉はまだ成熟していません。従って、世界史はまだ国際社会の段階にあると考えざるをえないのであり、そこで国際社会においてはアメリカ、日本、中国などの主権国家が単位ということになるのです。[註2]

主権国家は国内においては最高性、国外に対しては独立性を持ちます。そのため国際社会においては主権国家は原則として平等で、お互いに他国から干渉されません。これが内政不干渉と呼ばれる原則ですが、つまり、国際社会ではまだ単一の政府（＝世界政府）は存在せず、世界全体を統治する統一的権力は存在しないのです。

主権国家を単位とする国際社会は、ドイツ三〇年戦争（一六一八～四八年）終結の際に結ばれたウェストファリア条約で成立しました。中世ヨーロッパにおいては、イギリス・フランス・ドイツなどの国家は一応存在しました。しかし王権は弱く、各領邦内では封建領主が実際の支配権を握っていました。これを中世領邦国家と呼ぶのですが、また中世ヨーロッパにおいては、ローマ教皇と神聖ローマ皇帝という国家を越える権威が存在していました。つまりウェストファリア条約によって、国家は各領邦からその支配権を奪い取るとともに、ローマ教皇と神聖ローマ皇帝の権威から独立して、それぞれに最高性、独立性を持つ主権国家となったのです。[註3]

国際関係とは、この国際社会における国家と国家の関係であり、国際政治とは、その国際社会の中で展開される政治です。従って国際政治の主体は主に国家であり、各国家はそれぞれに国益（＝ナショナル・インタレスト）を追求して行動します。そのため、そこには領土・資源・貿易・

イデオロギーなどをめぐる国際紛争が発生する可能性があるのですが、国内社会であれば、紛争が発生しても国民は国家権力によって秩序に従うことを強制され、その国家権力に反抗することは許されません。しかし、国際社会には世界全体を統治する統一的権力は存在せず、そこで、その国際紛争は戦争になる可能性があるのです。

もちろん、国際社会にも条約や国際慣習法と呼ばれる法が存在します。しかし、国際法の最大の問題は、果たして「国際法は法か」ということです。法は国家権力によって強制される社会規範です。ところが、国際法にはそれを強制する統一的な権力が存在しません。――そこで、「国際法は法か」という考え方が出てくるのですが、そうなると、現在の段階では国際紛争は、最終的には主権国家間の力関係によって決着をつけるという場面が生まれてこざるをえません。だからこそ、主権国家は戦争を行うことができ、国際社会は「戦争ができる国際社会」になるのです。

（2）「戦争ができる国際社会」の論理

（i）国家の安全保障の方法に関連する論理

軍備拡大政策は軍拡競争をもたらし、対立を拡大する

それでは、「戦争ができる主権国家」で構成される「戦争ができる国際社会」には、どのような論理が存在するのか。そして、その論理にはどんな問題があるのか。

「戦争ができる国際社会」の論理は、先ず最初に国家の安全保障の方法という問題に現れます。なぜなら、現在「戦争ができる主権国家」は、たとえこちらが攻めていこうとしている場合でも、「敵が攻めてくるぞ」「敵が攻めてきたらどうする」という国民への脅しからその論理を展開するからです。従って、私たちも先ず最初にその国家の安全保障の方法の幾つかについて考えなくてはなりません。そして、その方法の問題点や限界を押さえておかなくてはならないのです。

国家の安全・平和と国民の安全・平和の問題は異なるという考え方があります。第二次世界大戦の際の沖縄戦では、軍人が民間人に対する自決命令を出したと伝えられます。これからアメリカ軍がやってくる。軍人であるわれわれは、国家のためにこれから戦わなくてはならない。しかし、食料や武器弾薬は限られている。――そこで、民間人に対して、自決命令が出たというのです。従って、国家は国益のため国民の安全・平和を犠牲にすることがある、ということになります。

そこで私たちには国民の安全・平和、さらにはすべての国における民衆の安全・平和をも追求していく必要があるのですが、しかし、これまで述べてきたように、世界史は現在まだ国際

社会の段階にあります。そのため、一般に安全保障と言えば国外からの侵略に対する国家の安全保障を指すのですが、そうである以上、私たちにも国家の安全保障の方法を考え、その国家の安全保障を通じて、国民の安全保障を考える必要も出てこざるをえないのです。

多くの人が主張するように、国家の安全保障の基本は外交です。しかし、「敵が攻めてくるぞ」「敵が攻めてきたらどうする」という国民への脅しから生まれる安全保障の方策は、先ず第一に軍備拡大政策です。

そこで、先ず軍備拡大政策の論理ですが、軍備拡大政策は富国強兵策と言ってもいいでしょう。また、自主防衛論と言ってもいいのかもしれません。戦後の日本は戦前の軍国主義日本を否定せざるをえませんでした。従って戦後は富国強兵策という言葉は使われず、現行憲法の制約のもと、軍備拡大政策という言葉も、あからさまには使われてきませんでした。そこで、戦後暫くの間わが国の保守勢力は自主防衛論という言葉を使ったのですが、いずれにしても軍備を増強する、そしてその増強した軍備によって国家の安全保障を図る、それが軍備拡大政策、富国強兵政策、自主防衛論なのです。

軍備を拡大すると戦争は起こらないのか。そして、国家の安全は保障されるのか。軍備拡大政策の欠点は先ず第一に、自国が軍備拡大政策をとると、対立する相手国も軍備拡大政策をとるということです。従って、この政策は軍拡競争を必然とし、その結果、国家間の対立も拡大します。そして、対立する双方の国がこの政策をとるかぎり、軍縮の論理は出てきようがありません。そこに別の要因が出てこないかぎり、軍拡競争はとどまることがないのです。

もちろんこの場合、対立する双方の国の軍拡競争によって戦争が起こりづらくなることはありうるでしょう。しかし対立は解消されたのではなく、却って拡大しています。そうである以上、その場合も、戦争はただ先延ばしにされただけという可能性が高い、と考えざるをえません。

軍備拡大政策の欠点は次に、急速に軍備を拡大した国が周辺の弱小国に圧力を加えたり、戦争を仕掛けたりすることがあるということです。日本を例にとって考えると、江戸時代の日本は鎖国をしていました。それを開国させたのがアメリカのペリーですが、その開国が日米友好通商条約という不平等条約につながります。そして、同じ不平等条約がオランダ・ロシア・イギリス・フランスとも結ばれて安政の五ヵ国条約になるのですが、その不平等条約に対する屈辱が明治政府をして富国強兵政策（軍備拡大政策）をとらせることになります。

ところが、その日本が朝鮮（李氏朝鮮）を開国させ、列強が日本に押しつけたのと同様の不平等条約を朝鮮に押しつけました。それが江華島事件（一八七五年）と日朝修好条規（一八七六年）ですが、つまり、富国強兵策は、弱小国と見なす国に自国から戦争を仕掛ける可能性を持つのです。そして、この江華島事件とその前年に起こった台湾出兵（一八七四年）からの流れが日清戦争（一八九四年）へと続き、そして日露戦争後の韓国併合（一九一〇年）、満州事変（一九三一年）

へと続くのです。

軍備拡大政策は、相手国が強国すぎる場合には、却って危険性を持っています。人間でも並はずれて強い人間がいますが、国家の場合にも、そのような国家が存在します。例えば第二次大戦で日本が戦った相手国であるアメリカがそれですが、富国強兵策をとっていた日本は大分強国になっていたでしょう。しかし、、兵力・物量その他で、アメリカはやはり日本にとって歯が立つ相手ではありませんでした。そして、日本が多少強くなっていた分、日本はかえってアメリカに警戒されました。それが日本が中国に突きつけた対華二一箇条の要求（一九一五年）以後の日本とアメリカとの関係ですが、国家の場合にも、並大抵の軍備拡大施策ではかなわない強大国が存在するのです。

ところで、他国の追随を許さないような世界最強国は、軍備拡大政策をとってさえいれば、自国の安全を保障できるのか。

軍備拡大政策の次の欠点は、対立する国が同盟政策をとった場合は対抗できないということです。現在では、アメリカが世界最強国です。しかし、第一次世界大戦までは世界の最強国はイギリスでした。そこで、イギリスは、「光栄ある孤立」を守っており、どこの国とも同盟を結ぼうとはしませんでした。ところが、そのイギリスが、その「光栄ある孤立」を放棄して、一九〇二年に日本との間に日英同盟を結びました。それはどうしてか。

一八九〇年代のヨーロッパには、ドイツ・オーストリア・イタリアの三国同盟と、ロシア・フランスの露仏同盟が存在しました。一八八〇年代にはドイツと再保障条約を結んでいたロシアが、バルカン半島でドイツ・オーストリアと対立して（＝汎スラブ主義と汎ゲルマン主義の対立）フランスと結んだからですが、当時のイギリスは、三国同盟・露仏同盟の一・五倍の兵力を維持していました。そこで「光栄ある孤立」が可能だったのですが、ところが、日清戦争の勝利で日本が朝鮮半島に進出しようとすると、三国同盟の盟主であるドイツが、ロシア・フランスに三国干渉（一八九五年）を呼びかけました。バルカン半島で対立するロシアの目を極東に向けさせるためにですが、不凍港（冬でも凍らない海の港）を求めていたロシアは、その誘いに乗りました。

となると、三国同盟と露仏同盟が結んだことになります。二つの同盟が結んだとすると、いくらイギリスが世界の最強国であったとしても、対抗することができません。――そこで、イギリスは「光栄ある孤立」を放棄し、日英同盟が結ばれることになるのです。従って、たとえ世界最強国と言っても、軍備拡大政策のみでは、自国の安全を守れないということになります。

同盟政策（勢力均衡政策）は大戦争をもたらす

そこで、同盟政策あるいは勢力均衡政策という国家の安全保障の方法に関する論理についても考える必要が出てくるのですが、最近では日米安全保障条約は公然と軍事同盟と呼ばれます。しかし、少し以前の日本ではその日米安全保障条約でさえ軍事同盟とは呼ばれず、従って同盟政策という言葉も使われませんでした。そこで、代わりに勢力均衡政策という言葉が使われたのですが、同盟政策と勢力均衡政策は、概念的に重複するところがあります。

勢力均衡政策は「力の均衡」政策あるいは「バランス・オブ・パワー」政策とも言われ、力の均衡を保つことでお互いに攻撃できない状態を作り、それによって国家の安全保障を図るという政策です。つまり、相手国側の力の合計と自国側の力の合計が等しくなった時にはお互いに手が出せず、国家の安全が保障されるというのです。そしてこの場合、その力の合計を等しくする際に主に同盟政策が使われるため、同盟政策と勢力均衡政策は、概念的に重複するところが生まれるのです（お互いの力の合計は同盟政策によらずとも、一国の軍備拡大政策によっても変化します。従って、同盟政策と勢力均衡政策とでは、勢力均衡政策の方が大きな概念と考えることができるでしょう）。

勢力均衡政策は、大陸の一ヵ国が大国にならないことを目的にしたイギリスの意図で成立したウィーン体制（ヨーロッパにおけるナポレオン戦争後の保守反動体制）にその典型が見られます。そして、その勢力均衡政策は、その後のヨーロッパにおける安全保障政策の中心になったのですが、歴史的には、いつの時代にも存在します。

同盟政策（あるいは勢力均衡政策）をとると、戦争は起こらないのか。先ず、お互いに同盟政策をとっている以上、対立は拡大します。そして、同盟国の戦争に巻き込まれる可能性があります。つまり、同盟国とその同盟国と対立する国との戦争が起こった場合、たとえその同盟国と対立する国が自国とはほとんど無関係な国であったとしても、その両国の戦争に巻き込まれる可能性があるのです。

お互いの同盟に参加する国が増えると、確かに戦争は起こりづらくなるでしょう。複数の国と複数の国では、戦争を起こすのがかなり大変になるからですが、しかし、何らかのきっかけで戦争が起こってしまったら、そう簡単には収まりがつかない大戦争となります。つまり、対立する国家がお互いに同盟政策をとると、平和の限界＝危険の限界の状態が起こるのであり、ちょっとしたきっかけで大戦争となるのです。

第一次世界大戦のきっかけになった事件はサライェヴォ事件（一九一四年）です。サライェヴォ事件とは、オーストリアの皇太子がセルビアの一青年に暗殺された事件ですが、セルビアに最後通牒を突きつけたオーストリアはセルビアはすぐにでも屈服すると考えており、たとえ屈服しなくとも、セルビアを降伏させるのに一ヵ月もかからないと考えていました。しかし、セルビアが屈服するはずはありませんでした。そして、そう簡単に降伏するはずもありませんでした。なぜなら、セルビアはスラブ人の国であり、汎スラブ主義の盟主ロシアが後ろに控えていたからです。そして、そのロシアは、イギリス・フランスと三国協商を結んでいました。

第一次世界大戦は、ドイツ・オーストリアを中心とした三国同盟側とイギリス・フランス・ロシアを中心とした三国協商側の、計三一ヵ国が参戦した大戦争になりました（イタリアは、領土問題に関するオーストリアとの対立から、結局は三国協商側に参戦しました）。第一次世界大戦は、アメリカの参戦によってイギリス・フランス側の勝利に終わったのですが（大戦中に社会主義革命が起こったロシアは、ドイツと単独講和を結びました）、しかし、第一次世界大戦の惨害は、あまりにも膨大なものでした。

第一次世界大戦の死傷者の数は、一般的に非戦闘員を含めて約三〇〇〇万人と言われます。従ってその死傷者の数は第二次世界大戦より多くはありません。しかし、ヨーロッパに限って言えば、犠牲者の割合は、第一次世界大戦の時の方が第二次世界大戦の時よりひどかったと言われます。ある統計によると、動員された人間（六六〇〇万人）のうち一〇〇〇万人が戦死し（六・六人に一人）、捕虜および行方不明が六〇〇万人（一一人に一人）で、戦傷者が二〇〇〇万人（三人に一人）です。となると、戦死者、捕虜および行方不明者、戦傷者を合わせると二人に一人が犠牲になったことになります。そして、一般市民の死者の数は、九〇〇万以上だったと言われるのです。

集団安全保障体制は対立を前提としない

同盟政策（あるいは勢力均衡政策）は、大戦争をもたらす。同盟政策は、あまりにも多くの犠牲者を生み出す。——そこで、同盟政策に対する反省が生まれます。そして、そこに生まれたのが集団安全保障体制という考え方です。

集団安全保障体制の論理は「戦争ができる主権国家」が戦争を行うための論理ではありません。戦争が起こらなくするための、さらに戦争をなくすための論理です。しかし、「戦争ができる主権国家」を構成員とする「戦争ができる国際社会」の下では、その論理はあまりにも欠点が大きすぎ、そこで、私たちはその欠点をしっかり押さえておく必要があります。

集団安全保障体制の特徴は、対立を前提としないということです。そのため、対立を前提としないすべての国家を含んだ国際平和組織を作り、その平和組織が戦争（侵略戦争）を禁止します。そして、もし戦争を行った国が出てきた場合には、全加盟国で制裁します。つまり、戦争を行った国は加盟国すべてに戦争行為を行ったものと見なし、全加盟国で制裁を加えるのです。

同盟政策あるいは勢力均衡政策の場合には、対立する国家はそれぞれに同盟を組み、そして同盟する国が侵略された場合には、その同盟する国が侵略した国を制裁しました。しかし、集団安全保障体制の考え方の下では、侵略した国には全加盟国で制裁する。——そうすれば、侵略は起こらなくなり、その結果、戦争はなくなる！　だからこそ、集団安全保障体制の考え方は、戦争が起こらなくするための、戦争をなくすための論理と言えるのです。

国際連盟は大国をはみ出す組織だった

集団安全保障体制の論理の下に先ず成立したのが一九二〇年に成立した国際連盟です。従って、国際連盟は、その連盟規約の中で勢力均衡方式に変わって集団安全保障方式を採用することを謳い、戦争（侵略戦争）を禁止しています（但し、その内容が不徹底だったため、それを徹底したのが一九二八年に成立した不戦条約です）。

ところが、国際連盟は失敗し、第二次世界大戦が起こりました。第二次世界大戦は枢軸国と呼ばれた日本・ドイツ・イタリアとアメリカ・イギリス・中国などの連合国間で行われた戦争です。枢軸国と連合国間で行われた戦争？　このことは何を意味しているのか——各国は同盟政策に戻っているのです。国際連盟は、集団安全保障体制の考え方に基づいて設立されました。しかし、各国は同盟政策に戻ってしまった。

国際連盟は、どうして失敗したのか。どうして各国は同盟政策に戻ってしまったのか。

一般に言われる国際連盟の欠点としては、大国の不参加（特にアメリカの不参加）と経済的制裁のみで武力行使ができなかったことが挙げられます。しかし、アメリカが加盟していたら、果たして国際連盟はうまくいったのか。――もしアメリカが参加していたとしても、そのアメリカは、場合によっては脱退したかもしれません。なぜなら、国際連盟の最大の欠点は、その国際連盟が大国をはみ出す組織だったことにあるからです。

国際連盟を最初に脱退したのは、日本です（一九三三年）。リットン調査団が満州事変における侵略行為を認定し、それを国際連盟総会が絶対多数で採択したため脱退したのですが、同じ年にヒトラーのドイツが脱退します。そして、その後に脱退したのが、ムッソリーニのイタリアです（一九三七年）。

この場合、問題は日本・ドイツ・イタリアの三国が大国だったということです。国際連盟の常任理事国は、始めはイギリス・フランス・イタリア・日本のいわゆる四大国でした。そして、後にドイツが加わって五ヵ国になったのですが、国際連盟の常任理事国になるような国が大国でないはずがありません。つまり、国際連盟においては、常任理事国であった五大国のうち、日本・ドイツ・イタリアの三大国が脱退してしまったのです。

その脱退した日本・ドイツ・イタリアが同盟政策をとりました。そして国際連盟は残った国の同盟政策の場となってしまいました。その国際連盟に残った国に、ドイツに攻撃されたソ連と、日本に攻撃されたアメリカが加わったのが、第二次大戦の際の連合国です。だからこそ、そこに枢軸国と連合国の対立が起こり、第二次世界大戦となってしまったのです。

同盟政策に戻ってしまえば、ちょっとしたきっかけで大戦争になり、膨大な犠牲者が生まれることは、既に第一次世界大戦で証明済みです。そして事実、その第二次世界大戦における死傷者の数は、五〇〇〇万人を超えるという膨大なものになってしまいました。

どうして日本・ドイツ・イタリアは国際連盟を脱退してしまったのか。――その理由は、国際連盟では各国はそれぞれに主権国家であるという意味で、全加盟国が平等だったからです。全加盟国が平等だとどうして大国が脱退するのか。

世界政府が生まれていない以上、国際社会は最終的には力の世界です。そして、その力の世界では、力のある国は力のある国として扱われなくてはなりません。力のある国は力の無い小国と一緒にされてはならないのです。ところが、国際連盟は各主権国家を機械的に平等に扱いました。そうなると、平等に扱われた大国には不満が残ります。そこで大国は国際連盟を脱退してしまったのですが、つまり各加盟国が平等であったことが大国を閉め出すこととなり、そこで集団安全保障体制の考え方は挫折してしまったのです。

制裁方法の不備に関しても、一般に言われる国際連盟の欠点は、本質からずれています。経済的制裁のみであることは、確かに欠点でしょう。しかし、もし国際連盟が武力制裁を行うことができたとしたらうまくいったのか。――制裁に関する国際連盟の最も大きな欠点は、制裁が必要かどうかが主権国家である各加盟国の判断にまかせられたことにありました。

国際連盟における制裁例は、イタリアのエチオピア侵略に対してのみであり（一九三六年）、そして、そのイタリアを率いているのは猛り狂ったムッソリーニでした。制裁が必要かどうかの判断が各加盟国に任されたら、どこの国も制裁は行わない。だからこそ、国際連盟の制裁は効果がなかったのです（もし国際連盟に武力制裁が許されていたとしても、そのことは、たぶん第二次世界大戦をもう少し早く起こすことくらいのことでしかなかったと思われます）。

国際連合は大国が関係する戦争は解決できない

国際連合は、第二次大戦中の連合国がそのまま国際連合になったものです。従って国際連合も連合国も、英語で言えばユナイテッド・ネーションズ（The United Nations）であり、また国連憲章の中に敵国条項が存在することもそのことを表しています。

しかし、国際連合も、集団安全保障体制の考え方に基づいています。即ち対立を前提としない、すべての国家が参加する国際平和組織を作り、その国際組織が戦争（侵略戦争）を禁止する。そして、侵略した国には全加盟国で制裁するという考え方ですが、そのため国際連合は国連軍を持つことも想定しており（但し現在に至るまで正規の国連軍は生まれてはいません）、制裁を行うかどうかの判断は安全保障理事会が行うことになっています。

ところが、国際連合はもともと大国が関わる戦争は解決できない組織です。「大国一致の原則」

という原則があります。国際連合を美化しすぎてきたわが国では、いかにも大国が一致し、国連が世界の平和と安全を守るという響きを持って語られてきたのですが、しかしその「大国一致の原則」の実質は、「大国が一致しないことはしないという原則」でしかありません。

「大国が一致しないことはしない」ということは、大国が嫌がることをしないということです。そこで大国は「嫌だ！」という権利を持ちます。たとえそれが大国の横暴に基づいていたとしても、たとえそれが幾ら理不尽なことであったとしても……。つまり、それが現在の国際連合における安全保障理事会において米・露（かつてはソ連）・英・仏・中の五大国に与えられている拒否権の意味なのです。

「大国が一致しないことはしない」以上、国連ができることは限定されています。米・露・英・仏・中の五大国に関係する紛争や戦争は解決できません。五大国そのものに関わる戦争はもちろんのこと、その五大国の利害に密接に関係する中小国の紛争や戦争も解決することができません。そのため、国連が解決できるのは、五大国に関係のない局地戦争だけです。だからこそ、かつてのベトナム戦争やチェコ事件が、何ら解決されないまま大国の横暴のもとに放置され続けたのです。

どうして国際連合は「大国一致の原則」（＝「大国が一致しないことはしないという原則」）を採用したのか。国際連合の最大の眼目は、国際連盟の失敗を繰り返さないことにあります。従って国際連合の特徴は、何よりも「大国をはみ出さない組織」という点にあります。だからこそ、大国をはみ出さないために、五大国に「嫌だ！」という権利、即ち拒否権を与えたのです。

国際連合は同盟政策の論理をその内部に取り込んでしまった

国際連合は、大国をはみ出さないために米・露・英・仏・中の五大国に拒否権を与えています。そうである以上、その拒否権が乱発されれば国際連合は動かなくなります。そして、事実、冷戦時の国際連合は、米ソの拒否権行使で安全保障理事会がしばしば機能不全に陥りました。

しかし、冷戦によって国際連合は、その拒否権の問題以上に重大な問題を抱えてしまいました。それは、国連憲章にある地域的安全保障という考え方が、冷戦によって同盟政策の論理に変質してしまうことを許してしまったからです。つまり、集団安全保障体制の論理の下に存在する国際連合は、冷戦時に同盟政策の論理をその内部に取り込んでしまったのです。

地域的集団安全保障の具体例としては、北大西洋条約機構（NATO）、ワルシャワ条約機構（WTO）、太平洋安全保障条約（ANZUS）、東南アジア条約機構（SEATO）、中央条約機構（CENTO）などがあげられます。そして、日米安全保障条約もその地域的集団安全保障の具体例に含まれるのですが、しかし、これら条約や機構の論理は、本来国際連合が持っているはずの集団安全保障体制の考え方とはまったく異なります（ワルシャワ条約機構、中央条約機構は、現在存在していません。また、東南アジア条約機構は、一九九七年に軍事機構としては解散したのですが、元になった東南アジア集団防衛条約は現在も有効であり、加盟国間の防衛義務は今でも有効と確認されています）。

集団安全保障体制の考え方は、対立を前提としないすべての国家が参加する組織を作り、侵略を行った国があれば全加盟国で制裁を加えるというものです。ところが、これら条約や機構は米ソの対立を前提として生まれ、米ソが自らに与する国家と結んだ条約や機構です。従って、それは本質的には軍事同盟であり、そこでそこには同盟政策の論理が存在します。つまり、冷戦後の国際連合においては、集団安全保障体制の論理と同盟政策の論理が同時に働くようになってしまったのです。

同盟政策の論理が働いている以上、冷戦は第三次世界大戦になる可能性がありました。しかも、その第三次世界大戦は、核戦争になる危険性をも持っていました。

しかし、冷戦は、第三次世界大戦にはなりませんでした。その理由は？――もちろん、核戦争によって米ソ両国がお互い自滅してしまう可能性があったこともあるでしょう。しかし、冷戦が第三次世界大戦にならなかった最大の理由は、国際連合という組織が存続できたことにあるように思われます。対立を前提としないという大前提は冷戦によってかなり崩れてしまったものの、すべての国が参加する組織という集団安全保障体制の論理を持った国連が存在し続けた。

もしソ連かアメリカのどちらかが国際連合を脱退していたら、米ソは同盟政策の論理のみで行動するようになります。そして、同盟政策は、ちょっとしたきっかけで大戦争になります。従って、それはもしかすると、第三次世界大戦につながっていたのかもしれません。つまり、集団安全保障体制の論理と同盟政策の論理のどちらに傾くか、冷戦時の国際連合は、その岐路に立たされていたのです。そして、かなり歪んだものになってしまったものの、国際連合は何とか集団安全保障体制の考え方を維持することができました。だからこそ、第三次世界大戦は起こらなかった、そう考えられるのです。

この場合、この国連の存続を制度的に保障したのは、拒否権の制度があったからです。もし大国に拒否権が与えられていなくて、ソ連かアメリカのどちらかが国連を脱退していたら、国際連合は存続できず、第三次世界大戦になっていたでしょう。従って、冷戦が第三次世界大戦になることを防止したのは、拒否権の制度であったと考えられます。

五大国に拒否権を与えたことにより、五大国に関係する戦争は解決できない。五大国に拒否権を与えたことにより、国際連合は機能を停止することがある。しかし、たとえそうであっても、拒否権の制度が存在することによって、国際連合は、冷戦が第三次世界大戦にまで発展することを防ぐという機能を果たしえた――そのようにも考えられるのです。

第三次世界大戦が起こる可能性がある

現在、国際連合は新たな危機に直面しているように思われます。なぜなら、ウクライナに侵攻したロシアに対して、現在拒否権剥奪の声が聞かれ始めているからです。事実、ウクライナのゼレンスキー政権はそのことを要求しており、ロシアの国際連合からの追放までをも要求しているとの報道もあります。

しかし、それは国際連合の前身である国際連盟が失敗した理由を知らないからです。もしロシアから拒否権を奪えば、ロシアが国際連合から脱退してしまいます。ロシアを国際連合から追放してしまったら、ロシアは同盟政策の論理のみで動くようになります。そしてその際の国際連合は、集団安全保障体制の考え方を掲げる国際連合ではもうなくなってしまいます。

中国に対するアメリカにおける新冷戦志向の高まりも、私たちに不安を与えざるをえません。その中国敵視政策は、もしかすると中国の国際連合からの離脱をもたらすかもしれません。

最悪のシナリオは、国際連合を離脱したロシアと中国が同盟を組み、国際連合がアメリカを中心とする同盟の場になってしまうことです。もちろん、私たちには先のことは分かりません。しかし、現在の国際社会は、そのシナリオに陥ることまでをも含んだ、極めて危機的状況にあるということだけは確かなのです。

(ii) 核兵器の拡散に関連する論理
米ソ平和共存がフランス・中国への核拡散をもたらした

ここで核兵器に関連する「戦争ができる国際社会」の論理について考えたいと思います。一国の核兵器保有は核兵器という軍備拡大をも意味するため、この問題は軍備拡大政策（富国強兵政策）について述べた際に扱ってもよかったと思います。しかし、対立する主権国家が核兵器を保有しあって核戦争が起こったとしたら、双方の国における国民の被る犠牲はあまりにも膨大なものにならざるをえません。そこで、核兵器に関する論理は、通常の軍備拡大の問題とは別に考えておかなくてはならないのです。

世界史における現在の方向は、核兵器の拡散であるように思われます。主権国家の核兵器保有は、核兵器という軍備の拡大です。従って、対立する国家のうちの一国が核兵器を保有すれば、対立する相手国の側も核兵器保有を意図します。そこで一九四五年に核兵器を保有したアメリカに対抗して、一九四八年にソ連は核兵器を保有したのですが、しかし、核兵器は、核保有国が協調する状況においても拡散します。

核兵器の最初の拡散は、超大国から大国への拡散でした。即ち、米ソ核二超大国からフランス・中国への拡散です。どうして、フランス・中国への核拡散が起こったのか。——それは、米ソ

二超大国の間に「平和共存」が行われていたからです。[註4]

「核のカサ」という言葉があります。同盟している国が核兵器を持っていれば、自国は核兵器を持っていなくとも安全だという考え方です。もし対立する核保有国が自国を核兵器で攻撃しようとしても、同盟している核保有国が核兵器で報復してくれる。だから、対立する核保有国は核攻撃をしないというのです。

しかし、「核のカサ」の論理は、あまりにも脆弱な論理でしかありません。もし自国が核保有国だったとして、対立する核保有国が自国の核のカサの傘下にある国を実際に攻撃してしまったとします。そして、自国民にこう問うたとします。同盟国との信義に応えて核兵器を使おうと思うが、どうか。しかし、相手国による核攻撃の危険性がある。――たぶん自国民はすぐにイエスとは言わないでしょう。

となると、「核のカサ」に入っている国からすれば、その「核のカサ」の有効性を疑うことは、むしろ当然のことでしかありません。つまり核兵器に関しては、同盟政策はその有効性を失うのです。同盟している国が助けてくれない！　「核のカサ」に入っていても、本当は意味がない！

フランスは、かつては非核保有国で、ＮＡＴＯの一員でした。そして、核兵器はアメリカが持っており、フランスは、アメリカの「核のカサ」に入っていました。しかし、そのアメリカが、敵対する核保有国であるソ連との平和共存を主張し始めました。

米ソによる平和共存は、実質的には米ソによる二超大国支配をもたらしたのです。核兵器の保有をこの両国のみに限定し、世界のすべてをこの二超大国で決定する。そうなると、今まで超大国に従っていた大国が核兵器保有の道を選ぶのは、ある意味で当然でした。

一九六〇年、「平和共存」という名の米ソ二超大国支配に反発するド・ゴール政権下のフランスは独自の民族主義路線を強行し、核兵器保有に踏み切りました。そして、一九六四年には中華人民共和国を承認し、一九六六年にはNATOをも脱退しました。また、毛沢東の指導する中国も、ソ連における平和共存路線への転換を修正主義と呼んで非難して、一九六四年には自力更正による核兵器の開発に成功しました。そして、その中国の原爆保有が、その中国と対立しているインドの一九七四年の核実験につながるのです。

中小国への核拡散——核兵器が使用される可能性は飛躍的に増大する

冷戦終結後、一時国連の役割に期待する声が聞かれるようになりました。アメリカとロシア連邦との協調が文字通りの「大国一致の原則」を可能にし、国連の役割が増大することが期待されたのです。——しかし、冷戦の終結は中小国への核兵器の拡散をもたらしました。

冷戦の終結は、大国が対立する時代が終わって大国が協力する時代になったことを表します。かつてはアメリカに反発したフランスも、ソ連に対抗した中国も、冷戦終了後は同じ核大国として共同歩調をとるようになりました。そして、そのことはフランスと中国が一九九二年に核兵器不拡散条約（NPT）に参加したことに現れています。

ところが、大国が協力する時代は、ある大国と利害が対立する中小国が他の大国の助けを借りることができなくなっている時代と言うこともできます。それまではどこかの大国と結びつくことによって他の大国に対抗することが可能だった。しかし、もはやそのどこかの大国は助けてはくれない。——従って、大国の協力は、中小国にとっては大国の支配を意味するのです。

そうなると、中小国は、自らの力で大国の支配に対抗しなくてはならないことになります。では、どのようにして？——最もてっとりばやいのは核兵器を保有することです。核兵器を持ってさえいれば、中小国も軍事的に大国と同じ立場をとれるようになります。そこで、一九九八年に米・露・英・仏・中の五核大国に対抗して、インドが核実験を再開しました（インドは最初の核実験以後、実験を停止していました）。そしてある中小国が核兵器を持てば、その中小国と対立する他の中小国も核兵器を持つようになります。だからこそ、核実験を再開したインドに対抗して、パキスタンの核実験が引き続いて行われたのです。そして、二〇〇三年に行われた北朝鮮による核兵器保有宣言も、この文脈上にあったことは確かでしょう。

この場合、中小国が核兵器を保有することになれば、核兵器が使用される可能性は、飛躍的に増大します。大国の場合は、たとえ核兵器を持っていても、その核兵器を使用する可能性はそれほど高くはないでしょう。核兵器を使わなくてもいつかは勝てると判断できれば、敢えて核兵器を使用する必要はないからですが、しかし、中小国においては事情が異なります。中小国は、大国であれば部分的敗北にしかすぎないとされるような軍事的敗北でも、容易に国家存亡の危機に陥ってしまいます。そして国家存亡の危機に直面すれば、その中小国の権力者が核兵器だけを使用しないで済ますという自制心を持ち続けることは、たぶんできないでしょう。

大国から中小国への核兵器の拡散は今後も続くでしょう。大国間に協調関係が進展した時に、中小国間の対立関係が深まった時に。そしてこの場合、中小国の最初の核兵器使用は、核大国をも含んだ他の核保有国の核兵器使用に連動する可能性があります。国家存亡の危機に直面した中小国は、自国を存亡の危機に陥れたすべての国に対して、核攻撃を仕掛けるでしょう。従って、少なくともこの中小国によって核攻撃を受けた核保有国は当然核兵器を使用する可能性があります。そしてその核攻撃を受けた国の核兵器使用がさらにどう波及するかは分からないと言ってもいいでしょう。どの核保有国がどの国を敵と考えているかが定かでないからですが、つまり、核兵器が中小国へと次々と拡散する世界においては、一国の核兵器使用がきっかけになって核戦争が世界中に波及する可能性もまったくないとは言えないのです。[註5]

「戦争ができる主権国家」は国民すべてを手段にできる

「戦争ができる国際社会」の論理でどうしても忘れてはならないのは、「戦争ができる主権国家」と国民との関係から生まれるものです。そして、その論理の第一は、「戦争ができる主権国家」は国民すべてを手段にできる、というものです。この場合、この論理は徴兵制度、即ち義務兵役制度が近代においては、代表的市民革命であるフランス革命の際に初めて生まれたという事実に由来します。そして、第一次世界大戦の際に総力戦が登場したことによって、兵役以外の「戦争ができる主権国家」への協力義務が国家が戦争を行う際のすべての場面に広がったことによって生まれます。

先ず、徴兵制度がフランス革命によって始まったことに関して、です。市民革命は、第三身分（民衆、人民）[註6]が第一身分である聖職者（僧侶）階級と第二身分である貴族階級（封建領主階級）を打倒し、自らが主権者になったという事件です。そして、フランス革命はその最も代表的な市民革命なのですが、市民革命においては、民衆（第三身分）が「民衆の武装権」に基づいて革命を起こしました。イギリスにおけるピューリタン革命、アメリカにおける独立革命、フランス大革命、そのすべてが武力による革命です（但し、イギリスの名誉革命は武力を用いることなしに革命を行うことができました）。

この場合、民衆の「武装権」とは、圧制からの自由や極度の貧困からの解放を求めて武器を持って民衆が立ち上がる権利であり、民衆が武装して権力者に抵抗する権利です。つまり、それは民衆の武装による抵抗権なのですが、圧制の制度が存在したり、極度の貧困が存在したりする社会体制のもとでは、民衆は自らの解放のために武装による抵抗権を必要としたのです。「民衆の武装権」は、市民革命を遂行するための「光栄ある権利」であり、かつ「義務」でした。圧政の制度と闘い、自由を獲得することは民衆の権利であり、かつ義務であるとされたからですが、「戦争ができる主権国家」は、フランス革命の際にこの「光栄ある権利かつ義務」という概念を国家における兵役の概念に取り込むことに成功しました。

その理由は、他国の絶対君主や封建的領主階級がフランスからの亡命貴族とともに革命に干渉したからです。民衆は、国内においても革命を遂行しなくてはなりません。そして、フランスをかつての身分制社会に引き戻そうとする国外からの干渉に対しても、革命を守らなくてはなりません。従って、民衆の武装権は、国内における反革命勢力に対してばかりではなく、他国に対しても適用される必要があったのです。

中世及び絶対主義の時代は、第二身分である貴族階級が戦争を行いました。しかし、フランス革命は、第一身分である聖職者階級とともにその貴族階級を打倒した革命です。となると、自らが主権者となったフランスを他国の絶対君主や封建的支配階級から守るためには、民衆（国民）自らが戦う以外にはありません。そこで兵役は民衆の「光栄ある権利かつ義務」となったのです。従って、フランス革命の時に徴兵制度（＝義務兵役制度）が生まれました。

しかし、「光栄ある権利かつ義務」となった兵役、即ち「戦争ができる主権国家」の中に組みこまれてしまった民衆の武装権は、徐々に「光栄ある権利」の性格を失い、そのほとんどが権力者の支配する国家に対する単なる義務のみの意味しか持ちえなくなってしまいました。国境を越えたフランス国民軍が他国における第三身分の自由抑圧の手段になってしまったからですが、その証拠にナポレオン戦争の際、フランスの民衆はあれほどに国家の手段とされ、あれほどの犠牲を出したのです。

しかし、兵役が「光栄ある権利」の性格を失っていくことは、「戦争ができる主権国家」にとっては、どうでもいいことでした。国家が徴兵制度を敷く権限を維持さえできれば、それで良かったからですが、いや、兵役が「光栄ある権利」の性格を失っていくことは、フランス以外の「戦争ができる主権国家」にとっては、却って好都合でさえありました。それは、徴兵制度が国民主権ではない国に広がる道を保障したからです。

フランス革命が進行し、さらにそれがナポレオンの大帝国に移行する過程で明確になったことは、兵員数は、戦争に勝利するか敗北するかの決定的要因であり、そして徴兵制度は国家の兵員数を確保する上で最上の制度であるということです。そして、もし国家に対する兵役が「光栄ある権利」の性格を失ってしまえば、それは国民が主権者ではない国にも広がることができます。そこで、徴兵制度は国民が主権者ではない国にも波及し、さらにすべての「戦争ができる主権国家」の採用する原理となってしまったのです。

国家は徴兵制度を敷く権限を持っている。従って、国家は国民を「戦争ができる主権国家」の手段にできる。それは、社会主義国家が成立しても変わることはありませんでした。社会主義国家は、兵役を労働者階級が支配する国家を守るための名誉ある義務として示しています。従って社会主義国家は、その意味でフランス革命の「光栄ある権利かつ義務」の概念を受け継いでいるのですが、しかし民衆（労働者階級）は、結局はあいかわらず「戦争ができる主権国家」の手段でしかありませんでした。なぜなら、社会主義国家は結局は強権的権力者の支配する国家であり、民衆を抑圧する国家でしかなかったからです。

国家は徴兵制度を敷く権限を持っている。従って、国家は国民を「戦争ができる主権国家」の手段にできる。それは、現在の「戦争ができる国際社会」においても変わってはいません。もちろん、現在徴兵制度を採用していない国はたくさん存在します。そして、そのような国は現在志願兵制度を採用しているのですが、しかしそれは、「戦争ができる主権国家」が現在志願兵制度でこと足りると判断しているからにしかすぎません。もし戦争が起こり、志願兵制度では立ちゆかなくなったとなれば、その志願兵制度は必ず徴兵制度に移行します。つまり、「戦争ができる主権国家」は現在も徴兵制度を敷く権限を持ち続けているのであり、従って「戦争ができる主権国家」が必要と判断した時は、いつでも徴兵制度を敷くのです。

兵役は、フランス革命以来の国民の義務である。そうである以上、戦争を遂行する国家に協力することは、その兵役以外においても国民すべての義務になります。そして、「戦争ができる主権国家」に対する兵役以外の協力義務がありとあらゆる場面に広がったのは、総力戦が登場したからです。

総力戦は第一次大戦の時に始まりました。それ以前の戦争は、前線における正規軍同士による決戦によって勝負のつく戦争であり、正規軍が決戦に敗れればそれで戦争は終わりでした。そして戦争のための武器や弾薬はそれ以前に備蓄してあったものを用い、その備蓄が終われば正規軍はもはや戦闘を継続できず、決戦に敗れたのです。

ところが、第一次大戦からは戦争の様相が一変しました。すでに各国とも国民国家を形成しており、また国民徴兵制が完成されていたからです。まず徴兵可能な兵員が動員され、そして兵員は次から次へと補充されました。彼らは前線で消耗される兵士の補充として派遣され、その彼らが消耗するとまた次の兵員が補充されました。彼らは戦闘を継続する国家の無尽蔵な人的資源とされ、戦争は一度や二度の決戦では終わらなくなってしまったのです。それはあたかも巨大な戦闘マシーンの壊れた部品や道具の補充のようなものでした。壊れても壊れてもとり替えられ、そこで戦闘マシーンは戦闘を継続できたのです。つまり、総力戦の出現によって、国民は戦争を続ける国家の完全な手段となり、国家という戦闘機械の単なる道具になりきってしまったのです。

そして戦争が継続する以上、当然のことながら武器・弾薬も消耗します。すでに近代戦であり、武器・弾薬が備蓄分で足りるということはありえません。さらにまた当然のことながら、食料、衣類、日用品、薬品などの兵員が使う生活必需物資も消耗します。従ってそれら武器・弾薬、生活必需物資なども生産されなければなりません。膨大な消耗量にあわせて補給されなければならないのです。つまり補給こそが問題であり、重点は前線の決戦ではなく補給の方に移ってしまったのです。

そうなると勝敗のカギをにぎるのは国家全体の労働力であり、国家全体の経済力です。そのため戦争を継続する国家は、兵士として前線に送られない者をも動員します。軍需物資の生産のためにであり、衣類、日用品、薬品などの生活必需物資の生産のためにです。経済はより効果的な物資生産のため統制され、国民はそのための単なる労働用員でしかなくなります。つまり、総力戦の出現によって前線に送られない国民は戦争を継続する国家によって無尽蔵に消費される労働力資源とされ、完全にその国家の手段となり道具になりきってしまったのです。

このような総力戦という戦争形態が出現すると戦争は長期化します。戦争を続けるための無尽蔵な人的資源と補給のための無尽蔵な労働力資源とが国家によって完全に掌握されてしまっているからです。そしてまた総力戦の出現によって指導者は妥協により戦争を終結することが困難になってしまいました。なぜなら国民のすべてを動員し物資のすべてを戦争に当てている以上、安易な形での妥協ではその膨大な損害をつぐなえないからです。そして、そのような妥協をしては、すぐさまその戦争指導者の責任に結びつきます。その結果、戦争指導者は相手国に無条件降伏を要求し、そのことがいっそう戦争を長期化させます。

つまり、総力戦とは敵対する国家がまさに死力をつくして行う戦争を意味するのです。しかも現代の戦争は世界戦争になる可能性をもっています。対立する国家がお互いに同盟政策を駆使し、その結果、戦争は対立する国家群の戦争になるからです。そこで戦争は一国のみの敗北では終わらず、戦争終結には対立する国家群すべての敗北が必要とされます。世界大戦になれば戦争は参加国すべての総力戦となるのであり、従って戦争のいっそうの長期化は必至です。その結果、参戦国の国民はその長期化した戦争の間中動員され、国家の手段となり、道具になり続けることになるのです。

「戦争ができる主権国家」は敵国と見なした国の国民すべてを攻撃できる

「戦争ができる主権国家」と国民の関係から生まれる「戦争ができる国際社会」の論理の第二は、「戦争ができる主権国家」は敵国と見なした国の国民はすべて攻撃できる、ということです。この場合、もちろん国際法は存在します。そして、いわゆる戦時国際法は、「戦争ができる主権国家」の戦時における行為にある程度の制限を加えています。毒ガスは使用してはならない。民間人は攻撃してはならない……。そこで、現在のウクライナにおけるロシアの攻撃に対しても、マスコミは、病院を攻撃した、学校を攻撃した、共同住宅を攻撃したと報道しているのですが、しかし、少なくとも世界史の現在の段階においては、それが「戦争ができる国際社会」のメインの論理にはなってはいません。

この場合、私の念頭にあるのは、広島と長崎に対する原爆投下です。そして、東京大空襲、大阪大空襲に代表されるわが国の主要都市に対する無差別爆撃です。当然のことながら広島・長崎、そして東京・大阪などのわが国における主要都市にも学校はありました。病院もありました。集合住宅もありました。しかし、それでもそれら攻撃は実際になされた！　そして、それら攻撃は、現在においても戦争犯罪とはされていない！　となると、広島・長崎に対する原爆投下や東京大空襲・大阪大空襲などの都市無差別爆撃は、「戦争ができる主権国家」が現在も行ってもいい攻撃になります。どうしてこのような攻撃が行われてもいいのか。その論理は何か。

たぶん、総力戦が戦闘員と非戦闘員の区別を不明確にしてしまったから、と考える以外にないでしょう。総力戦であるかぎり、すべての人間が動員の対象であり、たとえ兵員として戦場に行かなくても、国民は直接的あるいは間接的に軍需物資、生活必需物資の生産にたずさわっています。また、そうでなくとも教育、文芸、思想などの形で戦争遂行に協力させられています。つまり総力戦のもとでは、すべての国民が戦争に参加させられているのであり、ある意味では国民すべてが戦闘員です。従って、総力戦の下では、敵国と見なされる国家の国民は、すべて攻撃してもいいことになります（主権国家同士の戦争ではないのですが、本書の原稿校正中にイスラム組織ハマスとイスラエルとの紛争が起こり、その際、イスラエルによって病院攻撃などの人道破壊が行われました。もちろん私には、イスラエルがハマスが総力戦を行っており、従ってガザ地区住民は敵であり、すべて攻撃対象であると見なしているかどうかは分かりません。しかし、明らかになった報道をみるかぎり、そのような攻撃が続いています）。

犠牲を強いられるのは双方の国の国民

「戦争ができる主権国家」と国民との関係から生まれる「戦争ができる国際社会」の論理は、先ず第一に「戦争ができる主権国家」は国民すべてを手段にできる、であり、次に「戦争ができる主権国家は敵国と見なした国の国民はすべて攻撃できる、でした。となると、この二つの論理から帰結されるのは、「戦争ができる主権国家」同士の戦争で犠牲を強いられるのは双方の国の国民となる、ということになります。

そして、それが「戦争ができる主権国家」と国民との関係から生まれる「戦争ができる国際社会」の第三の論理となるのですが、現代の戦争においては、双方の国民は完全に国家の手段とされてしまっているのです。そして、そのすべてが攻撃の対象となってしまっているのです。従って現代の戦争においては、自国が勝利するか敗北するかは、双方の国民にとってそれほどの意味を持ちえなくなってしまっていると言わざるをえません。

自国民はすべて味方、敵と見なした国の国民はすべて敵の考え方でいいのか

しかし、この三つの論理には、その根底にもう一つの論理があります。それは、「自国民はすべて味方、敵と見なした国の国民はすべて敵」という論理です。そしてこの論理は、現在の「戦争ができる国際社会」においては、「戦争ができる主権国家」が国民国家（ネーション・ステイツ）であるとされていることから生まれます。

国民国家は絶対主義の時代に誕生しました。そして、市民革命期にその国民国家の中に国民が主権者である国民国家が成立したのですが、国民国家は、同一民族が一つの国家を形成し、その国家内部に住む人間はすべて同じ国民であるという擬制の下に存在します。となると、自国民の利害はすべて一致することになります。そして、自国の側からすれば、敵と見なした国のすべての国民との利害は対立することになります。だからこそ、「戦争ができる主権国家」

は国民すべてを手段にでき、敵と見なした国の国民すべてを攻撃できるのであり、だからこそ犠牲を強いられるのは双方の国の国民となるのです。

しかし、市民革命時には、各国内部における特権身分（第一身分である聖職者階級と第二身分である貴族あるいは封建領主階級）の利害と第三身分である民衆（市民・農民）の利害は対立しているという意識がありました。そして、国境を越えた各国間における特権身分同士の利害は一致しており、民衆同士の利害も一致しているという意識がありました。即ち国家内部には対立があり、国境を越えた特権身分同士及び民衆同士の対立は存在しないという意識があったのです。

また社会主義思想家の考えたことも同様です。国内においては資本家階級と労働者階級（民衆）が対立しており、国境を越えた資本家階級同士、労働者階級同士の利害は一致している。

実を言うと、私は、「戦争ができる国際社会」にもこの利害の対立・一致の構図は当てはまるのではないかと考えているのです。双方の国家内部に、国家が「戦争ができる主権国家」であることに利益を持つ権力者及びその周囲に群がる人間と、「戦争ができる主権国家」の手段にされ、犠牲を強いられる民衆の対立がある。そして国境を越えた権力者同士、民衆同士の利害は一致している。従って、「自国民はすべて味方、敵と見なした国の国民はすべて敵」という論理は、国家が「戦争ができる主権国家」であることに利益を持つ権力者が民衆にそう思わせているものにしか過ぎない。そして、その論理の基盤となっている国民国家の擬制は、もはや取り外さなくてはならない。そうでなければ、双方の国における民衆が被る犠牲があまりにも膨大すぎるものになってしまう、そのように私は考えるのです。

(3)「戦争ができる国際社会」の論理からの解放

日本は再び軍備拡大政策・同盟政策を国策にすることを世界に宣言してしまった

これまで「戦争ができる主権国家」で構成される「戦争ができる国際社会」の論理について考えてきました。そして、先に述べたように、安保関連三文書は日本をして再び「戦争ができる国際社会」の論理の真っ只中に引き戻してしまいました。そのことはわが国とわが国民に何をもたらすのか。

しかし、そのことを論ずる前に少なくとも閣議決定という手法については述べておかなくてはならないでしょう。閣議決定という手法は、自衛隊の海外派遣（派兵）が初めて行われたペルシャ湾への掃海艇派遣（一九九一年、湾岸戦争終結直後の時期）の際にも用いられました。また二〇一四年の集団的自衛権容認の際にも用いられたのですが、このような国家の根本政策の変更が閣議決定のみで行われてもいいのだとしたら、国会やその国会における議員を選ぶ国民の選挙などの意味がまったく無くなってしまいます。そして、そのことは、この三文書の中で謳われる「自由で開かれたインド太平洋」とか「法の支配に基づく自由で開かれた国際秩序」などの文言が、やはりまったく意味の無い言葉であることをも示唆するに違いありません。

安保関連三文書は日本をして再び「戦争ができる国際社会」の論理の真っ只中に引き戻してしまったということは、この三文書によって、日本及び日本国民はその「戦争ができる国際社会」の論理の持つ問題点のすべてを背負わざるをえなくなってしまった、ということを意味します。国家の安全保障の方法に関連する論理、核兵器拡散に関連する論理、国家と国民の関係から生まれる論理の問題点すべてに関して、です。

そこで、そのことを念頭に置いて特に重要な問題点を考えると、安保関連三文書の第一の問題点は、日本が再び軍備拡大政策・同盟政策を国策とすることを世界に宣言してしまったということです。

安保関連三文書は、「反撃能力」の名目で、敵国と見なす他国の領域内を直接攻撃しうる、トマホークその他の「敵基地攻撃能力」を保有すると明記しました。当然のことながら、このことはわが国が軍備拡大政策を採用したことを意味するのですが、またこの三文書は、わが国が国策として同盟政策を採用したことをも意味しています。

政府の説明によると、わが国が「敵基地攻撃能力」（反撃能力）を用いた武力攻撃を行使する要件の中には、集団的自衛権の容認を謳った二〇一五年の安全保障関連法制の中の「存立危機事態」が含まれます。そしてその「存立危機事態」の中には、「日本と密接な関係にある他国に対する武力攻撃が発生し、日本の存立が脅かされる事態」という文言が存在します。つまり、この三文書は、「日本と密接な関係にある他国」であるアメリカとの同盟関係を強化するために、日本が「敵基地攻撃能力」という軍備拡大政策をとるというものなのです。従って、この文書は、日本が軍備拡大政策、及びアメリカとの同盟政策を国策にすることを世界に宣言した文書と言えるのです。

軍備拡大政策の欠点は、軍拡競争を必然とし、国家間の対立を拡大するということです。そして、対立が拡大されている以上、たとえ戦争が起こりづらくなったとしても、その戦争はただ先延ばしにされただけという可能性が高いということです。従って、この三文書によって日本は、敵と見なした国との軍拡競争を行わざるをえなくなり、また将来における戦争の可能性を覚悟しなければならなくなってしまったのです。

しかも、この三文書の中で国名を挙げられた国（敵と見なすと名指しされた国）は中国、北朝鮮、ロシアの三国です。——ロシア及び現在の中国は、たぶん歯が立たない大国に含まれるでしょう。そして、北朝鮮は核兵器保有国であり、現在では核技術、ミサイル技術の最先進国なのです。従って、問題は、この三文書がこの三国を日本がミサイルを撃ち込む可能性がある国と宣言してしまったこと、それ自体にあります。公に、敵意をもって。キジも鳴かずば撃たれまい。

しかし、キジは鳴いてしまった。そこで、この三文書によって日本及び日本国民は、この三国から完全に敵と見なされる国、国民になってしまったのです。従って、逆にこの三国からミサイルを撃ち込まれても不思議ではない国、国民になってしまった。

同盟政策の欠点は、対立を拡大し、何らかのきっかけで大戦争になってしまうということです。そして、今後もし国際連合において、集団安全保障体制が維持できないような事態になれば、第三次世界大戦になってしまいます。

もちろん、たとえ友好関係にあるとは言え、中国、ロシア、北朝鮮の三国はまだ完全な同盟関係にあるわけではありません。しかし、国際連合が集団安全保障体制を維持できなくなる可能性は否定できません。ウクライナ戦争の成り行きや中国に対するアメリカにおける新冷戦志向の高まりなどによってですが、となると、日本は第三次世界大戦の真っ只中に置かれる国になってしまいます。

覇権国家アメリカとの同盟関係を強化することは危険だ

安保関連三文書の第二の問題は、第一の問題とも関連して、アメリカとの同盟関係を強化することは危険ではないか、ということです。なぜなら、同盟政策の欠点には、同盟国の戦争に巻き込まれる可能性があるということも含まれるからです。

いや、もしかするとこの場合、「アメリカとの同盟関係を強化すること」という言い方は不正確かもしれません。なぜなら、今回の安保関連三文書には、その背後にアメリカの圧力が存在し、そのアメリカの圧力の下に生まれた可能性があるからです。

もちろん、尖閣列島における中国との領土問題その他の理由で、日本政府の側がより積極的に動いた可能性も考えられるでしょう。しかしわが国における戦後の防衛政策の変化の歴史を考えると、やはりアメリカ側の圧力のほうがより大きな要因になったと考えるのが自然です。つまり、アメリカとの同盟関係が強化されたのは、アメリカ側の意図が反映された結果であり、日本政府はそのアメリカの意志に従ったという可能性のほうが高いのです。となると、この三文書によってわが国はアメリカの世界戦略に組み込まれ、そのアメリカの手先あるいは先兵の役割を演じなくてはならなくなるのかもしれません。

アメリカはロシア（あるいはかつてのソ連）と同等、あるいはそれ以上に、戦争で物事を解決しようとする国であり、戦争を手段とする国です。現在のロシアとウクライナの戦争では、ウクライナを支援するアメリカにすべての正義が存在するかのように報道され、わが国民の多くもそれを信じてしまっています。

しかし、第二次世界大戦後の歴史を振り返ると、アメリカの主張する正義はあまりにも自国本意の正義です。しかもアメリカは、自国の行う戦争をその正義のための戦争と思い込んでしまいます。そして、自国の行う戦争をその正義のための戦争と思い込んでしまうと、謀略をも含めて何でもやります。

例えば、ベトナム戦争の際に北爆のきっかけになったトンキン湾事件（一九六四年）は、アメリカがでっち上げたものでした。またイラク戦争（二〇〇三年）の際に、アメリカはサダム・フセインが核兵器や生物化学兵器などの大量破壊兵器を保有していると主張して、イラク攻撃を行いました。しかし、その後イラク国内には大量破壊兵器などまったく存在していなかったことが明らかになったのです。

そして、アメリカという国は、自らが正義と思い込んだ戦争を行う際、どんな兵器でも使用する国であり、どんな攻撃でも行う国です。広島・長崎における原爆投下。東京大空襲、大阪大空襲を始めとするわが国の主要都市に対する無差別爆撃……。朝鮮戦争における北朝鮮に対する無差別爆撃。ベトナム戦争における枯葉剤使用……（実を言うと私は、これらの攻撃は人道という言葉からすれば、最大の人道の問題であると考えており、従って、もし国際法に勝者の言葉によって生まれる言葉ではなく、自然法的な意味が含まれるのであれば、これらの攻撃は最大の国際法違反であると考えています）。

アメリカという国を考える上で最も重要なのは、アメリカは覇権国家であるということです。従って、アメリカこそ「戦争ができる主権国家」の代表であり、アメリカこそ「戦争ができる国際社会」の中心に位置する国なのです。常に世界の覇権を争っている国。そしてその覇権を維持するために地球上いかなる地域にも進出し、地域紛争に介入する国。そして、その紛争地域における民衆の犠牲をほとんど意に介さない国。だからこそ、アメリカという国はベトナム戦争においてあれほどの悲惨な、正義なき戦争を行い続けることができたのです（私には、現在のウクライナ戦争はアメリカにとっては代理戦争であり、従って、そこには、ウクライナ国民を犠牲にしてロシアの国力を弱めるというアメリカの意図が見え透いているように思われます。また、本書の原稿校正中に起こったハマスとイスラエルとの紛争におけるあまりにもイスラエル寄りのアメリカの態度は、アメリカの主張する正義が完全に自国本位のものであることを証明してしまったと考えています）。

となると、今後ベトナム戦争のような事態が起これば、日本はそのアメリカの手先の役割を担うことになります。そう考えると、やはりアメリカとの同盟関係を強化することは危険ではないか。そしてアメリカがこれから行おうとしている中国との覇権争いや北朝鮮問題の対応などのことを考えると、私にはアメリカとの同盟関係を強化することが、あまりにも危険な選択であると思わずにはいられません。

まず、アメリカと中国の覇権争いに関連して、です。現在、ウクライナに対するロシアの侵攻に連動して、台湾に対する中国の武力侵攻が起こるのではないかと喧伝されています。まるで習近平中国政権が既に台湾侵攻を決定し、今にもそれが実行されるかのように伝えられているのですが、しかし、そのように騒ぎ立てることこそ、状況を危険な方向へと導いてしまう可能性があるように、私には思われます。

台湾問題を語る時は、たぶん香港の問題から語らなければならないでしょう。イギリスから中国への返還（一九九七年）後の香港の状況には、確かに胸が痛みます。二〇一四年の「雨傘運動」の失敗、二〇一九年から二〇二〇年の民主化デモの弾圧……。

しかし、イギリスから中国への香港返還は、本来は喜ぶべきことだったはずです。なぜなら香港に住む中国人にとっても、香港返還は欧米列強及び日本によって行われた中国の半植民地化からの解放を意味する事件だったはずだからです。帝国主義の時代、アヘン戦争敗北によるイギリスへの香港割譲を皮切りに、中国は西欧列強及び日本に次々と国土を奪われていきました。特に日清戦争敗北後の中国は日本に台湾・澎湖島を奪われ、ロシアに遼東半島南部を奪われ、イギリスには威海衛を奪われ、フランスに広州湾を奪われ、ドイツに膠州湾を奪われ……。そこで、中国は半植民地の状態になってしまったのです。

植民地支配は他国の支配であり、他国による自由の抑圧です。また、植民地支配は他国による搾取・収奪を意味します。そうなると植民地にされた国の民衆にとって、民族解放運動は避けることができない運動となります。なぜなら、それは「第一の革命」（自由権的基本権獲得のための革命）、「第二の革命」（生存権的基本権獲得のための革命）のための運動となるからです。

そしてこの場合、その民族解放運動を遂行するために、中国民衆はマルクス・レーニン主義（共産主義）を選択しました。そして、マルクス・レーニン主義を選択したことによって、中国が強いられてきた半植民地の状態から抜け出ることに成功しました。そのことは、日本敗戦後に再開された毛沢東の指導する共産党とアメリカの支援を受けた蔣介石の国民党との内戦（第二次）で共産党が勝利し、中華人民共和国が誕生（一九四九年）したことに現れています。

ところが、マルクス・レーニン主義は、言ってみれば副作用の強い特効薬のようなものでした。なぜなら、マルクス・レーニン主義は強権的全体主義国家をもたらす思想だったからです。つまり、マルクス・レーニン主義は民族解放のためには特効薬だった。しかしマルクス・レーニン主義を採用したことによって、中国には強権的全体主義国家の副作用が現れた[註7]。

そこで、中国には「第一の革命」「第二の革命」である民族解放運動とは別の革命が必要な状況が生まれたのです。即ちそれは、民衆が全体主義国家による「圧政」から自らを解放するのための「第一の革命」です。さらに、中国はもちろん市民革命を経験していません。となると、そこには前近代的「圧政」からの解放を求める「第一の革命」が必要な状況も残っています。

つまり、これが返還後の香港における状況なのです。イギリス統治下の香港は、当然のことながら政治はイギリス人が行い、中国人は支配されていました。しかし、政治のことを別にすれば、香港に住む中国人は一定程度のイギリス風自由の中で暮らしていました。また経済的にも、それなりの豊かさを享受できていました。となると、香港の中国人にとっては、香港に導入された中国本土の政治は、やはり強権的政治でしかないでしょう。そこで、民衆の中に反対運動が起こり、そして、その運動が弾圧された。だからこそ、その状況に私たちの胸が痛むのです。

しかし、香港の問題は、少なくとも他国が軍事力で解決していいことではありません。たとえば、香港を統治していたイギリスが香港を再び統治下に置き、香港に住む中国人にイギリス風の自由を与える。もしそうなれば、それは再び植民地支配の問題に戻ってしまわざるをえません。従って、歴史は、また帝国主義に時代に舞い戻ってしまうのです。

つまり、香港の問題は、中国における民衆自らが解決すべき問題なのです。もちろん、香港における中国人の要求は正当です。言論の自由や報道の自由の権利は獲得されなくてはなりません。しかし、人権革命には長い時間がかかるのです。問題は民衆の人権意識にあります。つまり、言論の自由や報道の自由の権利に対する要求は香港に住む中国人ばかりでなく、中国全土における民衆の大多数の要求にならなくてはならないのです。従って、香港に住む中国人は、自らの要求が中国全土における民衆の大多数の要求になるように「第一の革命」を続けなくてはなりません。いくら現在が理不尽なものであったとしても、たとえ自由を獲得するのにどんなに長い時間がかかろうとも……。

そしてこの場合、他国民にできることは、香港に住む中国人の要求が中国全土における民衆の大多数の要求になるための精神的及び経済的支援でしかありません。従って、他国民も胸を痛め続けなくてはなりません。いくら現在が理不尽なものであったとしても、たとえ香港に住む中国の民衆が自由を獲得するのにどんなに長い時間がかかろうとも……。

台湾が置かれている状況は、本質的には香港と同じです。もちろん日本が引き上げた後の台湾は植民地だったわけではありません。第二次内戦で敗北した国民党の蒋介石が台湾に逃れてきて、中国本土にあった国民党政府が台湾に移りました。しかし大陸には既に共産党政権が成立しており、そこで中国は分断国家になってしまったのです。そして、その分断国家の問題を解決することが、中国における民族解放運動の延長線上に位置する問題になってしまった！

民族解放運動の延長上の問題である以上、台湾問題は中国全土における民衆自らが解決すべき問題です。従って、当然のことながら、他国が干渉すべきで問題ではありません。特に日本は、台湾を植民地にした国であり、満州国を作った国であり、中国国歌「義勇兵行進曲」が生まれるきっかけになった国なのです。そのため、中国と台湾との紛争が起こったとしても、日本は中国に対する武力行使に参加してはなりません。そしてもう中国人を殺してはなりません。つまり、わが国は、中国に侵略したという「負の遺産」を背負った国であり、従って、台湾への軍事介入などということは絶対に行ってはならないのです。

ところが、安保関連三文書によってアメリカとの同盟関係が強化されると、日本はそのような立場を貫くことができなくなるかもしれません。なぜなら、もし台湾問題をきっかけにアメリカと中国との間に紛争が起こるとしたら、何らかの口実の下に、アメリカの方が先に仕掛ける可能性が高いと私には思えるからです。となると、日本はそのアメリカが先に仕掛けた戦争に加担しなくてはならなくなります。

私がそのように考える理由は、中国に対する現在のアメリカの「新冷戦思考」がかつての対ソ封じ込め政策を連想させるからです。共産主義を「悪魔」の思想、ソ連を「悪」の帝国と考えてその「悪」の帝国を封じ込めるために世界各地に軍隊を送る。そこでアメリカは、中国における内戦の際に蒋介石率いる国民党を支援し、朝鮮戦争を行い、ベトナム戦争を行ったのですが、つまりアメリカは、民族解放運動が人権革命であることを理解できていなかったのです。植民地支配からの解放が「第一の革命」（自由権的基本権獲得のための革命）、「第二の革命」（生存権的基本権を獲得するための革命）であることを。そして、その民族解放運動を共産主義（マルクス・レーニン主義）を世界に広めようとするソ連の膨張の結果としか見ることができなかったのです。

中国に対するアメリカの新冷戦思考は、かつてソ連の置かれていた場所に、そのまま中国を置いた思考方法であるように思われます。反共を旗頭に、アメリカ的正義に駆られて、かつてのソ連に代わって中国を「悪魔」に見立てて、……。従って、現在のアメリカも台湾問題が民族解放運動の延長線上にある問題であることを理解できていないのではないか。そのようにしか私には思えないのです。となると、民族解放運動の延長上にあるちょっとした中国側の行動を侵略と見なし、攻撃を始める可能性があります。だからこそ、私は、台湾問題をきっかけにアメリカと中国の間に紛争が起こるとしたら、アメリカの側が先に戦争を仕掛ける恐れがあると考えるのです。

そして、私は、もし台湾問題をきっかけにアメリカと中国との間に紛争が起こったとしたら、日本がアメリカの代理戦争の当事者になってしまう恐れが高いと考えています。もしアメリカと中国との間に紛争が起こったとしても、中国軍がアメリカ本土に攻め込むなどということは、当然考えられません。そして、米中間で核戦争になるかどうかに関しては、たぶんそうはならないでしょう。大国である両国が核兵器を使ってまでして、お互いの国土を破壊し合うことに意味があるとは考えられないからですが、となると戦闘の中心は台湾と台湾周辺及び中国ということになります。

そしてこの場合、たとえアメリカとの戦争になろうとも、中国は絶対に引かないでしょう。台湾問題は中国にとって民族解放運動の延長線上にある問題だからです。かつての日本との戦争において、中国は毛沢東の持久戦論に則って戦争を行いました。従って、たとえ長期戦になったとしても、中国が降伏するとはどうしても考えられないのです。

となると、位置的関係からして、日本がアメリカの代理戦争の当事者になります。そして、日本国民の犠牲は膨大なものになります。そう考えると、私にはアメリカとの同盟関係を強化することはどうみても危険だと思えて仕方がないのです。

北朝鮮問題に関連して、ですが、わが国はかつて朝鮮半島を植民地にしました。従って、中国同様、南北朝鮮はわが国が「負の遺産」を背負った国です。また、わが国は南北朝鮮が現在分断国家であることに対しても、大きな責任を負っています。なぜなら、わが国が植民地にしていたからこそ、日本敗北の際に朝鮮半島はアメリカとソ連によって南北に分かれて占領され、そのことが分断国家につながったからです。となると、朝鮮戦争の際、南北朝鮮の国民があれほど膨大な犠牲を強いられたことに対しても、わが国はやはり大きな責任を負っていると言わざるをえないでしょう。わが国は再び「負の歴史」を繰り返してはならず、朝鮮半島で決して戦火を交えてはならない。——これが、北朝鮮に関する日本の採るべき大原則です。

ところが、台湾問題の場合と同様、アメリカとの同盟関係が強化されると、この大原則が維持されない可能性があります。なぜなら、やはり台湾問題の場合と同様、北朝鮮に対してもアメリカの側から先に紛争を巻き起こす可能性があると私には思えるからです。

そう考える理由は、朝鮮半島で紛争が起こることに対するメリットが現在の北朝鮮にはなく、現在のアメリカにはあるからです。北朝鮮は小国です。そのため、下手に紛争が起こると、北朝鮮はすぐにでも国家存亡の危機に直面してしまいかねません（その証拠に、朝鮮戦争の際、北朝鮮は三八度戦を越えたアメリカ軍に攻められて一ヵ月足らずで鴨緑江にまで追い詰められてしまいました）。

ところが、アメリカには紛争が起こることに対するメリットがあります。北朝鮮は、現在アメリカ本土を狙うことができるＩＣＢＭ（大陸間弾道弾）の開発を急いでいます。そして、そのＩＣＢＭに搭載することが可能なように核兵器の小型化を追求しています。従って、もしそのような核搭載可能なミサイルの実戦配備が完成するまでに紛争が起これば、その紛争をきっかけにアメリカは北朝鮮における核・ミサイル施設を破壊することができます。そしてアメリカに対する北朝鮮の脅威を完全に取り除くことができます。だからこそ、私は、アメリカの側から先に紛争を巻き起こす可能性があると考えるのです。

そして、朝鮮半島にもし紛争が起こった場合、心配なのはやはり核兵器の使用です。私は、北朝鮮こそは、現在核兵器を使用する可能性が最も高い国であると考えています。なぜなら、小国である北朝鮮は、たとえ通常兵器しか使われない戦争であったとしても、極めて短期間で国家存亡の危機に直面する可能性があると考えられるからです。

そしてこの場合、もし北朝鮮が核兵器を使用したとしても、たぶんアメリカ本土にはそれほどの犠牲は出ないでしょう。現在の北朝鮮における攻撃能力ではアメリカにそれほどの損害を与えることができない可能性もあり、また、もしあったとしても、紛争開始時にアメリカを攻撃できるICBM基地のみを攻撃すればそれで済むからです（穿った見方をすると、今回の安保関連三文書にある「反撃能力」はそのためのものかもしれません）。となると、北朝鮮の核攻撃による犠牲者は、韓国と日本の民衆ということになります。だからこそ、私は、アメリカとの同盟強化は極めて危険だと考えるのです（もちろん、北朝鮮における核兵器及びミサイル開発問題は解決されなくてはならない問題です。しかし、たぶんそれは、核保有大国自らが核軍縮に動き、その中に北朝鮮をも組み込んでいくという方法以外にないでしょう。そう考えると、アメリカを始めとする核大国の側の論理を代弁することしかしない現在の日本政府の態度は、まったく逆の方向を向いていると考えざるをえません）。

アメリカとの同盟政策強化の問題に関連して、一言付け加えておきたいと思います。安保関連三文書の背後には、日本と中国との領土問題（尖閣列島問題）にアメリカの力を借りようとする日本政府の意図が見え隠れしています。しかし、わが国はもう領土問題で戦争をしてはなりません。国民を手段にして、国民を平気で犠牲にして領土を争うなど、もう許されてはならないのです。そして、領土問題のためにアメリカの力を借りようとすることは、その代金の代わりに日本国民の命を差し出すことに等しいのです。

再び広島・長崎や東京大空襲を体験させられるかもしれない

安保関連三文書の最大の問題は、この三文書によってわが国民は再び広島・長崎や東京大空襲を体験させせられるかもしれない国民になってしまった、ということです。日本政府の説明によると、わが国は敵と見なした国が攻撃に着手したと判断した時に、その「敵基地攻撃能力」（反撃能力）による攻撃を行うことができます。しかし、その時に、一体相手の攻撃力の何%を破壊できるのか。

もし、相手の攻撃力を一〇〇%殲滅できなければ、わが国には、残りの分が飛来することになります。そしてこの場合、もし飛来した分のすべてを打ち落とせなければ、わが国には再び広島・長崎、東京大空襲が起こります。それでは、この時にわが国のミサイルは、その内の何%を打ち落とせるのか。――たぶん、わが国に飛来する相手国のミサイルや航空機のすべてを打ち落とすことは不可能でしょう。

つまり、これが、安保三文書によってもたらされた日本国民がこれから置かれる状況なのです。そして、それは、第二次世界大戦末期にわが国民が置かれた状況と同じです。いつ大空襲に襲われるかもしれない状況。いつ核兵器を落とされるかもしれない状況（もっとも当時の日本国民は、まだ原爆という核兵器が存在していることを知らなかったのですが……）。

安保関連三文書は日本をして再び「戦争ができる国際社会」の論理の真っ只中に引き戻してしまった。その結果、わが国及びわが国民は、中国、北朝鮮、ロシアの三国から完全に敵と見なされる国、国民になってしまった。そして、もし台湾問題をきっかけにアメリカと中国との間に紛争が起こったとしたら、日本はアメリカの代理戦争の当事者になってしまう恐れが高い。また、もし朝鮮半島に紛争が起こった場合、北朝鮮の核攻撃による犠牲者は、韓国と日本の民衆ということになる。そして、安保三文書によってもたらされた日本国民がこれから置かれる状況は、第二次世界大戦末期にわが国民が置かれた状況と同じである。

日本国民は、戦後こんな日本を作ろうとしてきたのか。いや、過去を問わずとも、現在及びこれからの日本国民は自らをこんな状況に置いたままでいいのか。

日本国民は、もう「戦争ができる国際社会」の論理からの解放を図らなくてはならないのです。「戦争ができる国際社会」の論理の真っ只中に置かれたままで何も抵抗せず、ただ犠牲を強いられることを待っているだけでは、まるで大量自殺する前のレミングです。

それでは、どうすればいいのか。「戦争ができる国際社会」の論理が生まれる大本は、「戦争ができる主権国家」です。従って日本国民は、もう「戦争ができる主権国家」の変革を決意しなくてはなりません。そして、その「戦争ができる主権国家」の変革を通じて「戦争ができる国際社会」の変革を決意しなくてはなりません。つまり、もうわが国民は、「戦争ができる主権国家」「戦争ができる国際社会」そのものからの解放を目指さなくてはならないのです。

いや、「戦争ができる国際社会」の論理からの解放は、すべての国の国民（民衆）が追求しなくてはならない課題です。国家と国民の関係から生まれる「戦争ができる国際社会」の論理は、先ず第一に「戦争ができる主権国家」は国民すべてを手段にできる、であり、第二は「戦争ができる主権国家は敵国と見なした国の国民はすべて攻撃できる、であり、第三は「戦争ができる主権国家」同士の戦争で犠牲を強いられるのは双方の国の国民となる、です。従って、すべての国家における国民が「戦争ができる主権国家」「戦争ができる国際社会」の変革を決意しなくてはなりません。

だからこそ「人間を起点とする社会哲学」は「平和のための革命」（平和権的基本権獲得のための革命）を主張するのです。「平和のための革命」を行って、「戦争ができる国」「戦争ができる国際社会」を変革する。つまり、日本国民、そしてすべての国における国民は、自らを「戦争ができる国際社会」の論理からの解放するために「平和のための革命」を行って、「戦争ができる主権国家」「戦争ができる国際社会」そのものからの解放を目指さなくてはならないのです。

（4）もう平和憲法に頼ることはできない

「だしがら」になってしまった平和憲法

ところで、私たちには、たぶんここで平和憲法と呼ばれる日本の現憲法についても考えておく必要があるでしょう。なぜなら、戦後の日本国民も「戦争ができる国際社会」の論理からの解放を求め、そうであるが故に平和憲法を受け入れた、そのように考えられるからです。

戦後日本国民のほとんどは平和憲法と呼ばれる現憲法を歓迎しました。その理由は、たぶん平和憲法が日本国民を「戦争ができる国際社会」の論理から解放してくれると考えたからでしょう。なぜならば、この憲法に謳われる戦争の放棄とは、「戦争ができる主権国家」を否定したものと考えられるからです。そして、その平和憲法を厳格に（文字通りに）解釈した結果生まれる非武装中立という政策を主張したかつての日本社会党が、戦後かなりの期間野党第一党の地位を保持できたのも、やはりこの理由によると考えられます。なぜなら、国家の安全保障の方法という観点から見ると、非武装中立政策は軍備拡大政策と同盟政策を否定したものと考えられるからです。[注8]

そこで、国民の多くは「憲法を護れ！」「憲法を護れ！」と主張し、護憲運動を行ってきたのですが、しかし、もう護憲運動は限界に来ています。なぜなら、現在の平和憲法は、かつての平和憲法の、言ってみれば「だしがら」でしかないからです。

平和憲法によって、かつてわが国は「戦争をしない国」でした。戦力を保持しない、交戦権を否認する国家でした。ところが現在においては、自衛隊という軍隊を保持することがあまりにも当然のことだとされています。そして、その自衛隊は海外でも活動でき、武器を使用することもできます。そして、侵略を受けたとされる他国を守るために集団的自衛権を行使し、その他国の軍隊と一緒に戦争を行うことができるのです。しかも、今回の安保関連三文書によって、その自衛隊は、敵国と見なした国の領域内にミサイルを撃ち込むことができるようになってしまった！

つまり、もう平和憲法と呼ばれる憲法には、護るものが何も残っていないのです。従って、もう平和憲法には頼ることができません（もしかすると護憲論者の中には、日本政府が徴兵制を主張しないのはこの憲法があるからと考えている人がいるのかもしれません。しかし、既に述べたように、現在の「戦争ができる国際社会」の論理の下では国家はいつでも徴兵制度を敷くことができるのであり、従ってそのような幻想にとらわれていると、これからもだまされ続けることにならざるをえません）。

平和憲法は「戦争ができる国際社会」の論理を否定したものではない

どうして、平和憲法はこれほどに変わってしまったのか。――もちろんそれは、戦前の日本への回帰を志向するわが国の保守勢力及びわが国政府が次から次へと解釈改憲を行ってきたせいです。しかし、解釈改憲がこれほどに進行してしまった理由には、別の要因があります。

平和憲法について考える上で、最も重要なのはその成立の背景であり、そしてそれは、平和憲法がいわゆる「押しつけ憲法」だったということです。護憲論者は、現在においても平和憲法が「押しつけ」られたということを認めようとはしません。しかし、平和憲法は戦勝国アメリカが日本の牙を抜くためにわが国に押しつけた「押しつけ憲法」です。[註9]

ということは、平和憲法の制定の背景には「戦争ができる国際社会」の論理が存在しているということを意味します。なぜなら、既に述べたように、アメリカは覇権国家であり、「戦争ができる国際社会」の中心に位置する国だからです。従って、平和憲法がアメリカの圧力によって制定されたということは、その憲法がその成立の当初から、「戦争ができる国際社会」の論理の下に存在してきたということを意味するのです。

平和憲法が「押しつけ憲法」であれば、アメリカの対日方針が変化すれば、そのアメリカの意思とともにその解釈は変化します。アメリカが冷戦を選択すれば、平和憲法は冷戦下の平和憲法になります。そして、そのアメリカの方針転換にわが国の保守勢力が乗ずれば再軍備が行われ、自衛隊が誕生します。そして、さらにアメリカが日本をさらに利用しようとすれば、その平和憲法下で自衛隊の海外派遣が行われ、集団的自衛権の行使が容認され、「敵基地攻撃能力」の保有が容認されます。そして、そのアメリカが今後さらに対中国との覇権競争に目を向ければ、たとえ平和憲法が存在したままでも、日本は米中の対立に巻き込まれることになります。つまり、現在の憲法をかつての平和憲法の「だしがら」にさせたのは、わが国の保守勢力の意図とともに、アメリカという覇権国家が体現する「戦争ができる国際社会」の論理だったのです。

平和憲法は、「戦争ができる国際社会」の論理を体現するアメリカによって「押しつけ」られました。それは平和憲法に二つの論理を与え、それが平和憲法の限界を形作ります。

先ず第一にそれは、平和憲法はわが国のみの憲法ということです。従って、その憲法はわが国以外の「戦争ができる主権国家」を拘束するものではありません。そして、そのことは、護憲運動を中心に据えたわが国の平和運動の限界をも形作ります。なぜなら、護憲運動は他国民の行う平和運動と連帯することができないからです。何しろ、他国民は平和憲法を持ってはいないのです。従って、「平和憲法を護れ！」という運動は、他国における平和運動から孤立した、わが国民のみの運動になってしまわざるをえないのです。

もう一つは、平和憲法は「戦争ができる国際社会」の論理そのものを否定したものではない、ということです。確かに、平和憲法は戦力不保持と交戦権の否認を謳っており、そのことが「戦争ができる国際社会」の論理を否定しているかのように思えます。しかし、この憲法には、どうしてわが国のみが戦力の保持を禁止され、交戦権を否認されなくてはならないかの根拠が示されていないのです。だからこそ、そこに解釈改憲が行われる余地が生じ、そこで平和憲法はかつての平和憲法の「だしがら」になってしまった。従って、平和憲法はわが国以外の国における国民に対してばかりでなく、わが国民に対しても「戦争ができる国際社会」の論理からの解放を保障しないのです。

もし日本国民が「戦争ができる国際社会」の論理からの解放を求めるのなら、やはりそれは、平和憲法のように、一国のみに通用する論理では足りないのです。そして、やはり、その「戦争ができる国際社会」の論理そのものを否定する論理が必要なのです。従って、「戦争ができる国際社会」の論理からの解放のためには、平和憲法はもともと頼ることができないものだった、そう考える以外にないのです。

(5)「戦争ができる主権国家」と国民との社会契約はもう更新できない

国家は自衛権を持つか

本論考の最後に「現代の国家はもう自衛権を持たない」「『戦争ができる主権国家』との社会契約はもう更新できない」と主張する「人間を起点とする社会哲学」（「新」社会契約説）の考え方を述べておきたいと思います。なぜならこの考え方こそ、「人間を起点とする社会哲学」が追求し続けてきた「戦争ができる国際社会」の論理そのものを否定する論理だからです。そして、この考え方を前提に置いて、「人間を起点とする社会哲学」は「平和のための革命」（平和権的基本権獲得のための革命）を主張します。つまり、「人間を起点とする社会哲学」は「戦争ができる国際社会」の論理そのものを否定する論理を提起し、その上で「戦争ができる国」「戦争ができる国際社会」を変革すべく、「平和のための革命」を主張するのです。

そこで、先ず「現代の国家はもう自衛権を持たない」とする「人間を起点とする社会哲学」の考え方ですが、わが国の権力者を始め、すべての国の権力者は国家が交戦権を持っていることを当然としています。また市民革命期の社会契約説もそれを当然としており、例えばロックは、明確に国防を国家の統治目的の中に掲げています。もちろん現在では、各国の権力者とて、国家が無制限に戦争を行うことができるとは言いはしません。第一次大戦以前には、国家はその生存を維持し、さらにはその発展を図るために必要な行為を権利としてなしうるという自己保存権あるいは自存権の考え方が支配的であり、従って権力者は帝国主義戦争をも含む一切の戦争を行うことができると主張できました。しかし国際連盟規約あるいは不戦条約などによって侵略戦争が違法とされた現在では、国家が戦争を行うことができるのは、その侵略戦争に対する戦争、即ち自衛戦争であり、そして国家がその自衛戦争を行うための根拠が、国家固有の権利とされる自衛権なのです。従って現在権力者が当然としているのは、国家がこの自衛権を持つことなのであり、そこで「人間を起点とする社会哲学」は、その自衛権の根拠を問い糾していかなければならないのです。

それでは、どうして国家は自衛権を持っているのか。その根拠は何か。権力者の多くは、それが国家固有の権利である以上当然であると言うのみで、その理由をあまり説明しようとはしません。国家固有の権利である。国家である以上当然に持っている権利である。従って説明の必要すらない。――彼らは私たち民衆に対しこのように思わせようとしています。しかし自衛権行使の結果は戦争を意味し[註10]、従って敵味方を問わず民衆の生命が奪われ、民衆の身体の安全が損なわれます。即ちその際には民衆の「平和権的基本権」が侵されるのであり、従って国家固有の権利である、当然である、ばかりでは私たち民衆を納得させることはできません。

そこで権力者のある者は、人間の正当防衛権の考え方に見たててその自衛権の正当性を説明します。人間には、自分あるいは第三者が急迫不正な侵害を受けた場合には、その侵害を排除する正当防衛の権利があり、従ってたとえその侵害を行う人間を傷つけたとて、そのことで罪にはならない。同様なことが国家についても言え、国家にも、他国による急迫不正な侵害に対してはそれを排除する正当防衛の権利がある。そこで国家は正当防衛の権利としての自衛権を持ち、従って自衛権は国家固有の権利となるのである。――権力者のある者はこのように自衛権の正当性を説明します。そして国民の多くもこの説明で納得し、そこで国家に自衛権が存在することを当然としてしまうのです。

しかしもう少し深く考えてみると、人間の正当防衛権にはさらにその根拠が存在します。即ちそれは人間の尊厳原理であり、人間の持っている価値を最高・究極であるとする原理です。尊厳な存在としての人間が急迫不正な侵害を受けようとしている際に、正当防衛権が発生するのは当然です。ところが国家の自衛権が人間の正当防衛権と同様国家の正当防衛権であるとすれば、その国家も人間と同じく最高・究極である価値を持つ尊厳な存在とならなければなりません。従ってここに尊厳な存在が二つ考えられることになるのですが、国家がその正当防衛権を行使して戦争になれば、その国家の尊厳と人間の尊厳が衝突し、そしてそこでは人間の尊厳のほうが否定されます。人間が生命を奪われ、人間がその身体の安全を犠牲にされるからですが、どうしてそれが許されてまで国家に正当防衛権としての自衛権があるのか。その根拠は何か。

考えられることは国家が尊厳で、人間が尊厳ではないからです。つまり国家がこの人間社会の中で最高・究極である価値を持ち、人間はそのような価値の下位にある存在とされているからです。しかし、国家にそのような最高・究極である価値を与えるのはファシズムの論理です。従って、ファシズムの論理を認めることができない者はその説明を認めることができず、人間の尊厳を主張する者はその説明を認めることができません。従って、国家が自衛権を持つことの根拠は、個人の正当防衛権からは説明できないのです。

そこで、権力者のある者は自衛権の根拠を、人間の尊厳を守るという国家の目的から説明しようとします。即ちそれが、国家が自衛権を持つことの根拠は国民の生命・財産を守るためだ、とする説明の仕方です。人間は尊厳であり、国家はその人間の尊厳を守るための手段である。となると国家には目的が生まれ、それは国民という尊厳なる人間の生命・財産を守ることである。ところが国家が他国から侵略を受けた場合に国家がその侵略を阻止しなければ、その国民の生命・財産は侵される。従って国家はその任務を果たすため、その侵略を阻止しなければならない。そこで国家にはそのための自衛権がなければならず、従って自衛権は国家固有の権利となるのである。——権力者のある者は、自衛権の根拠をこのように説明します。

しかし国家は自衛権を持つことによって、国民の生命・財産を守ってくれるのか。国民はそれを信じてしまっていいのか。その答は、国家が実際にその自衛権を行使した場合のことを考えてみればすぐ分かります。即ち国家が自衛権を行使し、その結果戦争になれば、誰がその戦争を行うのか。国家が？　いや、国家ではなく、国民が、です。兵員になるのは国民であり、徴用を受けるのは国民です。そしてその国民が生命を失い、その国民の財産や労働力が使用されるのです。従って国家が国民の生命・財産を守るのではなく、国民がその生命・財産を犠牲にして国家を守るのです。順序はこうであり、決してその逆ではありません。従って国家は、自衛権を持つことでその目的を果たしておらず、逆に国家は国民を手段とし、その国民の生命・

財産を犠牲にしているのです。

そこで権力者のある者はこう続けます。確かに国家が自衛権を行使すれば、国民の生命・財産にある程度の犠牲が出るのは当然である。しかしそれは、やむをえないある程度の犠牲であり、他国の侵略を阻止できず、国家が滅亡すれば、より多くの国民の生命・財産の損失が予想されるのである。つまりそれはより少ない犠牲でより多くの犠牲を救うという量の問題なのであり、従って国家が自衛権を持つことはその目的に叶っている。国家はより多くの国民の生命・財産を守るのであり、より多くの国民の人間の尊厳を守るのである。従って国家が自衛権を持つのは当然である——と。

しかし現代の戦争を考えると、この説明も私たち民衆を納得させはしません。現代の戦争においては、国家が自衛権を行使した場合、国民の生命・財産があまりにも犠牲にされすぎるからです。

現代の戦争の特徴は近代戦と総力戦です。近代兵器の発達は、第二次世界大戦の際に核兵器までをも登場させてしまいました。核兵器の落とされた広島・長崎に出現した状況はまさに「生き地獄」でした。しかし、戦車・戦闘機・空母・ミサイルなどの近代兵器が発達し、それが必然的に無差別爆撃にならざるをえない現代の戦争では、たとえ核兵器が使用されなくても、現代の戦争では生き地獄の出現を防ぐことは不可能です。

現代の戦争は近代戦という形で行われるとともに、総力戦という形でも行われます。既に述べたように、総力戦という戦争形態においては、国家は国民を完全なる手段とすることができます。国民をあたかも戦闘機械の部品や道具のように消耗させることができ、国民を軍事物資や生活必需物資を生産させるための単なる労働力として扱うことができます。つまり、総力戦の下では、国家は国民を人間としてではなく、単なる道具、単なる資源、単なる手段として扱うことができるのですが、となると国民はすべて戦闘員ということになり、そして、そのことが無差別爆撃をも招いたのです。

この場合、現代の戦争における犠牲者の大きさは、第一次および第二次の世界大戦の犠牲者数に示されています。即ち、第一次大戦では非戦闘員を含めて約三〇〇〇万人が死傷し、第二次大戦では、やはり非戦闘員を含めて五〇〇〇万人以上が死傷したのです。つまり、意のままに近代兵器を使用できる国家、人間を人間としてではなく、単なる道具、単なる手段とすることができる国家、そのような国家が構成する国際社会の体制――その結果がこの膨大な数字となって現れていたのです。

量の問題？　より少ない犠牲？

どうしてそんなことが言えるのか。現代の戦争のどこに量の問題があり、どこにより少ない犠牲があるのか。――そのことを骨の髄まで思い知らされたのが日本国民で、そして、それが日本国民の戦争体験なのです。

つまり権力者の説明する自衛権の正当性は、この現代の戦争を前にして明白に否定されてしまうのです。従って、もはや国家は自衛権を持たない！

「戦争ができる主権国家」と国民との社会契約は更新できるか

もはや国家は自衛権を持たないということは、現代においては「戦争ができる主権国家」と国民との間の社会契約（国家契約）が更新できないということを意味します。この場合、「戦争ができる主権国家」と国民との社会契約とは、主権者である国民が、国民自身の生命・自由・財産を守るために「戦争ができる主権国家」に忠誠を誓うという国家契約のことですが、わが国の権力者が唱える自衛権の根拠は、市民革命期における社会契約説に密接に関係しています。自衛権は国家固有の権利である——それは社会契約説における自然権の考え方を自然状態が続いているとされる国際関係の中の国家に当てはめたものです。国家には正当防衛の権利がある——それも国際関係の中で自然権を持つ国家の考え方から導き出されます。国家が自衛権を持つのは国民の生命・財産を守るためだ——それは、社会契約説そのものです。

近代国家は、市民革命の際に、国民の生命・財産を守ることを目的にして打ち立てられました。ロックの言う所有権、即ち生命・自由・財産の権利を保障することを目的にして成立したのですが、そのため、国家は、国民の生命・自由・財産を侵害してはなりません。それは、国家の存立目的としての社会契約に違反することだからですが、そして、もし国家がその社会契約に違反して国民の生命・自由・財産を侵害した場合には、国民の側に革命権が生まれます。

国家の安全保障の問題に関しても、同じ論理の延長上で考えられています。従来の社会契約説によると、国民の生命・自由・財産を保障するために国家は戦争を行えるのであり、また行えなくてはなりません。なぜなら、社会契約説の考え方では、国家内部では平和の状態が確立しても、国家外部の者に対しては自然状態が続いているからです。そして、外敵による生命・自由・財産の権利に対する侵害は、国内における無法者による侵害よりはるかに大きいと考えられています。

ルソーの社会契約説の大きな影響を受けて、フランス革命のときに国民主権の国民国家が誕生しました。第三身分（民衆、国民）が第一身分・第二身分を打倒した結果ですが、一つの民族が一つの国家を形成するという意味での国民国家（民族国家）は、絶対主義の時代に成立していいます。しかし、国家を形成しているその国民が主権者である国民国家は、このフランス革命の時からです。

国民が主権者となれば、その国民国家の国防は、国民自身によって行われなくてはなりません。国民の生命・自由・財産は、彼ら自身が守る以外に手はないからですが、そして、国民（第三身分）が主権者である国家を他国の絶対君主や亡命した第一身分・第二身分から守るのは国民の権利であり、義務であると考えられるからです。そこで、フランス革命の際に初めて徴兵制が敷かれることになりました。つまり、ここに主権者である国民が、国民自身の生命・自由・財産を守るために「戦争ができる主権国家」に忠誠を誓うという社会契約を持つ国民国家ができあがるのです。

現代の国家がもはや自衛権を持たないということは、現代の国家がこれまで同様の社会契約の更新を要求することができないということを意味します。[註11] なぜなら、これまでの社会契約の前提が崩れているからです。これまでの社会契約は、国民の生命・自由・財産を守るために「戦争ができる主権国家」に国民が忠誠を誓うというものでした。ところが、現代の「戦争ができる主権国家」は、国民の生命・自由・財産を守ってはいません。現代の「戦争ができる主権国家」は、国民の生命・自由・財産を侵害しており、そしてその侵害の度合いは、絶対専制君主の国民に対する生命・自由・財産の侵害の度合いよりはるかに大きいのです。

ということは、ここに民衆の革命権が発生していることを意味します。民衆の「平和のための革命権」が、です。民衆は基本的人権を侵されているのです。平和権的基本権という基本的人権を。そして国家はその基本的人権を保障するのではなく、それを侵害しているのです。そして、その侵害の度合いは、今までのどの国家より大きい。従ってそこに人民の革命権が発生しないはずはありません。

従来の社会契約説は、戦争の惨害がこれほど大きなものになると予想してはいなかったのです。すべての人間が動員され、すべての人間が無差別爆撃の対象とされ、そして人類そのものを滅ぼす可能性までを持つ核兵器が出現する。このようなことが一七・一八世紀に住む契約論者に予想されるはずはなく、従って彼らは、当然のこととして国防を国家統治の目的の中に含めたのです。

また、一七・一八世紀には、他国民が同じ「人間」であるといった意識もなかったのかもしれません。他国民は人間ではなく、「悪魔」だったのかもしれません。歴史の中に現れる他民族の侵略は、あまりにも多くの場合、大規模な殺戮や略奪を必然としており、その際に被る国民の惨害の大きさたるや、国内におけるならず者の殺戮や略奪が及ぼす惨害の比ではありませんでした。

つまり、国防はかつては国民の生命・財産を守るためのものであり、従って「戦争ができる主権国家」は国民の基本的人権の問題だったのです。そしてそれは、より少ない犠牲でより多くの犠牲を救う、という量の問題でもありました。しかし、第一次世界大戦において近代戦・総力戦が登場してからは、「戦争ができる主権国家」はもはや当然ではなくなってしまいました。現代の戦争には、あまりにも多い犠牲と、信じられないほどの膨大な量しか存在しないからですが、そこで「戦争ができる主権国家」は現在ではその国民の基本的人権を侵害する「リヴァイアサン」以上の怪物になってしまったのです。

民衆は人権革命を始めなくてはなりません。民衆は、戦争の苦しみから自らを解放するために「戦争ができる主権国家」を倒さなくてはなりません。つまり、民衆は自らの平和権的基本権を獲得するために「平和のための革命」を行わなくてはならないのです。

「戦争ができる主権国家」はアンシャン・レジームである

「戦争ができる主権国家」は、現在「第三の革命」の対象として打倒されねばならないアンシャン・レジーム（旧制度）なのです。そして「戦争ができる主権国家」により構成される現在の国際社会の体制もアンシャン・レジームなのです。従ってアンシャン・レジームは打倒されなくてはなりません。「戦争ができる主権国家」も、その「戦争ができる主権国家」で構成される国際社会の体制も。そして「平和のための革命」はそのアンシャン・レジームを打倒し、平和国家と、その平和国家により構成される新たなる国際社会の体制を打ち立てなくてはならないのです。

「人間を起点とする社会哲学」（「新」社会契約説）からすれば、従来の社会契約説は、国家の概念を中心に据え、国家を介在させなくては論理を組み立てられないところに問題があるのです。基本的人権を保障するには国家が必要だ、国内における人権侵害を克服するためにも、国外からの人権侵害を防止するためにも。そこで人権保障の役割はすべて国家に委ねられてしまい、そして、従来の社会契約説は、国家が人権保障の役割をすべて担えると考えているのです。従って、それは社会契約説ではなく国家契約説でしかなかったのですが、そして、その国家契約説は、国内的には平和の状態が確保されてはいても、国外との関係では自然状態が継続しているという前提に立っています。そこで国民の生命・自由・財産を守るために「戦争ができる主権国家」が対立し合うという構図が描かれ、その構図が国際社会を形づくるのですが、しかし、現代では、その構図を描くこと自体が問題なのであり、そのことが国民に対する膨大な人権侵害をもたらすことになるのです。従って、もはや「戦争ができる主権国家」と国民との間の社会（国家）契約は更新できない！

註1　通常私は、「戦争ができる主権国家」という言葉を「戦争ができる国家」あるいは「戦争ができる国」と記述します。しかし本論考においては、その「戦争ができる国家」の問題を主に国際社会の中で考えているため、「主権」という言葉を強調して、「戦争ができる主権国家」と記述することにします。

註2　但し、現在の国際社会においては、国連などの国際組織や非政府組織（NGO）なども重要な意味を持つようになっ

てきています。しかし、国際社会の構成員は、現在においてもやはり国家が中心です。

註3 但し、ドイツに関しては、ウエストファリア条約は各領邦に主権を与えており、そこでドイツにおいては領邦国家の状態が継続することになります。そして、ドイツが完全に主権国家になるのは、一八七一年のドイツ帝国成立の時です。

註4 当時は既にイギリスも核兵器を保有していました。しかし、イギリスは核政策に関してアメリカと対立した政策をとったことはなく、従って、この場合、イギリスのことは考えなくてもいいでしょう。

註5 実を言うと私は、核兵器拡散の流れは国家レベルでは収まらず、中小国における反政府勢力にまで広がるのではないかと考えています。そのことに関しては、拙著『どんな世界を構想するのか——日本から世界へつなげる平和のためのアクション』（明石書店、二〇〇三年）や拙著『平和のための政治学——近代民主主義を発展させよう』（明石書店、二〇〇六年）を参照。

註6 第三身分、民衆、人民という言葉及び国民という言葉の関係については、たぶん確認しておいたほうがいいでしょう。先ず、民衆という言葉と人民という言葉は同義であり、英語で言えばピープルですが、しかし、それは単なる「人々」ではなく、一方的被支配者を表す言葉です。そのため民衆（＝人民）とは、もともと身分制社会あるいは階級社会を前提とした言葉であり、従って市民革命当時のヨーロッパでは第三身分がそれに当たります。また、フランス革命の際には第三身分こそすべてであるという考え方があり、そこで国民という言葉が第三身分（＝人民）が代表する国民という意味で用いられることもあるのです。

註7 マルクス主義が民族解放運動にとって特効薬になりえた理由は、戦争とか侵略とかの原因を資本主義、さらには帝国主義（＝独占段階に到達した資本主義）にあるとするからです。戦争とか侵略の原因が資本主義（あるいは帝国

主義）にあるのであれば、もし中途半端な妥協によって戦争を中断しても、資本主義国（あるいは帝国主義国）はその後必ず再び侵略を開始します。従って、植民地にされた側の民族が自らを解放するためには、あくまでも抗戦を続け、その資本主義国を打ち破る以外に手段はないということになるのです。

註8　国家の安全保障の方法という観点から見た非武装中立政策に関しては、前掲『平和のための政治学――近代民主主義を発展させよう』参照。

註9　ウクライナにロシアが侵攻したごく初期の段階で、プーチンロシア大統領は、ウクライナに武装解除と中立を要求しました。従って、もしこの段階でロシアが勝利し、ウクライナに憲法を押しつけたとしたら、国家の安全保障の方法に関するその憲法の内容は、たぶん日本国憲法と類似したものになったでしょう。

註10　自衛権とは、それを正確に表現すると「外国からの急迫または現実の不法な侵害に対し、自国を防衛するために必要な一定の実力を行使する権利」ですが、わが国の自衛権の存在に関しては、護憲論者はかつてそれを国家固有の権利として認めはしても、その一定の実力の行使の中に武力的手段を認めませんでした。つまり護憲論者は自衛権を認めても、自衛戦争は認めなかったのですが、しかし平和憲法を持たない国ではそのような議論が起こりうるはずはなく、自衛権の行使は自衛戦争に直結します。従ってこの論考では、日本のみに通用する議論はさておいて、自衛権は当然武力的手段をもって行使されるということを前提として、それを否定するのための考察を行っています。

註11　従来の社会契約説では、社会契約（国家契約）の更新という考え方は出てきません。社会契約が原初契約の一回かぎりと考えられているからですが、しかし「新」社会契約説においては社会契約は常に行われ続けていると考えているため、更新という考え方が生まれるのです。

第3章　平和のための「新」政党の話

(1) これまでの政党とは異なるタイプの「最左翼政党」

緑の党——現代という時代が要請する政党

「人間を起点とする社会哲学」は、以前からわが国には「平和のための『新』政党」が必要だと主張してきました。そこで、本論考では「人間を起点とする社会哲学」が必要だと考えるその「新」政党の考え方を述べていきたいと思うのですが、「平和のための『新』政党」の特徴は、先ず第一に、これまでの政党とは異なるタイプの「最左翼政党」ということです。[註1]

左翼・右翼という言葉は、革新と保守とを区別する言葉であり、さらにその革新および保守の度あいを順序づけるときによく用いられる言葉です。それはフランス革命の際、議会で左方の席を急進派のジャコバン党がしめたことに由来するのですが、つまり「人間を起点とする社会哲学」はこれまでとは異なるタイプの革新政党のうち、最も革新性の度合いの強い政党が必要だと考えているのです。

これまでとは異なるタイプの革新政党として、私たちはエコロジストが中心となって創りあげた「緑の党（人びと）」をあげることをできるでしょう。緑の党は、わが国においてはドイツのエコロジー政党として紹介されることが多かったのですが、しかし一般的には、世界で最初の緑の党はオーストラリア・タスマニア州における自然保護政治運動の中から一九七二年に生まれた「連合タスマニアグループ（United Tasmania Group）」だと考えられています。そして、その「連合タスマニアグループ」と西オーストラリア州の核兵器削減運動とが結びついて「オーストラリア緑の党（Australian Greens、一九九二年成立）」に発展するのですが、ヨーロッパにおいては、異説はあるものの、一九八〇年に旧西ドイツにおいて生まれた「緑の党（緑の人びと、Die Grünen）」をその始まりと考えるのが妥当でしょう。そして緑の党は、その後イギリス、フランス、フィンランド、オランダなどのヨーロッパ各地で次々に結成されていき、さらに現在では九〇ヵ国にも渡って世界各国に存在するようになったのです。

　緑の党に関して特に注目すべきなのは、国境を越えた連帯の広がりと深まりでしょう。各国の緑の党は、国内における様々な活動とともに、国際連帯の運動も活発に行っています。例えば各国の緑の党は、二〇〇一年にオーストラリアのキャンベラで世界大会を開催して「グローバルグリーンズ（緑の地球同盟、Global Greens）」を結成し、その際に「グローバルグリーンズ憲章」（Global Greens Charter）を採択しました。そしてその世界大会は、ブラジルのサンパウロで二〇〇八年に開かれた第二回大会、セネガルのダカールで二〇一二年に開かれた第三回大会、イギリスのリバプールで二〇一七年に開かれた第四回大会、二〇二三年の六月に韓国の仁川で開かれた第五回大会と、現在に至るまで既に五回開催されています（第3回大会では、「グローバルグリーンズ憲章」の改正が行われています）。

この場合、もちろん緑の党は世界大会以外でも、国境を越えた国際連帯のための活動を活発に行っています。「グローバルグリーンズ」は南北アメリカ、アフリカ、ヨーロッパ、アジア太平洋に大陸規模の地域連盟を持っているのですが、特にヨーロッパにおいては欧州連合（EU）規模の単一政党「欧州緑の党」（European Green Party）が二〇〇四年に既に結成されており、欧州自由同盟（European Free Alliance）[註2]と統一会派を組んで欧州議会において議会活動をも行っています。

緑の党は、これまでの左翼政党とは異なり、歴史的に見て新しい政党です。二〇世紀にあっては、左翼あるいは右翼の位置づけは、大ざっぱに言ってマルクス・レーニン主義を認める度あいを基準にして判断されてきました。それは二〇世紀における主導的革命理論がマルクス・レーニン主義であり、それが社会主義革命をひき起こしてきた以上、ある意味で当然ですが、しかし、エコロジストの主張する環境という概念は、現代に至って初めて私たちの意識の上に登場してきた概念です。資本主義経済の発展や科学技術の発達などによってもたらされた全地球的な環境破壊に対応してですが、だからこそ、緑の党はこれまでの左翼・右翼の位置づけには当てはまらない新しいタイプの革新政党になるのです。

私たちは、人間が現在および将来にわたって生存できる環境なしには生き続けることができない。そして環境問題は、現在の主権国家の枠組のなかでは解決できない可能性が高い。そのため環境問題の解決のためには、世界的規模での社会変革の必要が予想されるのですが、そうなると緑の党はこれまでの左翼政党以上に、現代という時代がその存立を要請する革新政党ということになります。[註3]

「戦争そのもの」「戦争ができる国家」を否定する政党

これまでとは異なるタイプの革新政党、現代という時代がその存立を要請する革新政党。――緑の党はそのような革新政党なのですが、「人間を起点とする社会哲学」が必要と考えている「平和のための『新』政党」もそのような政党です。なぜなら、その政党は「戦争そのもの」「戦争ができる国家」を否定し、「戦争ができる国家」の変革を通じて「戦争そのもの」の廃絶を目指す政党だからです。

単に平和を主張する政党や軍縮を主張する政党は、歴史的にも数多く存在し、現在も多くの政党が平和を主張しています。また、核軍縮さらには核兵器廃絶を主張する政党も現在多数存在しており、その意味においては緑の党もそのような政党です。しかし、「平和のための『新』政党」は「戦争そのもの」「戦争ができる国家」を否定し、「戦争ができる国家」の変革を通じて戦争の廃絶を目指します。従って、「人間を起点とする社会哲学」が必要と考えている「平和のための『新』政党」は、単に平和を「希望する」政党ではなく、今は戦争を行わずに平和を選択すべきだと主張する政党でもありません。そして、当然のことながら、それは、軍備の拡張を唱え、その拡張した軍備によって平和が保たれると主張する政党でもありません。

だからこそ、それは、これまでとは異なる新しいタイプの革新政党になるのですが、緑の党と同様、「平和のための『新』政党」も、現代という時代がその存立を要請する革新政党です。なぜなら、現代の戦争のもたらす災厄は、もはや人間の許容限度を超えてしまっているからです。

第2章の論考の中でも述べたように、現代の戦争の特徴は近代戦と総力戦です。前者は、近代兵器が使用されるという意味での近代戦であり、近代兵器の発達は、第二次世界大戦の際に核兵器までをも登場させてしまいました。そして、その近代兵器は、その核兵器を運搬する各種ミサイル、AI技術を駆使したドローンの登場など、現在も際限なく発達し続けています。

現代の戦争は近代戦という形で行われるとともに、総力戦という形でも行われます。総力戦の問題を考える上で最も重要なことは、国家と国民の関係、あるいは国家と人間との関係についてです。総力戦という戦争形態においては、国家は国民を戦闘を継続するための無尽蔵な人的資源とすることができます。そして、国民を軍事物資や生活必需物資を生産させるための単なる労働力として扱うことができます。従って、総力戦のもとでは、戦争を遂行するために国家は国民を人間としてではなく、単なる道具、単なる資源、単なる手段として扱うことができるのですが、となると、国民はすべて戦闘員ということになり、そのことが無差別爆撃をも招くのです。

私たちは、この関係を問題にしなくてはなりません。この国家と国民の関係はこのまま放置され、許されたままでいいのか。——答えは、総力戦であった第一次および第二次の世界大戦の犠牲者の大きさが示しています。第一次大戦では非戦闘員を含めて約三〇〇〇万人が死傷し、第二次大戦では、やはり非戦闘員を含めて五〇〇〇万人以上が死傷しました。家を失ったり、両親や兄弟姉妹を失ったりした人々の数を考えれば、被災者の数は、一気にその数倍にはね上がるでしょう。人間を人間としてではなく、単なる道具、単なる手段とすることができる国家、そのような国家が構成する国際社会の体制——その結果がこの膨大な数字となって現れているのです。

ものすごい圧制を行う国家、言いようのない抑圧の存在する社会体制！　いかなる時代の国家も、これほど国民を抑圧できず、いかなる時代の社会体制も、これほど人間に犠牲を強いることができませんでした。たとえ古代奴隷制国家でも、たとえ絶対主義国家でも、そしてそのような国家が形成するいかなる時代の国際社会の体制も、ここまではできなかったのです。現代の戦争――近代戦と総力戦――を行うことができる現代の主権国家とその主権国家が構成する現代の国際社会の体制は、そこに生活する人間に対して歴史上最も大きな抑圧をもたらすものと言わざるをえないのです。――だからこそ、「人間を起点とする社会哲学」が必要と考えている「平和のための『新』政党」は、現代という時代がその存立を要請する革新政党となるのです。

緑の党よりも革新的な政党

ところで、緑の党と「平和のための『新』政党」のどちらがより革新的な政党になるのか。――それは、たぶん「平和のための『新』政党」のほうでしょう。「戦争そのもの」「戦争ができる国家」を否定するということは、現在における主権国家、およびその主権国家で構成される国際社会そのものを否定することを意味します。そして、「戦争そのもの」「戦争ができる国家」を否定するということは、古代から現代に至る人類の戦争の歴史を覆そうとしていることを意味します。つまり、「人間を起点とする社会哲学」が必要だと考えている「平和のための『新』政党」は、言ってみれば「全地球的」かつ「人類史的」な変革を求める政党となるのですが、となると、その「新」政党が求める変革こそ、最もラディカルな（根本的な）変革とならざるをえません。

また、緑の党と「平和のための『新』政党」が変革のために必要とする時間のことを考えてみても、「平和のための『新』政党」が必要とする時間は、たぶん緑の党が必要とする時間よりもさらに長期に渡るに違いありません。二一世紀に始まり、二二世紀・二三世紀さらにはそれ以上続くかもしれない長期的変革……。だからこそ、その政党は緑の党よりもさらに革新性を持つ政党と考えられるのであり、変革を求めるすべての政党の中でも「最左翼政党」に位置づけられる政党になると考えられるのです。

(2) 戦後日本国民の「原点」を受け継ぐ政党

戦争体験を通じて獲得した日本国民の戦後の「感覚」

「平和のための『新』政党」の第二の特徴は、戦後日本国民の「原点」を引き継ぐ政党ということです。この場合、戦後日本国民の「原点」とは、私が「戦争体験を通じて獲得した日本国民の戦後の『感覚』」と呼ぶ、戦後のわが国に存在したわが国民独特の考え方のことですが、戦後暫くの間、わが日本国民は、世界史的に見てもたぶん例がないであろう平和に対する独特の「感覚」を保有していました。

第二次世界大戦以前に人びとが求めた平和は戦争の「不在」です。そして、日本国民以外の民衆は第二次大戦以後においても平和をそのように捉えています。戦争は無くなりはしない。平和は戦争と戦争の合間の時期にしか過ぎない。そのため、人びとは、今戦争が起こっていればその戦争が早く終わることを求め、今戦争が起こっていなければその平和の期間ができるだけ長く続くことを求めるのですが、ところが第二次世界大戦直後の日本国民は、「戦争そのもの」が無くなることを求めました。「戦争そのもの」を否定し、さらに「戦争ができる国家」までをも否定したのです。

「人間を起点とする社会哲学」は、その戦争体験を通じて獲得した日本国民の戦後の「感覚」は多くの点ですでに西欧型民主主義や社会主義国型民主主義の考え方を超えていたと考えています。例えば、西欧型民主主義にも社会主義国型民主主義にも「戦争そのもの」「戦争ができる国家」を否定する考え方は含まれてはいません。そこで、第二次大戦後、アメリカとソ連は超大国と言われるほどに強大な軍備をもって対峙し合うのですが、この米ソ二超大国の行った核軍拡競争によって、人類は一時は「滅亡」の崖っぷちに立たされる状態にまで陥ってしまいました。――つまり、戦後日本国民が「戦争そのもの」「戦争ができる国家」を否定したということは、その一事実だけで、日本国民の戦後の「感覚」がすでに西欧型民主主義や社会主義国型民主主義の考え方を超えていたことを意味するのです。少なくとも、日本国民の戦後の「平和に関する感覚」は西欧型民主主義や社会主義国型民主主義を超えていた!

日本国民の戦後の「平和に関する感覚」がすでに西欧型民主主義や社会主義国型民主主義の考え方を超えていた理由は、わが国民の戦争体験があまりにも深刻だったからでしょう。わが国民はあの戦争で現代の戦争の害悪のほとんどすべてを体験しているのです。近代戦の害悪、総力戦の害悪。しかもそれを被害者としても、加害者としても体験している。

ところが、日本国民の戦後の「感覚」は、「平和に関する感覚」のみではありません。そこには封建的・前近代的社会制度やファシズム国家を克服しようとする「感覚」、帝国主義あるいは植民地主義に反発する「感覚」なども存在しており、またソ連型社会主義やアメリカ型民主主義を疑問視する「感覚」も含まれています。「封建的・前近代的社会」「ファシズム国家」「帝国主義」「植民地主義」「社会主義」「民主主義」……。つまり、日本国民の戦後の「感覚」には、現代における社会科学上の（あるいは社会哲学上の）世界史的重要問題のほとんどが含まれているのです。

どうして日本国民の戦後の「感覚」には、現代における社会科学上の世界史的重要問題のほとんどが含まれていたのか。――それは、日本国民の戦争体験には、明治以降、あるいはペリー来航以降の歴史的体験が凝縮されて含まれているからです。「戦争体験」を限定的に考えれば、たぶんそれは第二次世界大戦中にわが国民が体験した戦争、あるいはその戦争にまつわる政治的・経済的その他の体験ということになるでしょう。しかし、その戦争がそれ以前の歴史から孤立して行われたはずはありません。また、そのような期間を限られた体験がまったく独立して人間の思考や行動に影響を及ぼすこともありえません。もちろん、わが国民の「戦争体験」には、その戦争に関する体験が核として存在しています。しかし、その「戦争体験」はそれ以前の歴史的体験をも含んだ形で存在しているのです。

そしてまた、日本国民の「戦争体験」には、終戦直後から戦後暫くの期間の歴史的体験も含めて考えるべきでしょう。占領期間におけるわが国民の体験を「戦争体験」に含めることにはたぶん異論はないと思われます。そして、わが国が無理矢理に西側陣営に組み込まれることになった冷戦初期の体験も、わが国民の「戦争体験」に含めて考えることも妥当なのではないでしょうか。――つまり、明治以降、そして終戦直後から暫くの期間のわが国民の歴史的体験をも含めた「戦争体験」が日本国民の戦後の「感覚」をもたらしているのです。

明治以降、日本国民は好むと好まざるとに関わらず、現代における社会科学上の世界史的重要問題の多くが集中する、言わば「焦点」のような立場に居あわせてしまいました――植民地にされかねなかったという、アジア・アフリカ諸国民と共通する発展途上国民としての立場。植民地にしてしまったという、西欧諸国民と共通する帝国主義者としての立場。戦前・戦中の国家翼賛政治に参加してしまったという、ファシズム協力者としての立場。中国や東南アジアで残虐行為を行ってしまったという、戦争加害者としての立場。原爆体験や空襲体験を強いられてしまったという、戦争被害者としての立場。戦後占領下でアメリカ人から「民主主義」を教えられなければならなかったという、封建的・前近代的国民としての立場。冷戦が始まると、その民主主義を教えるアメリカからすぐさま「反共の防波堤」にされてしまったという、西欧型民主主義国アメリカの従属国としての立場……。

またわが国民は、社会主義国ソ連との関係においても、歴史的にみて重要な立場に置かれていました。社会主義国ソ連の前身であるロシアと朝鮮半島や中国東北部（満州）の支配を求めて争い合った、後進資本主義国同士としての立場。シベリア出兵やノモンハン事件に象徴される社会主義国ソ連に敵対する、軍事的対立国としての立場。シベリアにおける抑留生活を余儀なくされた、社会主義国ソ連に対する敗戦国としての立場……。

したがって、日本国民の「感覚」は広範囲に渡ります。そして、それは複雑であり、内容的にはある意味で深淵かつ深刻です。「広島・長崎の原爆はあまりにもむごすぎる。しかし、もしファシズム国であった日本が先に原爆を持っていたら、日本人のほうがそれを先に使ったろう……」「日本の行ったことは、やはり侵略であり、日本人は残虐だった。しかし、先進西欧諸国も侵略を行い、非人道的な植民地支配を行った……」「アメリカが教える民主主義は、確かに戦前の前近代的日本の考え方よりはるかに優れている。しかし、アメリカの教える民主主義は、同時にアメリカ人の身勝手さやナショナリズムをも表している……」「社会主義国は戦争の誘因を持たない平和国家だと言われる。しかし、社会主義国ソ連は帝政ロシアとさほど変わらない軍事国家ではないか……」「社会主義者の語るソ連型社会主義の理想は美しい。しかし、その社会主義国ソ連におけるわが国民の抑留生活の現実は、あまりにも過酷な強制労働でしかなかった……」「……」。

あまりにも深刻な戦争体験。現代における社会科学上の世界史的重要問題に直面し続けざるをえなかったという歴史的立場と、そこから生まれる歴史的体験。——だからこそ、日本国民の戦後の「感覚」が多くの点で西欧型民主主義や社会主義国型民主主義の思想を超えていたと考えることができるのです。

戦争体験を通じて獲得した日本国民の戦後の「感覚」を一言で言うことが許されるとすれば、たぶんそれは、「人間こそが大事なのだ」「一人ひとりの人間を大事にする社会を作らなくてはならないのだ」というあまりにも当然な結論にまとめられるでしょう。しかし、戦後日本国民のそのような考え方は、感覚的なものでしかありませんでした。論理的思考から生み出された思いでも、普遍的真理を求めたものでもありませんでした。だからこそ「人間を起点とする社会哲学」は、それを「感覚」と表現するのですが、しかし、戦後日本国民のその「感覚」は、日本国民の単なる一時的な感情として片付けてしまうことはできません。なぜなら、戦後日本国民のその「感覚」は現代の戦争を受けたものだったからであり、そして、その「感覚」は普遍性を持った平和の思想につながる可能性を持っていたからです。

日本国民の戦後の「感覚」は、あまりにも深刻で広範囲に渡る戦争体験を国家によって強制されたという被害者意識にもとづいています。そして、その被害者意識は、そのような戦争体験を彼らに強いた日本国家に、「自分たちが体験したような戦争体験を国民に強いることは、国家として許されることだったのか」という疑問を投げかけます。そしてその疑問は、「自分たちが体験したような戦争体験を強いるような戦争を今後行った場合、国家は国民に忠誠を要求できるのか」という、日本国家に対する疑問へと発展するでしょう。そして、このような日本国家に対する疑問は、さらにすべての国家に対する疑問へと発展する可能性を持っています。――つまり、現代においてそれは、「国家は戦争を行っていいのだろうか」という「戦争ができる国家」の正当性そのものに関わる問題につながるのです。

戦後日本国民の原点

「人間を起点とする社会哲学」は、戦争体験を通じて獲得した日本国民の戦後の「感覚」こそ、敗戦後のわが国を再建するための日本国民の「原点」であったと考えています。そして、戦後しばらくのわが国においては、その「感覚」に沿った形で戦前社会から戦後社会への転換が行われたのですが、しかし、現在その「原点」が見えづらくなってきています。

戦後日本国民の「原点」が見えづらくなってきている最大の理由は、たぶん戦争体験の風化作用が進行したせいでしょう。日本国民の戦後の「感覚」は、あまりにも過酷な戦争体験を通じて獲得したものです。だからこそ、それは「戦争そのもの」「戦争ができる国家」を否定したのですが、しかしそれは、その戦争体験の風化作用が進行すれば、それに応じて弱まっていかざるをえません。つまり「感覚」はやはり「感覚」でしかなく、時の経過とともに、どうしてもその内容が変化してしまわざるをえないのです。

しかも、わが国において戦後の政権を担ったのは戦前の日本への回帰を図る保守・反動政党です。そこで解釈改憲が次から次へと行われ、自衛隊という軍隊が際限なく成長していきます。そして、現在わが国は戦前の日本への回帰を思わせるような方向へと歩んでいるのですが、たぶんそのことは、戦前の日本における半封建的かつ全体主義的価値をわが国における「原点」と考える人間[註4]によって、戦後日本国民の「原点」としての「感覚」のほうが押し戻され続けているということをも意味するのでしょう。

戦後日本国民の「原点」は誰かが受け継がなくてはなりません。受け継いで、わが国をして再び戦後日本国民が望んだような方向に向かわせなくてはなりません。そうしなければ、わが国は国家のために国民を手段とし、犠牲にする方向へと立ち戻ってしまいます。そして、わが国民は再び国家によってあまりにも深刻で広範囲に渡る戦争体験を強制されるようになってしまう可能性があります。だからこそ、「平和のための『新』政党」は、戦後日本国民の「原点」を受け継ごうとするのです。

(3)「希望する平和」ではなく、「獲得する平和」を追求する政党

「悲惨な戦争論」は継承されない

「平和のための『新』政党」の第三の特徴は、「希望する平和」ではなく、「獲得する平和」を追求する政党だということです。この場合、「獲得する平和」とは「獲得すべき価値として の平和」の意味ですが、つまり「平和のための『新』政党」は平和を「希望する」のではなく、「獲得する」ことを目的にするのです。

思うに、できることなら日本国民は、戦後すぐにでも平和に対するその独特の「感覚」に「言葉」（論理）を与え、それを思想にまで高めるべきでした。そして、「戦争そのもの」「戦争ができる国家」を否定する新たな思想を世界に提示すべきでした。しかし、日本国民は論理や思想というようなものをさほど重要視せず、自らの「感覚」を「感覚」のまま主張し続けました。[註5]

論理や思想といったものをほとんど考慮せずに行ってきた日本国民の平和の主張は、「悲惨な戦争論」とでも呼ばれるべきものでしょう。戦争体験を中心に戦争の悲惨さを唱え、それに

基づいて平和の価値を唱える主張ですが、もちろん戦後のわが国民は、様々な形で平和を主張しています。核兵器絶対反対を唱える反核運動。べ平連などの私たち一人ひとりの主体性を説く市民運動……。しかし、それらの運動にも、その根底には「悲惨な戦争論」が存在します。従って、それらの運動も戦争が否定されるべきものであることを当然としており、そこには戦争を否定するための論理や思想は存在しません。戦争は悲惨だ、だからそれを否定するのは当然だ、それしかないのです。

ところが、「悲惨な戦争論」は継承されることがあまりにも困難すぎる主張です。まず何よりも「戦争の悲惨さ」といった感覚的・情緒的な概念は、時の経過にともなって、それを体験した本人の心の中でも変化します。そして、もしそれが変化しなかったとしても、それが戦勝国の人びとや戦争体験を持たない世代にそのままの形で継承されるかどうかは不明です。なぜなら、「悲惨な戦争論」が継承されるか否かは、それを伝えられた側の人間がその悲惨さの内容にどれだけ共感できるかどうかにかかっているからです。また、戦後に生まれた人間は戦争体験そのものを持ってはいないのです。となると、戦争体験に基づく「悲惨な戦争論」は、言ってみれば薄まった形でしか継承されない可能性があります。そしていつかは「戦争は悲惨だ」という一般論でしかなくなってしまう可能性が高いのです。

「悲惨な戦争論」は社会変革をもたらさない

「悲惨な戦争論」のもう一つの大きな欠点は、そのような考え方は、多くの場合根本的な社会変革にはつながらないということです。

戦争体験から生まれた日本国民が求めた平和の価値は、いまだ社会的に認められていない「新しい価値」です。なぜなら現在の世界はいまだ「戦争そのもの」を否定している訳ではないからです。そして、「戦争ができる国家」は現在も「普通の国」なのです。

戦争体験から生まれた日本国民の求めた平和の価値が「新しい価値」であるということは、その平和の価値が「変革を要求する価値」であることをも意味します。なぜなら、いまだ認められていない新しい価値は、その価値が実現される際には、今までの価値体系と衝突しない訳にはいかないからです。そして、現在の社会体制は、多くの場合、これまでの価値体系にもとづいて構築されています。となると、「新しい価値」である平和は現在の社会制度とぶつかることになります。しかし、そのような衝突が起こった場合に、「新しい価値」である平和は、今までの価値体系や社会制度のほうに変革を要求するのです。

日本国民の求めた平和の価値が「変革を要求する新しい価値」であることは、民衆自らがその価値を獲得していかなくてはならないことを意味します。そのような平和は日本国民が自らの手で獲得していかなくてはならず、そして、そのような平和は、世界中の民衆にとっても自らの手で獲得していかなくてはなりません。つまり「戦争そのもの」「戦争ができる国家」を否定する平和は「希望する平和」ではなく、「獲得する平和」でもあるのであり、従って、「獲得する平和」の価値は「獲得すべき価値」と言えるのです。

ところが、戦争体験が結びついている戦争の悲惨さは、平和のために社会変革を求める概念としてはあまりにも消極的に過ぎるのです。そのため、それは人びとの積極的な平和への意志を生み出さない可能性を持っています。現在に悲惨さはなく、あったとしてもそれは強烈な過去とは比べようもないからですが、そこで人びとは、昔に戻らなければいい、多少今を辛抱すればいいということで現状に甘んじてしまうです。そして、戦争が起こりうる現在の社会体制をそのままにして平和を夢みる。――つまり戦争の悲惨さという概念は現在の変革を抜きにして、悲惨さの反対概念でしかない感覚的・情緒的な平和の「希望」を人びとに抱かせ、それ以上の積極的な行動をさし示すことが少ないのです。

(4)「平和のための革命」を担う政党

人権革命——変革は民衆の人権獲得を通じて行われる

「平和のための『新』政党」は「希望する平和」ではなく、「獲得する平和」を追求する。では、どのようにその「獲得する平和」を追求しようとしているのか。そこで「人間を起点とする社会哲学」は「平和のための革命」を主張するのですが、従って「平和のための『新』政党」の第四の特徴は、「平和のための革命」の担い手となる政党、ということになります。

「平和のための革命」に関しては、簡単にですが、第1章の論考の中で既に述べました。そこでここではその内容を補足しながらそのポイントを述べるとすると、先ず「平和のための革命」の考え方は、論理的には人権革命の考え方に含まれる、ということです。

人権革命とは、革命（根本的社会変革）は民衆の基本的人権獲得を通じて行われるとする考え方です。それは、階級を主たる革命の基準（民衆の解放を表すものさし）とするマルクス主義が強権的社会主義国家を誕生させてしまったため、その革命の基準を階級から基本的人権に移した結果生まれた考え方ですが、しかし、人権革命の考え方は、マルクス主義が提起した革命に関する最も重要な考え方を受け継ぎ、それを普遍化しています。

「人間を起点とする社会哲学」は、マルクス主義の最大の功績は、民衆が抑圧され、社会的苦しみを強いられている場合は、革命を求めていいということを示したことにあると考えています。この場合、マルクス主義においては、その民衆の社会的苦しみが「搾取」という言葉で表されるのですが、しかし、民衆の社会的苦しみは、別に「搾取」による苦しみばかりとは限りません。圧政の苦しみや戦争の苦しみが社会的苦しみでないはずはなく、そこで「人間を起点とする社会哲学」は、民衆が社会的苦しみを強いられている場合には、そのすべての社会的苦しみに関して革命を求めていいと考えるのです。

そして、「人間を起点とする社会哲学」は、その民衆の社会的苦しみからの解放を基本的人権で示そうとします。「公理」としての人間の尊厳[註6]の考え方を導入してですが、従って人権革命の考え方では、「公理」としての人間の尊厳に基づいた基本的人権が侵されているからこそ、民衆は根本的社会変革を要求すべきなのであり、革命を起こしてもいいことになるのです。

マルクス主義における「搾取」による社会的苦しみからの解放をすべての社会的苦しみに拡大し、その社会的苦しみからの解放を「公理」としての人間の尊厳に基づいた基本的人権で示そうとした結果、「第一の革命」（生存権的基本権獲得のための革命）、「第二の革命」（自由権的基本権獲得のための革命）、「第三の革命」（平和由権的基本権獲得のための革命）の考え方が生まれます。つまり、民衆は、もし自由権的基本権が侵害されているのであれば、「第一の革命」を起こしてもいいのであり、生存的基本権が侵されている場合には、「第二の革命」を起こしていいのです。そして、平和権的基本権が侵害されているのであれば、「平和のための革命」を起こしてもいい。

「平和のための革命」

「平和のための革命」は、平和を一群の基本的人権として捉え、その基本的人権としての平和を一つ一つ獲得していこうという考え方です。つまり、「人間を起点とする社会哲学」は平和を私たちがこれから獲得すべき「新しい人権」として提示するのですが、人権革命の考え方の下では、もし平和が基本的人権で表されるとすれば、自由と貧困からの解放と同様、平和も革命の目的物になります。そして平和を求める民衆の運動は、そのまま「平和のための革命」運動になります。従って、平和は夢見るものでも与えられるものでもなくなり、民衆が自らの手で獲得していかなくてはならないものになるのですが、従ってその求める平和は「獲得する平和」になります。

そして、もし平和が基本的人権で表されるとすれば、民衆がその「平和権的基本権」の獲得を目指す運動は「平和のための革命」運動になり、その「平和のための革命」は「第三の革命」になります。なぜなら、「平和のための革命」は歴史的に「第一の革命」（自由権的基本権獲得のための革命）、「第二の革命」（生存権的基本権獲得のための革命）に次ぐ革命になるからです。そこで、私たちは、「第三の革命」である「平和のための革命」運動を遂行していくことによって、「戦争ができる国家」の変革を通じて、究極的には「戦争そのもの」の廃絶を追求していくことが可能になるのです。

そして、もしこの「人間を起点とする社会哲学」の論理が認められるとしたら、エコロジストの主張する環境の問題も、「反原発」運動の問題も「新しい人権」の問題になりえます。つまり、人間の尊厳を侵害する社会的苦しみのうち、未だ社会的承認を受けていないものは、すべて「新しい人権」の問題になりうるのですが、「人間を起点とする社会哲学」は、いまだ社会的承認を受けていない基本的人権のうち、自由権的基本権と生存権的基本権には含まれない「新しい人権」の獲得を目指す革命は、すべて「第三の革命」に含めてもいいと考えています。従って、「緑の党」の活動も「環境権」という基本的人権を獲得するための運動ということで「第三の革命」運動に含まれることになるのであり、また「反原発」のための運動もやはり「第三の革命」に含まれる運動になるのです。――となると、「平和のための『新』政党」は、「平和のための革命」運動を中心に「環境のための革命」運動、「反原発のための革命」運動などをも含んだ、「第三の革命」運動全体を担う政党ということになります。

平和は一歩一歩獲得していかなくてはならない

「平和のための革命」は、平和を一群の基本的人権として捉え、その基本的人権としての平和を一つ一つ獲得していこうという考え方です。それでは、基本的人権としての平和とはどういうことなのか。

「平和のための革命」の考え方の下では、平和は基本的人権で語られなくてはなりません。そこで「人間を起点とする社会哲学」は、「戦争体験を基本的人権で語り直そう」という運動を提案します。例えば、軍隊において上官から鉄拳制裁を受けたり、ビンタを食らったりしたことは基本的人権の問題ではなかったか。例えば、沖縄やフィリピンで民間人が自決を強いられたり、自分の子どもを殺すよう命じられたことは基本的人権の問題ではなかったか……、そのように実際の戦争体験を基本的人権の形で語り直すのです（直接の戦争体験を持っていない人は、映像その他を通じて戦争体験者から継承している戦争体験を基本的人権の形で語り直すことになります）。

この場合、基本的人権で語り直された平和はできるだけ個別的・具体的に表されなくてはなりません。なぜなら、個別的・具体的な権利で表されたほうが、それに対応する平和のための社会変革をより具体的に求めることができるからです。戦争体験が語られる時、これまでは「戦争は悲惨だ」「平和を守ろう」「もう二度とこのような戦争をくり返してはならない」といった結論づけに終わってしまったように思われます。しかし、平和を一まとめにして「平和」と呼び、その一まとめにされた「平和」を「希望する」とか「守る」とかと言っては、もういけないのです。一まとめにされた「平和」を獲得できるのは、まだまだずっと将来のことであり、またそのような「平和」を求めているばかりでは、そのような「平和」それごとが失われてしまう恐れがあるからです。つまり、「平和」を一まとめにして「平和」と言うと、それはオール・オア・ナッシングになってしまう恐れがあるのです。

従って、「戦争をくり返してはならない」と言うのであれば、あの戦争のどこをくり返してはならない、あの戦争のどの社会的苦しみや抑圧をもたらした部分をくり返さないと言わなくてはならないのです。沖縄戦での「集団自決」をもたらしたあの状況はくり返されてはならないとか、残留孤児はくり返されてはならないとか、慰安婦問題はくり返されてはならないとか、核兵器の使用はくり返されてはならないとかいうようにです。そして、「平和のための革命」は、その繰り返されてはならない戦争体験を基本的人権で語り直し、その基本的人権を一歩一歩獲得していこうとするのです。

(5)「新」平和憲法の制定をも追求する政党

あまりにも保守的な平和運動になってしまった護憲運動

「平和のための『新』政党」の次の特徴は、「新」平和憲法の制定をも追求する政党ということです。この特徴の意味するところは、現憲法に対する護憲を唱えるだけでは「平和のための革命」は達成されないということです。そして、平和憲法はその時どきの「平和のための革命」運動の進行状態に応じて幾度か制定され直されなくてはならないだろうということです。

平和憲法が「押しつけ憲法」であることは、第2章の中で既に述べました。そして、「押しつけ憲法」であるが故に現在の平和憲法がかつての平和憲法の「だしがら」になってしまったことも既に述べました。

従って、私たちはもう平和憲法に頼ることはできないのですが、ところが、わが国には、平和憲法によって、わが国民は既に平和を獲得しているという考え方がかつて広範に存在し、現在もある程度は存在します。そして、その考え方の根底には、平和憲法が平和に関する普遍的思想を持っているという錯覚が存在します。だからこそ、わが国における護憲論者の間には、平和憲法を守るかぎり、もう国民にかつてのような戦争体験を強いるような状況は生まれなくなったという考え方が存在し続けるのです。

平和憲法によって日本国民が平和を獲得しているという考え方は、本来なら革新的性格を持っていなければならないはずの日本の平和運動に、何とも言いようのないほどの保守的性格を与えてしまいました。平和はすでに獲得されており、従って現状を維持することが最善だ。そのような考え方の下に日本の平和運動が行われるようになったからですが、つまり、そのような考え方によって、日本の平和運動は、既得権としての平和を守るための運動になってしまわざるをえなかったのです。だからこそ、かつては革新勢力と呼ばれた人びとがその主たる担い手になっていたのにも関わらず、日本の平和運動は、現状維持だけを目的とするあまりにも保守的な運動になってしまったのです。

平和憲法によってすでに平和が獲得されているという考え方は、もはや日本国民が戦争の苦しみから解放されたということを意味します。しかし、「平和のための革命」の考え方からすれば、日本国民は平和に関しては何も獲得してはいません。なぜなら、日本国民は戦争の苦しみからの解放をいまだ「権利として」は獲得してはいないからです。

また、平和憲法によってすでに平和が獲得されているという考え方は、わが国における平和運動を世界における平和運動から孤立させてしまいました。わが国以外の国は平和憲法を持っていないからですが、つまり、わが国の平和運動は、他国の平和運動から孤立した、平和憲法を守るというわが国だけの運動になってしまったのです。

護憲論者は、もう日本だけの平和を主張してはならないのです。従って護憲論者は、もう護憲を唱えることだけで自らが平和の擁護者であると錯覚してはなりません。一国だけの護憲運動は現在は却って保守なのであり、従って、もし今までのように護憲運動に執着するのであれば、護憲論者は、同時に平和憲法を世界に広める運動をも起こさなくてはならないのです。

平和憲法は幾度か作り直されなくてはならない

もう一度最初から始める必要があります。そして、憲法に関しても、最初から考える必要があります。先ず、戦後日本国民の原点である日本国民の戦後の「感覚」と平和憲法の関係からです。

日本国民は戦後、占領下に制定された日本国憲法に普遍的思想が存在していると「錯覚」してしまいました。どうして日本国民は「錯覚」してしまったのか？――たぶんそれは、日本国民の戦後の「感覚」の中に、その平和に関する普遍的思想を生み出す何かが存在していたからです。だからこそ、当時のわが国民は、平和憲法がそのような平和に関する普遍的思想を持っていると「錯覚」し、それを喜んで受け入れた。

「押しつけ憲法」でしかない平和憲法の中には、平和に関する普遍的思想は存在しない。そして、平和に関する普遍的思想を生み出すための何かは、戦争体験を通じて獲得した日本国民の戦後の「感覚」の中にある。平和憲法と戦争体験を通じて獲得した日本国民の戦後の「感覚」との関係は、実はこのように論理づけられるのです。――となると、憲法の文言よりも日本国民の戦後の「感覚」のほうが重要だということになります。そして、日本国民の戦後の「感覚」に言葉（論理）を与え、それを思想にまで高める、そのことが必要になるのです。

もしそうであれば、私たちは、これから日本国民の戦後の「感覚」に言葉を与え、その言葉によって平和憲法を作り直していかなくてはなりません。つまり、私たちは「新」平和憲法の制定をも視野に入れて行動しなくてはならないのですが、しかも、その「新」平和憲法は、たぶん幾度か作り直されなくてはならないでしょう。なぜなら、「新」平和憲法は「平和のための革命」の進行状況によってその内容が変化せざるをえないからです。

「平和のための革命」の考え方（さらに「人間を起点とする社会哲学」の考え方）は、日本国民の戦後の「感覚」に基づいて体系づけられたものです。そして、その「平和のための革命」は、平和を一群の基本的人権として捉え、その基本的人権としての平和を一つ一つ獲得していこうという考え方です。だからこそ、「人間を起点とする社会哲学」は「戦争体験を基本的人権で語り直そう」という運動を提案するのですが、しかし、ここで重要なことは、基本的人権で語り直された戦争体験（＝平和権的基本権）のすべてを、今すぐ保障されなくてはならない基本的人権として憲法の中に謳うことはできないということです。なぜなら、平和権的基本権は「新しい人権」であり、その新しい人権が「基本的人権」とされるには、大多数の人間がそれを基本的人権として承認するようになるまでの時間が必要だからです。

そこで、私たちには基本的人権で語り直された平和（＝平和権的基本権）を「現在獲得すべき平和」と「将来獲得すべき平和」に分ける必要があります。「現在獲得すべき平和」とは、国民の多数（あるいは絶対的多数）が支持できる内容の平和であり、従ってそのような平和は、今すぐにでも憲法の中に基本的人権の形で謳うことができます。しかし、「将来獲得すべき平和」に関して私たちができることは、将来はその平和が基本的人権になりうることを示すこと、そこまでです。この平和、すなわちこの内容の戦争の苦しみからの解放は、現在の段階では、多くの国民によって基本的人権として承認される可能性は少ない。しかし、それは、将来は基本的人権とされなければならず、そして、歴史はそのように進まなくてはならない。つまり、「将来獲得すべき平和」は、憲法の中にそれが将来は基本的人権とされなくてはならないということを謳うことによって、国家（さらには人類）が目指すべき歴史の方向を示すことで満足しなくてはならないのです。

それでは、どのようにして「将来獲得すべき平和」と「現在獲得すべき平和」を分けるのか。「戦争体験を基本的人権で語り直そう」という提案に続いて「人間を起点とする社会哲学」は「平和のスケジュールを作ろう」という提案をも行っています。平和運動に参加しているみんなが、あるいは平和を求めている人びとみんなが、それぞれに「平和のスケジュール」を作ってみるのです。

まず平和を基本的人権で表します。できるだけ個別的に、できるだけ具体的に。そしてその個別的・具体的に表された平和権的基本権がどのような社会的条件が満たされれば獲得できるかの見通しをたてるのです。一国だけの変革で済むのか、国際社会全体の変革が必要なのか、

「第一の革命」（＝自由権的基本権を獲得するための革命）や「第二の革命」（＝生存権的基本権を獲得するための革命）の成果がどれだけ必要なのか……。そして、その見通しに基づいて平和権的基本権を獲得できそうな権利から順次並べてみるのです。

するとそこには平和のための革命運動の「予定表」ができ上がります。獲得すべき権利が順次並べられており、その権利を保障すべき社会体制の条件も順次並べられているからです。従って、平和運動は、その「予定表」にそって一歩一歩平和権的基本権を獲得していけばいいことになり、同時にその平和権的基本権を保障するための社会変革を求めていけばいいことになるのです。

「平和のスケジュール」を作ることは、他国の平和運動との連帯をはかることにもつながるでしょう。他国の平和運動も同じように「平和のスケジュール」を作れば、お互いの運動の共通部分で連帯することが可能になるからですが、もちろん各国の平和運動は、それぞれが自国の状況に応じて「平和のスケジュール」を作ります。従って各国の平和運動は、その時どきで目標に違いが出てくることも予想されます。しかし、お互いの違いが分かるからこそ連帯もできるのです。時どきの目標が一致していなくても、他国の平和運動が参考になる時がいつかはくる。従って、「平和のスケジュール」を作ることが国境を越えた平和運動の連帯を深めることにもなるのです。

「新」平和憲法の中に謳われるべき平和権的基本権は、私たちの作る平和のスケジュールによって決まるでしょう。平和のスケジュールは一人ひとりが作るべきであり、従って様々な平和のスケジュールが提起されることが予想されます。

しかし、その様々な平和のスケジュールの中で、国民の大多数が現在の時点で獲得すべきと考える「戦争の苦しみからの解放」があるはずです。従って、そのような「戦争の苦しみからの解放」が具体的な平和権的基本権として憲法の中に掲げられることになる、そのように考えられるのです。

だからこそ、平和憲法は幾度か作り直されなくてはならないことが予想されるのです。「平和のスケジュール」の中でその時どきに謳うことができる基本的人権を順次加えて……。他国における「平和のための革命」運動の進展状況をも考慮に入れて……。従って、たとえ一国に限って考えてみても、国家に戦争を放棄させることができるのは、まだまだずっと先のことです。ましてや、世界中の国家をして戦争を放棄した平和国家に変えるのは、何世紀にも渡った「平和のための革命」運動が必要とされないはずはないのです。従って、「平和のための『新』政党」は、単に護憲運動に終始している訳にはいかないのです。[註7]

（6）「平和の未来」を掲げる少数政党

日本社会党の非武装中立政策の放棄と消滅

「平和のための『新』政党」の次の特徴は、「平和の未来」を掲げる少数政党ということです。この場合、この特徴の意味する所は、この「新」政党は主に理念を語ることによって仲間を増やしていこうとする少数政党であり、今すぐの政権獲得を目指す政党ではないということです。しかしこのことを理解してもらうには、冷戦終了による革新と保守を区別する基準の変化について考えておく必要があるでしょう。また、かつてわが国に存在した日本社会党（現在の社会民主党の前身）における非武装中立政策の放棄という問題についても考えておく必要があるように思われます。

かつてわが国には、「第三の革命」である「平和のための革命」を担う政党が存在しました。それがいわゆる五五年体制（一九五五年から九三年に至るわが国の政治体制）下の日本において常に野党第一党であり、革新陣営の要《かなめ》であった日本社会党です。そして、その政策が非武装中立政策ですが、もちろん、日本社会党は、その名の通り社会主義を目的とした政党でした。しかし、社会党のイメージを代表してきたものは、その平和政策である非武装中立政策でした。平和憲法を守り、平和憲法に従って非武装中立政策を唱え、そしてその平和憲法を破壊する反動的政府および自民党に反対する政党。それが社会党のイメージだったのですが、つまり、かつてのわが国では、「戦争そのもの」「戦争ができる国家」を否定するという戦後日本国民の「感覚」は、政党次元では日本社会党が担っていたのです。

ところが、一九九四年（五五年体制を打ち壊した非自民・非共産の細川連立内閣が成立した年の翌年）、自・社・さきがけ連立内閣が成立し、その首班に村山富市社会党委員長が就任するやいなや、日本社会党は自衛隊を合憲とし、日米安保条約を堅持すると宣言しました。従って社会党は、戦後保持しつづけてきた党是としての非武装中立政策を放棄したのですが、そしてさらに、その社会党は、一九九六年に実質的に消滅してしまいました（もちろん社会党の後身である社民党は現在も存在します。しかし、その政治的影響力はほとんど失われてしまっていると言わざるをえません）。

どうして社会党は非武装中立政策を放棄したのか。どうして、社会党は消滅してしまったのか。――それは、社会党が、冷戦終結によって生まれた革新と保守を区別する基準の変化と、そのことから生まれる革新政党のタイプに関する重要な事実を認識できなかったからです。

冷戦終結は革新と保守を区別する基準の変化をもたらした

二〇世紀にあっては、革新と保守（あるいは「左翼」と「右翼」）の位置づけは主にマルクス・レーニン主義を認める度合いを基準にして判断されてきました。二〇世紀を牽引してきた革命理論がマルクス・レーニン主義だったからですが、しかし冷戦が社会主義の側の完全な敗北という形で終結してしまうと、マルクス・レーニン主義は革命の指導的理念にはなりえなくなってしまいました。マルクス・レーニン主義を国是とする社会主義国が民衆の解放を抑圧する国家になってしまっていたからですが、つまり冷戦終結当時、マルクス・レーニン主義はすでに保守になってしまっていたのです。場合によっては反動になってしまったと言ってもいいでしょう。

それでは、冷戦終結後の世界では何が革新と保守を区別する基準になるのか？　革命の基準（民衆の解放を表すものさし）が変われば、革新と保守を区別する基準も変わらざるをえません。そして、革命（根本的社会変革）に対する要求は民衆の社会的苦しみから生まれます。従って、その民衆の社会的苦しみからの解放を基本的人権で表すことができるとすれば、革命の基準は基本的人権となります。だからこそ、「人間を起点とする社会哲学」は革命の基準の重点を階級から基本的人権に移さざるをえなかったのですが、そうなると、人権革命を行おうとする政党が革新政党になります。

この場合、特に重要なのは「平和のための革命」（「平和権的基本権」の獲得を目指す革命）」を担う政党です。なぜならば、「平和のための革命」は「反原発」のための革命や環境権の確立を求める革命などとともに「第三の革命」であり、しかもそれは「第三の革命」中でも最もラディカルな革命だからです。となると、冷戦後の「左」と「右」を判断する基準は、最終的には「平和のための革命」を認めるか否かに移ることになります。「平和のための革命」を中心にした政党が「最左翼政党」、そしてその「平和のための革命」を認める度合いによってそれぞれの政党が順次中道、保守のように順序づけられる。

もちろん、革新と保守とを区別するに当たっては、「第一の革命」と「第二の革命」を進展させようとする意志があるかどうかも重要です。民衆の解放は、自由権的基本権の拡大を通じてさらなる自由な社会を目指すという分野でも行われなくてはならず、生存権的基本権の拡大を通じてより高度な福祉社会を目指すという分野においても行われなくてはならないからです。そして、「平和のための革命」を中心とする「第三の革命」が始まったばかりである以上、当分の間はこの二つの革命を進展させる度合いによって国民の政党支持が左右される可能性が高いでしょう。

つまり、冷戦後の世界における革新の主役は「平和のための革命」を中心とした「第三の革命」を担う政党であり、それ以外の政党は基本的にはその「第三の革命」を認める度合いによって左から右へ順次その革新性、保守性の度合いを決定づけられることになる。そして、「第一の革命」と「第二の革命」を進展させようとする意志の強弱によって各政党の革新性、保守性の度合いにさらに区別が与えられるようになる、そのように考えられるのです。

となると、ここに革新政党のタイプに関する一つの重要な事実が生まれます。――それは、冷戦終了後の革新政党には、少なくとも二つのタイプが必要だということです。即ちそれは、主に「第一の革命」「第二の革命」を進展させようとする政党と、「平和のための革命」を中心にした「第三の革命」を担う政党の二つです。そして、この場合、主に「第一の革命」「第二の革命」を進展させようとする革新政党とは、一般に社民リベラルと呼ばれる勢力が組織する政党と言ってもいいでしょう。「社民リベラル」という言葉のうち、「社民」は主に「第二の革命」を推進する意志を持つということを意味し、「リベラル」は主に「第一の革命」を推進する意志を持つということを意味するからです。

この場合、主に「第一の革命」「第二の革命」を進展させようとする革新政党は、今すぐにでも政権獲得を目指さなくてはなりません。自由権的基本権の拡大やその侵害の阻止を目指す政策、民衆の生活水準を引き上げたり、貧富の差を縮小しようとする政策は、今すぐ実行に移されなくてはならないからです。従って、このタイプの革新政党はまず何よりも今すぐにでも多数派になることを目指さなくてはなりません。

しかし、「平和のための革命」を中心にした「第三の革命」を担う政党は、今すぐ政権獲得を目指すことができません。もちろん、この政党も、それが政党であるかぎり、将来的には政権獲得を目指そうとはします。しかし、たとえそうではあっても、やはりこの政党には「今すぐの」政権獲得は無理なのです。

その理由は、一つに、「平和のための革命」は当分の間は少数の人間によって担われねばならないからです。国民の多くはいまだ平和が権利であることすら意識してはいません。そのため、「平和のための革命」を担う政党は、現在の段階では新たなる革命を開始しようとする少数派でしかありません。従って、そんなに早く多数派になれるはずはないのです。

もう一つの理由は、第一の理由とも関係して、「平和のための革命」を中心とした「第三の革命」を担う政党が打ち出す政策には、民衆の将来の解放を目指すものが多いからです。もちろん今すぐ平和国家を打ち立てることができ、今すぐその平和国家の連邦体のようなものができればそれに越したことはありません。しかし人類の戦争の歴史がそれほど簡単に覆される訳はないのです。従って、この政党は、政権獲得を将来の目標として掲げてはいても、当分の間は少数政党としてその理念を示すことを中心に活動する革新政党にしかなれないのです。

社会党の非武装中立政策放棄はあまりにも遅すぎた

社会党は、この冷戦終結によって生まれた革新と保守を区別する基準の変化と、そのことから生まれる革新政党のタイプに関するこの事実を認識できなかったのです。

先ず、非武装中立政策の放棄に関してですが、冷戦終了後の革新政党には二つのタイプの政党が必要であるということは、一つの革新政党がその両者を兼ねることはできないということです。ということは、本来「第一の革命」「第二の革命」を進展させようとする革新政党であった日本社会党が「第三の革命」を目指す政党が担うべき政策である非武装中立政策を担うことはできないということを意味します。非武装中立政策は「第三の革命」が完成間近になって始めて行うことができる政策と考えられるからですが、しかも日本社会党は、一九八六年の「新宣言」の中で、今すぐ政権獲得を目指す政党になることを謳っています。ソ連、東欧型のマルクス・レーニン主義からの決別とともにですが、つまり、政権獲得を目指す日本社会党には、非武装中立政策はもともとそれを担うことが無理だったのです。従って、社会党はそれを放棄せざるをえなかった！

しかし、社会党が非武装中立政策を放棄する時期に関しては、明らかにそれは間違っていました。つまり、それはあまりにも遅すぎたのです。もし自民党と連立する前に社会党が非武装中立政策を放棄していたとすれば、当時野党第一党であった社会党は、もしかすると社民リベラルの革新連立政権を樹立できたかもしれませんでした。そして、当時の民社党や社民連、公明党などとともに、「第一の革命」「第二の革命」を進展させることができたかもしれなかったのです。ところが、その時に社会党は非武装中立政策を放棄しませんでした。だからこそ、社公民連立政権は日の目を見ず、さらに社会党は、細川連立政権を受け継いだ羽田連立政権にも加わることができなかったのです。

しかも、自民党と結んだことによって、社会党は革新政党でさえなくなってしまいました。そもそも社会党は、本来「第一の革命」「第二の革命」を進展させようとする革新政党だったのです。ところが、自民党と連立したことによって、社会党は、革新であることをも放棄した政党と受け取られてしまいました。そこで、社会党は「第三の革命」を担う政党でもなく、「第一の革命」「第二の革命」を推進する政党でもなくなってしまったのです。つまり、社会党は革新政党であるという地位すらも失い、政党としての存在理由（レーゾン・デートル）を失ってしまったのです。だからこそ、社会党は消滅してしまった、そのように考えられるのです。

どうしてわが国にはこれほどの右傾化が進行するのか

ところで、現在、わが国には極端に右傾化（全体主義化）が進行しています。「第三の革命」（平和権的基本権を獲得するための革命）に対する反動はもちろんのこと、「第一の革命」（自由権的基本権を獲得するための革命）「第二の革命」（生存権的基本権を獲得するための革命）に対する反動も急速に進んでいるのです。どうしてこのように右傾化が進行しているのか。

根本的原因を考えるとしたら、もちろんそれは、戦争体験の風化作用が進行してしまったからです。戦争が終わってからもう何十年も過ぎてしまいました。そこで、戦前の日本を変えなくてはならないという意識を持った人間が激減してしまったのです。

しかし、政党次元で考えると、やはり社会党が非武装中立政策を放棄したという事実が大きかったように思われます。つまり、わが国には、「第三の革命」を担う政党が存在しなくなってしまったのです。「戦争そのもの」「戦争ができる国家」を否定する政党の不在……。そこで、自民党を中心とする保守勢力が戦前の日本への回帰を加速させてしまった。

しかし、自民党が保守・反動的政党であることは、その自民党が結成されて以来のことです。天皇の元首化を意図したり、国民に愛国心を持たせることの必要を強調したり、基本的人権の行きすぎを批判したりする政党。そして、何よりも「戦争ができる国家」への回帰を主張する政党……。従って、その自民党の動き以上に大きな問題は、現在、その自民党よりもさらに保守・反動的性格を持った政党が生まれてしまっているということにあります。しかもそのような政党が変革を主張しており、そのような政党が野党の中で大きな力を持っている！

変革を主張する保守・反動政党として先ず考えられるのは「日本維新の会」です。そしてそれは、二〇一〇年、当時の橋下徹大阪府知事が結成した「大阪維新の会」として生まれました。当時橋本氏の考え方とその政治手法は、ファシズムをもじって「ハシズム」と呼ばれたのですが、また、「都民ファーストの会」（東京都知事の小池百合子氏の支持基盤である地域政党）と「希望の党」

（二〇一七年に小池百合子氏が結成した国政政党）も、変革を主張する保守・反動政党だったと考えることができるでしょう。なぜなら、かつて小池東京都知事の特別秘書であり、「都民ファースト」の初代及び第三代代表であった野田数《かずさ》氏という人物は、東京都議会に「日本国憲法無効論に基づく大日本帝国憲法復活」請願を提出するような人物だったからです[註8]（「都民ファースト」の第二第代表は小池百合子氏自身です）。

自民党を中心とする保守勢力が戦前の日本への回帰を加速させている。そして、自民党以上の保守・反動政党が生まれ、そのような政党がわが国において変革を主張している。従って、わが国における右傾化（全体主義化）が進行するのは、当然と言えば当然のことと言えるでしょう。

そこで、「第一の革命」「第二の革命」の進展を図るべき社民リベラル政党（勢力）の成長が期待されるのですが、しかし、わが国の社民リベラル政党は、革新と保守を区別する基準の変化を意識しないまま、離散集合を繰り返してしまいました。ただ選挙に勝つこと（負けないこと）を目的にして、「数の論理」に埋没してしまったのです。例えば、わが国において社民リベラル政党になる可能性を持っていた「民主党」（一九九八年に成立した民主党）は、二〇〇三年、かつて自民党幹事長であり、「普通の国」を主張していた小沢一郎氏が結成した「自由党」と統合しました。そしてその「民主党」は、その小沢氏が二〇一三年に離党した後も、二〇一六年に「維新の党」（「大阪維新の会」を結成した橋下徹氏が石原慎太郎氏とともに結成した「日本維新の会」が、その石原氏と袂を分かって二〇一四年に結成した政党）と統合して「民進党」となりました。そしてさらに、その「民進党」は二〇一八年「希望の党」と統合して「国民民主党」になるのです（その時に、「希望の党」との統合に反対した議員が作った政党が「立憲民主党」です）。つまり、「第一の革命」「第二の革命」を推進すべき社民リベラル政党になる可能性を持っていた「民主党」は「数の論理」に翻弄されて離合集散を繰り返し、その過程で次々にその社民リベラル的性格を失っていったのです。

「平和のための『新』政党」は存在するだけで反動をくい止めることができる

それでは、わが国における右傾化をくい止めるには何が必要なのか。――先ず何よりも必要なのは、かつて日本社会党が担えなかった「平和のための革命」を中心とした「第三の革命」を担う政党を作ることです。「戦争そのもの」「戦争ができる国家」の否定を目的とする「最左翼政党」の結成……。そして、「平和のための『新』政党」がその仕事を担うのです。

もちろんこの場合、「平和のための『新』政党」は少数派を組織する政党であり、今すぐ政権獲得を目指すべき政党ではありません。しかし、その「平和のための『新』政党」はわが国における「最左翼政党」であり、「国家と歴史の方向」を示す政党です。そして、「国家と歴史の方向」を示す「最左翼政党」は、存在するだけで存在意味を持ちます。

政治的状況は力と力のバランス、理念と理念のバランスの中で生まれます。しかし、現在の日本においては、その力と力、理念と理念のバランスが崩れているのです。だからこそ、右傾化が進行するのであり、だからこそわが国では歴史の後戻りが進行するのです。つまり、わが国における「平和のための『新』政党」の現在における役割は、「国家と歴史の方向」に関するその普遍的理念を示すことによって、現在の理念的アンバランスを正すことにあるのです。従って、そのような最左翼政党は、存在することだけで反動をくい止めることができます。たとえ、少数政党であったとしても、たとえ今すぐ政権を獲得する可能性を持たない政党であったとしても……。

私は、「平和のための『新』政党」の党名は、「平和の未来」がいいのではないかと考えています。「戦争の未来」ではなく、「平和の未来」を掲げる政党。現在における民衆の解放を求めることは当然です。しかし、それ以上に民衆の「未来の解放」を重視する政党。たとえ現在は少数派の組織する政党であったとしても、「国家と歴史のあるべき方向」に関する理念を掲げて、仲間や支持者を増やしていこうとする政党……。そう考えて、私は「平和の未来」という党名を考えたのです。

しかし、わが国における「最左翼政党」である「平和のための『新』政党」は、たぶんわが国における社民リベラル政党（勢力）を成長させる可能性をも持つでしょう。なぜなら、「第三の革命」を担う「平和のための『新』政党」の存在は、社民リベラル政党に自らの立ち位置を明確にするよう迫るからです。社民リベラル政党は何を目的にした政党なのか。そして、それは「第一の革命」「第二の革命」を進展させることにあるのではないのか。つまり、「平和のための『新』政党」の存在は、社民リベラル政党をしてその存在理由はどこにあるのかに対する自覚を促すこともできるのです。

人権革命・「平和のための革命」を世界に発信する政党

そして、この場合重要なことは、「平和のための『新』政党」は、世界中の民衆にも「人権革命」「平和のための革命」の理念を発信する政党でもあるということです。世界中の民衆に「国家のあるべき在り方」や「世界史のあるべき方向」に関する理念を示す政党……。なぜなら、現在のところ、世界にはまだ「平和のための革命」を担う政党は生まれていないからです。従って、もしそれが生まれれば、「平和のための『新』政党」は世界における「最左翼政党」となり、そこでその「平和のための『新』政党」は、その世界における「最左翼政党」としての役割を果たさなくてはならないのです。

世界における「最左翼政党」は、まず「平和のための革命」を世界に広めなくてはなりません。なぜなら、「平和のための革命」は世界的革命であり、一国だけでは完成しないからです。従って、「平和のための『新』政党」は、他国の民衆にも同様の政党を結成するよう働きかけなくてはなりません。そのため「平和のための『新』政党」はそのことを発信するための拠点にならなくてはなりません。そして、もし各国においてそのような「平和のための革命」政党ができたとしたら、今度はその各国の「平和のための革命」政党と連帯するためのわが国における拠点とならなくてはならないのです。

また、世界における「最左翼政党」は、「第一の革命」「第二の革命」に関する人権革命に関しても、世界中の民衆に呼びかけなくてはなりません。従って、その世界における「最左翼政党」は、世界各国における人権侵害の問題に関して、常に発信し続けなくてはなりません。

かつて植民地にされ、発展途上国と呼ばれる国家(あるいは地域)においては、現在「第一の革命」が必要と思われる事態が噴出しています。ミャンマー、アフガニスタン……。そして、マルクス・レーニン主義を現在も国是とする国家においても、現在「第一の革命」を起こさざるをえないような人権抑圧が公然と行われています。北朝鮮、中国における香港や新疆ウィグル地区……。

世界における「最左翼政党」は、先進国に対しては、たぶん「第二の革命」運動の再興を呼びかけなくてはならないでしょう。もちろん先進国においても、「第一の革命」は必要です。「ブラック・ライブズ・マター」問題はそのことを如実に示しているのですが、しかし、先進国においては、それ以上に「第二の革命」運動を復活させなくてはなりません。

冷戦に勝利したことによって欧米先進国は新自由主義を採用し、福祉国家への歩みを停止してしまいました。そこで先進国においては、「第二の革命」が頓挫してしまったのですが、しかし、その新自由主義によって再び資本主義経済の害悪が復活・蔓延するようになりました。貧富の差の拡大、「富」の側に立つ人間の極小化と「貧」の側に立たされることになった民衆の極大化、そして「貧」の側に立たされることになった民衆の不満の鬱積……。

だからこそ、「貧」の側に立たされることになった民衆が、より弱者である移民を攻撃するという現象が起こるのです。つまり、ヨーロッパ諸国における移民排斥運動には、冷戦の終結によってヨーロッパ諸国が「第二の革命」を遂行する意欲を失ってしまったことがその背景に存在するのです。そして、その結果として、「貧」の側に立たされることになった民衆が自国第一主義や他民族排斥を唱えるトランプ前大統領やヨーロッパの極右政党を支持し、そこで、世界的規模において右傾化が進行するようになった！[註9]

「平和のための『新』政党」はあらゆる人権抑圧に反対し、その人権抑圧によって社会的苦しみを強いられている民衆を支援する拠点にならなくてはならないのです。人権抑圧によって社会的苦しみを強いられているあらゆる民衆を支援する拠点としての政党、「平和のための『新』

政党」は、そのような政党にならなくてはならないのです。

（7）「かけがえのない他者」を思いやる人間が担い手となる政党

実存主義の哲学的拡大と「かけがえのない他者」

本論考で扱う「平和のための『新』政党」の最後の特徴は、「かけがえのない他者」を思いやる人間が担い手となる政党ということです。「平和のための『新』政党」の問題を考える上で、最大の問題は、その「新」政党を誰が担うかということでしょう。

一般論から言えば、その「新」政党を担うのはこれまで市民運動を行ってきた人たちと言うことができるでしょう。これまで環境運動や「反原発」運動などの「第三の革命」に関する運動を行ってきた人たちの多くがそのような人たちだからですが、従ってその「新」政党の組織原理は、たぶん市民運動の連帯ということになるでしょう。

しかし、「かけがえのない他者」を思いやる人間が担い手となるという「新」政党のこの特徴は、「平和のための革命」の考え方（さらには人権革命の考え方）そのものから生まれてきます。なぜなら「平和のための革命」の考え方は、基本的人権という形で表された平和を一つ一つ獲得していこうという考え方であり、平和を「新しい人権」として獲得していこうという考え方だからです。となると、基本的人権の根拠の問題が関係します。つまりこの特徴は、今まで基本的人権とされてこなかったことを「新しい人権」として基本的人権にするのは何かという問題から生まれる特徴なのです。

「人間を起点とする社会哲学」が主張する基本的人権の根拠に関しては第1章の論考の中で既に述べました。即ちそれは「公理」としての人間の尊厳だったのですが、「人間を起点とする社会哲学」は人間の尊厳を「公理」とし、そこから演繹して人権革命や「平和のための革命」や民主主義の再定義などの論理を追究します。もちろん、社会哲学における論理追究という観点から考えれば、「人間を起点とする社会哲学」の論理はそれだけで完結しています。

しかし、実を言うと、私は社会哲学とは別の観点からもこの基本的人権の根拠付けを行っているのです。それは、「新」実存主義による根拠付けですが、この場合、「新」実存主義とは、社会哲学を含んだものにまで拡大した実存主義を意味します。そしてそれは、具体的には「人間を起点とする社会哲学」を自らの哲学の中に取り入れたものにまで拡大した実存主義ということになるのですが、つまり、「新」実存主義とは、これまでの実存主義と「人間を起点とする社会哲学」が統合されて、新たに実存主義という一つの哲学になったものなのです。

どうして実存主義を社会哲学を含んだものにまで拡大しなくてはならないのか。私は、これまでの実存主義の最大の欠点は社会哲学を持っていないことにあると考えています。この場合、社会哲学とは人間のあるべき生き方を追究する個人哲学に対して、社会のあるべきあり方を追究する哲学のことですが、社会哲学を持っていないこれまでの実存主義では、社会変革を行うことができません。何しろ、これまでの実存主義にはあるべき社会に対する論理が存在しないのです。従って、これまでの実存主義では、戦争とか全体主義とかの問題を扱うことはできません。だからこそ私は、これまで私が考え続けてきた「人間を起点とする社会哲学」を用いてこれまでの実存主義を補完し、「新」実存主義という新たな実存主義の思想を提起したのです。[註10]

それでは、どのようにしてこれまでの実存主義を社会哲学を含んだものにまで拡大するのか。——そこで登場するのが、「かけがえのない他者」を思いやる自己という考え方なのです。この場合「かけがえのない他者」とは、私という人間（実存、自分自身、自己）にとってこの上もなく大切な他の人間を意味しています。そして「かけがえのない」という言葉は、他の人間の価値は、私という人間を起点として大切さにおいて順序がついているということを意味しています。従って「かけがえのない他者」はそれぞれの人間によって異なるのですが、たぶん多くの人間にとってそれは自分の子どもや兄弟姉妹や親であったり、親友や恋人であったりするのでしょう。そして、当然のことながら「かけがえのない他者」の人数も人によって異なるでしょう。たぶん数人から十数人、場合によっては数十人程度だと思うのですが、少なくともすべての人間が「かけがえのない他者」になるのではありません。

「かけがえのない他者」を思いやる自己という言葉の中の「思いやる」という心のあり方は、「かけがえのない他者」が苦しむことがないよう願う心とか、「かけがえのない他者」が幸せになるよう願う心とかと言ってもいいでしょう。もちろん、それはキリスト教の言う隣人愛、仏教の言う慈悲の心、儒教で言う惻隠《そくいん》の心などとある程度は関係します。しかし「かけがえのない他者」を「思いやる」心は、それら普遍的心のあり方よりは狭い概念です。その思いやる心の対象が自分を中心とした一定の人間に限定されているからです。しかしそれは私という人間に完全に密着しています。

私は、もしこれまでの実存主義に「かけがえのない他者」を思いやる自己という問題意識があれば、社会哲学は当然生まれていたはずだと思っています。「かけがえのない他者」のことを思えば、その「かけがえのない他者」に苦しみを与えない社会とか、幸せにする社会とかいう考え方が生まれないはずがないと考えるからです。しかし、これまでの実存主義にはそのような発想が欠如していた。従って、もし実存主義がこのような考え方を取り入れれば、実存主義は、社会哲学を持ったものにまで拡大する、そのように私は考えるのです。

「公理」としての人間の尊厳の考え方はどうして生まれたのか

実を言うと「かけがえのない他者」とその「かけがえのない他者」を思いやる自己という考

え方が生まれてからまだ一〇年も経っていません。従って、そのような考え方が生まれたのはごく最近のことですが（そのため「新」実存主義の考え方が生まれたのも最近のことです）、たぶんこのような発想が生まれたのは、私が実存主義についてある程度真剣に考え始めたことによって、実存主義の考え方と自分のこれまでの生き方を比べ始めたことによるのでしょう。人間の真実存在（真の自己）を追究することによって、実存主義は私という人間が「かけがえのない存在」であるという考え方を導き出しました。しかし、私のこれまでの生き方を考えると、私にとって「かけがえのない存在」は自分よりもむしろ他者、すなわち「かけがえのない他者」だった。そして、私にとって重要なのは、実存の意味の不確かさに対する不安よりも、その「かけがえのない他者」を思いやる心だった。

「かけがえのない他者」とか「かけがえのない他者」を思いやる自己とかいうようなことを考え始めて気がついたことがあります。それは、「人間を起点とする社会哲学」の根底にはこの「かけがえのない他者」を思いやる自己という考え方が無意識のうちに存在し、そしてその「かけがえのない他者」を思いやる自己の問題を社会哲学の中で考え、それを普遍原理化した結果「人間を起点とする社会哲学」が生まれたということです。従って、「人間を起点とする社会哲学」が提起する基本的人権の考え方もその根拠となる「公理」としての人間の尊厳の考え方も、実はこの「かけがえのない他者」を思いやる自己の考え方から導き出されていたのです。

そこで、ここで「かけがえのない他者」を思いやる自己の考え方と「人間を起点とする社会哲学」がどのように結びついているかを確認しておきたいと思うのですが、先ず、「かけがえのない他者」を思いやる自己の考え方と「公理」としての人間の尊厳のつながりについてです。「かけがえのない他者」を思いやる自己の問題は社会哲学の中で考えられなければなりません。「かけがえのない他者」は私にとっての「かけがえのない存在」です。従って私はその他者を当然「かけがえのない存在」として扱うのですが、しかし、それは個人哲学の問題であり、問題なのは他の人間の対応の仕方です。つまり、私にとっての「かけがえのない他者」を他の人間も「かけがえのない存在」として扱ってくれるかどうかということが問題なのですが、そして、当然のことながら、他の人間も「かけがえのない他者」を思いやっています。となると、この問題は個人哲学の問題には収まらなくなります。だからこそ、「かけがえのない他者」を思いやる自己の問題は社会哲学の中で考えられなければならないのです。

「かけがえのない他者」を思いやる自己の心は、「自分にとっての『かけがえのない他者』は他の人間からも『かけがえのない存在』として扱われてほしい」と願う心と言い換えることができるでしょう。これは社会哲学の中で考えるために「かけがえのない他者」を主語にしたものですが、しかし社会哲学の中で考える以上、この問題は次に普遍原理化されなくてはなりません。他の人間も「かけがえのない他者」を思いやっており、そして人間は、自分にとっての「かけがえのない他者」のみを思いやることで、他の人間や他の人間にとっての「かけがえのない他者」の苦しみを踏み台にする可能性があるからです。

それではこの問題をどのように普遍原理化するのか。——たぶんそれは、数学における極限値の考え方と同じ考え方をすればいいでしょう。自分にとっての「かけがえのない他者」を次々に増やしていき、究極的にはそれを無限に増やしていく。そしてそれを他の人間も行う。そうすれば、究極的にはすべての人間が「かけがえのない存在」になるのですが、ところがこの場合、「かけがえのない他者」の「他者」はもう「他者」ではないでしょう。普遍原理化されたことによってその「他者」はもうすべての人間、あるいは普遍的概念としての「人間」になっていると考えられるからですが、つまり、「かけがえのない他者」は、次々にその数を増やしていくと、究極的にはすべての人間が「かけがえのない存在」になるのです。

となると、「かけがえのない」という言葉も、社会哲学における普遍的な言葉に置き換えた方がいいでしょう。そしてこの場合、その言葉はたぶん人間社会における最高価値を表す「尊厳なる」という言葉になると思うのですが、そうなると「自分にとっての『かけがえのない他者』は他の人間からも「かけがえのない存在」として扱われてほしい」と願う心は、「人間を起点とする社会哲学」における「人間は、その人間社会において『尊厳』なる存在として扱われなくてはならない」という当為の命題に直結します。そしてそれはさらに、「その当為の命題が大多数の人間によって承認されるとしたら、人間の尊厳は『公理』として承認されなくてはならない」という論理につながります。[註11] つまり、「かけがえのない他者」を思いやる自己の心は、それを社会哲学の中で考え、普遍原理化すると、「公理」としての人間の尊厳の概念を導き出すのです。

基本的人権は「かけがえのない他者」を思いやる人間から生まれる

次に、「かけがえのない他者」を思いやる自己の考え方から、基本的人権の概念が導き出されるということについてですが、それは、「『かけがえのない他者』が他の人間からも『かけがえのない存在』として扱われて欲しい」と願う心の内容の問題を考えることによって導き出されるでしょう。つまり「かけがえのない他者」がどのように扱われて欲しいか・扱われて欲しくないかの具体的内容について考えるのです。そして、この問題を普遍原理化する際にも、自分にとっての「かけがえのない他者」を無限に増やしていくという考え方はたぶん有効でしょう。「かけがえのない他者」の数が増えれば、その「かけがえのない他者」がどのように扱われて欲しいか・扱われて欲しくないかの内容も拡大していくからです。しかしこの問題を考える場合は、「かけがえのない他者」の数を増やすのではなく、自分にとっての「かけがえのない他者」が遭遇するかもしれない場面を次々に増やしていくという考え方もあるでしょう。

「かけがえのない他者」がこのような場面に遭遇した場合、「かけがえのない他者」があのような場面に立たされた場合……。そしてこの考え方の場合には、その想定される場面を歴史的事件や映画のシーンの中に拡大することも可能です。「かけがえのない他者」が古代の奴隷や中世の農奴の立場に置かれたとしたら、「かけがえのない他者」がナチスの収容所に入れられているとしたら、「かけがえのない他者」が中国残留孤児の置かれた場面に立たされたとしたら……。そして、そのような思考方法をすべての人間が行う。

そうすれば、たぶん「かけがえのない他者」が他の人間から保障して欲しいと願う最低限度の生活内容が抽出されることになるでしょう。何はともあれ生命が保障されるように、自由に生きることが許されるように、ひもじい思いをしなくても済むように、差別されないように……。そうなるとそれは「人間を起点とする社会哲学」における「人間の生活のうち、人間の尊厳を実現していく上で他の生活の基盤あるいは核心となっている生活」（基本的生活）に直接結びつくことになるでしょう。そして、それはさらに「人間の基本的生活を維持するために必要不可欠な社会的条件」に関して人間が持っている権利（基本的人権の定義）につながります。

つまり、「かけがえのない他者」がどのように扱われて欲しいか・扱われて欲しくないかの内容は、それが普遍原理化されることによって「人間を起点とする社会哲学」における基本的人権の考え方を導き出すのです。そして、それはさらに基本的人権の普遍化の問題につながるでしょう。従って、基本的人権は、人間の尊厳が人間生活のあらゆる生活領域及びあらゆる人間関係の中で侵されなくなる程度にまで普遍化されなくてはならなくなるのです。「かけがえのない他者」を思いやる自己の考え方は「人間を起点とする社会哲学」の基盤になっているのです。従って、基本的人権は、「かけがえのない他者」を思いやる自己という考え方から導き出されるのです。

基本的人権は神や自然法によって人間に与えられたものではありません。それは「かけがえのない他者」を思いやる自己の心から生まれるのであり、そして、それは「かけがえのない他者」の社会的苦しみがなくならないかぎり、次から次へと新しく生まれて来ざるをえないものなのです。従って、私たちはこれからも「かけがえのない他者」を思って次々に「新しい人権」を生み出し、それを獲得して行かなくてはならないのです（今述べた「かけがえのない他者」を思いやる自己の考え方と「人間を起点とする社会哲学」の論理の立て方との関係から、人間の尊厳と基本的人権に関する「新」実存主義の哲学的根拠づけを数式化してみたのが左頁の資料です。人権革命と民主主義が必要な理由に関しても付け加えてありますので、参考にしていただけたらと考えます）。

〔資料③〕「新」実存主義による人間の尊厳および基本的人権の根拠付け

——「かけがえのない他者」を思いやる自己の考え方の普遍原理化——

（1）一人ひとりの人間の思考の仕方→→「新」実存主義的思考方法

◎人間の尊厳に関して

$$\lim_{\alpha \to +\infty} \text{「かけがえのない他者」} = \text{尊厳なる人間}$$

（ α：「かけがえのない他者」の数 ）

◎基本的人権に関して

$$\lim_{\beta \to +\infty} \left(\begin{array}{l} \text{「かけがえのない他者」が} \\ \text{どのように扱われて欲しいか・扱われて欲しくないかの内容} \end{array} \right)$$

＝ 基本的人権（人間の基本的生活を維持するために必要不可欠な社会的条件）

（ β：「かけがえのない他者」が遭遇するかもしれない場面の数 ）

（2）すべての人間の行動

◎人間の尊厳に関して

すべての人間が「新」実存主義的思考方法をとった場合→→人間の尊厳が「公理」となる

（大多数の人間が「新」実存主義的思考方法をとった場合は、人間の尊厳を「公理」と見なすことができる）

◎基本的人権に関して

すべての人間が「新」実存主義的思考方法をとった場合→→人権概念が普遍化される（人間の尊厳が人間生活のあらゆる領域およびあらゆる人間関係の中で侵されなくなる程度にまで）

人間社会の問題点と人権革命および民主主義の必要

（1）人間および人間社会の問題点

◎人間は「かけがえのない他者」を無限大には増やせない

◎人間社会には「新」実存主義的思考方法を行わない人間が存在せざるをえない

◎∴人間社会には人間の尊厳を認めない人間が存在する可能性があり、人権侵害が行われる可能性がある

（2）人権革命と民主主義（基本的人権で表される民衆の解放を目的にした民衆の支配）の必要

◎人間社会→→民主主義の理念に基づいて運営されなくてはならない

◎また人間社会→→人権侵害が行われている時は、人権革命と社会契約を通じた社会変革（＝民主主義の発展）が必要

基本的人権は「かけがえのない他者」を思いやる自己の心から生まれる。となると、平和に関する様々な「新しい人権」も「かけがえのない他者」を思いやることができる人間から生まれる。従って、そのような人間が「平和のための『新』政党」の担い手になるのです。
戦争体験の話を見聞きして、「かけがえのない他者」がそのような場面に遭遇しないことを願う人間。そのような場面に遭遇しないことが「かけがえのない他者」の基本的人権だと考える人間。そのような場面に遭遇しないことがすべての人間の基本的人権だと考えられる人間。そのすべての人間の権利を獲得しようとする人間。そして、「かけがえのない他者」への思いを一〇年先、二〇年先のわが国あるいは世界の「未来の平和」と結びつけて考えられる人間……。

それでは、「かけがえのない他者」を思いやることができる人間とは、どのような人たちなのか。恋人のいる若者たちや小さな子どもを育てている親たちの中には、たぶんそのような人たちがたくさん存在するでしょう。恋人や小さな子どもこそ最も「かけがえのない他者」になりうると考えられるからですが、そしてこの場合、もしかすると男性よりは女性のほうが「かけがえのない他者」を思いやることができる人間になる可能性が高いのかもしれません。どちらかというと男性のほうがナショナリズムの虜になったり、家族を守るために戦うというような因襲的考え方に侵されやすいと考えられるからですが、何はともあれ、恋人のことを思いやる若い女性、子育て中の若い母親、そのような人たちが「かけがえのない他者」を思いやることができる人間になる可能性が高いことは確かです。従って、そのような若い女性、そのような若い母親、そのような人たちが「平和のための『新』政党」の中心的担い手になるのです。

本論考の最後に一言。「平和のための『新』政党」を作るなどと言うと、そんなことは無益だと言う人が必ず現れるでしょう。日本でもそのような人が再び多くなっているような気がするのですが、そのような人は、先ず国際関係の現実から語り始めます。膨張を続ける中国の危険性を、核兵器を持った北朝鮮の怖さを……。だからこそ、そのような人たちは、戦争をなくすことなどできるはずはない、「戦争ができる国家」をなくすことなどできるはずがないと主張するのですが、しかし、私たちは、絶対主義の時代に生まれた「戦争ができるネーションステイト（国民国家）」の考え方そのものを変えることを意図しているのです。そして、その絶対主義の時代に作られた「戦争ができる主権国家」が対峙し合う現在の国際社会のあり方そのものを変革することを決意しているのです。

「新」実存主義の意図するところは、簡単に言えば、人間は自分を起点として考えてもいいということです。そして、個人哲学（人間が自らのあるべき生き方を追究する哲学）に関しては、自らの生き方は自らが主体的に決めてもいいということです。もちろんこの場合、その生き方には他者の人間の尊厳を侵さないという条件がつくのですが、しかし他者の人間の尊厳を侵さないという条件の下でなら、人間は自らの生き方は、自らが主体的に決めればそれでいいのです。

そして、社会哲学（社会のあるべきあり方を追究する哲学）に関しては、人間は、自分にとっての「かけがえのない他者」を起点として考え始めてもいいということです。自分の可愛い子どもから、自分の大事な恋人から……。そして、その自分にとっての「かけがえのない他者」を起点としてあるべき社会の社会像・国家像を描いてもいいということです。既存の社会像・国家像や歴史観を抗することのできないものとしてただ受け入れるのではなく、自分たちが生きている社会・国家の社会像・国家像は自分たちが主体的に描いていく。そしてすべての人間にとっての「かけがえのない他者」がすべての人間によって「かけがえのない存在」として扱われるような社会を目指し、そのような社会を他の人間とともに作っていく。

そしてそれは、自分にとっての「かけがえのない他者」を起点とする思考方法によって、これまでの社会を作り変えてもいいということを意味します。従って、私たちは、ただ「かけがえのない他者」を思って変革を意図すればそれでいいのです。

そして、私たちに「平和のための『新』政党」を作ることができないはずはないのです。第一、緑の党は誰かが最初に作ったのです。そして、その緑の党は、すでに何度も世界大会を開いて、国境を越えたエコロジストの連帯を広げています。従って、私たちにも「平和な未来」を目的にした国境を越えた連帯を形作れないはずはありません。従って、後は始めるだけです。しかし、そのためには、誰かが始めようと決意しなくてはならないのです。

註1　「人間を起点とする社会哲学」は、わが国のみならず世界各国においても「平和のための『新』政党」が必要だと考えています。しかし、本論考では、わが国における「平和のための『新』政党」の特徴を述べていくことにします。

註2　少数派民族や国家を持たない民族が形成する政党で構成される国際政党で、自治権拡大や分離独立を求めて地域主義を掲げています。

註3　緑の党は環境保護のみを主張する単一争点の政党ではありません。そのことは、「グローバルグリーン憲章」を見れば一目瞭然ですが、しかし、その中心に位置する主張が環境であることもやはり一目瞭然でしょう。

註4　「戦前の日本における半封建的かつ全体主義的価値をわが国における『原点』と考える人間」を私は「天皇を利用する忠臣」呼ぶのですが、その「天皇を利用する忠臣」に関しては、拙著『「新」実存主義の思想——全体主義に打ち克つ新たな哲学』（明石書店、二〇一七年）を参照。

註5　「感覚」を「感覚」のままで主張する時以外には、日本国民はマルクス・レーニン主義、民主主義、平和憲法などの他国から受け入れた思想を借りて、それを自らの主張の根拠とするという方法をとりました。

註6　人間の尊厳という言葉を使うと、それは神や自然を下に見た思い上がった人間の考え方だと反論する人が必ずいます。しかし、「人間を起点とする社会哲学」における人間の尊厳という概念は、そのもともとが社会哲学上の原理です。つまり、人間と人間の関係によって成立する人間社会においては、その成因である一人ひとりの人

間に最高の価値が与えられるというのが人間の尊厳であり、従って、それは神や自然に対する人間の尊厳を主張するものではありません。

註7 実を言うと、現時点における「新」平和憲法草案に関しては、私もそれを作ってみました。平和憲法によって平和が実現したと錯覚してしまった人たちからすれば、もしかするとそれは現行憲法からの後退と受け取られるかもしれません。現時点では自衛軍の存在を認めているからですが、しかし、私はその憲法草案の中で徴兵制の禁止や人道的兵器の保有・製造・輸出入・使用の禁止や自衛軍の自国領土以外への派兵及び派遣禁止などのことは謳っています。そこで私は、それを22世紀、23世紀につながる21世紀の平和憲法と考えているのですが、そのことに関しては拙著『21世紀の平和憲法――戦後の「感覚」から生まれた「新」平和憲法草案』(三一書房、二〇二〇年)を参照。

註8 「日本国憲法無効論に基づく大日本帝国憲法復活」請願は、二〇一二年に野田数氏が地域政党「東京維新の会」を立ち上げた際に提出されました。そして、その請願の中で野田数氏は「我が国の独立が奪われた時期に制定された」現行憲法の無効を主張するとともに、皇室典範についても「国民を主人とし天皇を家来とする不敬不遜の極み」と述べ、さらに「国民主権という傲慢な思想を直ちに放棄」すべきことを主張しています。

註9 冷戦に勝利したことによって欧米先進国が「第二の革命」を停止したことが現在の世界的右傾化の背景に存在するという問題は、当然わが国にも当てはまります。しかし、わが国の右傾化には、さらに全体主義化、即ち戦前のわが国への回帰という問題が付け加わるのです。

註10 「新」実存主義に関しては、前掲『「新」実存主義の思想――全体主義に打ち克つ新たな哲学』、あるいは拙論『人間を起点とする社会哲学』と実存主義――実存主義の哲学的拡大について」(『人間学紀要』45、上智人間学会、

二〇一五年度）を参照。

註11　第1章の論考の中で基本的人権の根拠の問題を扱った時は、結論だけを述べたのですが、「人間を起点とする社会哲学」は、人間の尊厳を証明する際に、神による証明は行わない、個人哲学と社会哲学を分離する、人間の尊厳は「人間は、その人間社会において『尊厳』なる存在として扱われなくてはならない」という当為の命題の根底に存在する命題である、その当為の命題が大多数の人間によって承認されるとしたら人間の尊厳は「公理」として承認されなければならない、という論理を展開します。そして、この論理の立て方に関しては、拙論「人間の尊厳および人権概念の普遍化――日本国民の戦後の『感覚』が求める正義論」（『人間学紀要』40号、上智人間学会、二〇一〇年度）、あるいは拙著『右傾化に打ち克つ新たな思想――人間の尊厳に立脚した民主主義の発展を』（明石書店、二〇一四年）参照。

あとがきに代えて（「反徴兵法」の制定）

本文第3章「平和のための『新』政党の話」において私は、「人間を起点とする社会哲学」の考える「新」政党の特徴については述べたものの、具体的政策については特に掲げませんでした。具体的政策は一定程度の中心メンバーが集まってから、そこで決めればいいと考えるからですが、しかし、ここで「人間を起点とする社会哲学」が考える具体的政策の一つだけを、「あとがき」に代えて述べておきたいと思います。

それは「反徴兵法」の制定についてです。この場合、「反徴兵法」とは、民衆が国家の兵員となることを強制されない権利（「人間を起点とする社会哲学」はこの権利を「民衆の非武装権」と呼びます）を保障するために国会（議会）で制定する徴兵制を禁止する法律のことです。もしわが国において憲法改正が行われる場合には、もちろん「人間を起点とする社会哲学」は、その徴兵制禁止を条文の形で憲法の中に謳うことを主張します。しかし、たとえ憲法改正が行われなかったとしても、「人間を起点とする社会哲学」は、国会における法律の制定という形で、現憲法の下に「反徴兵法」の制定を主張するのです。——どうして「反徴兵法」制定を主張するのか。

その理由の一つは、「反徴兵法」は「戦争ができる国際社会」の論理の根幹を否定する法律だからです。本文の中で私は、国家と国民の関係から生まれる「戦争ができる国際社会」の論理の第一は「戦争ができる主権国家」は国民すべてを手段にできるである、と述べ、そしてこの論理はフランス革命の際に初めて徴兵制度が生まれたことに由来すると述べました。兵役がフランス革命以来の国民の義務であるからこそ、兵役以外のすべてに渡って「戦争ができる主権国家」に協力することがすべての国民の義務になるからです。となると、「反徴兵法」制定運動は国民が「戦争ができる国際社会」の論理から自らを解放するための中心に位置する運動の一つになりうることを意味します。従って、「反徴兵法」制定運動は国民が「戦争ができる主権国家」「戦争ができる国際社会」から自らを解放するための運動となり、「平和のための革命」運動、即ち基本的人権としての平和獲得運動の主要な運動になりうることを意味するのです。

「反徴兵法」を主張する第二の理由は、「反徴兵法」制定運動を行うことによって、これまであまりにも保守的な性格を持っていたわが国における平和運動を積極的なものに転換させることができると考えられるからです。わが国の平和運動が保守的であったのは、たぶん、その運動があまりにも強く護憲運動と結びついてきたからでしょう。例えば、徴兵制の問題を考えてみると、「憲法改正は徴兵制につながる。だから憲法を護らなくてはならない」、これがこれまでのわが国における平和運動の論理の立て方です。となると結論は「憲法を護れ」「憲法を護れ」ということになり、徴兵制に関しては「反対」「反対」でしかなくなってしまいます。だからこそ、本来なら革新的性格を持っていなければならないはずの平和運動が、わが国においては現状維持だけを目的とした、すべてのことに反対しか唱えない保守的な運動になってしまったのです。

ところが、「反徴兵法」制定運動は、徴兵制に反対する国民の意志をただ反対するという受動的・消極的運動にとどめるのではなく、主体的・積極的運動に転換させようとする運動です。そして、その国民の意志を法律の制定という国家契約（国家における社会契約）に結実させようという運動です。つまりそれは、徴兵制に反対する国民の意志を人権革命運動（含「平和のための革命」運動）→社会契約→社会変革という「人間を起点とする社会哲学」における変革の論理の中に位置づけて、その実現を図るというものなのです。従って、わが国の平和運動は、さらに平和のための社会変革を進めることができるようになる。

「反徴兵法」を主張する第三の理由は、「反徴兵法」は現在の日本においてのみ制定される可能性を持つ法律であり、従って、その制定によってわが国民は世界における平和運動（「平和のための革命」運動）に寄与することができるようになり、本当の意味の国際貢献を果たすことができるようになると考えられるからです。

「反徴兵法」は、現在においては、たぶん日本においてのみ制定可能な法律です。本文の中で私は、基本的人権で語り直された平和（＝平和権的基本権）を「現在獲得すべき平和」と「将来獲得すべき平和」に分ける必要について述べました。そして、現在既に国民の多数（あるいは絶対的多数）の支持を獲得できそうな「現在獲得すべき平和」は、今すぐにでも憲法の中に基本的人権の形で謳うことができるものの、そのような条件が整っていない「将来獲得すべき平和」に関しては、憲法の中にそれが将来は基本的人権とされなくてはならないということを謳うことによって、国家（さらには人類）が目指すべき歴史の方向を示すことで満足しなくてはならない、とも述べました。

もちろん、「反徴兵法」は憲法改正の問題ではなく、議会（国会）の制定する法律の問題です。しかし、徴兵制の禁止は、民衆が国家の兵役となることを強制されない権利が「新しい人権」として承認されるかどうかの問題であり、従って、それはやはり同じ「現在獲得すべき平和」と「将来獲得すべき平和」の問題なのです。そして、違うのは、その「新しい人権」を憲法で謳うか、法律で謳うかということでしかありません。

アメリカ、イギリス、フランスなどの市民革命の伝統が強く残っている国、及びその市民革命の理念の影響が強く残っている先進欧米諸国においては、兵役は「光栄ある権利、かつ義務」の考え方が今でもかなりの程度に残っています。従って、そのような国においては、民衆が国家の兵員となることを強制されない権利は、たぶん今すぐ憲法に謳える基本的人権にはなりえないでしょう。そのため「反徴兵法」の制定は、現在では「将来獲得すべき平和」以上のものにはなりえない可能性が高いのです。

また、前近代的強権的国家の性格が強く残り、人権意識の発達がまだ十分ではない発展途上国においては、民衆が国家の兵員となることを強制されない権利は、現在では、そう簡単には基本的人権になることはできないと思われます。

ところが、現在の日本においては、「反徴兵法」の制定が既に国民の大多数が支持している「現在獲得すべき平和」になる可能性があるのです。あまりにも過酷な戦争体験を強制され、現代の戦争（近代戦と総力戦）の害悪を骨の髄まで味わわされた日本国民が戦後「戦争そのもの」、「戦争ができる国家」を否定した結果ですが、だからこそ、わが国においては保守勢力を代表する自民党の憲法改正草案においてさえ徴兵制は禁止されているとされるのです（但し自民党は、その憲法改正草案が徴兵制を禁止していることの根拠を現行憲法における「意に反する苦役」という規定がそのまま残されていることに置いています。しかし、その「意に反する苦役」が兵役をも含むかどうかは解釈の問題であり、またもしその解釈が正しいとしても、今後自民党がそのような解釈をとり続けるかどうかに関しては、これまでの解釈改憲の歴史からして、はなはだ疑わしいと言わざるをえません）。

「反徴兵法」制定運動に成功すれば、わが国民は世界平和に関して、何らかの国際貢献を行うことができるでしょう。そして、世界全体における平和のための革命運動に何らかの寄与することができると思われます。国際貢献とは、アメリカの言いなりになってその覇権争いに加わり、世界各地で民衆を殺すことに加担することではありません。世界各国における人権革命運動に寄与すること、そして、世界各国における「平和のための革命」運動に寄与すること、それこそが本当の意味の国際貢献なのです。そして、そのことは、例えばわが国民があのベトナム戦争に加担した場合のことを考えれば、あまりにも当然なことと言えるのです。

川本　兼

二〇二三年九月二〇日

◉川本　兼（かわもと かねる）
1948年石川県金沢市生まれ。慶應義塾大学経済学部卒業。
思想家。上智人間学会会員。日本平和学会会員。

【著書】

『国家は戦争をおこなっていいのだろうか』（すずさわ書店、1992年）、『平和権』（すずさわ書店、1995年）、『国民主権に耐えられるか——戦後日本を前進させるために』（すずさわ書店、1999年）、『どんな日本をつくるのか——戦争を知らない戦後生まれの大人から21世紀を生きる若者へのメッセージ』（明石書店、2003年）、『どんな世界を構想するのか——日本から世界へつなげる平和のためのアクション』（明石書店、2003年）、『自分で書こう! 日本国憲法改正案』（明石書店、2004年）、『Q&A「新」平和憲法——平和を権利として憲法にうたおう』（明石書店、2004年）、『平和のための経済学——経済を知って平和や福祉のことを考えよう』（明石書店、2006年）、『平和のための政治学——近代民主主義を発展させよう』（明石書店、2006年）、『「日本国民発」の平和学——戦争を否定する根拠は何か』（明石書店、2007年）、『「新」平和主義の論理——戦後日本の再構築をめざして』（明石書店、2008年）、『日本生まれの「正義論」——サンデル「正義論」に欠けているもの』（明石書店、2011年）、『日本人は「脱原発」ができるのか——原発と資本主義と民主主義』（明石書店、2012年）、『右傾化に打ち克つ新たな思想——人間の尊厳に立脚した民主主義の発展を』（明石書店、2014年）、『「新」実存主義の思想——全体主義に打ち克つ新たな哲学』（明石書店、2017年）、『21世紀の平和憲法——戦後の「感覚」から生まれた「新」平和憲法草案』（三一書房、2020年）

【論文（上智人間学会）】

「平和哲学の役割」（人間学紀要37、2007年度）、「人間の尊厳及び人権概念の普遍化—日本国民の戦後の『感覚』が求める正義論」（同40、2010年度）、「民主主義の発展と『近代の超克』」（同42、2012年度）、「『人間を起点とする社会哲学』と実存主義—実存主義の哲学的拡大について」（同45、2015年度）、「コロナ禍によって映し出された現代史の課題——マルクス主義に替わる変革の論理を求めて」（人間学紀要50、2020年度）

戦争ができる国からの解放
日本と世界を変えなくては平和は獲得できない

2024年1月16日　　第1版第1刷発行

著　者——　川本兼　

発行者——　小番伊佐夫
装丁組版—　SaltPeanuts
印刷製本—　中央精版印刷
発行所——　株式会社三一書房
〒101-0051
東京都千代田区神田神保町3-1-6
☎ 03-6268-9714
振替 00190-3-708251
Mail　info@31shobo.com
URL　https://31shobo.com/

ISBN978-4-380-24000-3　C0036　Printed in Japan